O BATISMO E OS DONS DO ESPÍRITO

D. MARTYN LLOYD-JONES

O BATISMO E OS DONS DO ESPÍRITO

Editado por Christopher Catherwood

DADOS INTERNACIONAIS DE CATALOGAÇÃO NA PUBLICAÇÃO (CIP)

Ficha Catalográfica elaborada pela bibliotecária Maria Jucilene Silva dos Santos CRB-15/722

L793b
    Lloyd-Jones, D. Martyn.
    O batismo e os dons do Espírito : poder e renovação segundo as Escrituras / D. Martyn Lloyd-Jones ; tradução de João Costa ; revisão de tradução de Carlos Eduardo de Oliveira ; revisão de Verônica Bareicha. – Natal, RN : Editora Carisma, 2021.
    448p. : 16x23cm
    ISBN 978-85-92734-14-5

    1. Sermões 1964/1965 – Evangelho de João - Coletânea. 2. Batismo – Espírito Santo. 3. Dons carismáticos. I. Costa, João, trad. II. Oliveira, Carlos Eduardo de, rev. de trad. III. Gomes, Joelson, rev. IV.Título.

    CDU 27-475.5-27-247.8(081.1)

REFERÊNCIA BIBLIOGRÁFICA

LLOYD-JONES, Martyn. O Batismo e os Dons do Espírito: poder e renovação segundo as Escrituras. 3ª. ed. Natal: Editora Carisma, 2021.

DIREITOS DE PUBLICAÇÃO

© 2018 Elizabeth Catherwood e Ann Beatt.

Publicado no Brasil com a devida autorização e com todos os direitos reservados por Editora Carisma.

Originalmente publicado em inglês pela Kingsway Publications com o título Joy Unspeakable. Esta edição em língua portuguesa foi licenciada com permissão especial de Elizabeth Catherwood e Ann Beatt.

Todas as citações bíblicas, salvo indicação em contrário, foram extraídas da Almeida Revista e Atualizada de João Ferreira de Almeida.

Caixa Postal 3412 | Natal-RN | 59082-971
editoracarisma.com.br
sac@editoracarisma.com.br

Prefácio à edição brasileira | 9
Prefácio à edição inglesa | 13
Introdução | 19
1 | O Batismo com o Espírito e a Regeneração | 25
2 | Certeza Bendita | 43
3 | Alguma Coisa Acontece Conosco | 59
4 | Cheio do Espírito | 77
5 | A Percepção de Sua Presença | 93
6 | Alegria, Amor e Entendimento | 109
7 | Ousadia para Falar | 129
8 | Dons que Certificam | 149
9 | "Como Agrada o Espírito" | 167
10 | Teste os espíritos | 185
11 | Discernimento e a Palavra | 203
12 | Garantia Contra o Engano | 219
13 | Jesus é o Senhor | 235
14 | Buscando os Dons | 253
15 | O controle do dom de línguas | 273
16 | O Batismo com o Espírito e a Santificação | 291
17 | O Selo do Espírito | 305
18 | Algo pelo que vale a pena lutar | 323
19 | Receba o Espírito | 341
20 | Buscando o batismo do Espírito | 359
21 | Quando o Desânimo Vem | 377
22 | Bem-aventurados os que Choram | 397
23 | A Igreja e o Pentecostes | 415
24 | O Caminho para o Avivamento | 433

PREFÁCIO

EDIÇÃO
BRASI
LEIRA

PREFÁCIO
À EDIÇÃO BRASILEIRA

Em nossa relativamente recente caminhada como editores, eu e Luciana experimentamos muitas alegrias marcantes. Nós poderíamos enumerar várias delas, mas tudo perderia meio que o sentido já que o propósito agora é destacar a obra que você leitor, tem em mãos.

No íntimo, eu sempre soube que Deus faria proezas usando a Carisma como ferramenta, mas não fazíamos ideia do quão longe nos levaria. Editar o mais importante livro do Dr. Martyn Lloyd-Jones, homem que abdicou de um futuro brilhante como médico da realeza britânica para cumprir um dos mais relevantes ministérios conhecidos, era uma meta timidamente imaginada. Mas se Deus é teu sócio, faça grandes planos, disse D. L. Moody. *Joy Unspeakable*, título original deste livro, é a meu ver, a obra-prima daquele que ficou justamente conhecido como o maior expositor bíblico do século 20. Aborda com muita autoridade o assunto que talvez seja o mais polêmico com o qual a igreja tem lidado, especialmente após o decisivo aparecimento do movimento pentecostal no apagar das luzes do século 19.

Mas embora a polêmica que causa seja certamente um de seus maiores apelos para muitos, este livro é importante não pela controvérsia propriamente dita. É fato que ao estabelecer cirurgicamente a distinção entre regeneração e o batismo com o Espírito Santo, este como experiência pós-conversão, Lloyd-Jones confronta os fundamentos da pneumatologia reformada como entendida e difundida havia muito desde B.B Warfield. Contudo, em que pese a polêmica incidental, este livro é muito mais importante porque expõe a mais correta interpretação dos textos bíblicos sobre a matéria e o ensinamento definitivamente amadurecido de Lloyd-Jones sobre a questão do batismo com o Espírito Santo, já que os sermões foram pregados entre 1964-65, cerca de três anos antes de sua aposentadoria. Para os que estavam em dúvida sobre a derradeira posição do Dr. Jones a respeito, este livro dissipará todas elas.

Por fim, devo dedicar minha mais sincera gratidão a duas pessoas fundamentais à publicação desta obra em português. Seria injusto não dirigir honras às senhoras Elizabeth Catherwood e Ann Beatt, filhas do Dr. Lloyd-Jones. Foram elas que providenciaram todo o necessário. Comissionaram à Carisma o mandato para proclamar dos eirados brasileiros a mensagem expressa em 24 sermões poderosa e apostolicamente proféticos. O único pedido feito por ambas, e atendido com muito rigor, diga-se, foi que nenhuma das palavras de seu pai fosse mudada, distorcida. Todo teor deveria ser traduzido e publicado da mesma forma como pregado originalmente. Assim, esteja certo, leitor, que o resultado final despertará sentidos e ânimos como se você estivesse assentado naquelas galerias da Capela de Westminster, ouvindo a voz do Doutor quando esses sermões foram pregados pela primeira vez. Que nossas faces brilhem e que nossas vidas sejam cheias do Espírito Santo e de poder para testemunhar.

Natal, 31 de outubro de 2018

RENATO CUNHA
Editor-chefe

PREFÁCIO

EDIÇÃO INGLESA

PREFÁCIO
À EDIÇÃO INGLESA

Os últimos trinta anos presenciaram o crescimento generalizado de dois movimentos radicais e muito poderosos na Grã-Bretanha. São eles: o movimento reformado, com sua ênfase na doutrina, pregação expositiva e total lealdade às Escrituras; e o movimento carismático, com sua ênfase no batismo e nos dons do Espírito Santo, seu forte senso de orientação pessoal e sua vigorosa liberdade na adoração.

As fraquezas das igrejas reformadas têm sido, frequentemente, seu tradicionalismo, sua falta de evangelismo e seu contentamento com a sã doutrina sinceramente aprovada. As fraquezas dos carismáticos tendem a ser o gozo autoindulgente e, algumas vezes, acrítico da "experiência", a falta de interesse na doutrina e a ingenuidade na política da igreja.

Os dois grupos têm experimentado considerável bênção nos últimos anos, mas ambos bem podem esperar que um elemento de repreensão divina entre em suas vidas se eles não começarem a aprender uns com os outros. O movimento carismático já está percebendo o Espírito retirando suas bênçãos, e o diabo semeando sua confusão onde quer que a doutrina seja desprezada e negligenciada. Por sua vez, em muitos lugares o movimento reformado está começando a ficar insípido. Suas congregações, repletas com a sã doutrina, mas estagnadas em relação à experiência e à autoexpressão, estão olhando melancolicamente para as congregações menos instruídas, mas muitas vezes mais eficazes no seu entorno. Nos dois campos, *um senso de algo mais* está começando a ser suscitado nas pessoas.

Felizmente, um estender de mãos e um compartilhar mútuo de "coisas novas e antigas" também está começando a ocorrer. Estamos começando a ver uma melhor aceitação da pregação expositiva e doutrinária, além de ensino entre "carismáticos", e uma tentativa real de introduzir uma maior participação congregacional com uma expressão mais contemporânea de louvor em certas igrejas e encontros "reformados". Em um nível mais intenso, os avanços mais profundos da experiência espiritual já são procurados e compartilhados por ambos. Por muitas razões - bíblicas, históricas e experienciais -, está se tornando cada vez mais insustentável, e até absurdo, ver esses dois movimentos como fundamentalmente estranhos um ao outro. Nada, na minha opinião, é planejado para mostrar tal fato de forma mais satisfatória do que este livro, tanto por causa de seu assunto quanto por causa de seu autor.

O Dr. Lloyd-Jones foi, sem dúvida, o líder do florescente movimento reformado da Grã-Bretanha. Seu ministério em Londres foi notável não apenas pelas grandes congregações que se reuniram em seu rico ministério bíblico e doutrinário, mas também por sua ênfase evangelística, com sua penetrante análise da sociedade moderna e sua extraordinária unção enquanto ele proclamava apaixonadamente o poder presente de Jesus Cristo.

Numa época (nos anos quarenta e início dos anos cinquenta do século 20), quando a doutrina era tantas vezes ignorada pelos evangélicos e até temida como "divisora", ele mostrou como a verdade apostólica em toda a sua amplitude e profundidade ("todo o conselho de Deus" como nossos pais a chamavam) não era um acréscimo opcional na vida da igreja, mas uma fonte vital de seu poder e uma demonstração constante da santidade, sabedoria, justiça e amor de Deus em Cristo. Sob seus conselhos e inspiração, os livros começaram a fluir das editoras, nas quais reformadores e puritanos ingleses mais uma vez exerceram seu ministério incomparável para uma nova geração de crentes; grandes líderes de avivamento e pregadores como Whitefield e Edwards, Ryle e Spurgeon, tornaram-se amplamente conhecidos na plenitude de seus ministérios para os evangélicos de hoje.

Para o Dr. Lloyd-Jones, a história da igreja estava viva com a atividade de Deus, e foi de uma perspectiva histórica e bíblica que ele foi capaz de avaliar os movimentos e tendências em nossos dias. Para ele, tudo deveria estar *enraizado* nas Escrituras, mas nada deveria ser *deixado* nas Escrituras. Ele sustentou que a história apostólica era, em sua essência, a típica história da igreja em avivamento e que, mesmo no nível da experiência individual, Deus nunca deixou o Pentecostes como um momento isolado no passado, mas o deu como promessa 'para você e seus filhos', a partir de uma nova e poderosa dimensão da experiência espiritual disponível para todos nós.

A lealdade do Dr. Lloyd-Jones à Escritura, seu senso de história, sua amplitude de leitura e sua profunda humildade diante das coisas de Deus levaram-no a acolher (embora não sem críticas) muitos aspectos do crescente movimento carismático e a ver sua compatibilidade fundamental com o evangelicalismo histórico, incluindo a tradição reformada na qual ele estava inserido.

Sua compreensão do avivamento, no entanto, levou-o a chamar a igreja à reforma e à renovação. Qualquer um que ler a história dos avivamentos logo aprenderá o quanto eles estão além de qualquer coisa que a igreja na Inglaterra tenha conhecido em nossa geração. O reavivamento é um fenômeno espiritual, totalmente incomparável no alcance e profundidade de seu efeito nas igrejas, e incrivelmente efetivo em seu despertamento de um vasto número de pessoas no mundo em geral.

Se a associação dos melhores elementos dos movimentos reformados e carismáticos é potencialmente explosiva, o avivamento é a faísca que o inflamará! Comitês não podem organizá-lo; festivais e celebrações não podem replicá-lo; não podemos operar isso: só Deus pode derramá-lo. O capítulo 2 de Atos e a história subsequente da igreja apostólica é mais que uma experiência carismática e um discernimento doutrinário - é um avivamento em forma arquetípica.

Possa agradar ao Deus Todo-Poderoso, pelo Espírito de seu Filho exaltado, usar não apenas este volume, mas os muitos livros e gravações do histórico ministério do Dr. Martyn Lloyd-Jones, conduzindo milhares de cristãos nesta terra a uma compreensão mais enraizada e a uma experiência mais profunda da graça de Deus; e possa agradá-lo ainda mais conduzir a igreja de nossos dias a um tempo de avivamento mundial, no qual nações nascerão em um dia e todos os povos chamarão seu Filho nosso Senhor Jesus Cristo de "bendito".

PETER LEWIS
Pastor da The Cornerstone Evangelical Church
Nottingham, Inglaterra

INTRODUÇÃO

INTRODUÇÃO

Em um pequeno cemitério de uma igreja no centro do País de Gales, fora da cidade de Newcastle Emlyn, no Teifi Valley, fica um túmulo simples. Nele estão inscritas as palavras 'Martyn Lloyd-Jones 1899-1981: 'Porque eu decidi não saber nada entre vocês, exceto Jesus Cristo, e este crucificado'. A igreja vizinha fora outrora a congregação de Evan Phillips, o avô de sua esposa Bethan. Tal igreja havia visto o avivamento - o grande derramamento do Espírito Santo com poder - no famoso Avivamento Galês de 1904/1905. Pareceu-me apropriado que meu avô tivesse escolhido ser enterrado ali, porque aquele lugar tinha uma ligação tão íntima com a paixão que ele mantinha em todo o seu ministério - a paixão pelo avivamento, uma visitação do Espírito Santo sobre o povo de Deus, a igreja. A partir de seu estudo das Escrituras, ele sentiu que somente se as pessoas fossem batizadas com o Espírito Santo, como no livro de Atos, que o poder da mensagem de Jesus Cristo crucificado seria visto na terra.

Meu avô - ou "o Doutor", como era chamado pelos cristãos evangélicos em todo o mundo - foi um dos principais responsáveis pela ressurreição no interesse pela doutrina reformada na Grã-Bretanha depois da guerra, com suas ênfases na sólida pregação expositiva e na confiança no poder soberano de Deus. Grande parte desse interesse renovado surgiu de uma leitura dos grandes puritanos britânicos do século 17 e de pregadores do século 18, como Jonathan Edwards. (Deve-se dizer que meu avô sempre insistiu que ele era um 'calvinista bíblico' e nunca um sistema). Numa época em que o evangelicalismo inglês se tornara um tanto flácido, com medo tanto da doutrina quanto do intelecto, essa mudança veio como um sopro de ar fresco. Mas depois de alguns anos, o Doutor percebeu que muitos deles haviam se tornado secos e áridos em suas vidas enquanto cristãos - embora sua doutrina fosse sólida, seu dia a dia carecia do fogo e do senso da presença e do poder do Espírito Santo que deve estar presente na vida do cristão.

Em seu livreto 'Christ our Sanctification' (Cristo nossa Santificação), destinado a refutar as falsas tendências perfeccionistas ainda presentes em muitos círculos evangélicos, ele apresentou a visão que o selo do Espírito a que Paulo se refere em Efésios, ocorria simultaneamente com a conversão - uma posição defendida por homens como John Stott. Na metade da década de 1950, quando começou a pregar sobre Efésios, mudara de ideia. Ele ainda rejeitava o perfeccionismo - na verdade, continuou a rejeitá-lo até sua morte - mas agora sentia que era evidente na Escritura que o selo do Espírito estava indiscutivelmente separado da conversão. Ele leu muitos dos puritanos e descobriu que eles também testificaram, tanto das Escrituras quanto da sua própria experiência, que os dois eventos não eram necessariamente simultâneos na vida do cristão. Os puritanos sentiram que o cristão não deve apenas crer e conhecer a verdade, mas ter uma experiência viva no dia a dia - o que eles chamavam de verdade "experimental".

Assim, a convicção sobre o que a Escritura ensinou e a preocupação que ele tinha com a crescente aridez nas vidas de muitos cristãos ao redor dele, o levaram tanto mudar suas opiniões quanto sua ênfase. Ele foi cada vez mais movido a orar por avivamento - de fato, o desejo por um avivamento dominaria o restante de seu ministério. Ele percebeu que esse era um tema sobre o qual era vital pregar, e o resultado são os sermões sobre João que estão neste livro (pregados na Capela de Westminster entre 1964 e 1965), que fazem parte de uma série mais longa de exposições sobre o Evangelho de João.

Os sermões demonstram a capacidade do meu avô de alcançar um equilíbrio bíblico. Ele acreditava apaixonadamente no batismo com o Espírito Santo como uma experiência distinta e pós-conversão. Mas ele também percebeu que era um preenchimento de poder, que fazia com que aqueles que o receberam fossem melhores testemunhas de Cristo. Essa, de fato, era uma mensagem centrada em Cristo, enfatizando que um conhecimento e relacionamento mais profundo com Jesus Cristo estavam no coração do batismo com o Espírito. Da mesma forma, enquanto ele acreditava que todos os dons existiam hoje, ele se recusou a sustentar, com base nas Escrituras, que qualquer dom fosse necessário como prova do batismo com o Espírito. Ele era bastante consistente com suas visões da soberania de Deus quando afirmou que não podemos induzir o batismo com o Espírito - é algo que pode ser dado somente por Deus. Ele foi, assim, reformado e carismático, nos sentidos bíblicos dos termos.

Além disso, ele acreditava firmemente a partir das Escrituras que "o batismo do Espírito pode estar presente em grande poder e, ainda assim, nenhum desses dons pode se manifestar como tal". Como ele deixa claro, todo o propósito do batismo com o Espírito Santo é nos fazer testemunhas de Jesus Cristo, em um tempo e lugar que tenha esquecido a mensagem da cruz. O Espírito Santo é soberano e não é enviado para chamar a atenção para si mesmo, mas para tornar Jesus Cristo central em todas as nossas vidas. Isso fica claro não apenas nas próprias Escrituras, mas continuamente na história da igreja cristã.

'Jesus Cristo, e este crucificado' foi o grande tema da vida de meu avô. Foi por isso que ele considerou essa questão do batismo com o Espírito Santo tão importante - para que todos possam conhecer a gloriosa mensagem da salvação. É também por isso que ele ansiava tanto em salvaguardar a doutrina como ele a via, e também era o porquê ele estava preocupado que os cristãos testassem ou 'provassem' todas as coisas diretamente das Escrituras. Tragicamente, hoje em dia, os cristãos estão, frequentemente, mais preocupados em lutar uns com os outros, inclusive sobre questões como os dons do Espírito Santo, do que em ganhar e salvar os perdidos com o evangelho de Jesus Cristo.

O que quer que pensemos que a frase bíblica "batizar com o Espírito Santo" realmente signifique - quer concordemos com a interpretação dada por meu avô ou não - nunca devemos esquecer que no coração de nossa mensagem estão as palavras naquela lápide no País de Gales: 'Jesus Cristo, e este crucificado'.

CHRISTOPHER CATHERWOOD
PhD, Universidade de East Anglia. É membro da Royal Historical Society, das faculdades Churchill e St. Edmund da Universidade de Cambridge, e neto mais velho de Martyn Lloyd-Jones.

SERMÃO 1

O BATISMO COM O ESPÍRITO E A REGENERAÇÃO

Gostaria de chamar sua atenção para as palavras encontradas em João 1.26, 33: "Respondeu-lhes João: Eu batizo com água; mas, no meio de vós, está quem vós não conheceis (...). Eu não o conhecia; aquele, porém, que me enviou a batizar com água me disse: Aquele sobre quem vires descer e pousar o Espírito, esse é o que batiza com o Espírito Santo".

Eu tomo esses dois versículos e os coloco juntos por causa dessa grande verdade que trazem, a saber, que João Batista estava constantemente dizendo ao povo que não era o Cristo, e que a diferença essencial entre eles era que ele batizava com água, enquanto o Cristo batizaria com o Espírito Santo.

Mas, por que estamos observando isso? Estamos fazendo por que a declaração de João 1.16 deveria ser a verdade para todo cristão. "Porque todos nós temos recebido da sua plenitude e graça sobre graça". É assim que o cristão deve ser. Ele é um homem que recebeu algo da plenitude de Cristo e continua recebendo, cada vez mais. Essa é a vida cristã. E estou sugerindo que João, o evangelista, nos mostra que a maneira pela qual isso pode se tornar verdade para nós, e uma verdade cada vez maior, é que recebemos a plenitude do Espírito em grande e ampla medida, quando somos verdadeiramente batizados com o Espírito Santo pelo Senhor Jesus Cristo.

O próprio João Batista delineou claramente esse contraste em seu ministério. Quando lemos Lucas 3.1-17, vemos alguns dos notáveis contrastes entre o batismo de João e o batismo de nosso Senhor. Colocando de forma muito simples, vemos a diferença entre religião e cristianismo; ou, na verdade, indo além, a diferença entre estar contente apenas com o básico ou *"princípios elementares"* (ver Hb 6.1) da doutrina de Cristo, e essa mesma doutrina em maior plenitude.

Agora estamos fazendo esse último, e devo continuar repetindo, porque isso não é um exercício acadêmico. De fato, parece-me que isso é o que precisamos, acima de tudo, no presente momento. Precisamos disso como cristãos individuais, mas precisamos ainda mais por causa do estado do mundo ao redor e sobre nós. Se não temos senso de responsabilidade pela condição da humanidade neste momento, então só há uma coisa a dizer – se somos cristãos, somos muito medíocres. Se estivermos preocupados apenas conosco e com nossa felicidade, e se a condição moral da sociedade e a tragédia de todo o mundo não nos entristecem, se não somos perturbados pelo modo pelo qual os homens blasfemam o nome de Deus e toda a arrogância do pecado – bem, o que pode ser dito sobre nós?

Mas estou presumindo que *estamos* preocupados, e que estamos preocupados por nós mesmos, para que possamos receber o que Deus pretendeu que recebêssemos em seu Filho. "Deus amou o mundo de tal maneira que deu o seu Filho unigênito" (Jo 3.16) – e se não estamos recebendo o que ele tornou possível, é um insulto a Deus. Portanto, esses dois aspectos devem ser levados em conta – nosso estado e necessidades individuais – porém, ainda mais, a condição do mundo ao nosso redor. Isso, então, é o que estamos fazendo, e estou tentando mostrar que o grande e constante perigo é que devamos estar conformados com algo muito aquém do que o pretendido para nós.

Deixe-me colocar desta forma: talvez o maior perigo de todos para os cristãos seja compreender as Escrituras à luz de suas próprias experiências. Não devemos interpretar as Escrituras à luz de nossas vivências, mas devemos examinar nossas experiências à luz do ensino das Escrituras. Este é um ponto fundamental e básico, que é particularmente importante neste exato momento em vista das coisas que estão acontecendo na igreja cristã.

Há duas maneiras principais pelas quais, parece-me, podemos errar nessa questão da relação de nossas experiências com o ensino das Escrituras. O primeiro perigo é o de reivindicar coisas que vão além delas ou que, na verdade, podem até ser contrárias a elas. Agora há muitos que fizeram isso ao longo dos séculos, e há pessoas que ainda estão fazendo isso. Tem havido pessoas – elas foram encontradas na igreja primitiva – que afirmaram que eram inspiradas de maneira única. O apóstolo os chama de "falsos apóstolos". E havia pessoas que afirmavam estar recebendo "revelação", não se importando qual era o ensinamento; eles diziam estar diretamente inspirados por Deus.

Eu me lembro de uma vez ouvir um homem dizendo que ele não se importava com o que o apóstolo Paulo ou qualquer outra pessoa dissesse, pois ele sabia! Ele teve uma experiência. Agora, no momento em que um homem diz isso, ele está colocando sua própria experiência acima das Escrituras. Isso abre a porta ao fanatismo; não entusiasmo, mas fanatismo e outros possíveis perigos. Portanto, há um risco – que é colocarmos nas Escrituras o que experimentamos de forma subjetiva.

Outra maneira pela qual isso é feito é colocar a tradição ou o ensino da igreja acima das Escrituras. Essa tem sido a heresia católico-romana; dizer que a tradição é coordenada com a Escritura, porque no final das contas isso significa dizer que a tradição é superior às Escrituras. Não há nada na Escritura sobre a chamada assunção da virgem Maria – uma doutrina que diz que ela nunca morreu e foi enterrada, mas que literalmente teve seu corpo assunto ao céu – embora eles ensinem isso, é somente sua autoridade que sanciona tal ensinamento. Esse é o tipo de coisa que quero dizer.

Deixando de lado algo tão óbvio quanto a heresia católico-romana, existem muitos (e geralmente são as pessoas mais inclinadas à espiritualidade) que estão sempre inclinados a se tornar tão vidrados na experiência espiritual, que terminam indiferentes às Escrituras. Os primeiros quakers[1] estavam particularmente sujeitos a isso, com a sua ênfase na "luz interior". Eles também disseram que, o que quer que as Escrituras dissessem, sabiam que uma doutrina lhes fora revelada diretamente. Um deles (pobre homem) alegou que era o Cristo encarnado novamente, e cavalgou pela cidade de Bristol, com muitas pessoas equivocadas o seguindo e acreditando em seu ensino, porque ele lhes falava com autoridade.

Isso é fanatismo, e é um perigo terrível que devemos sempre ter em mente. Ele surge de um divórcio entre as Escrituras e a experiência, quando colocamos esta acima da Palavra de Deus, alegando coisas que não são sancionadas por ela, ou que talvez sejam até proibidas nela.

Também há um segundo perigo e é igualmente importante que tenhamos isso em mente. Este é exatamente o oposto do primeiro, pois essas coisas geralmente vão de um violento extremo ao outro. Quão difícil é sempre manter um equilíbrio nesse assunto! O segundo perigo, então, é estar satisfeito com algo muito menor do que o que é oferecido nas Escrituras, o perigo de interpretar as Escrituras pelas nossas experiências e reduzir seu ensino ao nível daquilo que conhecemos e experimentamos; e eu diria que esse segundo é o maior perigo dos dois no presente momento.

Em outras palavras, certas pessoas, instintivamente, têm medo do sobrenatural, do incomum, da desordem. Você pode ter tanto medo da desordem, ser tão preocupado com disciplina, decência e controle, que se torna culpado do que as Escrituras chamam de "apagar o Espírito"; e não há dúvida em minha mente de que tem acontecido muito isso.

As pessoas chegam ao Novo Testamento e, em vez de tomarem seus ensinamentos como são, elas o interpretam à luz de suas experiências e, assim, reduzem-no. Tudo é interpretado em termos do que eles têm e do que experimentam. E acredito que isso é em grande parte responsável pela condição da igreja cristã neste tempo presente. As pessoas têm tanto medo

---

[1] Membros da denominação conhecida como *Sociedade Religiosa dos Amigos*, um grupo cristão de orientação puritana surgida no século 17, na Inglaterra [**N. do T.**].

do que chamam de entusiasmo, e algumas têm tanto medo do fanatismo que, para evitar isso, elas vão direto para o outro lado, sem encarar o que é oferecido no Novo Testamento. Elas consideram o que têm e o que são como a norma.

Deixe-me resumir assim. Compare, por exemplo, o que você leu sobre a vida da igreja em Corinto com a vida típica da igreja hoje. Você diz: "Ah, mas eles eram culpados de excessos em Corinto". Eu concordo muito. Mas quantas igrejas você conhece atualmente para as quais é necessário escrever uma carta como a primeira epístola de Paulo aos Coríntios? Não coloque sua ênfase inteiramente nos excessos. Paulo corrige os excessos, mas perceba o que ele permite; o que ele espera.

Considere seu Novo Testamento como ele é. Olhe para o cristão do Novo Testamento, olhe para a igreja do Novo Testamento, e você a vê vibrante com uma vida espiritual e, é claro, é sempre a vida que tende a levar a excessos. Não há problema de disciplina em um cemitério; não há problema em uma igreja formal. Os problemas surgem quando há vida. Uma pobre criança doente não é difícil de lidar, mas quando essa criança está bem, cheia de vida e vigor, bem, então você tem seus problemas. Os problemas são criados pela vida e pelo vigor, e os problemas da igreja primitiva eram espirituais, surgindo por causa do perigo de se exceder no reino espiritual.

Alguém gostaria de afirmar, falando genericamente, que esse é o perigo da igreja hoje? Bem, claro que não; e a razão é que temos tentado interpretar o ensino do Novo Testamento à luz de nossas próprias experiências.

Esses, então, são os dois grandes perigos, ambos igualmente errados. Normalmente os excessos e o fanatismo são mais espetaculares e sempre atraem a atenção, mas o outro é igualmente ruim, senão mais. Há toda a diferença no mundo entre um homem em estado de delírio quando ele está doente, e um homem que sofre de um tumor terrível que está consumindo os sinais vitais de sua vida e de seu corpo e reduzindo-o mais ou menos a um estado de paralisia e impotência.

Mas as duas coisas são igualmente ruins e, portanto, temos que nos lembrar de ambas.

E assim, ao lidarmos com toda essa questão, eu coloco esta proposição fundamental - que tudo deve ser provado pelo ensino da Escritura. Não devemos começar com o que pensamos; o que gostamos. Alguns de nós preferimos o espetacular, outros são tão dignos que a dignidade é a única coisa que importa: tudo deve ser ordeiro, digno e metódico, funcionando como um relógio com todas as características mecânicas e mecanicistas de um aparelho ou de uma máquina. Então, se começarmos com nós mesmos e o que gostamos e nossa experiência, já estaremos errando. Não, temos que partir, todos nós, do Novo Testamento e seu ensino.

Felizmente para nós há muito ensino. Se olharmos para dois incidentes em Atos, o final do capítulo 18 e o início do capítulo 19 – o episódio de Apolo e o episódio dos discípulos que Paulo encontrou em Éfeso – descobrimos as seguintes coisas: há obviamente passos, ou estágios na vida cristã. O Novo Testamento está cheio disso. "Crianças em Cristo", "moços", "velhos", "crescendo na graça e no conhecimento do Senhor", e assim por diante. Mas não só isso, tal fato é mais do que apoiado, cumprido e fundamentado na história subsequente dos homens na longa linha do tempo da igreja cristã, e vemos, especialmente nesses dois exemplos aos quais me referi acima, que o que realmente faz a diferença é esse batismo do Espírito Santo, ou com o Espírito Santo, ou esse "receber" do Espírito.

Deixe-me tentar colocar esse ensinamento do Novo Testamento como eu o compreendo na forma de vários princípios. Nós devemos fazer isso porque João nos diz no início de seu Evangelho que o que vai diferenciar a nova era da antiga, incluindo até João Batista, é esse batismo com o Espírito. Aqui está o primeiro princípio: é possível para nós sermos crentes no Senhor Jesus Cristo sem ter recebido o batismo do Espírito Santo.

Mas deixe-me esclarecer isso, porque muitas vezes é mal-entendido - e isso para mim é o ponto crucial de toda a interpretação do Novo

Testamento - neste quesito, é o ponto-chave. Não comece a pensar em fenômenos; eu vou chegar a isso mais tarde. Esse é o erro fatal que as pessoas cometem. Elas começam com fenômenos, têm seus preconceitos e assumem suas linhas e seus pontos, e o ensino do Novo Testamento é totalmente esquecido. Não, devemos começar com o ensino da Escritura.

Como? Bem, desta maneira. É óbvio que nenhum homem pode ser cristão, a não ser pela obra do Espírito Santo. O homem natural, a mente natural, nos é dito, "é inimizade contra Deus, pois não está sujeito à lei de Deus, nem mesmo pode estar". O apóstolo Paulo, em toda essa passagem em Romanos 8.7, que acabei de citar, traça sua grande distinção entre o homem "natural" e o homem "espiritual", e essa é a grande diferença. O homem espiritual é um homem – ele diz – que é "guiado pelo Espírito" e que "anda segundo o Espírito, não pela carne". Basicamente, portanto, você deve começar dizendo que nenhum homem pode ser um cristão sem o Espírito Santo. A mente natural é *"inimizade contra Deus, pois não está sujeita à lei de Deus, nem mesmo pode estar"*.

Novamente, em 1Coríntios 2.14, Paulo coloca desta maneira: "Ora, o homem natural não aceita as coisas do Espírito de Deus, porque lhe são loucura; e não pode entendê-las, porque elas se discernem espiritualmente". Nesse capítulo, também, o apóstolo está traçando uma distinção entre o cristão e o não cristão. Ele diz que: "os poderosos deste século", apesar de serem grandes homens em grandes posições e homens de muita habilidade, não são cristãos. Por quê? Bem, eles não creram no Senhor Jesus Cristo, se "tivessem conhecido, jamais teriam crucificado o Senhor da glória".

Como então acreditamos; como alguém acredita nele? Bem, ele diz: "Deus nos revelou pelo Espírito; porque o Espírito todas as coisas perscruta, até mesmo as profundezas de Deus". E novamente ele diz: "nós não temos recebido o espírito do mundo, e sim o Espírito que vem de Deus, para que conheçamos o que por Deus nos foi dado gratuitamente".

Ele diz que somos cristãos porque o Espírito Santo trabalhou em nós e nos deu essa iluminação, conhecimento e compreensão, essa capacidade de crer. Um homem não pode crer sem a obra do Espírito Santo.

Em todo crente, o Espírito Santo é necessariamente um residente. Essa é uma declaração fundamental de toda a Escritura. É o Espírito quem nos convence e nos dá a iluminação e a capacidade de crer. Nenhum homem pode crer no evangelho de forma natural. Isso é fundamental em toda a Bíblia.

Mas então podemos ir mais longe. É o Espírito Santo que nos regenera, é ele quem nos dá nova vida. O cristão é um homem que nasceu de novo. Sim, ele é um homem que é "nascido do Espírito". Agora, no Evangelho de João, como vamos descobrir, há um grande ensinamento sobre isso. Você obtém isso de uma só vez nos ensinamentos de nosso Senhor a Nicodemos e a todos os homens. "Quem não nascer da água e do Espírito não pode entrar no reino de Deus" (Jo 3.5). É isso. É algo que acontece como resultado da operação do Espírito Santo. Regeneração é a obra do Espírito Santo; é uma obra secreta dele. Não é algo experimental, mas é um trabalho secreto, e somente a pessoa sabe que isso aconteceu com ela.

Mas temos uma declaração muito específica em Romanos 8. 9, que coloca esse assunto de forma bastante sucinta, de uma vez por todas. Paulo diz: "Vós, porém, não estais na carne, mas no Espírito, se, de fato, o Espírito de Deus habita em vós. E, se alguém não tem o Espírito de Cristo, esse tal não é dele". De modo que, claramente, qualquer homem que é cristão é um homem em quem o Espírito Santo de Deus habita.

Eu entendo que isto é, portanto, abundantemente evidente – você não pode ser um cristão sem ter o Espírito Santo em você. Mas – e aqui está o ponto – eu estou afirmando, ao mesmo tempo, que você pode ser um crente, que você pode ter o Espírito Santo habitando em você, e ainda não ser batizado com o Espírito Santo. Agora essa é a questão crucial. Por que eu digo isso? Deixe-me apresentar minhas razões.

Tudo que tenho descrito é a obra do Espírito Santo em nós, o trabalho de convencer, o trabalho de esclarecer, o trabalho de regenerar e assim por diante. É isso que o Espírito Santo faz em nós. Mas como você percebe no ensino do primeiro capítulo do Evangelho de João, e que vemos tão claramente na pregação de João Batista, o batismo do

Espírito Santo é algo que é feito pelo Senhor Jesus Cristo, não pelo próprio Espírito Santo. "De fato te batizo com água (...) ele vos batizará com o Espírito Santo". Isto não é primariamente uma obra do Espírito Santo, é um ato do Senhor Jesus Cristo. É a sua ação – algo que ele faz a nós por meio do Espírito, ou da sua doação a nós do Espírito, deste modo particular.

Agora, aqui, parece-me que há algo claro e simples na própria superfície de todo esse assunto, e a respeito do qual as pessoas se confundem e citam 1Coríntios 12.13 – "Pois, em um só Espírito, todos nós fomos batizados". Claro que fomos. Ser batizado no corpo de Cristo é a obra do Espírito, como a regeneração; mas isso é algo completamente diferente; isso é Cristo batizando-nos com o Espírito Santo. Eu estou sugerindo que isso é algo que é, portanto, obviamente distinto e separado de se tornar um cristão, sendo regenerado, tendo o Espírito Santo habitando dentro de você. Eu estou colocando assim – você pode ser um filho de Deus e ainda assim não ser batizado com o Espírito Santo.

Deixe-me dar uma prova disso. Eu começo com os santos do Antigo Testamento. Eles eram tanto filhos de Deus como você e eu somos. Abraão é "o pai dos fiéis", um filho de Deus. Eu poderia lhe dar infinitas referências bíblicas para provar isso. Nosso Senhor mesmo diz: "Tomarão lugares à mesa com Abraão, Isaque e Jacó no reino dos céus. E, no entanto, alguns desses judeus vão estar do lado de fora, embora continuem se gabando de Abraão ser seu pai". Mas é isso que significa estar no reino de Deus, estar com Abraão, Isaque e Jacó.

Paulo, em Gálatas 3, mostra delongadamente que todos os filhos da fé são filhos de Abraão; ele é o pai dos fiéis. De fato, o apóstolo Paulo, como o apóstolo dos gentios, se esforça para enfatizar esse grande fato: que quando os gentios se tornaram cristãos, o que aconteceu a eles foi que se tornaram "concidadãos com os santos", isto é, os santos do Antigo Testamento – "e coerdeiros com eles".

Você se lembra também daquele grande contraste em Efésios 2.11ss: "Portanto, lembrai-vos de que, outrora, vós, gentios na carne, chamados incircuncisão por aqueles que se intitulam circuncisos, na carne, por mãos humanas, naquele tempo, estáveis sem Cristo, separados da comunidade de Israel e estranhos às alianças da promessa, não tendo esperança e sem Deus no mundo". É onde eles estavam. "Mas, agora, em Cristo Jesus, vós, que antes estáveis longe, fostes aproximados pelo sangue de Cristo (...). Assim, já não sois estrangeiros e peregrinos, mas concidadãos dos santos, e sois da família de Deus". Abraão, Isaque, Jacó, Moisés, Davi todos esses homens do Antigo Testamento – todos eles pertencem à família de Deus. E quando nos tornamos cristãos, como gentios, nos tornamos "concidadãos" com eles e membros da "família de Deus".

E então, para deixar isso bem claro, o apóstolo repete em Efésios 3. Ele diz que foi lhe dado a conhecer a revelação do mistério. O que é isso? Bem, aqui está: "o qual, em outras gerações, não foi dado a conhecer aos filhos dos homens, como, agora, foi revelado aos seus santos apóstolos e profetas, no Espírito, a saber, que os gentios são coerdeiros, membros do mesmo corpo e coparticipantes da promessa em Cristo Jesus". Se você acha que os santos do Antigo Testamento não eram filhos de Deus você está negando toda a Escritura. Eles eram filhos de Deus, mas eles não foram batizados com o Espírito Santo.

Abraão cria em Cristo. Nosso Senhor diz: "Abraão viu meu dia" – ele viu de longe – "e ele se alegrou". Esses homens não o compreenderam plenamente, mas o que os tornou filhos de Deus e homens de fé, foi isto – eles creram no testemunho de Deus a respeito do "que estava por vir". Nenhum homem pode ser salvo, exceto em Cristo. Existe apenas um caminho de salvação, no Antigo e no Novo Testamento. Ele está sempre em Cristo, e por Cristo crucificado.

Mas e o próprio João Batista? Nosso Senhor deixa isso bem claro ao dizer: "Entre os nascidos de mulher não surgiu maior que João Batista". João Batista é um filho de Deus, ele é filho de Deus e, no entanto, João não foi batizado com o Espírito Santo.

"Não obstante", diz o nosso Senhor, "aquele que é o menor no reino dos céus é maior do que ele" (Mt 11.11). Essa é uma referência ao reino dos céus tomando a forma da igreja. Apesar de João Batista ser o último dos profetas, ser um filho de Deus, um servo singular, e ser tão salvo quanto qualquer outro cristão, ele não está desfrutando dos benefícios que aqueles que receberam o batismo do Espírito Santo, dado por Cristo, são capazes de desfrutar.

E então você se lembra daquela declaração tão importante em João 7.37-39: "No último dia, o grande dia da festa, levantou-se Jesus e exclamou: Se alguém tem sede, venha a mim e beba. Quem crer em mim, como diz a Escritura, do seu interior fluirão rios de água viva. Isto ele disse com respeito ao Espírito que haviam de receber os que nele cressem; pois o Espírito até aquele momento não fora dado, porque Jesus não havia sido ainda glorificado" – como dizem com razão outras versões: "pois não havia ainda Espírito" (BJ)[2], "ainda não havia chegado desta forma".

O Espírito Santo sempre esteve presente, é claro; você leu sobre ele no Antigo Testamento. Mas ele não fora dado dessa maneira "ainda". Ele foi dado assim no Dia de Pentecostes – "pois o Espírito até aquele momento não fora dado, porque Jesus não havia sido ainda glorificado". Aqui está novamente uma das declarações cruciais.

Avancemos adicionando mais coisas. Tudo isso parece-me muito mais claro quando chegamos diretamente no livro de Atos e olhamos para o caso dos próprios apóstolos. Certamente é bastante óbvio que eles eram regenerados e eram filhos de Deus antes do Dia de Pentecostes. Nosso Senhor já havia dito, "Vós já estais limpos pela palavra que vos tenho falado" (Jo 15.3). Na solene Oração Sacerdotal em João 17 Jesus continua definindo uma distinção entre os apóstolos e o mundo. "Manifestei o teu nome aos homens que me deste do mundo. Eram teus, tu mos confiaste, e eles têm guardado a tua palavra. É por eles que eu rogo; não rogo pelo mundo, mas por aqueles que me deste, porque são teus". Ao longo de todo esse capítulo, a ênfase de Jesus é que essas pessoas já são regeneradas, nosso Senhor continua dizendo isso. Ele afirma: "porque eu lhes tenho transmitido as palavras que me deste, e

---

[2] Bíblia de Jerusalém (**N. do E**).

eles as receberam, e verdadeiramente conheceram que saí de ti, e creram que tu me enviaste". Nada poderia ser mais claro.

E então nos é dito que após a ressurreição nosso Senhor se reuniu com eles em um cenáculo e "soprou sobre eles" o Espírito Santo. Você se lembra daquele episódio, está registrado em João 20. "Disse-lhes, pois, Jesus outra vez: Paz seja convosco! Assim como o Pai me enviou, eu também vos envio. E, havendo dito isto, soprou sobre eles e disse-lhes: Recebei o Espírito Santo". Esses homens não são apenas crentes, são homens regenerados, o Espírito Santo foi soprado sobre eles, mas eles não foram batizados com o Espírito Santo.

Atos 1.4-8 deixa isso bem claro: "E, comendo com eles, determinou-lhes que não se ausentassem de Jerusalém, mas que esperassem a promessa do Pai, a qual, disse ele, de mim ouvistes. Porque João, na verdade, batizou com água, mas vós sereis batizados com o Espírito Santo, não muito depois destes dias. Então, os que estavam reunidos lhe perguntaram: Senhor, será este o tempo em que restaures o reino a Israel? Respondeu-lhes: Não vos compete conhecer tempos ou épocas que o Pai reservou pela sua exclusiva autoridade; mas recebereis poder, ao descer sobre vós o Espírito Santo, e sereis minhas testemunhas tanto em Jerusalém como em toda a Judéia e Samaria e até aos confins da terra". E esses mesmos homens – já crentes e regenerados, que em um sentido já tinham recebido o Espírito Santo – foram "batizados" com o Espírito Santo. Esta é minha maneira de comprovar que um homem pode ser um verdadeiro crente no Senhor Jesus Cristo e um filho de Deus, e ainda assim não ser batizado com o Espírito Santo.

Mas vamos, vamos à evidência vista em Atos 8, na qual talvez, o assunto seja mais claramente exposto diante de nós. Filipe desceu de Jerusalém a Samaria para pregar o evangelho a esses samaritanos e se nos diz o que segue: "As multidões atendiam, unânimes, às coisas que Filipe dizia, ouvindo-as e vendo os sinais que ele operava (...). E houve grande alegria naquela cidade". Isto é seguido pelo incidente com Simão. Mas vamos nos concentrar nestas outras passagens. "Quando, porém, deram crédito a Filipe, que os evangelizava a respeito do reino de Deus e do nome de Jesus Cristo (...)." Agora, este não é o ensinamento de João Batista, é o ensinamento de Filipe, cheio do Espírito Santo, batizado com o Espírito Santo após o Dia de Pentecostes, o simples ensinamento cristão. "(...) Quando, porém, deram crédito a Filipe, que os evangelizava a respeito do reino de Deus e do nome de Jesus Cristo, iam sendo batizados, tanto homens como mulheres".

Aqui estão esses crentes que se alegram em sua fé. Eles foram batizados não com o batismo de João, mas foram batizados "em nome de Jesus Cristo". Mas então vem o versículo 14: "Ouvindo os apóstolos, que estavam em Jerusalém, que Samaria recebera a palavra de Deus, enviaram-lhe Pedro e João; os quais, descendo para lá, oraram por eles para que recebessem o Espírito Santo; porquanto não havia ainda descido sobre nenhum deles, mas somente haviam sido batizados em o nome do Senhor Jesus. Então, lhes impunham as mãos, e recebiam estes o Espírito Santo". Essas pessoas já eram crentes verdadeiros no Senhor Jesus Cristo, e ele crucificado, como seu Salvador. Eles haviam sido batizados em seu nome porque haviam se tornado crentes, mas ainda assim não foram batizados com o Espírito Santo.

O próximo caso que devemos considerar não é outro senão aquele do próprio apóstolo Paulo. Nós estamos neste ponto, deixe-me lembrá-lo, apenas passando pelas Escrituras. Mais tarde, estaremos extraindo lições e explicando isso em detalhes. É vital que devamos começar com as Escrituras, não com nossos preconceitos, não com o que pensamos, nem com o que tememos.

"Ah", você pode dizer: "agora você está dizendo que está tudo certo com o dom de línguas". Tenho certeza que muitos já estão pensando isso. Espere um momento; eu lidarei com a questão dos dons no momento certo. Você não pode começar com isso. Isso virá no final desta abordagem. Mas é assim que o diabo nos leva a ignorar as Escrituras, no interesse de nosso ponto de vista particular, em qualquer dos dois extremos que a pessoa se ache.

Veja, então, no caso do próprio Paulo. Você percebe isso em Atos 9. Lá, no caminho para Damasco, ele vê o Senhor ressuscitado e diz: "Senhor, que queres que eu faça?" Ele se torna tão desamparado quanto uma criancinha; sem dúvida, o apóstolo naquele momento cria no Senhor Jesus Cristo. Ele percebia isso, porque lhe foi dada a visão que permitiu ver isso.

Mas eis o que eu leio nos versículos 10 e 11: um homem chamado Ananias foi chamado pelo Senhor. "Então, o Senhor lhe ordenou: Dispõe-te, e vai à rua que se chama Direita, e, na casa de Judas, procura por Saulo, apelidado de Tarso; pois ele está orando e viu entrar um homem, chamado Ananias, e impor-lhe as mãos, para que recuperasse a vista". Paulo ficou cego, lembra?

Então você vai ao versículo 15 e nos seguintes: "Mas, o Senhor lhe disse:" – Ananias não parecia querer ir – "Vai, porque este é para mim um instrumento escolhido para levar o meu nome perante os gentios e reis, bem como perante os filhos de Israel; pois eu lhe mostrarei quanto lhe importa sofrer pelo meu nome. Então, Ananias foi e, entrando na casa, impôs sobre ele as mãos, dizendo: Saulo, irmão, o Senhor me enviou, a saber, o próprio Jesus que te apareceu no caminho por onde vinhas, para que recuperes a vista e fiques cheio do Espírito Santo".

Ele não é enviado para instruir Paulo no caminho da salvação, mas é enviado para curá-lo e enchê-lo com o Espírito Santo, para dar-lhe o batismo com o Espírito Santo. "Imediatamente, lhe caíram dos olhos como que umas escamas, e tornou a ver. A seguir, levantou-se e foi batizado". Perceba, você pode receber o Espírito Santo antes de ser batizado, ou o contrário, não importa. "E, depois de ter-se alimentado, sentiu-se fortalecido. Então, permaneceu em Damasco alguns dias com os discípulos. E logo pregava, nas sinagogas, a Jesus, afirmando que este é o Filho de Deus". Aí está, então, outro exemplo marcante do mesmo caso.

Vamos agora ao meu último exemplo de Atos. Não vou usar o caso de Apolo, embora acredite que possa ser um caso usado com bastante facilidade. Parece-me que esta é a única explicação adequada para a história dele. Foi isso que Priscila e Áquila reconheceram como algo que faltava em sua vida, e foi sobre isso que falaram com ele. Isso fez toda a diferença para Apolo.

Mas deixando isso fora de consideração, vamos para o início do capítulo 19, onde você lê: "Aconteceu que, estando Apolo em Corinto,

Paulo, tendo passado pelas regiões mais altas, chegou a Éfeso e, achando ali alguns discípulos, - e você se lembra de que já examinamos todas as conotações da palavra "discípulos" em Atos, e que sem uma única exceção, sempre significa "crentes no Senhor Jesus Cristo" – disse-lhes: Recebestes o Espírito Santo desde que crestes?".

Tudo bem – eu sei o que você quer dizer e você está certo. Você me dirá: "Você está lendo da Versão Autorizada King James."[3] Sim, estou. Você então afirma: "Essa não é a tradução correta". Concordo. Então deixe-me expor na Versão Revisada[4] e em outras traduções. "Recebestes vós já o Espírito Santo quando crestes?" Certo; essa é a tradução correta e, é claro, isso mostra que a velha Versão Autorizada King James não é, afinal de contas, errada: "Recebestes o Espírito Santo *desde* que crestes?" (itálico meu). A implicação ali, obviamente, é que você pode crer sem receber o Espírito Santo, que isso acontece com você posteriormente.

"Tudo bem", você diz; "mas a outra é a tradução correta: 'Recebestes o Espírito Santo quando crestes?'" Mas o que isso nos diz? Bem, isso também nos diz o óbvio de que você pode crer sem receber o Espírito Santo.

Deixe-me usar uma ilustração que eu penso ter feito antes. Você pode me dizer: "Eu tive um resfriado na semana passada". Então eu lhe pergunto: "Você teve febre quando esteve resfriado na semana passada?" O que essa pergunta significa? Bem, obviamente, significa que você pode ter um resfriado sem ter febre. Por outro lado, significa que você pode ter febre quando tiver um resfriado. Eu quero saber; você teve ou não teve febre? E essa é a questão colocada aqui pelo apóstolo.

É possível que um homem seja batizado com o Espírito Santo, virtualmente, no mesmo momento em que crê. Tomemos o caso de Cornélio e sua casa. Você lembra que nos é dito em Atos 10 que, quando Pedro ainda estava falando, o Espírito Santo desceu sobre eles. Parece que o batismo com o Espírito Santo aconteceu "enquanto eles criam", "quase

---

[3] Não dispomos de uma versão equivalente em português, razão pela qual usamos as originais do autor.

[4] Idem.

simultaneamente". Mas fica claro pela questão colocada pelo apóstolo que isso nem sempre é o caso, que é possível para um homem crer sem receber o Espírito Santo. "Recebestes o Espírito Santo quando crestes?"

Paulo, obviamente, viu que havia algo de errado com essas pessoas e estava pressupondo muito claramente que não haviam sido batizados com o Espírito Santo; então ele faz sua pergunta: "Recebestes, porventura, o Espírito Santo quando crestes?" Então você vê, até mesmo a Versão Revisada e outras chegam exatamente à mesma conclusão que a antiga Versão Revisada, exceto o fato que essas outras são traduções mais acuradas.

Do ponto de vista puramente linguístico, a Versão Autorizada King James mencionada aqui está errada, mas, como tantas vezes, os tradutores da Autorizada captam o ponto certo, o significado correto, todavia enfatizam um pouco demais, de modo que parece ser sempre algo subsequente. Mas o que é estabelecido além de qualquer dúvida é que alguém pode ser um crente sem ser batizado pelo Espírito Santo.

Mas se não é suficiente para lhe satisfazer – embora deva – preste atenção a isso. Em Atos 19.4 Paulo se dirige a esses homens e lhes dá instruções adicionais e então lemos: "Eles, tendo ouvido isto, foram batizados em o nome do Senhor Jesus". O apóstolo está perfeitamente feliz por esses homens serem verdadeiros crentes. Mas eles só tiveram o batismo de João, então ele diz: "Mas vocês devem ser batizados em nome do Senhor Jesus Cristo". Então ele os batizou "em nome do Senhor Jesus Cristo".

Eles são verdadeiros crentes, filhos de Deus, mas ainda não foram batizados com o Espírito Santo, porque lemos no versículo 6: "E, impondo-lhes Paulo as mãos, veio sobre eles o Espírito Santo; e tanto falavam em línguas como profetizavam".

Agora há uma prova absoluta de que você pode ser um verdadeiro crente no Senhor Jesus Cristo e ainda não ser batizado com o Espírito Santo; esse incidente prova isso duas vezes mais. A questão no início e o que realmente aconteceu posteriormente. O ponto importante é que há uma diferença, há uma distinção entre crer e ser batizado com o Espírito Santo.

Então eu lhe dou minha última evidência, que está em Efésios 1.13. Paulo está aqui lembrando a esses gentios como eles se tornaram cristãos. "Em quem também vós, depois que ouvistes a palavra da verdade, o evangelho da vossa salvação, tendo nele também crido, fostes selados com o Santo Espírito da promessa; o qual é o penhor da nossa herança, até ao resgate da sua propriedade, em louvor da sua glória".

"Tudo bem" – você diz de novo – "a Versão Autorizada King James mais uma vez, e novamente, cometeu o mesmo erro: 'Em quem também vós, depois que ouvistes (...) tendo nele também crido, fostes selados com o Santo Espírito'". Isto não deveria ser assim.

"O que deveria ser?"

Bem, como a Versão Revisada diz: "Em quem, tendo também crido, fostes selados com o Espírito Santo". Mas você vê mais uma vez que isso não faz diferença no significado e na verdade. É somente o crente que é batizado com o Espírito Santo ou recebe o selo do Espírito. "Em quem, tendo também crido, fostes selados."

É a mesma ordem novamente. O *crer* é a primeira coisa, mas *ser batizado* é algo que não acontece necessariamente ao mesmo tempo. Pode acontecer ou não. Mas é distinto e separado, e então o apóstolo os separa: "tendo nele também crido, fostes selados com o Santo Espírito da promessa; o qual é o penhor da nossa herança, até ao resgate da sua propriedade".

Esse, então, é o nosso primeiro grande princípio. Tudo o que estou tentando estabelecer é isto – que você pode ser regenerado sem ser batizado com o Espírito Santo. As referências bíblicas que lhes mencionei mostram claramente que – como muitos já disseram, e ainda estão dizendo – afirmar que todo homem regenerado é necessariamente batizado com o Espírito Santo, é simplesmente ir contra o ensino claro e explícito das Sagradas Escrituras.

SERMÃO 2

CERTEZA BENDITA

No prólogo do Evangelho de João nos é dito que um cristão é aquele que recebeu da plenitude de Deus e graça sobre graça. O Novo Testamento nos dá uma imagem e um retrato do que um cristão deve ser e, obviamente, nessa conexão, nada é mais vital ou importante do que a compreensão da doutrina do batismo com o Espírito Santo.

Isto não é apenas para que possamos desfrutar da bênção plena da salvação cristã, mas também, e de forma mais urgente, por causa dos tempos em que vivemos. Nós enxergamos a igreja cristã em uma condição mais ou menos lamentável, ineficaz em um mundo de pecado e vergonha, um mundo que está cada vez mais manifestando, de maneira horrível, o ateísmo, o ódio e o antagonismo a Deus. Existe apenas uma esperança para este mundo e é uma igreja reavivada. Assim, a necessidade mais urgente do momento é o avivamento da igreja cristã, e isso significa o avivamento de indivíduos cristãos. Não existe igreja separada das pessoas, por isso começamos com o âmbito pessoal, e mediante disso vemos como no âmbito geral o avivamento pode ser efetuado.

Para tentar expor essa doutrina, eu sugeri que talvez a coisa mais conveniente a fazer seja considerar vários princípios ou proposições gerais. Primeiro, a partir do ensino tanto do Antigo quanto do Novo Testamento, é possível ser um crente e um cristão sem ter recebido o batismo do Espírito Santo. Você não pode ser um cristão sem ter o

Espírito Santo em você. Um cristão é um homem que nasceu do Espírito; o Espírito faz a obra de regeneração nele. "Se alguém não tem o Espírito de Cristo, esse tal não é dele" (Rm 8.9). Assim, enquanto um cristão é por definição uma pessoa que tem o Espírito Santo habitando nela, isso não significa que ela é batizada com o Espírito Santo.

Esta, então, é a proposição básica e é o aspecto do ensinamento que é mais frequentemente controvertido, para não dizer atacado. Desta forma, eu proponho me aprofundar ainda mais nisso. Se for verdade dizer que você não pode ser um cristão sem ser batizado com o Espírito, que é algo virtualmente sinônimo de regeneração, então toda a posição é alterada. É por isso que estou mantendo você com esse princípio geral em particular, porque para mim é muito vital que devamos ver que há uma distinção essencial: você pode ser regenerado, um filho de Deus, um verdadeiro crente, e ainda não ter recebido o batismo com o Espírito Santo.

Devemos fundamentar isso ainda mais. O que me proponho a fazer agora é dar-lhe certas razões ou argumentos adicionais, do por quê é tão vital e essencial mantermos essa distinção.

Um argumento muitas vezes usado contra o ensinamento que separa a regeneração e o batismo do Espírito Santo é o seguinte: "Sim, mas todos vocês que sustentam esse ensino sempre parecem basear tudo no livro de Atos. Você não deve buscar fundamento para sua doutrina na história de Atos – isso é uma coisa muito perigosa de se fazer – você deve buscar seu fundamento somente no ensino de nosso Senhor e no ensino das epístolas".

Isso é dito com frequência, e a resposta, claro, é bem simples. Você nunca deve colocar uma porção da Escritura contra outra. Nunca deve dizer que poderia ser isso ou aquilo. A verdadeira posição é considerar Atos e as epístolas. É característico da atitude crítica mais elevada colocar as Escrituras contra as Escrituras – depreciar uma à custa da outra. Assim, existe essa resposta fundamental para tal crítica.

Mas, além disso, devemos ir além e afirmar: certamente um dos principais propósitos de Atos é nos mostrar o cumprimento dessa promessa concernente ao batismo com o Espírito Santo – "a promessa do Pai". No primeiro capítulo de Atos, nosso Senhor, depois da ressurreição e logo antes da ascensão, volta-se para seus discípulos, que com sua visão materialista ainda estavam preocupados com "a restauração do reino a Israel" e diz: "[...] Não vos compete conhecer tempos ou épocas [...] mas recebereis poder, ao descer sobre vós o Espírito Santo, e sereis minhas testemunhas tanto em Jerusalém como em toda a Judeia e Samaria e até aos confins da terra" (At 1.7-8).

Naquele contexto, Jesus citou a declaração sobre João Batista quando batizava com água, mas acrescentou que ele iria batizar com o Espírito Santo, e o restante de Atos é apenas para nos dizer como isso aconteceu. O capítulo 2 nos conta como o Espírito Santo realmente veio – como nosso Senhor havia profetizado – sobre a igreja primitiva, sobre os 120 no Dia de Pentecostes e depois sobre os três mil que haviam crido; e continua nos dando mais exemplos e ilustrações como já vimos.

Certamente isso é bastante básico para qualquer doutrina do batismo com o Espírito Santo. Em Atos está descrito como isso aconteceu, quais foram seus resultados, como foi reconhecido, e a parte essencialmente vital do ensino. E quando pessoas dizem: "Ah, sim, mas isso foi apenas no começo, você sabe", essa é uma acusação muito séria – a saber, que a Escritura não se aplica a nós. Concordamos, é claro, que há momentos excepcionais na história da igreja, mas é sempre errado dizer que qualquer ensinamento nas Escrituras não tem nada a ver conosco, que foi algo excepcional. O que lemos em toda a Escritura deve ser aplicado a nós mesmos. É uma espécie de padrão, critério ou norma do que devemos esperar individualmente e no caso da igreja cristã.

Deixe-me ilustrar o que quero dizer. O que é um avivamento da religião? É geralmente aceito que a melhor maneira de definir um avivamento é dizer que é quando igreja retorna ao livro de Atos, que é uma espécie de repetição do Pentecostes. É o Espírito sendo derramado novamente sobre a igreja. E isso, claro, é uma parte muito importante e essencial da doutrina.

Mas indo ainda mais longe – e isso para mim é talvez o ponto mais importante de todos – não há nada que seja mais fatal do que deixar de ver que o ensino das epístolas sempre pressupõe a história que temos em Atos. Você vê, o que algumas pessoas estão tentando fazer – elas fizeram isso no passado e ainda estão tentando fazê-lo agora – é dizer, "Ah, bem, o que você tem em Atos é muito excepcional, é apenas o começo da Igreja; a norma é o que você recebe no ensino das epístolas".

Minha resposta para eles é bem simples. Considere, por exemplo, aquela grande primeira epístola aos coríntios. Seu ensino é obviamente baseado no fato de que os membros daquela igreja haviam sido batizados com o Espírito da maneira determinada em Atos. Às vezes nos dizem: "Você nunca encontra as epístolas exortando as pessoas a serem batizadas com o Espírito". Isso está perfeitamente certo, mas a resposta é óbvia. Eles não são exortados a serem batizados com o Espírito porque já foram batizados com o Espírito!

Qual é o significado dos capítulos, 12, 13 e 14 de 1Coríntios? A resposta é que eles estão lidando com certos excessos que surgiram e certos mal-entendidos com aqueles que foram batizados com o Espírito. Como eu tenho dito muitas vezes – quantas igrejas você conhece na atualidade a quem você precisa escrever 1Coríntios? Quantas igrejas existem hoje que precisam ter o ensino de 1Coríntios 12, 13 e 14? E a resposta é: "poucas e preciosas igrejas". Por quê? Bem, veja você, havia uma igreja cujos membros foram batizados com o Espírito, e por causa disso – porque o tipo de coisa que é descrita em Atos aconteceu com eles – problemas e dificuldades surgiram.

Esse é certamente um assunto muito importante. Isso mostra que essa tentativa de diferenciar entre o ensino de Atos e as epístolas é completamente falsa. As epístolas foram geralmente escritas para corrigir erros e falhas em situações que surgiram. Isso não é verdade apenas em 1Coríntios, mas é igualmente verdadeiro no ensino de uma epístola como aquela aos Gálatas.

Deixe-me ilustrar o que quero dizer com uma passagem de um escritor recente sobre esses assuntos. Ao lidar com Gálatas ele diz, "além disso, é um princípio fundamental da interpretação bíblica começar com o que é geral, não com o que é particular, especial".

Ele está ilustrando o ponto de que a história de Atos é "especial", mas o que é geral, o ordinário, pode ser encontrado nas epístolas. Então ele continua dizendo: "Se for perguntado em que o ensino geral é distinto do ensino especial do Novo Testamento no que diz respeito a receber o Espírito Santo, nós podemos dar uma resposta clara e definitiva. Nós recebemos o Espírito Santo *"pela pregação da fé"* (Gl 3.2), ou, mais simplesmente ainda, "pela fé" (Gl 3.14). Assim, o escritor julga ter estabelecido sua tese. Aqui ele diz o que devemos esperar de nós. Nós que não estamos nos dias de Atos, que são dias especiais, mas em um período comum.

Olhemos, então, para os versículos que ele cita em Gálatas 3: "Ó gálatas insensatos! – diz Paulo – Quem vos fascinou a vós outros, ante cujos olhos foi Jesus Cristo exposto como crucificado? Quero apenas saber isto de vós: recebestes o Espírito pelas obras da lei ou pela pregação da fé?" E então o versículo 14 diz assim: "Que a bênção de Abraão chegasse aos gentios, em Jesus Cristo, a fim de que recebêssemos, pela fé, o Espírito prometido". Pois bem, o autor identifica receber o Espírito ou ser batizado com o Espírito com o fato de crer no evangelho, com regeneração, com se tornar um cristão, e ele diz que isto é o caminho normal; você crê e recebe o Espírito pela fé. Assim você não deve dizer que o batismo com o Espírito é algo diferente e distinto da crença e da regeneração. Mas de uma forma muito interessante é preciso não esquecer o que nos é dito no versículo 5. Este é o tipo de confusão em que as pessoas entram quando não fazem essa distinção entre o batismo com o Espírito e a regeneração. Olhe para o que encontramos em Gálatas 3.5: "Aquele, pois, que vos concede o Espírito e que opera milagres entre vós, porventura, o faz pelas obras da lei ou pela pregação da fé?"

Isso é o geral e o normal? "Opera milagres entre vós", "concede o Espírito?" Isto não é apenas uma descrição de como as pessoas passaram a crer. Não é isso que o apóstolo está perguntando. Aliás, nos primeiros dois capítulos, já lidou com a forma como se crê e como se é justificado pela fé. Agora está produzindo um argumento adicional. Não somente diz que eles têm crido, não apenas diz que se é salvo pela fé e não pela circuncisão, e assim por diante, mas...

Deixe-me colocar isso para você desta forma: "Quando você recebeu o Espírito, quando o Espírito veio sobre você, quando você recebeu o batismo do Espírito, diga-me; isso foi o resultado de guardar as obras da lei ou foi completamente uma questão de seu relacionamento de fé com Deus em Cristo?" E, claro, a prova de que é disso que ele está falando é o quinto versículo: "Aquele, pois, que vos concede o Espírito e que opera milagres entre vós." Devemos dizer que este é o geral, o ordinário e o habitual? Não, essa igreja dos Gálatas que foi batizada e cheia do Espírito, era uma igreja na qual milagres estavam sendo demonstrados. É claro que isso foi verdadeiro em cada igreja do Novo Testamento, não apenas na igreja de Corinto, mas igualmente na Galácia.

Em outras palavras, estou estabelecendo meu ponto de vista, de que realmente você não pode de fato interpretar nem entender o ensino das epístolas a menos que você faça isso à luz da história de Atos.

Quando chegarmos mais tarde para considerar os efeitos do batismo com o Espírito, vamos descobrir que um dos seus principais resultados, é nos dar uma garantia incomum da nossa salvação, e é por isso que, é claro, estou lidando com todo esse assunto. A maior necessidade no tempo presente é de cristãos que estejam seguros de sua salvação. Se nós confrontarmos o mundo dizendo: "Bem, eu espero que eu seja salvo, eu não tenho certeza, mas espero", estaremos deprimidos e deprimiremos outros e não iremos atrair ninguém. Algo que era tão óbvio sobre os cristãos do Novo Testamento, como visto em Atos 2 ou em qualquer outro lugar, foi seu espírito de alegria, segurança, felicidade e confiança; eles eram tão confiantes, que estavam prontos para serem jogados aos leões na arena ou serem mortos. E isso sempre caracterizou cada grande período de reforma e reavivamento na história da Igreja.

Então temos o direito de dizer isso: se você identificar o batismo com o Espírito com a crença no Senhor Jesus Cristo para a salvação, você está dizendo automaticamente que não há diferença entre a fé salvadora e a garantia da fé, e esse é um assunto muito sério.

Claro, pessoas que não fazem essa distinção realmente dizem isso. Deixe-me fazer uma citação novamente do mesmo escritor. "Como resultado", ele diz, "todos os filhos de Deus possuem o Espírito, são guiados pelo Espírito, e são assegurados pelo Espírito a respeito de sua filiação e do amor de Deus; enquanto aqueles que não possuem o Espírito não pertencem a Cristo".

Pense no que ele diz: "Todos os filhos de Deus possuem o Espírito" – tudo bem – "são guiados pelo Espírito" – isso é verdade? – "e são assegurados pelo Espírito a respeito de sua filiação e do amor de Deus" – Romanos 8.15-16 e 5.5. E o contraste é que aqueles que não possuem o Espírito não pertencem a Cristo.

Aqui está a pergunta que eu traria a você: É verdadeiro dizer de todos os crentes que eles possuem essa grande e plena garantia da salvação? Veja Romanos 8.15-16: "Porque não recebestes o espírito de escravidão, para viverdes, outra vez, atemorizados, mas recebestes o espírito de adoção, baseados no qual clamamos: Aba, Pai." Paulo usa uma palavra expressando que das profundezas do nosso ser brota um clamor elementar "Aba, Pai". E então ele continua: "O próprio Espírito testifica com o nosso espírito que somos filhos de Deus." É a mais alta forma de garantia, uma absoluta certeza, uma glória e um clamor de "Aba Pai". Essa é a verdade para todo cristão.

Pode-se ver a consequência disso. Vocês todos possuem essa garantia? Você tem esse clamor elementar em você: "Aba Pai"? Além de qualquer dúvida, controvérsia, incerteza ou hesitação, você sabe que é filho de Deus e coerdeiro com Cristo? Você está regozijando-se em plena segurança? Perceba a consequência dessa confusão de confundir a crença no Senhor Jesus com o Batismo com o Espírito Santo, de afirmar que Romanos 5.5; 8.15-16 está descrevendo o cristão normal. Isso é o mesmo que dizer que um grande número de pessoas que são consideradas como cristãos, não são cristãs de fato se não estão experimentando essa segurança da qual fala o texto.

Agora o que falo aqui não é nenhuma novidade, já tendo sido debatido no final do século 16 e início do século 17. Alguns dos primeiros reformadores, a fim de contrariar o falso ensino de Roma, ensinaram que você não poderia ser um cristão, a menos que tivesse tal garantia. Não há diferença, diziam eles, entre fé salvífica e certeza da salvação. Mas como reflexo, líderes protestantes concluíram que isso estava errado e, portanto, em um documento como a Confissão de Fé de Westminster, e de fato, em todas as outras grandes Confissões, você descobrirá que eles são muito cuidadosos em fazer uma distinção nítida entre fé salvífica e certeza de fé, e isso é muito importante.

A Bíblia nunca diz que somos salvos pela certeza, mas que somos salvos pela fé. Em outras palavras, existem muitos cristãos que concluíram que são pecadores, que estão debaixo da ira de Deus, que são impotentes e sem esperança, e que temem o julgamento; que perceberam, além disso, que deveriam passar o resto de suas vidas em um mosteiro tentando viver uma boa vida, agradando e satisfazendo a Deus e servindo em retidão, mas no final, eles não seriam mais do que eram no começo. Então, assim como eles são, com uma fé simples, dizem: "eu confio a minha própria vida somente ao Senhor Jesus Cristo". Eles creem na verdade sobre si mesmos, creem n'Ele e descansam nisto. Eles estão constantemente repetindo esse exercício; o diabo os ataca e eles ficam aterrorizados. Eles caem em pecado e sentem que não são cristãos, mas dizem: "Eu não tenho nada além de Jesus Cristo e o fato de que ele morreu por mim".

A Bíblia diz que essas pessoas são cristãs, mas que não estão desfrutando de plena garantia de salvação e fé. Eles são como as pessoas a quem o apóstolo João estava escrevendo em sua primeira epístola: "Estas coisas vos escrevi, a fim de *saberdes* que tendes a vida eterna, a vós outros que credes em o nome do Filho de Deus". (1Jo 5.3, *itálico meu*).

Não há dúvidas sobre isso. Houve santos que testemunharam isso ao longo dos séculos, que por anos – mesmo todas as suas vidas – eles criam, mas não desfrutavam dessa certeza. Estavam incertos, infelizes e sempre voltavam a dizer: "Eu não tenho nada além de Cristo". Você não deve privar essas pessoas, nem dizer que elas não são cristãs. Mas se você disser que todo filho de Deus, todo cristão, tem a certeza pelo Espírito, da filiação e do amor de Deus, você estará dizendo que essas pessoas não são cristãs de forma alguma. E isso não só é errado, mas é uma coisa muito cruel de se dizer. Sim, você pode ser um cristão sem essa certeza. Claro, os cristãos não devem estar nesse estado de medo. Às vezes isso ocorre em razão das condições psicológicas, ou às vezes em virtude de um ensino errado. E é uma coisa terrível, não apenas um erro, confundir a fé salvífica com a plena certeza da fé.

No momento em que você começa a fazer coisas desse tipo você entra em dificuldades e começa a se contradizer. O escritor que citei anteriormente prossegue dizendo: "Às vezes o Espírito Santo pode operar distintamente a obra da nova aliança de glorificar o Senhor Jesus, isto é, revelá-Lo e manifestá-Lo de tal forma a nos fazer exultar "com alegria indizível e cheia de glória" (1Pe 1.8). Meu argumento aqui é que ele usa a expressão "às vezes". "[...] Às vezes podemos ter visões e revelações ou ter alguma experiência como Paulo teve em 2Coríntios 12.1-4 – Então ele adiciona isto – Nem por um momento eu nego qualquer uma dessas coisas, no entanto este não é o propósito habitual, geral ou comum de Deus para todo o seu povo, mas sim, o ministério incomum, particular e excepcional do Espírito Santo para alguns; nem devem as pessoas que têm essas experiências, exortar as mesmas sobre os outros, como se fosse uma norma espiritual."

Por que então enfatizo isso? Bem, isso é muito interessante. Eu o faço porque o que ele está dizendo é que a posição em que alguém se regozija com uma alegria indescritível e cheia de glória é "excepcional, incomum, particular", é algo que acontece às vezes. Mas o que a Escritura diz? Para quem o apóstolo Pedro está escrevendo? Ele começa assim – 1Pedro 1.1: "Pedro, apóstolo de Jesus Cristo, aos eleitos que são forasteiros da Dispersão no Ponto, Galácia, Capadócia, Ásia e Bitínia, eleitos segundo a presciência de Deus Pai, em santificação do Espírito, para a obediência e a aspersão do sangue de Jesus Cristo".

Ele está escrevendo para cristãos excepcionais? Para um corpo de apóstolos ou líderes da igreja apenas? Ele está escrevendo para as pessoas e dizendo: "Vocês são parte de um povo muito incomum?" Não, ele está escrevendo para membros comuns da igreja, cujos nomes ele nem conhece, para "forasteiros da Dispersão". Ele diz: "Eu estou lhes escrevendo e sei que vocês", "a quem, não havendo visto, amais; no qual, não vendo agora, mas crendo, exultais com alegria indizível e cheia de glória". Pedro mesmo deixa muito claro que não está escrevendo sobre algo excepcional, que acontece às vezes, não; ele está presumindo que seja a norma e a experiência normal de membros comuns e anônimos da igreja cristã, e ainda assim, veja você, por causa de uma doutrina errada, o escritor citado acima diz que isso acontece "às vezes", que isso é "excepcional". Não, isso é o comum e o usual.

"Muito bem", diz alguém, "você está afirmando agora que todos nós devemos ser capazes de dizer que nos regozijamos em Cristo com uma alegria indescritível e cheia de glória?" Minha resposta é bastante simples: todos nós devemos ser capazes de dizer isso, mas não digo por um segundo que, se você não pode dizer isso, então você não seja um cristão. Qual é a explicação? Bem, deixe-me repetir. Todo o ensino das epístolas é pressuposto e baseado na história do que aconteceu em Atos. Em outras palavras, há apenas uma maneira pela qual você pode entender as epístolas do Novo Testamento e é esta: Deus iniciou a igreja cristã ao derramar seu Espírito sobre seus discípulos. Assim, a igreja do Novo Testamento é uma igreja que é batizada com o Espírito. E todo o ensinamento do Novo Testamento presume isso. Muitas vezes a igreja hoje não é assim; ela não foi nada disso em sua longa história; ela não é assim hoje. Mas é assim que ela deveria ser.

Agora, nas epístolas do Novo Testamento, você obviamente não faz exortações às pessoas para que busquem o batismo do Espírito. Por quê? Porque elas já foram batizadas. Exatamente da mesma maneira, quando em um tempo de avivamento e o Espírito é derramado, você não pede por isso. De fato, o seu problema então será lidar com as tendências aos excessos e certo tumulto que se alastra e você tem que pregar a ordem. Em outras palavras, você estará de volta à posição da igreja do Novo Testamento.

Mas o apóstolo Pedro sabia que essas pessoas, tendo sido batizadas com o Espírito, estavam cheias de uma alegria indizível e cheia de glória. Ele, longe de dizer que foi excepcional, toma isso como padrão. Portanto, afirmo mais uma vez que não há nada mais perigoso do que começar dizendo que você deve ignorar o livro de Atos e procurar ser instruído somente no ensino de nosso Senhor ou no ensino das epístolas do Novo Testamento.

Deixe-me agora dar-lhe uma terceira resposta para essa dificuldade que as pessoas incorrem se interpretarem a regeneração e o batismo do Espírito como a mesma coisa e não como diferentes. Se a regeneração e o batismo são uma coisa só e não são para ser diferenciados, então eu acho que podemos dizer, pelo que já vimos, que obviamente, os apóstolos tinham o poder de regenerar pessoas. Você se lembra da história em Atos 19 sobre certas pessoas em Éfeso? O apóstolo expôs a verdade a eles, eles creram, e os batizou em nome do Senhor Jesus Cristo. Então impôs as mãos sobre eles e foram batizados com o Espírito. Portanto, se você identificar o batismo do Espírito com a regeneração, você deve dizer que foi o apóstolo que, impondo as mãos sobre essas pessoas, as regenerou, e o mesmo aconteceu com todos os outros exemplos – Pedro e João, quando desceram para Samaria devem ter feito a mesma coisa. Mas a resposta, como vimos, é que essas pessoas já eram regeneradas – elas acreditaram no evangelho. Em todos esses casos, foi depois que eles foram regenerados, que as mãos foram colocadas sobre eles e então receberam o batismo do Espírito Santo (At 8 e 19).

Mas deixe-me chegar a um quarto argumento bastante interessante. Existem certos setores da igreja cristã que acreditam no que chamam de confirmação e que detêm o que chamam de "cultos de confirmação".

A Igreja Anglicana neste país[5] faz isso, assim como a Igreja Católica Romana e a Luterana. Agora de onde vem tal prática? Bem, eles

---

[5] O autor escreve na Inglaterra. [N. do E.]

dizem que essa prática deriva do que lemos em Hebreus 6.2 sobre a imposição de mãos: "A doutrina dos batismos e da imposição das mãos". E também se baseia, dizem eles, naquilo que os apóstolos Pedro e João fizeram em Samaria e o que Paulo fez com aquelas pessoas em Éfeso.

Há alguns que escrevem assim: "A confirmação é a maneira pela qual a Igreja Anglicana escolheu receber como membros aqueles que foram batizados, geralmente na infância, e se arrependeram e creram". Eles dizem ainda que "é algo que Deus pode usar como sinal para certificar o candidato a respeito de seu favor".

Agora, a resposta para isso é a seguinte: a confirmação não é algo que a Igreja Anglicana tenha "escolhido" como uma maneira de receber pessoas como membros plenos. A história real é que a Igreja Anglicana apenas continuou o que a Igreja Católica Romana vinha fazendo ao longo dos séculos. É simplesmente uma parte da incompletude da Reforma do século 16. Eles continuaram com vários costumes, e os puritanos obviamente se opuseram a essas coisas. A confirmação é uma delas.

Mas o que é interessante para nós é isso. Eu não acredito em confirmação, mas, no entanto, é um argumento de grande valor neste momento. De onde veio a confirmação? Bem, acabei de lhe dizer algo sobre sua origem. Perceba, desde o princípio havia uma distinção entre crer e ser batizado nas águas, e receber o batismo do Espírito Santo. Eu mostrei e você vê nas Escrituras que sempre houve essa distinção entre as duas coisas. Paulo batizou aqueles homens em Éfeso, depois de ter terminado isso, impôs as mãos sobre eles e receberam o batismo do Espírito Santo, e começaram a falar em línguas. As duas coisas são separadas e distintas.

A igreja primitiva perpetuou isso, e os historiadores concordaram em dizer (eu me esforcei bastante para ter certeza de todos os fatos) que nos primeiros dias, o *epíscopo* (o bispo) era o homem que fazia o batismo com água e a imposição de mãos. Mas à medida que os números aumentaram muito, ele descobriu que não podia fazer isso, então houve uma divisão. O ato do batismo nas águas foi outorgado ao presbítero, mas o da imposição de mãos estava reservado para a visita do bispo.

Agora há evidência clara disso nos escritos de um dos grandes Pais da Igreja, Tertuliano – que escreveu no final do segundo século, e no quarto século essa era a prática comum. E é claro que continuou até hoje. O pároco local prega e faz o batismo, mas o bispo é o homem que vem para fazer a confirmação.

Estou apenas colocando essa evidência diante de vocês para fundamentar esse ponto – que essa distinção que é tão clara no Novo Testamento foi reconhecida através dos séculos. O lugar onde nós discordamos está bem claro: dizemos que o bispo não é necessário a esse respeito e que isso é algo que pode acontecer independente dele, e assim por diante. Mas essa não é a ideia central.

O argumento que estou afirmando é que, de acordo com o ensino do Novo Testamento, você descobre que a história da igreja desde seus primeiros dias continua a mostrar que há essa distinção entre a regeneração e o batismo do Espírito.

Parece-me, portanto, que aqueles que sustentam a posição anglicana estão em dificuldades reais sobre todo o seu culto de confirmação, porque em conexão com o batismo de um bebê é isso que o pastor tem a dizer: "Vendo agora, queridos e amados irmãos, que esta criança é pelo batismo regenerada e enxertada no corpo da Igreja de Cristo, vamos dar graças ao Deus Todo-Poderoso por esses benefícios" – e assim por diante. A mesma coisa é repetida no culto de confirmação: "Todo-Poderoso e eterno Deus, que concedeu a regeneração destes teus servos pelas águas e pelo Espírito Santo, e deu-lhes perdão de todos os seus pecados, fortalece-os etc." Parece-me que se você identificar a fé ou a regeneração com o batismo do Espírito Santo, não há sentido algum em estabelecer e manter um culto de confirmação.

Deixe-me chegar finalmente ao que é o mais importante de tudo, sem citar mais ninguém ou refutar erros. Esta é uma afirmação positiva: o ensino do Novo Testamento em si. Para mim, a prova definitiva dessa distinção vital entre a regeneração e o batismo do Espírito, o ensino que diz que você pode ser regenerado e ainda não ser batizado com o Espírito, não é outro senão o caso de nosso Senhor e Salvador Jesus

Cristo. É interessante notar que as pessoas que não reconhecem essa distinção nunca se referem a ele dessa maneira. E, no entanto, é tão vital. É hora de observar os relatos de seu batismo.

Aqui está ele, o eterno Filho de Deus, mais do que regenerado, a Palavra que sempre foi o Filho de Deus, o Filho de Deus encarnado. Aqui ele está exposto como um homem encarnado, e, ainda assim, você lembra o que aconteceu com ele? A fim de cumprir toda a justiça, como ele afirma a João Batista, se submeteu ao batismo, e é isso que lemos: "E aconteceu que, ao ser todo o povo batizado, também o foi Jesus; e, estando ele a orar, o céu se abriu, e o Espírito Santo desceu sobre ele em forma corpórea como pomba; e ouviu-se uma voz do céu: Tu és o meu Filho amado, em ti me comprazo" (Lc 3.21-22).

E você percebe o que acontece depois disso? Lucas 4.1 diz: "Jesus cheio do Espírito Santo" – aconteceu quando o Espírito Santo desceu sobre ele quando ele estava lá no Jordão – "cheio do Espírito Santo, voltou do Jordão e foi guiado pelo mesmo Espírito no deserto." E novamente olhe o verso 14: "Então, Jesus, no poder do Espírito, regressou para a Galileia". Mas repare nos versículos seguintes. Ele entrou na sinagoga, o livro de Isaías lhe foi entregue: "Então, lhe deram o livro do profeta Isaías, e, abrindo o livro, achou o lugar onde estava escrito: O Espírito do Senhor está sobre mim, pelo que me ungiu para evangelizar os pobres; enviou-me para proclamar libertação aos cativos e restauração da vista aos cegos, para pôr em liberdade os oprimidos [...] Então, passou Jesus a dizer-lhes: Hoje, se cumpriu a Escritura que acabais de ouvir" (versos 17-18, 21).

Então você tem declarações dizendo a mesma coisa no Evangelho de João. Veja João 3.34: "Pois o enviado de Deus fala as palavras dele, porque Deus não dá o Espírito por medida".

Então a última declaração está em João 6.27: "Trabalhai, não pela comida que perece, mas pela que subsiste para a vida eterna, a qual o Filho do Homem vos dará; porque Deus, o Pai, o confirmou com o seu selo". Já encontramos essa palavra "selo" em Efésios 1.13: "tendo nele também crido, fostes selados com o Santo Espírito da promessa". Deus

Pai selou o Filho – e ele o selou no Jordão, quando enviou o Espírito Santo sobre ele. Ele recebeu o Espírito em plenitude.

Para quê? Aqui está o ponto crucial. Nosso Senhor estava lá entrando em seu ministério público. Ele havia vivido como homem, trabalhado como carpinteiro, mas agora com a idade de trinta anos ele estava inaugurando seu ministério, e – aqui está o ensinamento – porque ele havia se tornado um homem e estava vivendo a vida neste mundo como homem, embora ele ainda fosse o eterno Filho de Deus, ele precisava receber o Espírito em sua plenitude, e Deus lhe deu o Espírito. O Espírito desceu sobre ele. Então, lemos que "cheio do Espírito" ele foi, no "poder do Espírito" (Lc 4.14) e começou a pregar. Ele disse: "Eu fui ungido com o Espírito para proclamar". Em outras palavras, nosso próprio Senhor não poderia atuar como testemunha, pregador e testificador do evangelho da salvação sem receber esse revestimento do Espírito. E isso, espero poder mostrar a vocês, é o propósito do batismo com o Espírito Santo.

Agora você vê o argumento. Nosso Senhor é eternamente o Filho de Deus, mas embora ele fosse o Filho de Deus, para fazer sua obra como o Messias à semelhança do homem, na forma de um servo, ele precisava desse "batismo" com o Espírito, e assim o Espírito veio sobre ele, assim como veio sobre os discípulos e os 120 no cenáculo, sobre Cornélio e sua casa, como também vem sobre as pessoas em todo tempo de avivamento. E no poder do Espírito, ele foi capacitado. Nos é dito que ele falou e viveu no poder do Espírito, morreu mediante o poder do Espírito eterno, e ressuscitou dos mortos por meio do poder do Espírito.

Aqui é perceptível o estabelecimento, além de qualquer disputa ou dúvida, da distinção essencial entre regeneração, nascer de novo, ser um participante da natureza divina, e o batismo com o Espírito Santo. Você não só entra em dificuldades se não reconhece essas distinções, mas se encontra, acima de tudo, numa posição em que simplesmente não consegue explicar o que lemos como tendo ocorrido no caso de nosso bendito Senhor e Salvador.

SERMÃO 3

ALGUMA COISA ACONTECE CONOSCO

Temos considerado o fato de que as pessoas podem ser verdadeiramente cristãs sem terem recebido o batismo do Espírito Santo – essa foi a minha primeira proposição. Agora, minha segunda proposição – e considero isso também como uma afirmação muito importante – é que o batismo com o Espírito Santo é algo que acontece conosco. Isso está claro, com certeza, em todos esses casos registrados em Atos, que é como tentei mostrar, nossa autoridade suprema nesta questão. É essa história que é assumida como fundo para o ensino das epístolas. E enquanto você lê esses diferentes casos, que obviamente foram registrados para nossa instrução e iluminação, você descobre que é algo que acontece com homens e mulheres, com cristãos genuínos.

Agora, não estou tão preocupado, neste ponto, em considerar exatamente o modo como acontece esse batismo. Essa será uma das coisas da qual nos aproximaremos no final de nossa ponderação. Tudo o que eu estou preocupado em fazer aqui é enfatizar o fato que é algo que acontece conosco. Não é algo que acontece automaticamente para todos que creem; nós vimos que há uma distinção. Pode haver um intervalo entre os dois acontecimentos, às vezes curto, em outros momentos mais longos. Às vezes, não parece haver nenhum intervalo. Mas, não acontece automaticamente no momento em que um homem se arrepende e crê no Senhor Jesus Cristo.

Estou igualmente ansioso para enfatizar que o batismo do Espírito não acontece como resultado de algo que fazemos. Agora há muitos que ensinam algo assim. Eles dizem: "Você pode experimentar isso sempre que quiser; contanto que você faça isso ou aquilo". Não encontro um único exemplo no Novo Testamento. Parece-me ser algo totalmente errado a se ensinar. Portanto, não devemos dizer que podemos receber o Espírito nesse sentido de batismo sempre que quisermos. Eu quero me esforçar para mostrar a você que o ensino é quase o oposto disso. Isso não acontece automaticamente, se fizermos ou seguirmos certas regras.

Agora, aqui está um grande princípio: qualquer ensino que diga que qualquer bênção no reino espiritual pode ser recebida de uma maneira mecânica e automática – "Faça isto e aí está" – parece-me violar um princípio muito vital em todos os âmbitos dessa doutrina.

Em outras palavras, a ação é do Senhor. É o que mostra claramente nosso texto básico: "Ele batizará com o Espírito Santo e com fogo".

"Eu", diz João, "batizo com água, mas ele irá batizar" – é sua ação, sua prerrogativa. Assim, em todos esses casos descritos, o que é enfatizado acima de tudo é o fato do que eu chamo de elemento "dado". Pegue os termos que são usados – ele é "derramado", "eles foram cheios", ou ele "caiu sobre eles". Aqui estão essas pessoas, elas são as destinatárias; mas a ação está fora delas, e é objetiva se você prefere, é algo dado, é o Senhor quem faz isso.

As mesmas variações que você encontrará nas diferentes instâncias descritas em Atos, ajudam a destacar esse elemento de forma muito clara. Lembramos como, no caso dos próprios apóstolos, eles estiveram orando por uns dez dias em Jerusalém, no cenáculo, e então naquela manhã de Pentecostes o Espírito veio de repente.

Ao lermos o quarto capítulo de Atos também lembramos de como eles estavam orando mais uma vez, e novamente o Espírito Santo desceu sobre eles e o edifício tremeu. Mas, no que diz respeito aos samaritanos, você se lembra de que houve um intervalo. Muitos haviam se convertido por meio da pregação de Filipe, e as notícias foram enviadas a Jerusalém, de modo que Pedro e João foram mandados para que lhes falassem e orassem por eles e sobre eles impusessem as mãos. Mas no caso de Cornélio, mesmo enquanto Pedro falava, o Espírito Santo desceu sobre eles. Também já consideramos o relato em Atos 19 do que aconteceu em Éfeso.

O argumento que estou defendendo, então, é que essas mesmas variações na maneira como isso acontece apontam para o mesmo fato, que o elemento "dado" é o mais importante. Você não pode estereotipar ou sistematizar isso, ou dizer: "muito bem, é isso que você precisa fazer". Não, é sempre evidente esse elemento "dado", o derramamento, a vinda, o enchimento do Espírito Santo. Em outras palavras, todas essas variações estabelecem o senhorio de nosso Senhor Jesus Cristo em toda a questão. É ele o doador e é ele quem batiza. Ele faz isso a seu modo e a seu tempo, portanto nunca devemos perder de vista esse princípio tão importante.

Talvez nos ajude a entender isso se colocarmos assim. A mesma coisa é verdade em todos os grandes avivamentos na história da igreja que são muito importantes nesse assunto. A diferença entre o batismo do Espírito Santo e um avivamento é simplesmente o número de pessoas afetadas. Eu definiria um avivamento como um grande número de pessoas sendo batizadas pelo Espírito Santo ao mesmo tempo; ou o Espírito Santo caindo sobre um grupo de pessoas reunidas. Pode acontecer em uma capela, ou em uma igreja, em um distrito, ou em todo país.

Não há nada mais fascinante do que a história dos grandes avivamentos na igreja e, ao ler sobre eles, você vê que são apenas ilustrações disso. É uma obviedade dizer que todo avivamento da religião é, em certo sentido, uma repetição do Pentecostes. O Pentecostes foi o início, o primeiro, mas depois há essas repetições descritas em Atos, na casa de Cornélio, nas pessoas em Éfeso e assim por diante.

À luz de tudo isso, portanto, não há nada que seja tão claro sobre a história dos avivamentos do que a soberania e o senhorio de nosso Senhor e Salvador Jesus Cristo. Você não pode obter ou produzir um avivamento sempre que quiser. É errado dizer que se você cumprir certas condições, ou fizer certas coisas, um avivamento virá. Tantos disseram o mesmo. Conheço muitos que ensinaram e praticaram isso, que fizeram tudo o que foram instruídos a fazer, mas o avivamento não veio. A resposta é que o avivamento é um dom de Deus e está inteiramente em suas mãos. Ele é o Senhor, ele é soberano, e como o Espírito Santo dá dons às pessoas de acordo com sua vontade soberana, assim o Filho dá este dom, este batismo, de acordo com sua própria vontade soberana.

Assim, quaisquer noções mecânicas que sejam introduzidas nesta matéria são, parece-me, uma contradição do que é um ensino óbvio. Esse batismo é algo que nos acontece, que ocorre com relação a nós, é dado, a ação é dele e não o resultado de algo que você e eu fazemos.

Enfatizo isso para que nos conduza à próxima proposição que talvez seja ainda mais importante. Tal proposição é que o batismo com o Espírito Santo é sempre algo claro e inconfundível, algo que pode ser reconhecido pela pessoa a quem acontece e pelos outros que olham para essa pessoa. Este é obviamente um princípio mais vital e importante. Aqueles naturalmente que tendem a identificar o batismo do Espírito Santo com regeneração, e dizem que todos os que se tornam cristãos recebem o batismo do Espírito Santo na conversão, do mesmo modo minimizam isto por necessidade. Regeneração é algo inconsciente, não experimental; e o grande ponto é que é um ato milagroso e misterioso, trabalhado nas profundezas e nos órgãos vitais da alma, e nenhum homem pode dizer-lhe o momento em que foi regenerado. Todos concordam com isso – que a regeneração não é experimental. Só mais tarde, você começa a descobrir o fato de que foi regenerado e dá provas disso.

Mas agora estamos lidando com algo que é muito diferente. A essência é que isso é consciente, experimental, óbvio, simples e claro; não só para o destinatário, mas também para aqueles que estão familiarizados com ele.

Eu considero isso, em muitos aspectos, o centro da diferença de opinião entre os bons cristãos que estão igualmente interessados em pregar e chegar a um conhecimento da verdade. Eu poderia citar muitos exemplos para você. Em um volume sobre teologia sistemática há um grande título que diz: "O Batismo com o Espírito Santo não é experimental". Outros escritores colocam isso na forma de uma pergunta dizendo: "Que garantia bíblica existe para supor que as pessoas não podem receber o dom ou o batismo do Espírito Santo de maneira silenciosa e ordeira?" Ou: "A plenitude do Espírito leva ao comportamento moral restrito e racional".

Você nota a ênfase, a restrição, a quietude; você se depara com frases como: "A plenitude do Espírito não envolve tanto uma experiência privada e mística como um relacionamento com Deus". Isso tudo minimiza o aspecto experimental do assunto. Você leu: "Nem o batismo, nem a plenitude do Espírito, precisam ser acompanhados por sinais espetaculares. O batismo inicial do Espírito pode ser quieto e moderado". Concordamos que não há carência ou necessidade de sinais espetaculares, porém essa outra afirmação de que pode ser "quieto" é bastante lógica para pessoas que identificam a regeneração com o batismo do Espírito, ou que dizem que isso acontece a todos no momento da regeneração. Eles devem necessariamente dizer isso e minimizar o lado experimental, o aspecto emocional ou místico, se preferirem, e enfatizar o fato de que é principalmente uma questão de vida moral e comportamento.

Mas agora, portanto, chegamos à questão vital. Nos é perguntado qual é a garantia bíblica para supor que não é assim. Bem, eu quero colocar a evidência bíblica diante de você porque acho que a Bíblia deixa isso bem claro, faz com que fique completamente além de qualquer dúvida, que se trata de algo essencialmente experimental, que envolve uma experiência mística, para usar tal termo. A ênfase toda, nas instâncias que nos são dadas nas Escrituras, e do que podemos deduzir do ensino sobre a necessidade de restrição e controle na igreja em Corinto, tudo isso indica que, longe de ser algo quieto e ordeiro, tende a ser óbvio e patente, essencialmente experimental.

Agora não me entenda mal; não estou preocupado em enfatizar algo espetacular, embora tenhamos que dizer isso: no Novo Testamento foi algo altamente espetacular, e nos grandes avivamentos da religião sempre houve um elemento espetacular muito proeminente. Além disso, nas vidas e experiências de indivíduos que falam sobre o caso e que testemunham ter recebido esse batismo, há invariavelmente algo que quase nos compele a chamar de elemento espetacular; para eles, de qualquer forma, foi a coisa mais fantástica que lhes aconteceu. De modo que qualquer impressão dada de que isso é algo quieto, restrito e quase despercebido, parece-me estar chegando muito perto do que o apóstolo chama de "apagar o Espírito". Deixe-me, então, dar-lhe a evidência, porque é abundante e é muito interessante.

Parece-me que, de uma forma muito notável, mesmo nos prenúncios ou nas profecias da vinda desta grande plenitude do batismo do Espírito, há clara evidência do fato de que o fenômeno é algo óbvio, nítido e patente. Você encontra o caso no Antigo Testamento; o Espírito Santo vem sobre certas pessoas ocasionalmente, Bezalel e outros, ou sobre os profetas, para executar certa obra. Não me entenda mal – isso não é o batismo com o Espírito, mas é da mesma ordem. A grande diferença entre o Antigo e o Novo Testamento é que no Antigo acontece ocasionalmente a homens excepcionais para propósitos específicos, enquanto a profecia de Joel nos diz que no Novo será algo mais extenso e incluirá os tipos mais diversos de pessoas, quase indiscriminadamente. Contudo, essas previsões são extremamente interessantes, e talvez as mais interessantes de todas sejam aquelas encontradas no próprio Novo Testamento.

Em Lucas 1.41-42, por exemplo, somos informados sobre Isabel, a mãe de João Batista. Nos versículos 39-40, lemos que Maria fez uma visita a Isabel: "Naqueles dias, dispondo-se Maria, foi apressadamente à região montanhosa, a uma cidade de Judá, entrou na casa de Zacarias e saudou Isabel". Observe a sequência dos fatos: "Ouvindo esta a saudação de Maria, a criança lhe estremeceu no ventre". Alguns dos puritanos que escrevem sobre esse assunto fizeram grande uso disso, dizendo que esse é o tipo de coisa que acontece a alguém quando o Espírito vem sobre ele dessa maneira – uma espécie de bebê salta em seu ventre. Em outras palavras, o bebê já estava lá – a pessoa já era regenerada – mas, tudo estava muito quieto até que houve um "salto" do bebê no útero.

Eu não quero enfatizar demasiadamente, mas o que estou ressaltando é que: "então, Isabel ficou possuída do Espírito Santo". Eis a evidência: "E exclamou em alta voz [...]".

Era óbvio para ela que algo havia acontecido: ela estava cheia do Espírito Santo e falou. Ela estava ciente disso, e aqueles que a ouviam estavam igualmente conscientes do fato. Não foi algo silencioso – nos é dito que "ela falou em alta voz". Essa é a autoridade do Espírito, o mesmo tipo de coisa sobre o qual você lê em Atos 2. Quando Pedro se torna o porta-voz, ele não é mais o indivíduo covarde e temeroso que tem sido até então, mas fala com ousadia e autoridade. E assim todos eles fazem, e assim continuaram a fazer ao longo dos séculos.

Mas olhe para Lucas 1.67 onde você é informado sobre o próprio Zacarias. O versículo 66 apresenta o relato: "Todos os que as ouviram guardavam-nas no coração, dizendo: Que virá a ser, pois, este menino? E a mão do Senhor estava com ele". O versículo 67 continua: "Zacarias, seu pai, cheio do Espírito Santo, profetizou, dizendo [...]"Então nós temos esta grande expressão profética de Zacarias, que foi claramente inspirado, cheio do Espírito. É exatamente a mesma coisa que aconteceu com Isabel, no entanto ainda mais notável.

Agora, o argumento que estou levantando é que quando isto acontece torna-se evidente que há um poder dado, uma percepção, um entendimento, uma autoridade, um falar alto e corajoso. Isso não sugere algo quieto e controlado, quase discreto e não notado. É exatamente o oposto. No entanto, essas são apenas as antecipações preliminares. Vimos com nosso próprio Senhor que, uma vez que o Espírito havia vindo sobre ele, principiou seu ministério: começou a falar e a agir e a fazer suas grandes obras, da mesma forma que Pedro as resumiu na pregação a Cornélio e sua família.

Mas então você vem direto para Atos e aqui, certamente, é quase impossível ver como alguém lendo os fatos pode contestar essa proposição de que quando o Espírito desce, é um acontecimento claro e evidente. Considere Atos 2.4: "Todos ficaram cheios do Espírito Santo e passaram a falar em outras línguas, segundo o Espírito lhes concedia que falassem". Isso é altamente sensacional! "Eles começaram a falar em outras línguas, conforme o Espírito lhes concedia que falassem". E eles estavam conscientes disso, é claro. Os homens estavam em estado de êxtase, estavam cheios do Espírito Santo e fazendo algo muito incomum, algo que nunca havia sido feito antes. São as Escrituras que dizem isso. Mas, olhe também nos versículos 6 e 7: se os próprios apóstolos estivessem cientes de que algo havia acontecido, veja o efeito daquilo sobre os outros. "Quando, pois, se fez ouvir aquela voz, afluiu a multidão, que se possuiu de perplexidade". Perplexos com o quê? Algo quieto, não espetacular, discreto? Não! "porquanto cada um os ouvia falar na sua própria língua. Estavam, pois, atônitos e se admiravam, dizendo: Vede! Não são, porventura, galileus todos esses que aí estão falando?" Isso é um fenômeno, um espetáculo, não algo oculto, silencioso ou contido. Há uma ebulição, uma vitalidade, uma alegria, uma exuberância, um poder, que está aqui na própria superfície.

Mais adiante, lemos nos versículos 12 e 13: "Todos, atônitos e perplexos, interpelavam uns aos outros: Que quer isto dizer? Outros, porém, zombando, diziam: Estão embriagados!" Por que dizem isso sobre os discípulos? Bem, por causa de seu comportamento e aparência, por causa do que eles estavam fazendo. Tudo é indicativo de um fenômeno, algo experimental, algo não apenas claro para o próprio indivíduo cheio, mas óbvio para aqueles que estão observando.

E, de fato, você praticamente obtém o mesmo no final de Atos 2: "Todos os que creram estavam juntos e tinham tudo em comum. Vendiam as suas propriedades e bens, distribuindo o produto entre todos, à medida que alguém tinha necessidade". Você pode imaginar a cena? Isso é algo silencioso e discreto em uma igreja comum acontecendo de semana a semana? "Diariamente perseveravam unânimes no templo, partiam pão de casa em casa e tomavam as suas refeições com alegria e singeleza de coração, louvando a Deus e contando com a simpatia de todo o povo. Enquanto isso, acrescentava-lhes o Senhor, dia a dia, os que iam sendo salvos". Agora, o mais próximo que você chegará disso na história da igreja é quando você lê sobre os avivamentos.

Então devemos considerar a evidência em Atos 4. Em última análise, é uma questão bíblica: qual é o ensino da Escritura? Lemos em Atos 4.8: "Então Pedro, cheio do Espírito Santo" – lembre-se que ele havia sido cheio do Espírito no Dia de Pentecostes, mas aqui está ele agora com João em pé diante do tribunal, as autoridades, e é porque ele está em uma situação perigosa que recebe mais uma vez o enchimento do Espírito – "Pedro, cheio do Espírito Santo, disse-lhes [...]" E novamente você tem essa grande característica que temos visto em Isabel e Zacarias e até em nosso Senhor. Porém ainda mais surpreendente, é claro, é o que você encontra em Atos 4.31: "Tendo eles orado, tremeu o lugar onde estavam reunidos; todos ficaram cheios do Espírito Santo e, com intrepidez, anunciavam a palavra de Deus [...] Com grande poder, os apóstolos davam testemunho da ressurreição do Senhor Jesus, e em todos eles havia abundante graça". Contido?! Quieto?! Discreto?! Meus queridos amigos, porque não ouvir as evidências? Esse é o tipo de coisa que acontece quando o Espírito "vem" sobre o homem, até mesmo o edifício foi abalado, e essa tremenda inspiração aconteceu nas experiências dos apóstolos e dos outros crentes.

Você também o encontra no sexto capítulo, em que lemos sobre a questão da designação de diáconos. "Mas, irmãos", dizem os apóstolos, "escolhei dentre vós sete homens de boa reputação, cheios do Espírito e de sabedoria, aos quais encarregaremos deste serviço". Como eles poderiam dizer se um homem estava cheio do Espírito Santo? Eles não só tinham de escolher homens que tivessem sabedoria e fossem bons homens, e de testemunho honesto, mas tinham que ser "cheios do Espírito Santo". Como você reconhece isso se é algo que não pode ser observado, se é algo que não é reconhecido? Claro que é algo evidente, caso contrário, nunca poderiam ter recebido essas instruções. Você encontra no versículo 5 também: "O parecer agradou a toda a comunidade; e elegeram Estêvão, homem cheio de fé e do Espírito Santo, Filipe [...]" e o resto deles, dos quais a mesma coisa era verdade. Você também tem isso no versículo 8: "Estêvão, cheio de graça e poder, fazia prodígios e grandes sinais entre o povo". Versículo 10: "e não podiam resistir à sabedoria e ao Espírito, pelo qual ele falava". Isso não é espírito natural, mas a plenitude do Espírito Santo.

A evidência é ainda mais explícita no capítulo 8, onde nos é dito como Pedro e João foram a Samaria. No versículo 17, lemos: "Então, lhes impunham as mãos, e recebiam estes o Espírito Santo". Agora, isso é interessante, o versículo seguinte diz assim: "Vendo, porém, Simão que, pelo fato de imporem os apóstolos as mãos, era concedido o Espírito [Santo]" – era algo que ele podia ver – "ofereceu-lhes dinheiro". Ele deduziu de forma errada, mas o ponto é que esse homem capaz viu que, como resultado da imposição das mãos dos apóstolos, algo havia acontecido com essas pessoas; elas receberam o Espírito Santo. Então ele disse de fato: "Posso receber esse dom? O que eu tenho que pagar por isso?" Em outras palavras, é claro que é algo absolutamente evidente, não apenas para a consciência do indivíduo, tornando-o ciente disso, mas também para outras pessoas que estão observando.

O mesmo acontece com o próprio apóstolo Paulo, em Atos 9: "Imediatamente, lhe caíram dos olhos como que umas escamas, e tornou a ver. A seguir, levantou-se e foi batizado. E, depois de ter-se alimentado, sentiu-se fortalecido. Então, permaneceu em Damasco alguns dias com os discípulos. E logo pregava, nas sinagogas, a Jesus, afirmando que este é o Filho de Deus". Ele que estava perseguindo, respirando ameaças de morte... uma completa reviravolta! Ele está ciente disso, todo mundo está ciente da mesma coisa.

Eu já dei inclusive o exemplo mais notável disso, em Atos 10: "Ainda Pedro falava estas coisas quando caiu o Espírito Santo sobre todos os que ouviam a palavra. E os fiéis que eram da circuncisão, que vieram com Pedro, admiraram-se, porque também sobre os gentios foi derramado o dom do Espírito Santo". Como eles sabiam? Eles devem ter visto alguma coisa. E é claro que viram! "Pois os ouviam falando em línguas e engrandecendo a Deus". Era óbvio para esses crentes judeus companheiros de Pedro, que o Espírito Santo havia descido sobre esse povo e o próprio Pedro viu. "Então, perguntou Pedro: Porventura, pode alguém recusar a água, para que não sejam batizados estes que, assim como nós, receberam o Espírito Santo?" Eles sabiam o que tinha acontecido, Pedro sabia o que tinha acontecido, os companheiros de Pedro sabiam o que tinha acontecido. Isso é claro.

Surgiu uma disputa sobre tudo isso – Pedro estava certo em admitir gentios na igreja? Então eles acordaram um conselho a respeito desta questão, descrito em Atos 11. A essência do argumento de Pedro está nos versos 15-18: "Quando, porém, comecei a falar, caiu o Espírito Santo sobre eles, como também sobre nós, no princípio. Então, me lembrei da palavra do Senhor, quando disse: João, na verdade, batizou com água, mas vós sereis batizados com o Espírito Santo. Pois, se Deus lhes concedeu o mesmo dom que a nós nos outorgou quando cremos no Senhor Jesus, quem era eu para que pudesse resistir a Deus?"

Esse é o argumento, e é tudo indicativo do fato de que isso é algo óbvio, experimental, manifesto – um fenômeno. Agora existem graus de tais manifestações, mas a ênfase principal está presente em todas as instâncias. É o mesmo em Atos 19, quando Paulo perguntou: "Recebestes, porventura, o Espírito Santo quando crestes?" indicando claramente que estava ciente do fato de que havia algo faltando, mas não conseguiu sua evidência. Então ele trouxe a questão e depois descobriu que estava certo em fazê-la. Você se lembra que ele impôs as mãos sobre eles e as evidências foram produzidas logo.

Para completar esse argumento em particular, considere de novo Gálatas 3.2, 5: "Quero apenas saber isto de vós: recebestes o Espírito pelas obras da lei ou pela pregação da fé?" Paulo não está falando sobre se tornarem cristãos, mas sobre essa peculiar experiência especial de receber o Espírito. Se ele quisesse dizer simplesmente crer no Senhor Jesus Cristo, teria dito: "Você crê no Senhor Jesus Cristo como resultado da sua circuncisão ou como resultado da fé?" Mas, ele já lidou com isso nos dois primeiros capítulos. Esse é um argumento adicional e muito poderoso, e assim ele o repete no versículo 5: "Aquele, pois, que vos concede o Espírito e que opera milagres entre vós, porventura, o faz pelas obras da lei ou pela pregação da fé?" O que ele está dizendo é isto – como você foi justificado pela fé, assim é nesta esfera da fé que você recebeu o dom do Espírito. É um fenômeno externo do qual ele pode, portanto, pedir por evidências.

Existe, essencialmente, a evidência bíblica com relação a esse assunto, e eu lembraria novamente o fato de que a mesma coisa é sempre verdadeira em todos os relatos que temos dos grandes avivamentos na igreja. É sempre algo que pode ser reconhecido. Agora tenho idade suficiente para lembrar o avivamento em Gales em 1904 e 1905 e lembro-me de ouvir pessoas dizerem sobre um homem: "Ele 'teve' o avivamento". O que eles queriam dizer com isso? Bem, eles estavam se referindo a uma experiência. O homem tinha sido um cristão, tinha sido um membro da igreja e ainda assim, permaneceu intocado e não afetado a respeito do avivamento. Mas, agora sim, "Ele experimentou o avivamento!"

No avivamento, perceba, algo acontece. É um fenômeno. O Espírito vem, cai sobre as pessoas e sobre as congregações; eles são transformados, e isso é óbvio para eles e para as outras pessoas, para que outros possam dizer sobre um homem: "Ele teve o avivamento". Como as pessoas sabem disso? Bem, o homem deu evidências, as quais, é claro, podem ser estranhas e maravilhosas.

Eu não quero entrar muito nisso neste ponto, mas anos atrás conheci um homem, um ministro do evangelho que já dorme no Senhor, que costumava descrever como ele, para usar a frase, "teve o avivamento". Tudo o que ele sabia era que inicialmente se opunha a essa experiência. Ele queria ser músico e tinha ido ao seu ensaio habitual em um sábado à noite e, ao retornar, ficou muito irritado ao não encontrar ninguém lá.

"Eles foram para a tal reunião de avivamento", disse ele de forma pejorativa. "Vou ver o que é tudo isso." E saiu mal humorado. O lugar estava tão cheio que ele conseguiu se espremer no banco de trás. Havia pessoas em pé nos corredores, que estavam todos bloqueados, porém a próxima coisa que o homem lembrava era de levantar-se de seus joelhos no grande assento imediatamente abaixo do púlpito, onde havia estado orando de uma maneira surpreendente.

Ao dizer tudo isso, estou simplesmente enfatizando que devemos ser muito cuidadosos nesses assuntos. O que sabemos do reino do Espírito? O que sabemos do Espírito caindo sobre as pessoas? O que sabemos sobre essas grandes manifestações do Espírito Santo? Precisamos ser muito cuidadosos "para que não sejamos encontrados lutando contra Deus", para não sermos culpados de "apagar o Espírito Santo de Deus". Um avivamento é sempre algo claro e óbvio. Quando um avivamento irrompe em uma igreja ou em uma localidade que é conhecida, torna-se um tema de conversa, desperta grande curiosidade, exatamente como aconteceu no Dia de Pentecostes, e as pessoas vêm se aglomerando por pura curiosidade para ver o que aconteceu.

Agora, para apoiar isso e mostrar a você que o que aconteceu no começo é o que continua acontecendo, deixe-me dar algumas citações. Todos estão familiarizados com o que aconteceu com John Wesley na Rua Aldersgate, aqui em Londres, no dia 24 de maio de 1738. Ele tinha sido convencido por várias semanas sobre a doutrina da justificação pela fé somente. Ele viu isso claramente, estava pregando e crendo. Mas ainda havia algo faltando.

Ele descreve o que aconteceu desta maneira:

> Cerca de quinze minutos antes das nove, enquanto ele [o homem que estava lendo o prefácio do comentário de Lutero sobre Romanos] estava descrevendo a mudança que Deus opera no coração mediante a fé em Cristo, senti meu coração estranhamente aquecido. Senti que confiava somente em Cristo para a salvação, e recebi a garantia de que Ele havia levado meus pecados, e me salvado da lei do pecado e da morte.

John Wesley cria nisso antes, mas, agora ele recebia uma tremenda garantia. Mas, isso é o que é interessante. Esse fato se deu em 24 de maio de 1738. Leia o diário de John Wesley no dia 1º de janeiro de 1739:

O Sr. Hall, Hinching, Ingham, Whitefield, Hutching e meu irmão Charles estavam presentes em nossa ceia em Fetter Lane, com cerca de sessenta de nossos irmãos. Por volta das três da madrugada, enquanto continuávamos em oração, o poder de Deus veio sobre nós de tal maneira que muitos gritaram de alegria exultante e muitos caíram no chão. Assim que nos recuperamos um pouco da admiração e assombro com a presença de Sua Majestade, nós irrompemos em uma só voz: "Louvamos a Ti, Deus, reconhecemos que és o Senhor".

Agora você percebe o que aconteceu – o poder de Deus veio poderosamente sobre eles às três horas da manhã. Eles tinham orado muitas vezes antes, celebravam ceias com muita regularidade, mas foi nessa ocasião que aconteceu dessa maneira. Não é o único, mas é um exemplo perfeito e uma ilustração do que estou tentando dizer. Ele diz aqui: "Ele veio poderosamente sobre nós, de tal maneira que muitos gritaram de alegria excessiva, e muitos caíram ao chão". Temos algum direito, quando lidamos com esses assuntos, em falar sobre sermos contidos e silenciosos? Meus queridos amigos, o que sabemos sobre o Espírito Santo?

Outro exemplo é o grande clérigo anglicano e amigo de Charles Simeon, Henry Venn, que teve um notável ministério em Huddersfield e depois em Yelling. Veja como ele escreve à Lady Huntingdon. Ele acabara de enterrar sua querida esposa e diz:

> Se não soubesse que o Senhor era meu, se eu não estivesse certo de que o Seu coração sente ainda mais amor por mim do que sou capaz de conceber, se isso não fosse evidente para mim, não por dedução e argumentação, mas pela consciência, pela sua luz brilhando em minha alma como o sol em meus olhos físicos, em que situação deplorável eu me encontraria agora.

Você nota o que ele está falando? Está falando sobre uma íntima experiência mística sobre o amor de Deus "brilhando" pela luz do Espírito em sua própria alma, assim como o poder do sol brilha sobre o exterior de seu corpo.

Deixe-me terminar com citações de Charles Simeon, o famoso clérigo em Cambridge no final do século 18 e início do século 19, o homem que realmente é o pai definitivo das Uniões Cristãs Evangélicas, a IVF [agora UCCF] e todo o resto. É assim que ele fala sobre esses assuntos:

> Esta é uma bênção que, embora não seja apreciada ou compreendida por aqueles que nunca a receberam... [e isso é o que é tão claro para mim em tantos escritos. Os homens estão escrevendo sobre coisas que não sabem, nunca receberam, não compreendem]... ainda é certamente desfrutada por muitos do povo escolhido de Deus. Mal sabemos como descrevê-la porque consiste principalmente em uma impressão na mente ocasionada por manifestações do amor de Deus à alma.

Um assunto altamente experimental que o próprio Simeon havia provado. Então ele continua: "Um incrédulo não pode ser selado [...]" Você vê que ele diz que isto é somente para os crentes. Ele quer dizer "selado com o Espírito Santo" ou "receber o batismo do Espírito", ou "ser cheio", ou "o Espírito cair sobre ele", essa certeza em sua forma mais elevada. Por quê? "Porque o Espírito Santo nunca marcaria como propriedade de Deus quem realmente não pertence a ele. Tampouco as pessoas são geralmente seladas no primeiro momento que creem em Cristo".

Essa é a distinção que tenho feito entre crer e se tornar regenerado, por um lado, e depois receber o batismo, ou o selo, ou essa garantia em sua totalidade. Simeon coloca a questão da seguinte forma:

> Tampouco as pessoas são geralmente seladas no primeiro momento que creem em Cristo. Isso é reservado para aqueles

que, tendo crido, mantêm uma caminhada próxima de Deus. Eles devem primeiro estar "em Cristo", para que então, por causa de Cristo, esse benefício seja concedido a eles.

Deixemos esse ponto. Continuarei a considerar de modo mais direto o que é exatamente esse batismo com o Espírito Santo. Que Deus nos dê graça para examinar essas coisas, examinar as Escrituras e ler a história da Igreja. Mantenha sua mente e seu coração abertos à graciosa orientação e influência do Espírito de Deus.

SERMÃO 4

CHEIO DO ESPÍRITO

Consideramos o fato que é possível uma pessoa ser cristã sem ser batizada com o Espírito Santo e que a experiência do batismo é algo que nos acontece. Além disso, é algo experimental, algo claro e inconfundível tanto para nós como para aqueles que nos rodeiam.

Isso nos traz ao ponto em que podemos ficar mais próximos, e direto para a definição do que é exatamente o batismo com o Espírito. Aqui, novamente, a confusão surge principalmente, penso, pelo seguinte motivo. Em Atos capítulo 1 versículo 5, lemos que nosso Senhor disse aos discípulos que eles deveriam ser "batizados com o Espírito Santo, não muito depois desses dias". Então, em Atos 2, obtemos o cumprimento disso: em dez dias ou mais, aconteceu. O interessante é que em Atos 2, onde nos é dado o relato de como os primeiros discípulos e apóstolos foram batizados com o Espírito Santo, o termo "batismo" não é usado; somos informados que "todos foram cheios do Espírito Santo", e esse é o termo que geralmente é usado depois.

Isso tende a levar à confusão dessa maneira – as pessoas chegam à conclusão de que, toda vez que você se deparar com a frase "cheio do Espírito", necessariamente terá que significar exatamente a mesma coisa. Eles dizem: "cheio do Espírito é cheio do Espírito". E é assim que muitas pessoas ficam totalmente confusas com o que lemos em Efésios 5.18: "E não vos embriagueis com vinho, no qual há dissolução, mas enchei-vos do Espírito". Agora veja isto – dizem eles – "Seja cheio do Espírito", e os discípulos ficaram cheios do Espírito no Dia de Pentecostes. Assim, essas pessoas tendem a cair no erro e na confusão de imaginar que essas duas coisas são idênticas.

O problema aqui é uma falha em entender o ensino do Novo Testamento sobre a obra e o modo de operação do Espírito Santo. Ele cumpre várias funções; elas incluem convicção e, particularmente, a regeneração. Mas ele também faz o trabalho de nos santificar: é o Espírito quem nos santifica por meio da verdade. Além disso, ele tem um grande papel nos assuntos da segurança, da certeza e, com isso do testemunho, do testificar, do ministério e da obra. Ora, essas funções do Espírito Santo devem ser diferenciadas, caso contrário, haverá confusão interminável.

Assim, parece-me (e sempre foi reconhecido pelos grandes tratamentos clássicos desse assunto na doutrina da pessoa e da obra do Espírito Santo) que seu trabalho pode ser dividido da seguinte forma: sua obra regular e sua obra excepcional – ou, se você preferir em uma linguagem diferente, sua obra indireta e sua obra direta.

Agora esta divisão na obra e operação do Espírito Santo é de grande importância. Talvez eu possa ilustrar isso de novo para você falando sobre os avivamentos religiosos. O Espírito Santo está na igreja hoje e ele faz uma obra regular nela, embora estes sejam os dias das pequenas coisas. Mas não devemos desprezar esses dias porque, afinal de contas, o que está acontecendo é a obra do Espírito Santo. É isso que quero dizer com sua obra regular. Mas no momento em que você começa a ver os avivamentos religiosos, notamos que estes se sobressaem na história da igreja. Eles ainda são a obra do Espírito Santo, ele é ainda o operador, mas agindo de uma maneira excepcional e incomum.

Ou, considerando minha outra classificação, que é, talvez, para nosso propósito imediato, a mais importante das duas – o Espírito Santo normalmente trabalha por meios. É isso que tenho em mente quando digo que sua obra é "indireta". É o Espírito Santo quem nos deu a Palavra, e seu ministério regular, seu trabalho ordinário (se alguém pode usar tal termo em relação ao Espírito Santo) é lidar conosco por meio das Escrituras. Ele ilumina a mente, nos dá compreensão, abre as Escrituras para nós, usa o mestre ou o pregador, e assim por diante. Agora, mesmo que essa obra seja mais ou menos indireta, é simples e claro – e esse é o centro de toda essa doutrina do batismo com o Espírito Santo – que o Espírito também trabalha e opera de maneira direta.

Eu quero tentar mostrar-lhe, portanto, que a maneira de evitar essa confusão de assumir que cada vez que você encontrar a expressão "cheio do Espírito" significa exatamente a mesma coisa, é observar o contexto e ver o que o escritor está falando. Em Efésios 5.18, como eu quero mostrar a você, ele está lidando com a santificação, e isso é mais ou menos sua obra regular, e, portanto, não tem nada a ver diretamente com toda essa questão de ser capaz de definir o que se entende por batismo com o Espírito. Em ambos os casos, você está cheio do Espírito. Um homem é batizado e cheio do Espírito ao mesmo tempo. Mas eu quero sugerir que um homem pode ser cheio do Espírito em termos de Efésios 5.18, e ainda não ser batizado com o Espírito. Todavia, deixe-me tentar simplificar e esclarecer para você.

O batismo com o Espírito pertence à categoria do que é excepcional e direto, o que nos leva a falar de suas características. Devo lembrá-lo novamente dos termos que são usados com relação a esse ato do batismo com o Espírito. O grande termo é "derramar". O que, é claro, sugere ao mesmo tempo uma grande profusão – e é isso que devemos enfatizar. O Espírito veio sobre as pessoas que estavam reunidas no cenáculo assim como veio sobre o nosso Senhor Jesus. Se você preferir, pode descrevê-lo quase como uma espécie de "ser encharcado com o Espírito". Isto, em que eu creio há muito tempo, é muito claro em Efésios.

As pessoas parecem pensar que isso é uma nova doutrina estranha. Mas, isso é realmente muito antigo, tão antigo quanto o Novo Testamento, e proeminente na igreja através dos séculos. Há uma ilustração que pode ajudar a destacar esse ponto. Você pode estar andando por uma estrada rural e pode haver uma leve garoa, mas, como você não tem uma capa, continua andando com essa garoa e, eventualmente, fica completamente molhado; mas demorou algum tempo porque era apenas uma leve garoa. Contudo, pode estar andando pela mesma estrada em outro momento e, de repente, cai uma chuva torrencial e você está encharcado em questão de segundos. Está chovendo em ambos os casos, mas há uma grande diferença entre um chuvisco suave, que você dificilmente nota, e uma súbita tempestade que cai sobre você.

O que é descrito aqui em Atos é comparável ao derramar de uma chuva torrencial vinda como uma espécie de "encharcamento". Observe que Pedro ao dirigir-se às pessoas naquele dia, cita a profecia de Joel, e o próprio objetivo de fazer isso é revelar e enfatizar esse aspecto: "Então, se levantou Pedro, com os onze; e, erguendo a voz, advertiu-os nestes termos: Varões judeus e todos os habitantes de Jerusalém, tomai conhecimento disto e atentai nas minhas palavras. Estes homens não estão embriagados, como vindes pensando, sendo esta a terceira hora do dia. Mas o que ocorre é o que foi dito por intermédio do profeta Joel: E acontecerá nos últimos dias, diz o Senhor, que derramarei do meu Espírito sobre toda a carne; vossos filhos e vossas filhas profetizarão, vossos jovens terão visões, e sonharão vossos velhos; até sobre os meus servos e sobre as minhas servas derramarei do meu Espírito naqueles dias, e profetizarão".

Agora, a coisa que está sendo enfatizada é esse "jorrar", essa tremenda profusão. De fato, pode-se dizer que essa é a maior e mais demarcada diferença entre a obra do Espírito Santo no Antigo Testamento e no Novo. Ele veio ocasionalmente sobre certas pessoas escolhidas, no Antigo Testamento, para alguma função especial e imediata – pessoas como os profetas, por exemplo. Veio sobre eles e foram levados a algum tipo de êxtase – não há dúvida sobre isso. Havia uma espécie de "sopro divino": "Os santos homens de Deus falaram quando foram movidos", levados pelo Espírito Santo. Não era apenas por que estava operando silenciosamente neles e aumentando um pouco seus poderes. Não, havia algo muito além disso – havia a revelação, a consciência do poder, e eles sabiam que isso estava acontecendo. De fato, em certas ocasiões, certos meios e métodos às vezes eram empregados para encorajar isso.

Outros homens receberam Espírito Santo para certas funções, com esse propósito particular. Mas agora, diz Joel – foi permitido a ele ver – que ia chegar um momento em que não seria assim, e a grande diferença não seria apenas a variedade de pessoas que receberão isso, mas também a profusão, a quantidade, o caráter avassalador disso tudo. E é claro que esse ponto é algo que tem sido comprovado com muita frequência na história da igreja, particularmente em tempos de avivamento. Mas, mesmo à parte disso, é certo – e graças a Deus por isso - de indivíduos também, e não é algo que acontece apenas a certas pessoas capazes, intelectuais, também pode chegar a qualquer pessoa, pois a alma mais humilde também pode conhecê-lo e experimentá-lo.

Isso, então, é o que devemos enfatizar, e, é claro, o apóstolo Paulo faz exatamente o mesmo em Romanos 5.5 onde, tendo apontado como somos habilitados a nos gloriarmos nas tribulações também, ele diz: "Ora, a esperança não confunde, porque o amor de Deus é derramado em nosso coração pelo Espírito Santo que nos foi outorgado".

Bom, se você crê na inspiração das Escrituras, deve crer que esses homens foram guiados a usar os termos específicos como usaram. E o apóstolo Paulo não se contentou em dizer que o amor de Deus é enviado a nossos corações, ele diz que o amor de Deus é "derramado" em nossas vidas, e ele quer dizer o que diz. É uma espécie de jorrar; é um termo muito forte e é aquele que de maneira inspirada o apóstolo foi levado a usar, e por isso nós não devemos minimizar os termos.

Concordamos que nenhum homem pode ser cristão sem saber algo sobre o amor de Deus, é claro; temos enfatizado que um homem não pode ser um cristão sem ter o Espírito nele. Romanos 8.9 nos lembra disso: "se alguém não tem o Espírito de Cristo, esse tal não é dele". Mas há uma diferença entre conhecer o amor de Deus nesse sentido geral e ser subjugado pelo conhecimento do amor de Deus "derramado", em abundância, em profusão.

Agora, considere a palavra que é usada em Atos 2: "cheios". "Cheios" significa cheios. Isso não significa apenas *que* o Espírito estava neles, mas que eles estavam "cheios do Espírito", a transbordar; ou "encharcados". Ele veio sobre eles e entrou neles; e foi porque estavam tão cheios que os resultados visíveis – que consideramos anteriormente – ocorreram e aconteceram entre eles. Então, há algo que se deve manter em mente, que não se está lidando aqui com o normal, com o costumeiro, você está lidando aqui com o incomum. A segunda grande característica é a objetividade da obra do Espírito nesse assunto. Não falamos mais de algo indireto, mas direto. Agora, há muitos exemplos disso, deixe-me pegar um de Romanos 8.16, em que o apóstolo diz: "O próprio Espírito testifica com o nosso espírito que somos filhos de Deus". Eu gostaria de ter tempo para expor o rico ensino dos versos 15 e 16, mas devemos seguir adiante: "Pois não recebestes o espírito de escravidão, para viverdes, outra vez, atemorizados", diz o apóstolo, "mas recebestes o Espírito de adoção, baseado no qual clamamos, Aba, Pai".

Mais tarde trataremos de alguns dos resultados do batismo com o Espírito, agora quero me ocupar com a questão particular que encontramos em Romanos 8.15. O verbo usado por Paulo, "clamar" é uma palavra muito forte. Isso significa algo elementar. O termo originalmente significava o grasnar de um certo tipo de ave, o ruído que os pássaros às vezes podem produzir com grande intensidade. Esse é o termo: "Nós 'clamamos' Aba, Pai". Nós não apenas acreditamos que Deus é nosso Pai – todos cremos nisso como cristãos – mas é algo que transborda dentro de nós. Paulo, então, diz em adição a isso: "O próprio Espírito testifica com o nosso espírito". Primeiramente, no versículo 15, é "nosso espírito", mas, além disso, "O próprio Espírito testifica 'com' nosso espírito". Nosso espírito está clamando "Aba, Pai", mas o Espírito agora confirma isso "O próprio Espírito testifica com o nosso espírito que somos filhos de Deus. Ora, se somos filhos, somos também herdeiros, herdeiros de Deus e coerdeiros com Cristo".

O argumento que estou propondo é que isso é mais importante, porque é inteiramente a ação do Espírito Santo – não a nossa ação. Essa é a peculiar característica diferenciadora. Esse testemunho do Espírito com nosso espírito não depende do que fazemos, enquanto – como eu mostrarei – Efésios 5.18 é totalmente dependente do que fizermos. Já que se trata de um mandamento e uma exortação. Mas aqui em Romanos a coisa que é enfatizada é que o Espírito está dando testemunho com o nosso espírito. Em nosso espírito há um testemunho, mas o Espírito Santo agora presta testemunho com ele – junto com ele, sobre ele; selando-o e tornando absolutamente certo para nós. Ocasionalmente ele pode usar meios, mas em geral, ele opera isso sem meios.

Deixe-me colocar isso para você assim. Algumas pessoas tentam expor essa questão, dizendo: "Ah, sim, é isso que acontece, é claro, quando lemos o Novo Testamento e especialmente as epístolas e seus ensinamentos". Mas, veja você, as pessoas a quem o apóstolo Paulo escreveu não tinham esse ensinamento, nem mesmo tinham um Novo Testamento. Isso é algo que aconteceu com os primeiros cristãos de uma só vez, antes de terem qualquer um dos livros do Novo Testamento, o que mostra que foi algo direto e imediato. Eu não vou ao ponto de dizer que o Espírito nunca usa nenhum meio, porque há muitos testemunhos de que às vezes ele pode tomar um versículo, não necessariamente quando alguém está lendo, mas ele pode fazer isso trazendo um versículo à mente de uma pessoa. Mas de um modo geral, é algo que acontece diretamente.

Mais uma vez, recomendo que você passe por todos os exemplos que temos em Atos. Você verá que em cada caso em que acontece o batismo com o Espírito, é ele quem está agindo. O Espírito é enviado pelo Senhor ressuscitado, o Senhor nos batiza com ele, e o Espírito imediatamente faz alguma coisa: esse é o aspecto experimental, o fenômeno visível que estávamos enfatizando anteriormente. É sua ação direta. Não é seu trabalho lento de santificação, sua obra regular em nós; é algo excepcional e muito direto.

Deixe-me dar algumas afirmações claras das Escrituras sobre essa operação do Espírito Santo. Eu quero mostrar a vocês que isto é algo ensinado e reconhecido na igreja cristã através dos séculos e por homens pertencentes às mais variadas escolas teológicas. Isso é o que para mim é tão interessante e glorioso sobre toda essa questão – é que ele golpeia as várias diferenças teológicas tais como o Arminianismo e o Calvinismo.

Começarei citando uma declaração do Dr. John Owen, um dos grandes (alguns diriam, o maior dos) intelectos entre os puritanos de trezentos anos atrás. É um trecho do seu *Tratado Sobre a Comunhão com o Espírito Santo*. Ele diz, referindo-se a Romanos 5.2:

> O regozijo na esperança da glória de Deus [...], que sustenta a alma através de qualquer tribulação, até fazendo-a gloriar-se, tem sua origem no Espírito derramando o amor de Deus em

nossos corações. Agora existem duas maneiras pelas quais o Espírito opera esta alegria no coração dos crentes: (1) Ele a faz imediatamente, sem a consideração de quaisquer outros atos ou obras próprias ou a interposição de quaisquer raciocínios ou deduções e conclusões. Como na santificação, ele é uma fonte de água brotando da alma imediatamente, aplicando sua eficácia e renovação; de modo que, por meio do consolo [quer dizer com a certeza], ele imediatamente opera na alma e nas mentes dos homens, conduzindo-os a um estado jubiloso e espiritual, enchendo-os com exultação e alegria. Não que isso surja de nossa reflexão sobre o amor de Deus, mas dá ocasião para isso. Quando ele derrama o amor de Deus em nossos corações e os enche de alegria mediante sua atuação e operação imediatas (como quando ele fez com que João Batista saltasse de alegria no ventre de sua mãe ao aproximar-se da mãe de Jesus), a alma, por consequência, eleva-se a considerar o amor de Deus, de onde a alegria e o regozijo também fluem. Não há, porém, nenhuma explicação a ser dada, mas que o Espírito opera quando e como ele deseja. Ele o infunde secretamente e o destila na alma, prevalecendo contra todos os medos e tristezas, enchendo-a de alegria, exultações e, às vezes, com arrebatamentos indescritíveis da mente.

Agora, se alguma vez houve por natureza um intelectual calmo e controlado, tal homem foi o Dr. John Owen, mas é assim que ele descreve isso – "arrebatamentos indescritíveis da mente"; "alegria"; "exultações" – algo que é além da descrição.

Permita-me citar para você um contemporâneo de Owen, Dr. Thomas Goodwin, outra estrela brilhante nesse firmamento espiritual, semelhante a John Owen. Owen ensinou em Oxford, Goodwin ensinou em Cambridge e Oxford. Ele escreve: "Há uma luz que vem e domina a alma de um homem e assegura-lhe que Deus é dele e ele é de Deus, e que o Senhor o ama desde sempre [...] é *uma luz superior à luz da fé comum*".

Esse é o argumento que proponho: isso não é o comum, isso não é o habitual. Agora, um homem não pode ter o que ele chama de fé comum, sem a obra e a operação do Espírito Santo. "E, se alguém não tem o Espírito de Cristo, esse tal não é dele". Você não pode ser um cristão sem isso, mas Goodwin o chama de "fé comum", e ele está absolutamente certo, porque é muito diferente daquilo que ele está descrevendo. Ele coloca da seguinte forma: "Este é o próximo passo para o céu, não há algo a mais; você não pode ter mais até chegar lá". De acordo com Thomas Goodwin, essa é uma experiência que o aproxima do céu mais do que qualquer outra coisa que possa fazer, é um verdadeiro antegozo do céu. Você não pode esperar nada mais que isso, ele diz, até que você esteja no próprio céu. "É a fé ampliada e elevada além do nível comum".

É neste ponto que devo novamente dar uma advertência solene. Parece-me que hoje há uma tendência, por parte de alguns, em reduzir tudo ao ordinário e apelar à limitação. Isto não é ordinário, é extraordinário e excepcional, é estar no próprio portão do céu, por assim dizer. Há apenas uma coisa mais que isso, que é a glória eterna em si.

Em terceiro lugar, deixe-me mencionar um homem muito diferente dos outros dois em muitas maneiras, mas especialmente em sua teologia – John Wesley. Aqui está alguém pertencente ao século 18 que não é classificado como puritano, nem como reformado ou Calvinista, mas que era bem conhecido como mestre de uma doutrina Arminiana. Ele diz exatamente o mesmo que os outros dois ao escrever que "isso é algo imediato e direto, não o resultado de reflexão ou argumentação [...]. Pode haver antecipações de alegria e paz, ou de amor – e estes não são ilusórios, mas realmente vindos de Deus – muito antes de termos o testemunho em nós mesmos".

Você compreende o que ele está dizendo? Ele diz que um crente pode ter antecipações de alegria, paz e amor, sentimentos que são bastante genuínos, não ilusórios, mas realmente de Deus. Mas você pode tê-los, diz ele, "muito antes de termos o testemunho em nós mesmos, antes que o Espírito de Deus testemunhe com nosso espírito que temos a redenção no sangue de Jesus, até mesmo o perdão dos pecados".

Agora você tem tanto o ensino quanto a interpretação do ensinamento escriturístico de três homens de destaque na história da igreja.

Todos os três referem-se a essas grandes características – o imediatismo, a objetividade e o caráter avassalador da experiência. Confundir isso com a operação regular do Espírito Santo na vida do indivíduo e da igreja é realmente entender mal as Escrituras, em um aspecto muito sério, e chegar muito perto de ser culpado do que é chamado de "apagar o Espírito". É interessante que as pessoas que não concordam com o que estou ensinando nunca expõem a frase "não apague o Espírito". Mas esse é o teste que vocês devem manter em suas mentes.

Eu creio que nosso maior perigo atualmente é extinguir o Espírito. Este não é o tempo de defender a limitação; a igreja hoje não precisa ser contida, mas despertada para ser cheia de um espírito de glória, pois ela está falhando no mundo moderno. Deus sabe, como eu irei mostrar para você, há um controle sobre o Espírito sempre, e o ensino do Novo Testamento está aqui para nós, para nos ensinar e nos advertir contra tudo o que é falso e espúrio, tudo o que o diabo pode tentar falsificar.

Espero chegar a tudo isso mais tarde, mas esse é um assunto tão importante que você não pode apressá-lo, mas deve estabelecer sua doutrina ponto por ponto.

Deixe-me chegar finalmente ao terceiro aspecto e, novamente, veremos a diferença essencial entre o que estou descrevendo e a obra regular do Espírito. O batismo com o Espírito está sempre associado, primária e especificamente, com testemunho e serviço.

Agora aqui novamente está um ponto muito importante. Examine o livro de Atos e, em todos os casos, quando nos é dito que o Espírito veio sobre esses homens ou que eles foram cheios do Espírito, você descobrirá que foi para dar prova e testemunho. Evidentemente, isso está claro em Atos 2. Mas lembre-se dos dois exemplos citados anteriormente em Atos 4, quando Pedro e João estavam diante das autoridades – "Pedro, cheio do Espírito Santo disse". Logo temos que a sala foi abalada, todos eles foram novamente cheios com o Espírito Santo – as pessoas que já haviam sido cheias – a fim de fortalecê-los e capacitá-los a permanecer e continuar prestando seu testemunho, apesar das ameaças das autoridades; e nos é dito que "com grande poder, os apóstolos davam testemunho da ressurreição". Examine todo o livro de Atos e você descobrirá que esse é sempre o caso.

Isso é tão importante que eu devo apresentar o aspecto negativo também. Você descobrirá que alguns gostariam que você acreditasse que isso é principalmente uma questão relacionada às "qualidades morais e caráter". Mas não é. Isso é santificação. Essa visão é pura e absoluta confusão. Isto não está relacionado principalmente com qualidades morais ou caráter; isto está principalmente relacionado com testemunho, evidência e eficiência no agir de Deus.

Existe uma maneira muito simples de provar isso. Veja o caso da igreja em Corinto. O apóstolo tem que dizer coisas muito sérias e solenes a eles sobre seu caráter e qualidades morais. Eles eram muito deficientes a esse respeito, mas Paulo diz que eles não são deficientes em nenhum aspecto nessa questão dos dons do Espírito e do poder do Espírito entre eles. Esse é um ponto muito importante. O fato de um homem ser cheio do Espírito, batizado com o Espírito nesse sentido, não significa necessariamente que se possa garantir as qualidades morais de sua vida. Deveria ser; mas isso não acontece. É por isso que você sempre precisa de mais exortações. Trata-se primariamente de uma questão de evidência e de testemunho.

Então você vê que o apóstolo é capaz de dizer algo que geralmente parecemos esquecer, porque somos levados pela magnificência de sua linguagem em 1Coríntios 13: "Ainda que eu fale as línguas dos homens e dos anjos, se não tiver amor" [se pode falar as línguas dos anjos, ou "em línguas", se preferir, sem ter amor] "serei como o bronze que soa ou como o címbalo que retine. Ainda que eu tenha o dom de profetizar" [isso não é nada comum; ele diz que você pode ter isso] "e conheça todos os mistérios e toda a ciência; ainda que eu tenha tamanha fé, a ponto de transportar montes, se não tiver amor, nada serei" – e assim por diante.

Agora há uma clara articulação dessa distinção tão importante. Isso não está primariamente relacionado com a qualidade moral e caráter, nem essencialmente com o fruto do Espírito. Vamos colocar isso da seguinte maneira: você pode ser batizado com o Espírito e não mostrar o fruto do Espírito, pois pode ser batizado com o Espírito imediatamente no momento da conversão. Nós vimos um exemplo disso – a casa de Cornélio. Mas isso não garante os frutos. Fruto significa crescimento. Isso é desenvolvimento, isso é santificação, isso é algo bem diferente.

O primeiro resultado do batismo com o Espírito, portanto, não é o fruto do Espírito, mas uma evidência experimental da obra direta do Espírito sobre nós. Esse é o "batismo do Espírito" – isso que nos acontece, que nos sobrevêm, essa obra direta do Espírito, quando o crente é levado até um estado de êxtase, testemunhando e manifestando que isso aconteceu a ele.

O fruto do Espírito, por outro lado, é um processo. Esse é o resultado da obra indireta, constante e regular do Espírito dentro de nós, quando ele usa a Palavra, o ensino e o exemplo dos outros e a comunhão com os outros – assim, o fruto do Espírito é produzido em nós. Não é algo de repente; esse é um processo totalmente gradual de santificação a que se refere Efésios 5.18.

Efésios 5.18 trata de como os cristãos se comportam juntos na comunhão da igreja cristã e não se preocupa com o que o Espírito faz a nós, mas com o que fazemos. É um comando, uma exortação. É algo que nós controlamos: "E não vos embriagueis com vinho, no qual há dissolução, mas enchei-vos do Espírito". Como você controla isso? Bem, o apóstolo já nos disse no capítulo anterior. Você pode "entristecer", "extinguir" ou "resistir ao Espírito", e ele está dizendo a eles que não façam isso, mas que continuem sendo cheios do Espírito.

Toda a diferença essencial é esta: em Efésios há uma exortação para que façamos alguma coisa, enquanto em cada exemplo do batismo com o Espírito algo nos acontece, algo que não controlamos. Você pode orar pelo batismo do Espírito, mas isso não garante que aconteça, como muitos de vocês sabem. Você pode viver uma boa vida, entregar-se a si mesmo, fazer tudo o que lhe é dito para fazer, mas ainda assim não ser batizado com o Espírito.

Por que não? É ele quem faz isso. Está no controle dele. Ele é o Senhor. Ele é o soberano Senhor e faz isso em seu próprio tempo e à sua maneira, como o Dr. John Owen nos lembrou.

Mas, quanto a Efésios 5.18, posso mostrar-lhes que há um grave perigo de entendermos mal o que o apóstolo está dizendo ali e reduzir isso ao nosso antigo nível de vida eclesiástica no tempo presente. Ele nos diz para "falar entre vós com salmos, entoando e louvando de coração ao Senhor com hinos e cânticos espirituais", e se você interpretar isso significando nosso tipo de culto em que podemos cantar um salmo e um hino – bem, você está cometendo um grande erro. O que é um cântico espiritual? O que é um salmo espiritual? O que ele quer dizer quando nos exorta a "Falarmos uns com os outros com salmos e hinos e canções espirituais"?

Se você quer a resposta para isso, vá para 1Coríntios 14 e lá você encontra o tipo de reunião que eles tinham na igreja primitiva – "um tem salmo, outro, doutrina, este traz revelação, aquele, outra língua" – e assim por diante. Todo culto vibrava com um poder espiritual "pneumatológico"; e "canções espirituais" significa "canções no espírito". O apóstolo diz: "Orarei com o espírito, mas também orarei com a mente; cantarei com o espírito, mas também cantarei com a mente". É um tipo de cântico sobre o qual a maioria de nós não sabe nada. Portanto, tenha cuidado para não reduzir até mesmo o que era a vida regular normal da igreja cristã primitiva ao nível do que se tornou habitual em nossas igrejas.

Entretanto, não podemos lidar com isso em detalhes agora, mas estou apenas tentando colocar diante de vocês essa grande e vital distinção radical de que o batismo com o Espírito é a ação do Espírito dentro de nós dada pelo Senhor Jesus Cristo.

Então, por fim, usando uma expressão das Escrituras novamente, deveria eu apenas "despertar" "suas mentes espirituais", dando-lhes apenas um ou dois exemplos daquilo que acontece quando um homem é batizado com o Espírito? Pense nisso e desenvolva sua doutrina para explicar algo como isso. Examinemos novamente um puritano, John Flavel, o fato se deu enquanto ele estava em viagem:

> Assim, seguindo seu caminho, seus pensamentos começaram a intensificar e elevar-se cada vez mais alto, como as águas da visão de Ezequiel, até que por fim se tornaram uma avassaladora inundação. Tal era a intenção de sua mente, tais os gostos arrebatadores das alegrias celestes, e tal a plena certeza de seu interesse nisso, que ele perdeu completamente toda a visão e sentido do mundo e todas as suas preocupações, não sabendo mais onde estava por algumas horas como se estivesse dormindo

profundamente em sua cama. Ao chegar muito exausto em certa fonte, sentou-se e lavou-se, desejando ardentemente que, se fosse do agrado de Deus, ali pudesse ser seu ponto de partida deste mundo. A morte tinha o rosto mais amável em seus olhos que ele já viu, excetuando o fato de Jesus Cristo que fez isso assim, e apesar de acreditar que estava morrendo, ele não se lembra de ter pensado em sua querida esposa e filhos ou em qualquer outra preocupação terrena. Ao chegar à hospedaria, a influência ainda continuava tirando-lhe o sono, e transbordando da alegria do Senhor parecia ser um habitante do outro mundo. Muitos anos depois ele chamou aquele dia como de um dos dias celestiais, e confessou entender mais da vida celeste devido a esse dia do que a todos os livros que ele jamais havia lido.

Você sabe algo sobre coisas assim? Tenha cuidado com o que você diz sobre o batismo com o Espírito Santo. Isso é o que é possível para um homem aqui na terra.

Então considere Jonathan Edwards:

Enquanto cavalgava para a floresta cuidando da minha saúde, em 1737, tendo descido do meu cavalo em um lugar retirado, como costumava fazer, para caminhar em contemplação do Senhor e em oração, tive uma visão que para mim era extraordinária, da glória do Filho de Deus, como Mediador entre Deus e o homem, e Sua maravilhosa, grande, plena, pura e doce graça e amor, humilde e gentil condescendência. Essa graça que parecia tão calma e doce também aparecia grande, acima dos céus. A pessoa de Cristo apareceu inefavelmente marcante, com excelência o suficiente para tragar todos os pensamentos e concepções. Isto continuou, tanto quanto posso julgar, por cerca de uma hora; mantendo-me a parte maior do tempo em uma enxurrada de lágrimas e chorando em voz alta. Senti um ardente desejo, o que não sei como expressar de outra maneira, de esvaziar-me e aniquilar-me; deitar no pó e estar cheio de Cristo somente; amá-lo com um amor santo e puro; confiar nele; viver para ele; servir a ele e ser perfeitamente santificado e purificado, com uma pureza divina e celestial.

E finalmente, um homem completamente diferente de Jonathan Edwards – esse gênio, de intelecto brilhante, talvez o maior filósofo que a América já produziu – outro americano, mas um homem muito modesto intelectualmente, o grande evangelista, D. L. Moody:

> Comecei a clamar como nunca antes, por uma bênção maior de Deus. A fome aumentou; eu realmente senti que não queria mais viver. [Ele havia sido cristão, não apenas um cristão, mas um ministro, e encarregado de uma missão por algum tempo; ele estava testemunhando conversões, mas ainda assim queria mais]. Eu continuei clamando por todo o tempo para que Deus me enchesse com seu Espírito. Bem, um dia na cidade de Nova Iorque. Oh! Que dia! Eu não posso descrevê-lo, raramente me refiro a ele. É uma experiência quase sagrada para nomear. Paulo teve uma experiência da qual ele nunca falou por catorze anos. Eu só posso dizer, Deus se revelou a mim, e eu tive essa experiência avassaladora de seu amor, de tal maneira que tive que pedir-lhe para que detivesse suas mãos.

Foi tão avassalador que ele sentiu como se fosse ser fisicamente esmagado. O amor de Deus! É isso que significa "o amor de Deus derramado em seus corações". Esse é o batismo do Espírito. Isso é o que transformou D. L. Moody de um bom ministro, regular, ordinário, no evangelista que foi usado tão notavelmente por Deus na Inglaterra e em outros países.

SERMÃO 5

A PERCEPÇÃO
DE SUA PRESENÇA

Estamos vivendo – vamos nos lembrar em uma época desesperadamente abaixo do padrão do Novo Testamento – satisfeitos com uma religião pequena e arrumada. Nós precisamos do batismo com o Espírito Santo. Nós já temos visto que isso não é algo que acontece na conversão, mas que nos acontece como uma experiência clara e inconfundível. Por fim, vimos que é ação direta e incomum do Espírito Santo (Rm 8.16) e que não é primariamente uma questão de caráter ou qualidades morais – em outras palavras, isso não deve ser confundido com o contínuo processo de santificação, conforme descrito em Efésios 5.18.

Tal fato nos leva a repetir que o propósito e função principal do batismo com o Espírito é, além de qualquer questão, nos capacitar a ser testemunhas do Senhor Jesus Cristo e de sua grande salvação. Então, se tivermos isso em mente, acho que ajudará a esclarecer o erro que as pessoas cometem ao confundirem o batismo com o Espírito e a santificação. Eu entendo que o batismo com o Espírito é primariamente uma questão de testemunho. Deixe-me apresentar algumas provas do que estou afirmando.

Considere, por exemplo, o que o nosso próprio Senhor disse aos discípulos antes de sua ascensão. O Nosso Senhor apareceu a eles e em Lucas 24.45-47 lemos:

> Então, lhes abriu o entendimento para compreenderem as Escrituras; e lhes disse: Assim está escrito que o Cristo havia de padecer e ressuscitar dentre os mortos no terceiro dia e que em seu nome se pregasse arrependimento para remissão de pecados a todas as nações, começando de Jerusalém.

Esse é o ensino e eles agora entenderam e compreenderam. Então o Senhor continuou: "Vós sois testemunhas destas coisas" (v. 48). E, de fato, eram. Eles tinham estado com Jesus, ouvido a pregação, o viram crucificado, sepultado, ressuscitado dos mortos, a sepultura vazia, e aqui está ele, realmente falando com todos na sala. Jesus continuou: "Eis que envio sobre vós a promessa de meu Pai; permanecei, pois, na cidade, até que do alto sejais revestidos de poder" (v. 49). Eles têm os fatos, sabem e acreditam neles, mas antes que possam ser testemunhas eficazes devem receber esse batismo com o Espírito Santo.

Você encontra praticamente a mesma coisa novamente em Atos 1:

> E, comendo com eles, determinou-lhes que não se ausentassem de Jerusalém, mas que esperassem a promessa do Pai, a qual, disse ele, de mim ouvistes. Porque João, na verdade, batizou com água, mas vós sereis batizados com o Espírito Santo, não muito depois destes dias (4-5).

Então, o versículo 8 diz: "mas recebereis poder, ao descer sobre vós o Espírito Santo, e sereis minhas testemunhas tanto em Jerusalém como em toda a Judeia e Samaria e até aos confins da terra". Esse é o propósito principal do batismo com o Espírito, fazer de nós poderosas testemunhas do Senhor Jesus Cristo e sua salvação. Vá através do Novo Testamento e você irá achar que esse fato se repete. Considere, por exemplo, o apóstolo Pedro diante das autoridades:

> Então, Pedro e os demais apóstolos afirmaram: Antes, importa obedecer a Deus do que aos homens. O Deus de

nossos pais ressuscitou a Jesus, a quem vós matastes, pendurando-o num madeiro. Deus, porém, com a sua destra, o exaltou a Príncipe e Salvador, a fim de conceder a Israel o arrependimento e a remissão de pecados. Ora, nós somos testemunhas destes fatos, e bem assim o Espírito Santo, que Deus outorgou aos que lhe obedecem (At 5. 29-32).

Agora a vinda do Espírito Santo – o batismo com o Espírito Santo – é um testemunho dessas coisas, e um testemunho não é algo secreto, mas público, algo evidente. E você vê isso no Dia de Pentecostes quando o Espírito Santo desceu sobre aqueles discípulos e sobre todos os demais: os 120 reunidos no cenáculo. Toda Jerusalém foi agitada e perturbada e a multidão veio junto. "O que significa isso?", eles disseram: "O que é isso?" A vinda do Espírito Santo e seus efeitos sobre o povo cristão são um tremendo testemunho. Os apóstolos, portanto, dizem: "E nós somos testemunhas destes fatos — nós e o Espírito Santo, de que Deus deu aos que lhe obedecem".

E, como eu já lembrei mais de uma vez, foi o testemunho que convenceu o apóstolo Pedro que os gentios deviam ser admitidos na igreja cristã. Ele precisava de algumas certificações. Pedro era judeu e apesar de ter tido uma visão, não estava muito convencido sobre isso. A visão o tinha persuadido a ir encontrar com essas pessoas, pregar na casa de Cornélio, mas ele também não estava muito certo sobre isso. Então, quando ele viu que o Espírito tinha descido sobre essas pessoas, assim como tinha feito sobre ele e os outros no começo, disse: "Quem sou eu para contestar isso, ou recusar-lhes a água?" O testemunho do Espírito, óbvio e exterior, convenceu o apóstolo.

Há outra declaração muito interessante sobre tudo isso em Hebreus 2. O escritor está exortando o povo a prestar atenção para que não se apartem dessas coisas. Ele diz: "como escaparemos nós, se negligenciarmos tão grande salvação? A qual, tendo sido anunciada inicialmente pelo Senhor, foi-nos depois confirmada pelos que a ouviram". Então perceba isso, continua o escritor – "dando Deus testemunho juntamente com eles" – Como? Bem, "por sinais, prodígios e vários milagres e por distribuições do Espírito Santo, segundo a sua vontade".

Essa é outra forma de expressar esse fato. O objetivo, a principal função do batismo com o Espírito Santo é o testemunho, para capacitar o povo de Deus a testemunhar de tal maneira que se torna um fenômeno e as pessoas são cativadas e atraídas. E em Hebreus 10.14-15 vemos a mesma coisa. "Porque, com uma única oferta, aperfeiçoou para sempre quantos estão sendo santificados. E disto nos dá testemunho também o Espírito Santo". Isso traz exatamente o mesmo significado.

Como ele faz isso? Bem, isso me leva ao que eu chamaria da quinta grande divisão de todo esse assunto. Quais são as marcas e sinais, ou, se preferir, os resultados desse batismo com o Espírito Santo? Não há dificuldade nesse aspecto já que se observa muito claramente em todos os relatos que temos de várias pessoas sendo batizadas com o Espírito. Você encontra perfeitamente em Atos 2 no caso dos próprios discípulos, e vê a diferença que o batismo com o Espírito lhes fez. Mas também encontra em todos os outros exemplos e ilustrações dadas em todos os lugares no Novo Testamento. Encontra-se, como vimos, nas epístolas, onde está implícito e cujo pano de fundo se constitui. Você não pode entendê-las a menos que saiba algo sobre essa doutrina do batismo com o Espírito Santo. Como mencionei anteriormente, quantas igrejas você conhece hoje a quem precisaria escrever a primeira carta aos Coríntios, onde havia excessos por causa disso?

Também se fala acerca disso nos testemunhos e vidas de inúmeros santos ao longo da história da igreja cristã. Eu tenho citado alguns exemplos para você e devo citar mais, a fim de que as pessoas possam ver que isso não é "uma nova e estranha doutrina". Esse é o cristianismo do Novo Testamento! Isso é o que tem sido a verdade da igreja, especialmente em todos os grandes avivamentos que ela teve o privilégio de experimentar e desfrutar.

Quais são, então, as marcas, os sinais e as manifestações do batismo com o Espírito? Eu vou lhes apresentar os princípios gerais. Obviamente, existem variações de caso para caso: isso é senso comum, pois nem todas as experiências são idênticas. Eles são idênticos em seu caráter, mas não em seu grau; e isso de novo é um ponto muito importante porque funciona de duas maneiras. Algumas pessoas tendem a pensar que a menos que se tenha a experiência máxima, não se teve nada. Bem, obviamente, isso está errado, pois pode deprimir as pessoas. Há alguns que podem pensar que nunca receberam esse batismo com o Espírito porque não tiveram certas experiências particulares. Isso é completamente errado, completamente falso. Nós devemos observar o princípio, nas várias manifestações como um todo. E então, uma vez feito isso, e tendo em mente que há variação no grau das mesmas, devemos ser capazes de nos testar e nos examinar.

Esses princípios podem ser divididos de duas maneiras: certas coisas que estão em nós, certas experiências subjetivas, e então as objetivas, as coisas que se tornam evidentes e óbvias para aqueles que nos conhecem e que estão ao nosso redor. Eu penso que essa é a classificação mais conveniente.

Vamos começar com a consciência pessoal, subjetiva e experimental do indivíduo. O que inevitavelmente acontece quando alguém é batizado pelo Senhor Jesus Cristo com o Espírito Santo? Bem, em primeiro lugar, acho que devemos colocar assim – um senso da glória de Deus, uma percepção incomum da presença de Deus. Isso é algo, parece-me, que se destaca em todas as instâncias do Novo Testamento e na história subsequente do povo de Deus. O que o Espírito Santo faz é tornar real para nós as coisas que temos crido pela fé, as coisas nas quais temos apenas um tipo de certeza indireta. O Espírito Santo, prontamente, torna essas coisas reais. O relato de Jonathan Edwards, que nós já consideramos, deixa particularmente evidente o grande senso da glória de Deus – o Pai, o Filho e o Espírito Santo. Edwards acreditava que essas coisas, como ele diz, eram extraordinárias. É possível termos uma consciência imediata da glória de Deus. Costumamos andar pela fé e não por vista, acreditamos que o testemunho da Escritura e do Espírito aplica-se a nós e sabemos que essas coisas são verdadeiras. Mas aqui tem algo além disso; que é quando você sabe estar na presença de

Deus. É isso – como diz Edwards e outros também disseram – é quase impossível explicar com palavras.

Eu citei Jonathan Edwards, um destacado gênio americano. Agora me deixe citar um homem chamado Thomas Charles Edwards, o diretor de uma faculdade no País de Gales no século 19. Eu o menciono porque ele é o mesmo tipo de homem: alguém extraordinariamente brilhante. Ele teve a melhor educação que estava disponível e era um grande estudioso. Alguns de vocês podem conhecer seu Comentário sobre a primeira epístola aos Coríntios. Ele conta sua própria experiência, que aconteceu num avivamento em 1859. Thomas estava longe de casa como estudante e lia livros sobre filosofia e teologia que o levaram a um estado no qual ele estava cheio de dúvidas e questionamentos. Seu pai foi um grande homem antes dele e diretor de um seminário teológico. Mas ainda assim esse jovem estava em apuros, quase incerto – ele diz – "acerca do próprio ser de Deus".

Então ele foi para casa nas férias e ouviu o anúncio na capela de que, em uma noite na semana seguinte, dois pregadores comparativamente modestos de outra parte do País de Gales pregariam ali. Esses dois homens eram muito envolvidos no avivamento que foi então varrendo o país; um deles era o instrumento – se eu posso usar tal termo – a quem Deus usou para iniciar o avivamento, e o outro foi seu companheiro. Então esse jovem decidiu que iria para a reunião, e ele descreve como foi e sentou-se na galeria. E lá estava ele, cheio de dúvidas e nada esperando do encontro – afinal, esses dois eram homens simplórios. Um tinha sido um carpinteiro e o outro um alfaiate. Já ele estivera lendo e ouvindo os grandes palestrantes, os principais filósofos do seu tempo. De modo que sua atitude era um pouco condescendente.

Então ele nos conta como saiu daquela reunião. Não se lembra dos detalhes, mas a principal coisa que sabia era que quando saiu dali "estava mais certo a respeito de Deus do que até mesmo das coisas que podia ver a olho nu". Ele encontrou-se com o Senhor, sentiu o dom de Deus, sabia que *era Deus*. A glória divina apareceu para ele por meio da ministração desses homens simples naquela reunião. Isso é um tempo de avivamento.

O Espírito Santo foi derramado e esse homem foi levado não só da dúvida à fé, mas à certeza, à consciência da presença e da glória de Deus.

E inevitavelmente acompanhando essa percepção da glória divina e da sua presença, está também um sentimento de temor. Você lê sobre pessoas na Bíblia que têm uma visão de Deus ou receberam algo comparável ao que eu estou falando, e imediatamente se viram invadidos de um temor reverente. Isaías descreve, no sexto capítulo de sua profecia, como "No ano da morte do rei Uzias, eu vi o Senhor assentado sobre um alto e sublime trono" (v.1). Que visão! E ele sentiu imediatamente que era um homem impuro.

Meus queridos amigos, não é este o nosso problema; falamos sobre Deus e cremos em Deus, mas conhecemos Deus e a sua glória? Você tem ilustrações disso na Bíblia. Imagine Moisés e a sarça ardente: a glória que o fez se afastar, a voz que falou. Está lá em todo lugar. João no livro do Apocalipse descreve a mesma coisa. "Ele caiu como um morto" (1.17). O apóstolo Paulo teve um vislumbre do Senhor ressuscitado na estrada para Damasco, e cai, cego. Mas quando o Espírito vem, quando somos batizados assim com o Espírito, ele torna tudo isso vital e real para nós, comunicando uma espécie de luminosidade e imediatismo. É a grande característica de ser batizado com o Espírito Santo.

Deixe-me lembrá-lo novamente de D. L. Moody, cuja experiência já citei. Aqui está um homem que foi tão convertido como alguém alguma vez poderia ter sido e que teve um conhecimento e uma segurança únicos. Mas à luz do que aconteceu com ele em Nova Iorque, em Wall Street, aquilo era quase nada. "Deus", diz ele, "revelou-se a mim e eu tive uma experiência desse amor que pedi a ele para deter suas mãos". E, como aqueles de vocês que conhecem sua história sabem, foi depois disso que Moody começou a ser usado da maneira que sabemos na Grã-Bretanha, nos Estados Unidos e outros lugares. Esse foi o ponto de virada em toda a sua carreira. É isso que fez dele a testemunha que se tornou. Olhe como ele mesmo descreve. Moody coloca sua ênfase sobre esse senso de reverência e majestade que vem acompanhado de inevitável senso de humilhação. Isso é muito importante.

Eu voltarei mais tarde a lidar com como deveríamos diferenciar entre o batismo com o Espírito e as falsificações – existem falsificações para tudo. O diabo é sutil e capaz; ele pode se transformar em um anjo de luz. Ele é tão sutil que quase chega a ser capaz de enganar até mesmo o eleito, diz nosso Senhor. Quando tratarmos disso, um ponto muito importante será que o batismo com o Santo Espírito sempre tem o efeito de humilhar você, porque é uma manifestação de Deus, uma percepção extraordinária e imediata da presença de Deus. Isso é inevitável.

Deixe-me colocar isso em termos de uma declaração que você vai encontrar no diário de George Whitefield, em 5 de novembro de 1740. Ele diz: "O Sr. Gilbert Tennant pregou primeiro e eu comecei a orar e exortar. Em cerca de seis minutos, alguém gritou: "Ele veio! Ele veio!" sem poder sustentar a manifestação de Jesus para sua alma.

Esse era apenas um membro comum da congregação, vale lembrar. Não foi o próprio Whitefield nem Gilbert Tennant, que também era um poderoso pregador e usado por Deus. Foi um membro da congregação que de repente gritou dessa forma. Whitefield continua:

> Mas ouvindo o clamor de outros, fui obrigado a parar, e orei por eles quando vi suas agonias e o aumento da angústia. Finalmente cantamos um hino e depois nos retiramos para casa, onde o homem que recebeu a Cristo continuou louvando e falando dele até a meia-noite. Minha própria alma estava tão cheia que me retirei e chorei diante do Senhor; tive um profundo senso da minha própria vileza, e da soberania e grandeza de amor eterno de Deus. A maioria das pessoas passou o restante da noite em oração e louvando a Deus. Foi uma noite digna de ser lembrada.

George Whitefield foi um dos homens mais santos que já pisou a face desta terra; ele foi excepcional. Mas o efeito dessa experiência sobre ele havia sido apenas uma repetição do que vivenciara anteriormente

– um profundo senso de sua própria vileza e a grandeza do amor eterno de Deus.

Meus amigos, se você disser e argumentar que todo cristão foi batizado com o Espírito Santo, bem, então eu lhe faço esta pergunta: quantas vezes você teve esse tipo de experiência? Você já teve isso? Seja cuidadoso. Se postular que todo cristão necessariamente foi batizado com o Espírito Santo, eu tenho medo que você também chegue à conclusão de que há muitos poucos cristãos na igreja cristã. Isto é o que acontece quando um homem é batizado com o Espírito Santo – essa proximidade de Deus. Isso não é razão ou fé; mas uma ação acontecendo sobre nós e para nós. É uma manifestação, Deus – Pai, Filho e Espírito Santo – tornando-se real para nós e vivendo em nossas experiências.

Outra característica pronunciada que sempre acompanha o Batismo com o Espírito é uma garantia do amor de Deus para nós em Jesus Cristo. Isso é muito importante e notável. Por um lado, você tem tal concepção da glória, grandeza e majestade de Deus, e de outro, de sua própria vileza, imundície, impureza e indignidade. "Bem", você pode dizer que "deve ser uma experiência muito deprimente". E não é, porque ao mesmo tempo lhe é dado um conhecimento esmagador do amor de Deus por você em nosso Senhor e Salvador Jesus Cristo.

Agora eu diria pessoalmente que essa é a maior e mais essencial característica do batismo com o Espírito. Ele nos faz testemunhas por causa da nossa segurança.

Uma vez, li um artigo, em um periódico, que devo confessar me atingiu no profundo do meu ser. Foi um relato de uma reunião realizada alguns anos atrás no St. Andrew's Hall em Glasgow, feito por Alexander Gammie, o conhecido escritor religioso, que também ia a reuniões políticas e assim por diante. Ele estava ouvindo dois homens falando sobre o mesmo tema, e escreveu mais tarde: "Ambos eram excelentes oradores, homens muito eloquentes e hábeis, capazes de organizar seus argumentos, defenderem suas hipóteses e assim por diante, mas" – disse ele – "senti que havia uma grande diferença entre os dois [...]. O primeiro homem falou como um advogado, o segundo homem falou como uma testemunha".

Essa é a diferença! O primeiro foi como um defensor, com seu depoimento – um advogado. Ele defendeu o caso – e defendeu tão bem porque ele acreditava nisso. Mas o segundo homem tinha conseguido algo adicional, um extra: ele era uma testemunha!

O que faz do homem uma testemunha real é a sua certeza dessas coisas. Você pode ser um cristão sem isso. Você pode ter crido nas Escrituras, pode ter lido, pode ter ouvido sobre isso, pregado e crido e pode ter um certo grau de certeza em relação a isso; mas não foi isso que fez os apóstolos testemunharem. Nosso Senhor diz a eles "Vós sois testemunhas destas coisas". Claro que eles eram. Eles tinham estado com ele, e Jesus está lá com eles no cenáculo; mas em Lucas 24 ele diz: "Não podeis ser minhas testemunhas até...". Até esta absoluta certeza! E, claro, essa é a coisa que é tão evidente e óbvia em toda a sua vida e experiência dos apóstolos após o Dia de Pentecostes.

Você percebe que mesmo em Atos 1 esses homens, embora tivessem instrução e tão boa oportunidade, ainda estão um pouco confusos; em Atos 1.6, lemos que eles dizem: "será este o tempo em que restaures o reino a Israel?" – ainda aquele velho pensamento materialista. Havia neles uma espécie de incerteza. Mas tudo isso desaparece depois do batismo com o Espírito Santo; agora eles são homens diferentes e falam com absoluta garantia de certeza.

Então o batismo com o Espírito é aquilo que nos dá a maior forma de garantia. Existem na palavra de Deus três tipos de segurança possíveis para o cristão. O primeiro tipo é a que obtemos por dedução das Escrituras. Essa é a forma que se reconhece comumente. Todos vocês já ouviram e provavelmente foi dito em particular. Você se sente preocupado a respeito se é cristão ou não e leva sua dificuldade a um ministro ou a um amigo cristão.

"Espere um minuto", dizem eles, "você não deve ficar confuso assim. A coisa é bem simples". E perguntam: "Você crê que as Escrituras são a palavra de Deus?".

Sim, "eu creio", você responde.

"Bem", dizem eles, "isto é o que as Escrituras dizem – Porque Deus amou ao mundo de tal maneira que deu o seu Filho Unigênito, para que todo o que nele crê não pereça, mas tenha a vida eterna. Você crê nisso?".

"Sim".

"Muito bem, então, você não vai 'perecer', mas terá a 'vida eterna.'" 'Porquanto Deus enviou o seu Filho ao mundo, não para que julgasse o mundo. Quem nele crê não é julgado'. "Você crê nisso?".

"Eu creio".

"Bem, você não está condenado então. 'Quem nele crê não é julgado; o que não crê já está julgado, porquanto não crê no nome do unigênito Filho de Deus'".

Então eles concluem: "Bem, aí está você. Se você crê nas Escrituras, deve acreditar nisso. A Bíblia diz que se você crê não está condenado, está salvo, deve ser salvo. Não se preocupe com seus sentimentos, creia na Palavra de Deus".

E isso está certo. Perfeitamente certo. Isso é algo que nós todos devemos fazer. Mas eu me atrevo a descrever isso como a medida mais reduzida de segurança. É uma forma de segurança, mas ainda é a mais reduzida.

A segunda forma de segurança é o tipo que é tratado na primeira epístola de João 5.13. João nos diz que todo o seu objetivo em escrever para essas pessoas era para "saberdes que tendes a vida eterna, a vós outros que credes em o nome do Filho de Deus" – segurança. Como então se concede? Bem, João diz que existem vários testes que você pode aplicar a si mesmo. Algumas pessoas descreveram esses testes como os "testes da vida". O mais familiar e comum de todos é: "Nós sabemos que já passamos da morte para a vida, porque amamos os irmãos". Esse é um teste melhor que o primeiro. Ainda que o primeiro seja válido, o perigo é que você pode dizer: "Ah sim, mas e se isso é apenas um consentimento intelectual que estou dando? E se estou fazendo isso apenas com minha mente?". Agora aqui está um teste mais completo, porque examina a sua reação total à verdade em que você afirma ter crido. Você ama os irmãos? Você pode dizer honestamente que prefere estar com os irmãos do que com qualquer outra pessoa; que você descobriu que as pessoas de quem não gosta por natureza pode amar como cristãos porque eles são, com você, filhos de Deus? Se você se encontrar amando os irmãos, esteja certo de que você é um filho de Deus. Você sabe disso. Você irá saber que nada mais faria você amar essas pessoas e desfrutar de sua companhia, do que esse fato acontecido com eles e com você. E está ciente de que compartilha com elas uma participação na vida de Deus.

E pode aplicar os outros testes também, como: os mandamentos não são mais penosos; ele nos deu de seu Espírito; temos um fervor, uma unção e um entendimento e assim por diante. Precisamos operá-los por nós mesmos.

Mas há um terceiro tipo de segurança, que é a mais alta, a mais absoluta e gloriosa, e que difere essencialmente das outras duas. Como? Desta forma. Você percebe nos primeiros dois tipos que o que estamos fazendo é talvez extrair deduções conforme lemos as Escrituras. Nós chegamos à segurança por um processo de leitura, compreensão, autoexame ou autoanálise. É uma dedução que extraímos das premissas dadas; e isso é certo e verdadeiro. Mas a glória dessa terceira e mais alta forma de segurança é que não é a partir de qualquer coisa que façamos, nem qualquer dedução que tiremos, mas uma segurança que nos é dada pelo próprio Espírito bendito.

Novamente vemos toda a diferença entre Romanos 8.15 e 8.16. Romanos 8.15 diz assim: "Porque não recebestes o espírito de escravidão, para viverdes, outra vez, atemorizados, mas recebestes o espírito de adoção, baseados no qual clamamos: Aba, Pai". Então o verso 16: "O próprio Espírito testifica com o nosso espírito". Nosso espírito tem clamado "Aba, pai"; mas agora acima disso, o Espírito tem testificado com o nosso espírito – ele confirma dizendo-nos: "Você está certo". O Espírito faz isso, não é a nossa ação, nem a nossa dedução, mas o testemunho imediato do Espírito, e é por isso que é tão absoluto e tão certo. O que o Espírito faz: ele nos diz da maneira mais inconfundível que somos filhos de Deus, que Deus nos ama com um amor eterno, e foi porque ele nos amou tanto que Cristo se deu por nós.

O Espírito faz isso de várias maneiras. Às vezes ele faz por meio de um versículo da Escritura que você pode ter lido mil vezes antes, mas que de repente parece se destacar – é para você, ele está falando particularmente. Às vezes é sem nenhum versículo; simplesmente a partir de uma impressão que recebemos na mente e coração. Você não ouve uma voz audível ou vê qualquer coisa, mas apenas sabe, com absoluta certeza, que é o Espírito dando testemunho ao nosso espírito, que somos filhos de Deus.

Deixe-me terminar sobre esse ponto específico, colocando para você mais uma vez sob a forma de experiências de certas pessoas. Vamos começar com Edward Eltham, um antigo puritano que morreu em 1623:

> Entendo, portanto, que o testemunho e evidência do Espírito que ele tem falado é uma inspiração secreta e indizível interior do Espírito; o Espírito Santo de Deus interiormente, secretamente, e numa maneira indescritível informando nossos corações e interiormente persuadindo-nos que Deus é nosso Pai, e derramando em nosso coração um senso secreto, maravilhoso e doce do amor de Deus por nós. Não do amor ordinário ou comum de Deus, mas de seu amor especial e paterno, em que ele nos ama com tanto amor como ele ama ao seu Filho unigênito, Jesus Cristo, em quem somos adotados para sermos seus filhos. Como o próprio Senhor Jesus fala em sua excelente oração [João 17.23], que de igual maneira como ele nos ama, Deus também nos ama, nós que cremos em Cristo. E sobre isso o Apóstolo fala claramente [Romanos 5.5] que o Espírito Santo de Deus que nos é dado infunde e derrama em nossos corações uma percepção e sentimento do amor de Deus por nós em Cristo.

Deixe-me também citar os diários de um homem chamado Howell Harris, que foi poderosamente usado por Deus duzentos anos atrás. Ele foi um homem que tendo experimentado a convicção de pecados na Sexta-Feira Santa em 1735, passou por uma agonia de convicção e incerteza, e, em seguida, no Domingo de Pentecostes, no mesmo ano, recebeu o conhecimento de que seus pecados foram perdoados, de modo que ele creu e regozijou-se. Três semanas após sua conversão, depois de ter recebido uma segurança tranquila de salvação, ele gozou uma nova experiência. Ele tinha se retirado para a Torre do Relógio da igreja em Llangasty. Foi lá para que pudesse ter paz para ler as Escrituras e orar. Seu biógrafo nos conta o que aconteceu em seguida: "Depois de duas a três semanas esse amor se transformou em uma chama que derreteu inteiramente seu ser". A experiência de perdão que ele havia recebido anteriormente "foi sem dúvida doce, no entanto, deixou em seu coração um sentido indefinível de alguma necessidade adicional. Mas enquanto orava secretamente na igreja em Llangasty, o lugar sagrado onde ele se entregou a Deus, Deus por sua vez deu-se a ele" – e ele mal sabe como descrever o que aconteceu.

Harris empilha as frases bíblicas mais ricas uma em cima da outra na tentativa de estabelecer a expressão adequada ao que sentiu e experimentou naquele dia; foi quando o coração dele foi liberto de todos os ídolos, e o amor de Deus foi derramado exteriormente em seu coração. Agora ele recebeu o Espírito de adoção, pelo qual nós clamamos Aba, Pai, e começou a desejar partir e estar com Cristo. Todos seus medos lhe abandonaram por meses, e o amor perfeito tomou o seu lugar. E ele nunca esqueceu esse dia. Foi a partir desse dia que Howell Harris começou a ser tão marcante e notável testemunha da graça e amor de Deus. E descreve como esse amor de Deus veio sobre ele, onda sobre onda.

Outro homem chamado Christmas Evans faz exatamente a mesma coisa. Aqueles de vocês que leram a autobiografia de Charles Finney vão saber que ele diz exatamente a mesma coisa novamente.

Agora é isso que quero dizer com essa mais alta forma de segurança: o Espírito testificando com o nosso espírito, que somos os filhos de Deus. É direto, imediato. Não advinda de uma dedução nossa, mas sua certeza absoluta, o Espírito nos dizendo que somos filhos de Deus.

Deixe-me finalmente dizer-lhe, de novo, o que eu considero como uma das maneiras mais belas em que esse assunto já foi colocado. Ela é exposta por Thomas Goodwin, um desses grandes puritanos de trezentos anos atrás. Em Oxford ele foi o presidente do Magdalen College, durante o tempo de Oliver Cromwell,[6] e era um estudioso e pregador brilhante. Essa é a diferença entre o que eu chamo da segurança costumeira do filho de Deus, e a dita extraordinária segurança. Ele descreve um homem e sua criancinha, seu filho, andando pela estrada de mãos dadas. A criança sabe que ele é o filho de seu pai, e sabe que seu pai o ama e se alegra nisso. Não há incerteza a respeito, mas de repente o pai, movido por algum impulso, toma aquela criança em seus braços e passa a beijá-la e abraçá-la derramando todo seu amor sobre ela, e então, descendo-a novamente continuam caminhando juntos.

É isso! A criança sabia antes que seu pai a amava, e sabia que era seu filho. Mas é esse abraço amoroso, esse derramamento extra de amor, essa manifestação incomum de afeto, que estamos falando. O Espírito testemunha com o nosso espírito que somos filhos de Deus.

Essa é a característica marcante do batismo com o Espírito. Deus nos dê graça para nos examinarmos a luz dessas coisas. Eu entendo que você tem todos os dois tipos de segurança. Mas, sabe alguma coisa sobre o terceiro tipo? Você conhece alguma coisa da glória de Deus, sua iminência, essa certeza, essa garantia absoluta dada pelo Espírito, que expulsa todas as dúvidas e incertezas? Você sabe que Deus te ama em particular, com um eterno amor em Jesus Cristo?

---

[6] Oliver Cromwell (1599-1658) foi o militar e líder da Revolução Puritana na Inglaterra que substituiu a Monarquia por uma República. Governou com o título de Lorde Protetor do Estado Unificado (Inglaterra, Escócia e Irlanda) [**N. do E**].

SERMÃO 6

ALEGRIA, AMOR E ENTENDIMENTO

Vimos que quando os cristãos são batizados pelo Espírito Santo, eles têm uma percepção do poder e da presença de Deus como nunca conheceram antes – e que esta é a maior forma de segurança possível. Um cristão não é tanto um advogado, mas uma testemunha, e essa testemunha não é eficaz sem a segurança. A certeza que vem com a segurança – "Eu sei em quem eu tenho crido" é a óbvia e maior necessidade em relação ao testemunho.

Vamos agora considerar outros aspectos desse assunto. Deixe-me dizer novamente que, de acordo com o ensino da Escritura e de acordo com a história subsequente da igreja, essa segurança não está confinada a certas pessoas. Não é apenas algo experimentado por grandes pregadores ou líderes, não se limita aos apóstolos, ou algumas pessoas notáveis na história da igreja, mas é algo que tem sido experimentado por pessoas identificadas como comuns ao longo dos séculos – e novamente quero enfatizar isso.

Eu tenho citado pessoas de diferentes séculos simplesmente para que você possa ver que isso é algo que acontece em todas as Eras. O apóstolo Pedro disse no Dia de Pentecostes: "A promessa é para você e para seus filhos, e para os que estão longe". Por outro lado há algumas pessoas tolas e ignorantes que parecem pensar que, porque este é o século 20, esse tipo de coisa não é mais esperado. Isso é apenas uma negação do evangelho. Isso é oferecido ao povo de Deus em todos os tempos e em todos os lugares; não há limites para isso.

Espero que o assunto esteja claro, e continuo dando essas ilustrações, a fim de enfatizar esse ponto em particular. E graças a Deus há testemunhas para essas coisas nestes dias e nesta geração, como tem sido em todas as outras épocas da história da igreja.

Passemos, portanto, a considerar outras espécies e manifestações dessa gloriosa e maravilhosa experiência que é oferecida aos filhos de Deus – e creio que todos nós teremos não apenas nossas mentes abertas, mas também nossos corações, e um desejo por conhecer algo das riquezas da sua graça. Observemos o hino:

Jesus, o pensamento de Ti
Enche o peito com doçura.

Isso acontece? Deveria! Há algo errado com o povo cristão que não pode cantar ou dizer isso de forma honesta e verdadeira. É assim que deveríamos estar. E então, veja você, estamos considerando o que pode nos colocar no estado de poder dizer isso.

Talvez conheça a data do autor desse hino. Algumas pessoas dizem: "Ah, ele viveu no século 11". O cristianismo não é limitado ao tempo, isto acontece em todos os séculos e me parece que somos confrontados com uma das duas possibilidades: ou conhecemos algo dessa experiência ou devemos parar de cantar esses hinos. Aqui está envolvida a questão da honestidade e da verdade. Então, é de suma importância que olhemos para esse glorioso assunto juntos. E graças a Deus, temos tal questão a considerar.

A próxima manifestação do batismo com o Espírito Santo, portanto – e eu acho que você vai concordar que isso decorre inevitavelmente de tudo o que temos visto – é, naturalmente, o elemento de alegria e de felicidade. Isso é algo que você encontra através de todo Novo Testamento. Não há um livro mais estimulante existente hoje do que este; e talvez, em particular, essa seja a verdade de Atos. Que livro emocionante! E a nota principal como lemos no capítulo dois é: "Diariamente perseveravam unânimes no templo, partiam pão de casa em casa e tomavam as suas refeições com alegria e singeleza de coração" (v. 46). É isso! Estes não eram apenas os apóstolos, mas também as três mil pessoas cujos nomes não conhecemos; pessoas comuns se você preferir, mas pessoas que foram cheias com esse mesmo espírito de alegria e de regozijo.

Para mim, é maravilhoso notar a maneira como essas coisas são declaradas, como se fosse bastante comum, algo a ser esperado. O apóstolo Paulo, escrevendo à igreja em Tessalônica para lembrá-los de como o evangelho chegou até eles, se expressa assim: "Porque o nosso evangelho não chegou até vós tão somente em palavra, mas, sobretudo, em poder, no Espírito Santo e em plena convicção, assim como sabeis ter sido o nosso procedimento entre vós e por amor de vós". Então, observe isto: "Com efeito, vos tornastes imitadores nossos e do Senhor, tendo recebido a palavra, posto que em meio de muita tribulação, com alegria do Espírito Santo" (v. 6).

Você vê essas pessoas quando se tornaram cristãs sendo submetidas a mais terrível perseguição por parte de seus parentes, amigos e da sociedade em geral; a perseguição foi grave e ainda nos é dito que embora eles estivessem em gravíssima aflição, havia, acompanhando a aflição, a alegria no Espírito Santo.

Paulo também lembra os cristãos romanos dessas coisas. Em Romanos ele escreve:

> Justificados, pois, mediante a fé, temos paz com Deus por meio de nosso Senhor Jesus Cristo; por intermédio de quem obtivemos igualmente acesso pela fé, a esta graça na qual estamos firmes; e gloriamo-nos na esperança da glória de Deus. E não somente isto, mas também nos gloriamos nas próprias tribulações, sabendo que a tribulação produz perseverança; e a perseverança, experiência; e a experiência, esperança. Ora, a esperança não confunde, porque o amor

de Deus é derramado em nosso coração pelo Espírito Santo, que nos foi outorgado (5.1-5).

O resultado inevitável de um conhecimento e uma segurança do amor de Deus para conosco deve nos encher com essa imensa alegria.

E então tome 1Pedro 1.8: "A quem, não havendo visto, amais; no qual, não vendo agora, mas crendo, exultais com alegria indizível e cheia de glória".

Para quem ele está escrevendo? Deixe-me pegar essa ideia tola de que isto é apenas para certas pessoas em determinados momentos ou em certas circunstâncias especiais. A carta foi endereçada "aos eleitos que são forasteiros da Dispersão no Ponto, Galácia, Capadócia, Ásia e Bitínia". O apóstolo nem sequer sabe seus nomes ou quem eles são – a maioria, pessoas comuns. No entanto, ele não hesita em dizer isso sobre eles. Que se alegram no Senhor Jesus Cristo a quem não viram e a quem não podem ver; mas se alegram com uma alegria que é "indizível". É tão maravilhoso que eles não podem expressá-lo. Na verdade, ele diz "cheia de glória", o que provavelmente significa que é uma parte da alegria e do regozijo que é conhecida pelos santos na glória, que realmente veem Jesus como ele é. "Alegria indizível e gloriosa". Uma antecipação da alegria, do regozijo e da felicidade da glória eterna.

Pedro disse isso para pessoas comuns – e novamente, lembre-se, ele nos diz que estavam passando por um período de tribulação e julgamento, sua fé estava sendo testada muito severamente – e, no entanto, ele diz, "eu sei que essa é a sua posição, que você está regozijando-se nele e amando-o com uma alegria que é 'indizível e cheia de glória'".

É isso que devemos ser como pessoas. O apóstolo João – e eu o cito novamente apenas para mostrar que esse é o ensino universal de todos esses apóstolos e escritores do Novo Testamento – diz em 1João 1.4: "Estas coisas, pois, vos escrevemos para que a nossa alegria seja completa". Eles tinham essa alegria, mas ele queria que fosse uma alegria plena, vasta e abundante. Nosso Senhor havia prometido isso a seus seguidores antes de ir e havia prometido em conexão com o envio do Espírito Santo. Aqui temos algo sempre associado com o batismo do Espírito o qual leva a uma alegria e um regozijo que é bastante excepcional.

Mais uma vez descobrimos que a história dos avivamentos ilustra e demonstra o que é aqui declarado tão nitidamente no Novo Testamento. Você sempre tem, como característica principal em todo avivamento, um grande espírito de alegria e de cânticos. Cantar geralmente é parte de um avivamento – não um canto elaborado, mas uma explosão espontânea de música. Você sempre vai achar que os maiores hinos de todos – eu não quero dizer hinos sentimentais, quase lamurientos, que são bastante característicos do século passado – mas os grandes e poderosos hinos que você tem no século dezoito, todos esses hinos são, num certo sentido, algo parecido com essas palavras de Charles Wesley:

Oh mil línguas para cantar
Meu grande redentor louvar

Naquela época, como em todos os tempos de avivamento, não era um poeta excepcional como Charles Wesley que dizia uma coisa dessas; era o sentimento das pessoas mais comuns, e Wesley recebia apenas um dom para expressar por elas, para colocar em palavras, em seu nome, emoções que todos realmente sentiam no mais profundo de seu ser. Não houve nada que tenha sido mais característico de todos os grandes avivamentos na história da igreja do que esse desejo do povo de Deus, de expressar a alegria, a felicidade, a paz que eles experimentavam.

E novamente – vamos manter nosso olhar nesse fato – você geralmente descobrirá que houve fases em tudo isso. O primeiro efeito de um avivamento sempre é humilhar as pessoas e condená-las, lançando-as numa agonia de alma para fazê-las pensar se alguma vez foram de fato cristãs. Então subitamente, das profundezas, são elevados às alturas, e a alegria e o regozijo correspondem ao antigo sentimento de desolação, indignidade e condenação.

Agora tudo o que estou tentando estabelecer é que é isso que pessoas cristãs são destinadas a ser. Essa é toda a mensagem do Novo Testamento, que o Filho de Deus veio a este mundo para nos libertar. É uma salvação: ele é um salvador que nos livra da culpa, do poder e da contaminação do pecado. E nenhum homem pode estar ciente disso sem se alegrar. O cristão não deve ser alguém que está apenas conseguindo se conter, e que é um miserável e infeliz forçado a fazer essas coisas, arrastando-se, por assim dizer, para a casa de Deus, como tantas pessoas tolas estão dizendo neste tempo presente.

Que negação total é de todo o Novo Testamento, essa sugestão tola que um culto a cada domingo é o suficiente. Um culto que acontece às nove horas da manhã, e ao se livrar dele, por assim dizer, você possa realmente sair e divertir-se, tendo a verdadeira felicidade ao olhar para a televisão ou correr para a beira-mar ou jogar golfe!

Mas o que acontece quando as pessoas são batizadas com o Espírito Santo – como você leu ao longo de Atos – é que elas querem permanecer juntas, reunindo-se com a maior frequência possível – elas continuavam diariamente, com firmeza, falando sobre essas coisas, cantando e louvando a Deus juntos. Para eles isso estava acima de tudo. O resto veio em segundo plano; até mesmo o trabalho deles era algo que *tinham* que fazer. Era certo que eles deveriam trabalhar, é claro, mas aquilo era a sua vida, alegria e salvação.

O que estou tentando dizer é o seguinte: tenho certeza de que o mundo lá fora não vai prestar muita atenção a todos os esforços organizados da igreja cristã. A única coisa em que ele vai prestar atenção é em um corpo de pessoas cheias desse espírito de alegria. Foi assim que o cristianismo conquistou o mundo antigo. Foi essa alegria incrível dessas pessoas. Ainda que os jogassem na prisão, ou até as matassem, não importava, elas se regozijavam; gloriando-se nas tribulações.

Eu estou elencando isso, não apenas para que você possa ter a experiência da alegria da salvação, mas também, espero, encare como uma questão de dever. Eu estou exortando neste mundo maligno em que nos encontramos que, se realmente está preocupado com isso, se você realmente sente o que é dito sobre a evidência diária nos jornais sobre a podridão moral que está se estabelecendo neste país, se você acha que estamos enfrentando a ruína, econômica e industrialmente, porque as pessoas são adoradoras e amantes de prazeres em vez de amantes de Deus, se você realmente crê nisso, seriamente sente isso, então será seu dever se tornar uma pessoa como é retratada aqui, porque essa é a única coisa que irá convencer os homens. Eles dizem: "Ah, nós conhecemos o seu ensino e pregação, já tivemos tudo antes", mas quando eles veem isso em operação, vão ouvir porque são miseráveis e infelizes. Quando eles virem essa qualidade vão começar a prestar atenção real. Então não há mais nada importante para nós do que entendermos esse ensino e experimentá-lo em nossa vida pessoal e cotidiana.

Agora eu estou colocando diante de você o ensino do Novo Testamento, mas também estou ansioso para que você entenda, e por vezes ilustrações e histórias práticas ajudam; e ao mesmo tempo, eu sou mais uma vez capaz de mostrar-lhe como em todas as Eras, essa mesma coisa acontece.

Considere um relato escrito pelo Dr. Isaac Watts, cujos hinos nós gostamos tanto: "Quando eu examino a maravilhosa Cruz", por exemplo. Ao escrever sobre esse extraordinário testemunho do Espírito ele cita o caso do Rev John Howe, que foi capelão de Oliver Cromwell por um período no Whitehall[7], em Londres na década de 1650. John Howe era um homem intelectual, sensato e erudito, e ainda, como Watts diz, apesar de ser alguém cujo nome exigia muito respeito, confirmava o que ele (Watts) vinha ensinando. Howe é importante por este motivo: as pessoas dizem: "Ah, bem, claro, eu sei que existem certos tipos. Eu conheço esses tipos efusivos, essas pessoas emocionais, essas pessoas instáveis, elas reivindicam todos os tipos de coisas maravilhosas, mas

---

[7] O Palácio de Whitehall foi um palácio Real e a principal residência dos reis da Inglaterra em Londres, entre 1530 e 1698, quando todo o edifício, com exceção da Casa de Banquetes, foi destruído por um incêndio. O palácio legou o seu nome, Whitehall, ao atual centro administrativo do Governo do Reino Unido [**N. do E.**].

um homem intelectual... é diferente". Watts nos diz que quando John Howe morreu, descobriram que ele tinha escrito alguns parágrafos na folha em branco de sua Bíblia. Observe o que ele escreve:

> 26 de dezembro de 1689 – Depois disso, eu levei muito a sério e repetidamente pensei comigo mesmo que além de uma completa e indubitável concordância aos objetos da fé, também era necessário desfrutar um sabor vivificante e apetitoso dos mesmos, para que estes penetrassem com mais força e com poderosa energia no centro mais profundo do meu coração, e lá sendo mais intimamente fixados e enraizados, governassem minha vida.

Isso é o que ele queria. Ele acreditava nessas coisas intelectualmente e elas eram verdadeiras para ele e, em certo sentido, ele tinha a garantia de salvação – mas ele queria algo mais:

> ... e não podia haver outra base segura sobre a qual determinar o bom estado de minha relação com Deus e emitir um juízo sensato acerca da mesma. E depois de haver insistido em meu roteiro de pregação em grande parte sobre 2Coríntios 1.12: "Porque a nossa glória é esta: o testemunho da nossa consciência, de que, com santidade e sinceridade de Deus, não com sabedoria humana, mas, na graça divina, temos vivido no mundo e mais especialmente para convosco"; esta manhã eu acordei de um sonho arrebatador, em que um maravilhoso fluxo copioso de raios celestes do sublime trono da Divina Majestade pareceu atingir meu peito aberto e expandido. Muitas vezes, desde então, tenho refletido sobre aquela promessa muito especial de um favor divino que me foi concedido naquele dia memorável, e com um deleite fresco e repetido provei as suas delícias. Mas o que, pela admirável benevolência de Deus e a mais grata

e consoladora influência do Espírito Santo, foi em 22 de outubro de 1704 – esta é outra experiência do mesmo tipo; primeiro em 1689, agora em 1704 – superou em muito as palavras mais expressivas que meus pensamentos podem sugerir. Eu então experimentei, de forma inexprimível, o agradável quebrantamento de coração, lágrimas jorrando dos meus olhos pela alegria de que Deus derramasse seu amor abundantemente nos corações dos homens; e que, com esse propósito, o meu coração fosse possuído, de forma tão significativa, pelo seu bendito Espírito (Rm 5.5).

Deixe-me dar outro exemplo útil, desta vez uma declaração de William Guthrie, um escocês típico do mesmo século, o extremo oposto do tipo efusivo, emocional e instável; um grande cérebro e um teólogo. Ele diz:

> É uma gloriosa manifestação divina para a alma o amor de Deus sendo derramado no coração. É uma coisa melhor sentida do que falada. Não é uma voz audível, mas é um raio de glória enchendo a alma com Deus, que é Vida, Luz, Amor e Liberdade, correspondente a essa voz audível: "Ó homem, muito amado", colocando um homem em êxtase. Com isso em seu coração, é bom estar aqui; se trata do mesmo que passou de Jesus para Maria quando ele mencionou o nome dela. "Jesus disse a ela, Maria. Ela se virou, e disse-lhe: Raboni; que significa mestre". Ele tinha falado algumas palavras para ela antes e ela não entendera quem ele era. Todavia quando ele profere essa palavra "Maria", se produziram uma comunicação admirável e uma manifestação divina, feita em seu coração pelas quais ela estava tão satisfatoriamente cheia que ali não havia lugar para argumentar e discutir se era ou não Cristo e se ela tinha algum interesse nele. Essa manifestação forjou a fé para si

mesma além de ter-lhe atribuído confiança, e foi equivalente a um "Assim diz o Senhor".

Esse é um vislumbre da glória que pode no mais alto sentido, ser chamado de "penhor" ou "primícias" da herança (Ef 1.14), porque é um dom e, por assim dizer, uma descoberta sensível do Santo Deus, quase totalmente conformando o homem à sua semelhança, então lhe absorvendo de tal maneira que ele esquece todas as coisas exceto essa manifestação presente. Que gloriosa é essa manifestação do Espírito! A fé aqui se eleva a uma segurança tão completa de que se resolve totalmente na sensível presença de Deus.

Essa é a coisa que melhor merece o título de "Sensível Presença" e não é dada a todos os crentes, alguns dos quais permanecem todos os seus dias em escravidão e temor; mas aqui "o amor (quase perfeito) lança fora o medo". Isto depende de tal maneira da vontade do Mestre, e é tão transitório, passageiro ou efêmero quando acontece que nenhum homem pode discutir seu estado de graça por falta disso.

Um terceiro exemplo notável é do grande Blaise Pascal, um dos grandes gênios de todos os tempos. Mais uma vez, ele pertencia àquele século 17, mas, claro, viveu na França, e era um católico romano. Aqui estava um homem que desenvolveu uma grande preocupação com sua alma e com sua salvação. Ele foi um filósofo e pensador brilhante, que costumava ler e palestrar muito; também realizou experimentos matemáticos e ministrou palestras matemáticas: ele era o leão dos círculos científicos na Paris daqueles dias. Quando morreu, descobriram que Pascal havia escrito algo em um pedaço de papel e tinha costurado dentro de sua camisa um amuleto, em que descreve uma experiência notável que vivenciou:

Neste dia de graça de 1654;
Das dez e meia da noite, até
cerca de meia-noite e meia,
Fogo.

Agora você não tem um desses tipos óbvios que vivem tendo visões e imaginando coisas. Você tem um dos maiores matemáticos de todos os tempos.

Fogo
Deus de Abraão, Deus de Isaque, Deus de Jacó,
Não dos filósofos e dos sábios.
Certeza, alegria sincera, paz.
Deus de Jesus Cristo
O teu Deus será o meu Deus.
Esquecimento do mundo e de tudo, exceto de Deus.
Ele só pode ser encontrado nos caminhos
Ensinados no Evangelho.
Grandeza da alma humana.

Ele simplesmente colocou essas coisas da melhor maneira que pôde lembrá-las, essas coisas que vieram sobre ele em tal profusão.

Grandeza da alma humana.
Pai justo, embora o mundo não te conheça,
eu te conheço.
Alegria, alegria, alegria, lágrimas de alegria.
Eu me separei dele.
Meu Deus, por que me desamparaste? ...
Que eu não me separe de Ti por toda a eternidade.
E a vida eterna é esta: Que eles possam conhecer a Ti
o único Deus verdadeiro, e Aquele a quem Tu enviaste, Jesus Cristo,
Jesus Cristo,

> *Jesus Cristo.*
> *Eu me separei dele; evitei-o, reneguei-o*
> *crucifiquei-o.*
> *Que eu jamais seja separado dele.*

Ele está misturando seu passado com seu presente: o que tem sido recebido o faz sentir o que foi no passado.

> *Que eu jamais seja separado dele*
> *Ele só se mantém em mim pelos caminhos ensinados*
> *no Evangelho.*
> *Doce e completa renúncia.*

E é claro que é exatamente isso o que ele fez depois dessa experiência surpreendente.

A partir daí ele se retirou do mundo e de todos os seus interesses matemáticos e atividades e se juntou a um grupo religioso em Porto Real, os Jansenistas da época.

Lá, começou a escrever suas famosas obras: *Cartas Provinciais* e *Pensamentos* que são tão profundas e comoventes. Ele era um filósofo e cientista brilhante, mas foi nessa experiência que realmente chegou ao conhecimento e à compreensão.

Mas o que ele enfatiza acima de tudo é "alegria, alegria, alegria, lágrimas de alegria".

Porque essa é a "alegria indizível e cheia de glória" a qual o apóstolo Pedro se refere naquele primeiro capítulo de sua primeira epístola.

Tudo o que quero transmitir a vocês, meus queridos amigos, é que todos nós deveríamos conhecer algo assim. E essa é a questão: nós conhecemos isso? Isso não é algo que você manipula. Pascal não estava em uma reunião; eles não tinham cantado hinos e coros sem fim, manipulando uma excitação. Não. Quando o Espírito Santo está operando você não precisa trabalhar, você não precisa organizá-lo; ele faz tudo. É a visão dele, o conhecimento dele, esta iminência, e este é o resultado inevitável – uma alegria indizível e cheia de glória, embora não o vejamos.

As pessoas a quem Pedro estava escrevendo nunca o viram, eles eram "forasteiros da Dispersão". Pedro tinha realmente visto o Senhor fisicamente, eles não tinham. Não é necessário. O Espírito é enviado para trazê-lo para nós e esse é o resultado desse conhecimento e experiência nele.

Então, claro, o próximo que mencionamos é o "amor a Deus". "Nós o amamos", diz João em sua primeira epístola, "porque ele nos amou primeiro" (4.19) – e isso é novamente bastante inevitável, e não precisa de demonstração. Você não pode conhecer o amor de Deus, sem amá-lo em troca. Um segue o outro como a noite segue o dia; e quando sabemos disso nosso amor a Deus surge como uma resposta ao seu amor por nós. É um amor que, como João diz: "Lança fora o medo". William Guthrie argumentou isso, e ele estava apenas repetindo o ensino do apóstolo João. É um amor que lança fora um medo paralisante, "o medo que produz tormento". Não é um amor que livra do temor reverente, ele o aumenta. Mas remove o medo. Percebemos que não estamos mais sob a lei, mas sob a graça; que somos filhos de Deus e, portanto, nós clamamos "Aba, Pai". Existe o amor mencionado em Romanos 8.15, mas esse amor vai além. Considera-o ainda em termos desse amor que está em nós e clama "Aba, Pai". Como nós nos aproximamos de Deus? Como oramos a Deus? Ele é alguém vastamente distante? Ou nos aproximamos dele como "Pai"? Nós conhecemos algo desse amor que brota dentro de nós, um desejo de conhecê-lo mais e mais, um desejo de estar com ele? Essas são as coisas testemunhadas nas Escrituras e pelos santos ao longo dos séculos. Eu deixo isso apenas como uma pergunta para você.

Deixe-me avançar para o próximo assunto porque isso é mais prático e é um teste do nosso amor. É o desejo de glorificá-lo, glorificar a Deus Pai, glorificar o Senhor Jesus Cristo, e fazendo isso, glorificarmos o Espírito Santo ao mesmo tempo. É importante lembrar também que nosso Senhor Jesus Cristo, prometendo tudo isso, disse do Espírito:

"Ele vai me glorificar". O Espírito Santo foi enviado particularmente para glorificar o Senhor Jesus Cristo, não a ele mesmo. O Senhor Jesus Cristo disse que foi enviado para glorificar o Pai, e assim o fez, apontou as pessoas para o Pai. Ele iria desaparecer e as pessoas não seriam capazes de encontrá-lo. Ele não busca glorificação pessoal. Ele veio para glorificar o Pai. E ele diz do Espírito: "O Espírito é enviado para me glorificar". Então uma das maiores provas da obra do Espírito e especialmente do batismo com o Espírito Santo, é o desejo de glorificar o Senhor Jesus Cristo.

Agora, quando você lê Atos descobre que isso é o que sempre aconteceu. A primeira coisa que sucedeu quando os apóstolos foram batizados com o Espírito Santo foi que começaram a falar "sobre as grandezas de Deus".

Um autor que tem escrito recentemente sobre "a plenitude do Espírito[8]" tenta dizer que "o primeiro sinal de ser cheio do Espírito é que nós falamos um com o outro". Ele é contra a tendência de falar e orar a Deus em línguas, e pensa ter encontrado a forma de fazê-lo dizendo que em Efésios 5.19 encontramos a frase: "Falando entre vós com salmos, entoando e louvando de coração ao Senhor com hinos e cânticos espirituais". Ele diz: "O homem que é cheio do Espírito não é um homem que, por assim dizer, fala a si mesmo, mas fala com outras pessoas". Mas de fato, isso não é verdade. A primeira coisa que um homem que é cheio do que o Espírito faz é falar com Deus, ele louva a Deus, e seu primeiro desejo é glorificar o Senhor Jesus Cristo. Assim, esses homens cheios do Espírito, começam a "contar as maravilhosas obras de Deus".

Repito que isto é algo certamente inevitável. Novamente – "Louvando a Deus e contando com a simpatia de todo o povo".

> Diariamente perseveravam unânimes no templo, partiam pão de casa em casa e tomavam as suas refeições com alegria

---
[8] Supomos que Lloyd-Jones está se referindo a John Stott. [**N. do E.**].

e singeleza de coração, louvando a Deus e contando com a simpatia de todo o povo. Enquanto isso, acrescentava-lhes o Senhor, dia a dia, os que iam sendo salvos (At 2.46-47).

Isso é o que um o homem faz quando é cheio do Espírito – ele quer louvar a Deus, glorificá-lo, contar a outros sobre ele e glorificar o Senhor Jesus Cristo em particular.

Leia novamente em Atos 4, onde eles são novamente cheios com o Espírito, os mesmos homens que foram cheios no Dia de Pentecostes.

Pedro e João foram presos, lembra? Eles foram severamente repreendidos pelo tribunal e postos em liberdade apenas sob a condição de não pregar nem ensinar mais em nome deste Jesus. Então eles voltaram e contaram tudo isso à igreja. Depois, todos eles em comum acordo, começaram a orar, e foi isso que aconteceu. "Tendo eles orado, tremeu o lugar onde estavam reunidos; todos ficaram cheios do Espírito Santo". Isso significa que o Espírito Santo "veio sobre eles" novamente – "e, com intrepidez, anunciavam a palavra de Deus [...]. Com grande poder, os apóstolos davam testemunho da ressurreição do Senhor Jesus, e em todos eles havia abundante graça".

Você se lembra também de como quando o apóstolo Paulo foi convertido, Ananias o visitou e ele foi batizado com o Espírito Santo. Então, isso é o que lemos em Atos 9.20: "E logo pregava, nas sinagogas, a Jesus, afirmando que este é o Filho de Deus". Esse é o resultado sempre, o imediato resultado do batismo com o Espírito. Ele não falou sobre si mesmo, nem sobre suas experiências, "pregava, nas sinagogas, a Jesus, afirmando que este é o Filho de Deus". Mas estou enfatizando que ele fez isso "imediatamente", sem demora. Esse é o desejo de um homem que conhece essas coisas: ele quer louvar. Então você vai descobrir que quando as autoridades tentaram proibi-los de fazer isso, eles tinham apenas uma resposta a dar: "Nós não podemos deixar de falar" – temos que falar! – "as coisas que temos visto e ouvido" (At 4.20).

O próximo resultado, claro, é luz e entendimento, e o Espírito sempre dá isso. Ele é o Espírito da verdade e quando um homem é batizado com o Espírito, conhece a verdade como nunca conheceu antes. Eu não estou interessado nas experiências de um homem que ainda está errado em sua doutrina. O teste do batismo com o Espírito é que ele leva um homem à verdade e a uma compreensão da verdade. Por que isso? Bem, ele não pode testemunhar sem essa qualificação. Você não pode ser uma testemunha a menos que saiba disso. Você deve ter algo a dizer, "estando sempre preparados para responder a todo aquele que vos pedir razão da esperança que há em vós". Então o Espírito faz. Ele concede um tipo de iluminação, uma clareza de compreensão e de entendimento.

Deixe-me portanto terminar, dando-lhe alguns exemplos e ilustrações a respeito. Para mim, isso é uma das coisas mais notáveis. Você conheceu a verdade cristã, a doutrina cristã? Você teve uma firme compreensão do grande e glorioso propósito de Deus? O caminho é o batismo com o Espírito Santo que dá maior luz, conhecimento e instrução do que qualquer outra coisa, e o faz para que possamos ser testemunhas. Eu já citei a experiência de John Flavel, quando em uma viagem ele sentou-se perto de um poço e teve essa experiência surpreendente. Mas isso é o que é interessante. "Ele muitos anos depois daquilo chamou esse dia de um dos dias celestiais, e professou que entendeu mais da vida do céu, graças a isso do que por todos os livros que ele tinha lido, ou discursos que tenha ouvido a respeito".

Ele era um ótimo aluno e leitor, um pensador, mas naquela experiência teve mais conhecimento do que havia tido em toda a sua vida.

O mesmo aconteceu com Pascal, a quem citei anteriormente, que diz: "Deus, o Deus vivo, não dos filósofos e dos sábios". Ele era um filósofo e estava lutando com grandes ideias e argumentos. De repente; no espaço de duas horas, iluminação! E quando aprendeu tanto em tal experiência, se sentiu no dever de ofertar o resto de sua vida na terra – apesar de sua saúde precária – a ensinar às pessoas, e então escreveu *Cartas Provinciais* e *Pensamentos*.

Mas, para mim, de muitas maneiras, a ilustração mais extraordinária desse ponto particular, não é outro senão o homem que é honrado pela Igreja Católica Romana pelo nome de São Tomás de Aquino. Em 1879, o papa emitiu uma proclamação oficial de que Tomás de Aquino é o teólogo e mestre da Igreja Católica. Ele tinha sido considerado como tal por muitos séculos. Aquino viveu no século 12, e a maioria dos ensinamentos católicos romanos é baseada no seu pensamento. É interessante que na atualidade sua mais famosa obra seja a *Suma Teológica*, um "Compêndio da Teologia, ou do Conhecimento de Deus", em vários volumes. Essa sempre foi a obra padrão da Igreja Católica Romana.

Tomás de Aquino foi um grande pensador, um filósofo brilhante. A partir do nosso ponto de vista como protestantes, ele causou um grande dano porque tomou a filosofia de Aristóteles, aproveitando isso para a fé cristã – algo que não pode ser feito; mas com sua mente brilhante ele satisfez o maior número de pessoas que esteve ao seu alcance fazê-lo.

A essência de seu ensino era essa – é impossível para um homem mortal ter qualquer experiência direta de Deus. "Sua posição", diz ele, "repousa principalmente na razão; em coisas que você pode perceber, ver e sentir, e então aplica a razão a elas". Então ele tem suas famosas "Provas da Existência de Deus" – como forma de provar o ser de Deus mediante causa e efeito, e assim por diante; o bom, o melhor, e o excelente etc. – as cinco grandes provas do ser de Deus.

Agora essa é a essência do ensinamento de Tomás de Aquino, mas aqui está uma história autêntica sobre ele. Eu cito para você um homem que conta isso muito apropriadamente (você pode ler na maioria das biografias de Aquino e encontrá-la na maioria das referências a ele).

> Então, depois de passar toda a sua vida demonstrando como o homem não tem contato direto com a realidade imaterial, Aquino pouco antes de sua morte teve uma experiência com Deus tão direta e esmagadora que ele não escreveu mais. Incitado por um amigo a completar seu grande trabalho, a *Suma Teológica*, ele respondeu: "Eu não posso fazer mais; tais coisas me foram reveladas que tudo

que escrevi parece como palha; e agora tudo que espero é o fim da minha vida".

É isso! O gênio e a mente de Tomás de Aquino demonstrando, provando, então repentinamente tem uma experiência com Deus que faz toda a *Suma* se tornar "palha". Ele sabe, experimentou; Deus por meio do Espírito deu a ele. Ele não escreveu mais.

Isso é algo além da compreensão, além da razão, de fato além do entendimento, e ainda assim é uma absoluta certeza, é luz, conhecimento, a verdade em si, porque é Deus; Pai, Filho e Espírito Santo. Tal é a luz, o conhecimento e a compreensão que é dada a um homem que é batizado com o Espírito Santo de Deus. Como o apóstolo Paulo coloca: "Sabedoria essa que nenhum dos poderosos deste século conheceu; porque, se a tivessem conhecido, jamais teriam crucificado o Senhor da glória [...]. Mas Deus no-lo revelou pelo Espírito; porque o Espírito a todas as coisas perscruta, até mesmo as profundezas de Deus" (1Co 2.8,10).

SERMÃO 7

OUSADIA PARA FALAR

As implicações de todas essas coisas, é claro, são óbvias e evidentes. A igreja caiu no erro de pensar que um homem pode obter esse conhecimento por métodos acadêmicos de ensino e aprendizado. Eu não estou aqui para condenar essas coisas; ensino acadêmico e aprendizagem são importantes. Mas eles não são de suma importância, e a tragédia dos últimos cem anos tem sido que se dá a essas coisas uma superimportância, os homens se orgulham de seus títulos e diplomas, sua aprovação em exames e assim por diante. Tudo isso é muito bom, mas não é o jeito de se conhecer a Deus mais plenamente. É por meio do Espírito, mediante o batismo do Espírito, que se chega a esse conhecimento mais pleno. Eu citei para você os casos de Pascal e Tomás de Aquino que certamente devem nos situar bem nesse assunto de uma vez por todas. Quando o cristianismo se torna um assunto de um seminário ou de uma universidade, bem, então eu digo que realmente nos afastamos da fé. Essas coisas são auxílios, ajudas, mas perdemos nosso senso de proporção. O conhecimento é dado pelo Espírito Santo, e assim, muitas vezes aconteceu que pessoas como Priscila e Áquila, como vimos, são capazes de corrigir um homem instruído como Apolo; e isso tem se repetido infinitamente ao longo dos séculos.

Temos, então, observado as evidências ou as marcas do batismo do Espírito Santo dentro de nós mesmos. Todas podem, mais ou menos, ser incluídas na categoria ou no título de "evidências subjetivas".

Agora nos voltamos para as evidências externas, aquelas que são aparentes para aqueles que estão fora e olhando, e estas são igualmente importantes. Elas são tratadas nas Escrituras e por isso devemos lidar. É sempre claramente uma questão de primordial importância, porque se o objetivo do batismo com o Espírito é nos capacitar a testemunhar a outros, deve haver algo sobre isso que se torna evidente e óbvio para outras pessoas. Na definição do significado do batismo com o Espírito devemos colocar uma ênfase considerável no fato de que não é apenas algo que o próprio homem sabe com certeza, mas que outras pessoas também sabem.

Qualquer um que esteja familiarizado com Atos saberá imediatamente, é claro, que estamos tratando de algo muito impressionante. Como nós temos visto, no momento em que os apóstolos e aqueles que estavam reunidos no cenáculo foram batizados com o Espírito Santo, tornou-se evidente e óbvio para todos os que estavam com eles, uma grande agitação foi criada em Jerusalém e pessoas vieram para investigar esse assunto. Foi o que aconteceu de imediato.

Teremos que entrar novamente em detalhes, mas o ponto que eu quero estabelecer é que a coisa era patente e evidente. Pedro faz uso disso em seu sermão no Dia de Pentecostes quando em Atos 2.33 coloca a questão da seguinte forma: "Exaltado, pois, à destra de Deus, tendo recebido do Pai a promessa do Espírito Santo, derramou isto que vedes e ouvis". Ele está apelando para essa evidência externa e óbvia daquilo que ocorrera neles e por eles.

Mas talvez o exemplo mais notável disso seja o que aconteceu na casa de Cornélio, que é descrito em Atos 10. Lemos no versículo 44 que "ainda Pedro falava estas coisas quando caiu o Espírito Santo sobre todos os que ouviam a palavra". E se a nossa doutrina do Espírito Santo não incluir essa ideia do Espírito Santo caindo sobre as pessoas, ela é gravemente defeituosa. Isso me parece, tem sido o problema, especialmente durante o presente século, de fato, por quase cem anos. Toda a noção do Espírito Santo caindo sobre as pessoas foi desaprovada e desencorajada, e se você ler muitos dos livros sobre o Espírito Santo você vai ver que isso nem sequer é mencionado, um fato que certamente é uma das principais explicações do estado atual da igreja cristã.

Então você continua a ler:

> E os fiéis que eram da circuncisão, que vieram com Pedro, admiraram-se, porque também sobre os gentios foi derramado o dom do Espírito Santo; pois os ouviam falando em línguas e engrandecendo a Deus. Então, perguntou Pedro: Porventura, pode alguém recusar a água, para que não sejam batizados estes que, assim como nós, receberam o Espírito Santo? (At 10.45-47).

Agora você vai lembrar que, no próximo capítulo, o apóstolo Pedro é chamado a comparecer perante as autoridades em Jerusalém por ter admitido os gentios na igreja cristã. Os judeus não conseguiam entender isso, então Pedro volta a esse argumento. "Quando, porém, comecei a falar", ele diz, "caiu o Espírito Santo sobre eles, como também sobre nós, no princípio. Então, me lembrei da palavra do Senhor" – e então ele cita a declaração de João Batista. E logo diz: "Pois, se Deus lhes concedeu o mesmo dom que a nós nos outorgou quando cremos no Senhor Jesus, quem era eu para que pudesse resistir a Deus?" Ele apela para a evidência óbvia para aqueles que estavam do lado de fora. E assim, naturalmente, você continua lendo por todo o livro de Atos, está implícito nas epístolas e é algo substanciado pela história subsequente da igreja cristã.

Quais são, então, essas manifestações externas? A primeira talvez lhe surpreenda – é o aspecto do rosto! Veja no Antigo Testamento o relato do que aconteceu com Moisés quando ele estava no monte com Deus recebendo os Dez Mandamentos, as instruções sobre a construção do tabernáculo e as formas de adoração e assim por diante. Nós lemos que, quando ele finalmente estava descendo as pessoas correram para encontrá-lo, mas, de repente, se afastaram aterrorizadas e alarmadas. A explicação dada para isso é que o rosto de Moisés estava brilhando – embora Moisés não soubesse disso – porque ele tinha estado na presença de Deus e algo da glória divina estava sendo refletido de volta em seu rosto. Esse é um grande mistério, uma coisa maravilhosa.

Você tem a mesma ideia no relato da transfiguração do Senhor. Ele foi transfigurado diante dos discípulos e ali veio uma espécie de resplendor sobre ele, uma glória que os apóstolos não haviam observado antes.

Bem, agora esse é o tipo de coisa a qual eu estou fazendo referência, e o que parece tão claro é que, porque o batismo com o Espírito Santo traz alguém para a presença de Deus e a uma compreensão viva e ativa dele e de sua glória, não é de todo surpreendente que uma das consequências inevitáveis é que algo acontece até mesmo na aparência física facial de pessoas que recebem esse batismo.

Você recebe a evidência disso em Atos, particularmente no capítulo dois. Era evidente de imediato para a população de Jerusalém que algo de extraordinário havia acontecido àqueles homens. Isto não foi só porque falaram em outras línguas, em outros idiomas, senão que era tudo relacionado com eles; sua aparência, conduta e várias outras coisas que nos referiremos mais tarde. E mais uma vez eu enfatizo essa afirmação em Atos 2.33: "Isto que vedes e ouvis". Eles estavam ouvindo as línguas, ouvindo todos falando "em nossas próprias línguas sobre as grandezas de Deus"; mas além de ouvirem, eles viram.

Esse "vemos" é algo muito negligenciado, mas muito importante. Você "vê". Era evidente ao olhar para essas pessoas que alguma coisa havia acontecido com elas.

Deixe-me dar outro exemplo para mostrar a mesma coisa. Considere o que nos é dito sobre o mártir Estêvão no último versículo de Atos 6. Aqui estava um homem, nos é dito, cheio com o Espírito Santo e com fé, e por causa de sua pregação, ensino e outras obras ele caiu em desgraça perante as autoridades que o prenderam e o colocaram em julgamento.

> Apresentaram testemunhas falsas, que depuseram: Este homem não cessa de falar contra o lugar santo e contra a lei; porque o temos ouvido dizer que esse Jesus, o Nazareno, destruirá este lugar e mudará os costumes que Moisés

nos deu. Todos os que estavam assentados no Sinédrio, fitando os olhos em Estêvão, viram o seu rosto como se fosse rosto de anjo.

Isso é história pura, e a explicação é a única que eu estou lhe dando. Isso novamente não é nada senão um reflexo da glória de Deus. "Como se fosse rosto de anjo" – e os anjos estão no reino da glória, na presença de Deus, e tudo nesse reino reflete algo da glória dele. É por isso que estou enfatizando a questão, porque se você ler os relatos dos grandes avivamentos na história da igreja vai descobrir que aquilo é algo frequentemente notado e tem sido o meio para conversão de muitas pessoas. Elas acabaram de contemplar a face de certas pessoas que repentinamente foram cheias do Espírito no avivamento, e foram surpreendidas com a glória, a maravilha, algo luminoso no rosto.

Para que você não pense que estou apenas descrevendo pessoas excepcionais, um dos testemunhos pessoais mais extraordinários e maravilhosos que recordo já ter o privilégio de ouvir, foi a experiência de uma mulher, ainda viva, com uma vocação muito humilde na vida, se é que se pode fazer tais distinções. Mas é isso que o mundo faz. Eu coloquei assim para que você possa saber o que estou dizendo. Eu não estou falando de alguma pessoa altamente culta ou erudita, estou falando de alguém que realiza tarefas muito servis]. E eu tive o privilégio de ouvi-la me contando como se tornara cristã em um avivamento que ocorreu na Ilha de Lewis, antes da última Guerra. Nós não ouvimos muito sobre isso, mas houve uma visitação do Espírito de Deus na Ilha de Lewis, entre abril e setembro de 1939, durante a qual as reuniões foram realizadas em uma casa, nem mesmo foi em uma capela.

Ela não estava muito interessada nessas coisas, mas uma amiga dela estava, e, finalmente, ela foi convencida a ir a uma das reuniões de oração que eram realizadas na casa. Ela não conseguiu entrar em uma ou duas vezes por causa da multidão, mas finalmente conseguiu. E a experiência que levou à sua conversão foi a visão do rosto de uma criancinha naquela casa. A mulher de repente viu o rosto dessa criança brilhando, e esse foi o meio que a conduziu à sua convicção de pecado, da necessidade de um Salvador, à sua salvação e a ser cheia do Espírito Santo.

Então, aqui está algo significativo que tendemos a negligenciar. As pessoas se concentram apenas nas línguas em Atos 2, mas há evidências bem separadas das línguas e em muitos casos em que não houve línguas, as coisas têm acontecido assim. E nos relatos de avivamentos eu tenho muitas vezes ouvido de pessoas que conheço bem intimamente, que experimentaram algo do avivamento no País de Gales em 1904-05. Também foi dito com frequência sobre o Sr. Evan Roberts, tão usado como sinal naquele avivamento, que as pessoas ficavam espantadas quando elas apenas viam em seu rosto essa qualidade "brilhante".

Então somos informados sobre o santo Robert Murray McCheyne, em sua igreja em Dundee, entre o final dos anos 1830 e início dos anos 1840. Foi reconhecido tantas e tantas vezes que McCheyne tinha que simplesmente subir ao púlpito e antes que ele abrisse a boca as pessoas costumavam começar a chorar e a ser convencidas dos pecados. Ele não havia pronunciado uma só palavra. Por quê? Bem, a explicação foi que esse homem tinha vindo da presença de Deus e o Espírito se derramava. Um dos resultados disso é algo que pode se ver externamente.

Enfatizo isso porque estou convencido de que o principal problema com a maioria de nós e com a igreja em geral é que parece que nos esquecemos da presença e do poder do Espírito. Nós nos tornamos tão formais, com tudo tão arrumado, tão organizado, tudo no controle do homem – e esquecemos essa outra evidência, o poder, a glória e a santidade do Espírito. Estou convencido que a maior necessidade da igreja é perceber novamente a atividade do Espírito Santo. Veja, nós organizamos – organizamos reuniões, campanhas, mas isso em grande parte é porque esquecemos o elemento que estou tentando enfatizar para você. Quando o Espírito vem, sua evidência é inconfundível e os resultados são surpreendentes e espantosos.

A próxima questão para qual avanço para enfatizar é o efeito do batismo com o Espírito sobre o discurso dos homens, aquilo que eu realmente quero chamar de pregação. Não só a pregação pública, mas a conversa pessoal também. (Eu aqui ainda não estou lidando com a questão de línguas. Isso deve ser tratado quando nós consideramos os dons). Estou discutindo aqui, o efeito do batismo com o Espírito sobre o falar dos homens naquilo que consideramos o significado comum desse termo. Aqui, novamente, isso é algo que foi prometido, claro. Você lembra como a promessa é dada lá em João 7.37-39:

> No último dia, o grande dia da festa, levantou-se Jesus e exclamou: Se alguém tem sede, venha a mim e beba. Quem crer em mim, como diz a Escritura, do seu interior fluirão rios de água viva. Isto ele disse com respeito ao Espírito que haviam de receber os que nele cressem; pois o Espírito até aquele momento não fora dado, porque Jesus não havia sido ainda glorificado.

Essa é uma afirmação universal e é verdade que quando as pessoas são batizadas com o Espírito descobrem que certas coisas acontecem nessa questão de testemunho e de falar com os outros, seja em conversa privada ou de uma forma mais pública. E então nosso Senhor, como eu já lembrei, diz aos discípulos: 'permanecei, pois, na cidade' – fiquem onde estão "até que do alto sejais revestidos de poder". – então vocês serão realmente capazes de falar.

É preciso novamente reiterar esse ponto e enfatizá-lo porque é obviamente crucial. Aqui estavam homens que tinham estado com Jesus durante os três anos, tinham ouvido a sua pregação e visto seus milagres; que o viram ser crucificado e morrer, que tinham visto o corpo ser baixado da cruz e colocado em um túmulo: e tinham visto a sepultura vazia. Não só isso, eles o viram com seus próprios olhos, quando apareceu no cenáculo e em vários outros lugares, e receberam o seu ensino e sua exposição do Antigo Testamento, e aqui ele estava com eles naquele momento, quando estavam de pé juntos no Monte das Oliveiras. Bem, você pode pensar, o que mais precisariam? Aqui estão homens que obviamente tiveram o melhor treinamento concebível para fazer deles pregadores. Eles têm todos os fatos, testemunharam, o que mais podia ser necessário? No entanto, nosso Senhor diz: "Fiquem onde vocês estão, pois precisam de algo, precisam de poder." E isso, é claro, foi o que aconteceu com eles no Dia de Pentecostes.

Quando você analisa por esse ângulo, percebe quão ridículo tem sido os últimos cem anos,[9] ao colocarmos toda a nossa ênfase no ensino e aprendizado acadêmico, como se isso fosse o mais essencial para um pregador fazer. De todas as pessoas que li, no curso da história, não conheço ninguém que tenha mais responsabilidade no tribunal do julgamento eterno que a geração de aproximadamente 1850 até hoje. A mudança ocorreu em algum ponto nos anos 50, do século 19. Até então o grande impacto do avivamento evangélico do século 18 ainda durava, e houve outros avivamentos posteriores, de modo que pessoas sabiam sobre o poder do Espírito.

Mas, de repente, todos nos tornamos tão respeitáveis e tão instruídos e as pessoas diziam: "Ah, esse velho tipo de pregação não é mais bom o suficiente, as pessoas agora estão recebendo instrução. Estão começando a ler e a aprender e assim por diante". As classes médias estavam se tornando prósperas e ricas. Então se seguiu o acontecimento mais devastador que afligiu a vida da igreja – a Era Vitoriana. Adentrou nas igrejas, particularmente nas Igrejas Livres da Inglaterra, que agora começaram a imitar outras formas de adoração e a grande palavra se tornou "dignidade". Dignidade! Formalidade! Aprendizado! Cultura!

Talvez agora seja fácil para mim criticá-los, todavia a tentação para esses homens deve ter sido muito grande. Mas por que eles não se mantiveram no Novo Testamento? Por que cometeram esse erro fatal? E assim toda a noção de pregação se tornou cada vez mais acadêmica e extraída do Antigo Testamento, na qual um homem era julgado em termos de seus títulos e diplomas, não em sua unção com o Espírito Santo.

---

[9] O autor escreve no século 20 [**N. do E.**].

Agora não quero fazer incompatíveis ambas as coisas, mas eu gostaria de dizer que se você negligenciar esse elemento, não vai aproveitar absolutamente nada de todo o resto. De certo modo, essa negligência esvaziou as igrejas. E não há esperança até voltarmos ao Novo Testamento, o padrão primitivo. Aqui está – isso que acontece mesmo no falar.

O que é isso? Bem, o grande elemento que se destaca de uma vez, claro, é o poder e a liberdade. Isso é mais impressionante, como sempre foi em toda a história subsequente da igreja cristã.

Você tem prenúncios disso no Antigo Testamento – tome como exemplo os profetas. Alguns deles eram homens incomuns, mas alguns eram muito comuns. Amós nos diz que ele era o mais comum dos homens: "Eu não sou profeta, nem discípulo de profeta" (Am 7.14). Ele era um homem que cuidava do gado, mas era capaz de falar, como acontecia com todos aqueles profetas. E o que aconteceu foi que eles receberam uma espécie de "inspiração divina" - foram cheios não só com conhecimento, mas também com uma capacidade de falar que os surpreendeu. Jeremias refere-se a "um fogo que queima em seus ossos". Ele decidiu não falar mais, porque toda vez que falava se metia em encrenca. Ele tinha uma mensagem impopular demais ao ponto de dizer: "Eu nunca falarei novamente". Mas o fogo estava queimando em seus ossos. O Espírito Santo faz isso, e encontramos indicações claras desse ponto em todo Antigo Testamento.

E então deixe-me lembrá-lo novamente de como você obtém uma espécie de prenúncio do Dia de Pentecostes nos Evangelhos. Em Lucas 1.41-42, por exemplo, onde lemos: "Ouvindo esta a saudação de Maria, a criança lhe estremeceu no ventre; então, Isabel ficou possuída do Espírito Santo. E exclamou em alta voz [...]". Aí está. E você tem a mesma coisa sobre Zacarias nos versículos 67-68: "Zacarias, seu pai, cheio do Espírito Santo, profetizou, dizendo: Bendito seja o Senhor, Deus de Israel, porque visitou e redimiu o seu povo". A pregação de João Batista só pode ser explicada da mesma maneira. Somos informados que "ele estava cheio do Espírito no ventre de sua mãe" e assim falou com um poder e uma liberdade que fizeram dele um fenômeno.

E à medida que você vai lendo então em Atos após o Dia de Pentecostes, você é imediatamente atingido pela mesma coisa. O apóstolo Pedro é capaz de se levantar em Jerusalém, embora seja apenas um pescador. Ele pode expor as Escrituras e falar com autoridade, com grande poder e com uma liberdade incomum. Isto é o que sempre acontece. Nós lemos sobre isso em Atos 4.31: "Com intrepidez, anunciavam a palavra de Deus". Então novamente em 4.33 nos é dito que "com grande poder, os apóstolos davam testemunho da ressurreição do Senhor Jesus, e em todos eles havia abundante graça". E assim continua no Novo Testamento.

Tome o apóstolo Paulo, esse gênio notável, fariseu instruído, esse homem erudito. Uma das coisas mais incríveis que ele disse é aquela declaração em 1Coríntios 2, na qual lembra aos coríntios que estavam interessados em filosofia e assim por diante: "Eu, irmãos, quando fui ter convosco, anunciando-vos o testemunho de Deus, não o fiz com ostentação de linguagem ou de sabedoria. Porque decidi nada saber entre vós, senão a Jesus Cristo e este crucificado". Não nos esqueçamos de que essa era a sua mensagem. Ele não falou sobre si mesmo, nem sobre suas experiências ou seus dons; ele pregou Jesus Cristo e este crucificado. "E foi em fraqueza, temor e grande tremor que eu estive entre vós. A minha palavra e a minha pregação não consistiram em linguagem persuasiva de sabedoria, mas em demonstração do Espírito e de poder" (1Co 2. 1,3-4).

É isso! Poder de Deus! Não a sabedoria dos homens. Ele foi dispensado pelos eruditos por ser um "tagarela". Eles disseram: "Mas a presença pessoal dele é fraca, e a palavra, desprezível" (2Co 10.10). Essa não era a ideia que tinham de oratória, mas havia poder ali, e o poder se manifestou no que aconteceu com as pessoas que o ouviram. E depois, já vimos como Paulo lembra aos tessalonicenses de como o evangelho chegou a eles: "Porque o nosso evangelho não chegou até vós tão somente em palavra, mas, sobretudo, em poder, no Espírito Santo e em plena convicção". É isso que percorre todo o Novo Testamento.

Observe o apóstolo Pedro dizendo exatamente a mesma coisa. Em 1Pedro 1.10-12 ele fala sobre essa grande salvação:

> Foi a respeito desta salvação que os profetas indagaram e inquiriram, os quais profetizaram acerca da graça a vós outros destinada, investigando, atentamente, qual a ocasião ou quais as circunstâncias oportunas, indicadas pelo Espírito de Cristo, que neles estava, ao dar de antemão testemunho sobre os sofrimentos referentes a Cristo e sobre as glórias que os seguiriam. A eles foi revelado que, não para si mesmos, mas para vós outros, ministravam as coisas que, agora, vos foram anunciadas por aqueles que, pelo Espírito Santo enviado do céu, vos pregaram o evangelho, coisas essas que anjos anelam perscrutar.

Agora no Novo Testamento a evidência é perfeitamente simples e clara.

Quando você se volta para a história da igreja você recebe exatamente a mesma coisa, e é por isso que eu sempre disse que não há nada ao lado da Bíblia que seja mais encorajador do que familiarizar-se com a grande história da igreja. Há por aí um sentimento e um ensino que dizem: "Ó sim, aquilo foi no Novo Testamento; foi apenas o começo, mas nada disso acontece depois; isto é apenas o começo". Meus queridos amigos, a resposta para isso é a história da igreja e, especialmente, a história dos avivamentos; e a história, claro, é gloriosa. Em tempos quando a igreja havia se tornado morta e sem vida, Deus de repente escolhe um homem e derrama seu Espírito sobre ele e o ergue, transformando a sua pregação.

Eu não tenho tempo para entrar nisso em detalhes, mas tem acontecido ao longo dos séculos. Deixe-me apenas mencionar um ou dois personagens que são impressionantes por causa da época em que isso aconteceu com eles, na chamada idade das trevas, na escuridão e na ignorância que o catolicismo romano havia produzido.

Havia um homem em quem Deus colocou a mão na Alemanha, John Tauler. Ele era um padre católico romano pregador em uma grande catedral, mas de repente Deus tomou posse desse homem e encheu-o com o seu Espírito e toda a sua a pregação foi transformada. Você pode ler livros sobre ele, e alguns outros desses denominados místicos da época, que mesmo na escuridão daquela época estavam queimando e iluminando. Todo mundo estava ciente de que algo havia acontecido e eles se tornaram fenomenais. É a única explicação para um homem como Savonarola. Você não pode explicá-lo, ou Martinho Lutero também – exceto em termos de ser batizado e cheio com o Espírito.

Você se lembra de algo da história de John Knox? Dizia-se que Maria, rainha da Escócia, costumava dizer que "tinha mais medo das orações de John Knox do que dos muitos batalhões da Inglaterra". E ele certamente estava tão cheio com o Espírito que quando pregava em Edimburgo e ela estava presente ouvindo, tremia, como Félix enquanto estava ouvindo o apóstolo Paulo.

Isso não é nada senão o poder do Espírito, não se trata de capacidade nem de oratória humana; é outra coisa, esse poder. Hugh Latimer costumava pregar na *St. Paul's Cross*[10] e tinha exatamente o mesmo efeito; ele foi possivelmente o maior pregador de todos os países protestantes.

Pode dizer-se o mesmo de todos esses homens. Você já ouviu falar da história de um homem chamado John Livingstone, que era um ministro da Igreja da Escócia na primeira metade do século 17? John Livingstone era um homem muito capaz e um bom ministro, que ao escrever o relato de sua vida para seus netos, no final de sua vida, refere-se a um dia em seu ministério e a uma experiência que ele nunca esqueceu, e é apenas um exemplo perfeito dessa questão que eu estou mostrando.

Naqueles tempos costumavam ter "épocas de comunhão"[11] (eles ainda as têm em certos setores da igreja cristã na Escócia – se bem

---

[10] Era uma cruz de pregação e um púlpito ao ar livre no terreno da antiga Catedral de St. Paul, na cidade de Londres [**N. do E.**].

[11] Durante a época dos Confederados, movimento presbiteriano escocês no século

que somente duas vezes por ano). Começavam geralmente em uma quinta-feira e aconteciam reuniões na quinta, sexta, sábado, domingo e depois reuniões finais na segunda-feira.

No mês de junho de 1630, John Livingstone e outros estavam presentes em uma época de comunhão em uma igreja chamada Kirk O'Shotts [Igreja da Antiga O'Shotts][12] e foi decidido que John Livingstone deveria ser um dos pregadores, na verdade o pregador principal na segunda-feira 21 de junho. Ele sempre foi bom, o que eles chamavam de um pregador consistente, alguém que expunha as Escrituras, conhecia as doutrinas, era um hábil expositor bíblico, e assim por diante. E aqui estava ele, agendado para pregar naquela segunda-feira. Ele conta a história de como entre oito e nove horas da manhã saiu para os campos para orar e foi atacado pelo diabo, que lhe disse para ir para casa e desaparecer. Quem era ele, o diabo perguntou, para pregar para uma grande multidão de pessoas? Ele era um bom ministro de uma maneira ordinária, disse o diabo, mas não o homem para tal ocasião. Livingstone foi seriamente tentado a ir para casa ou esconder-se em algum lugar porque estava com medo dessa provação, de pregar para um número tão grande de pessoas.

No entanto, ele superou o ataque do diabo e, ao chegar a hora de pregar, tomou o texto de Ezequiel 36.25-26 sobre essa questão do Espírito Santo. E ele prossegue dizendo que pregou por uma hora e meia, e então chegou à sua aplicação sobre a qual pretendia expor com

---

17 que resistia à ideia de conformar os cultos ao padrão do Livro de Oração Comum da Igreja Anglicana, surgiram as *communion seasons* [Temporada de Comunhão] festivais em torno da celebração da santa Ceia. Eram, por assim dizer, retiros espirituais nos quais em vários dias da semana se pregavam sermões preparatórios, jejuava-se, fazia-se confissão, para culminar na celebração da santa ceia no domingo e terminar com o culto de ação de graças na segunda. A pregação era parte essencial do encontro [**N. do E.**].

[12] Kirk O'Shotts" está escrito no inglês arcaico e significa "Igreja da Antiga Shotts" ou da "Velha Shotts". Shotts é o nome da área onde ela está localizada, mas a igreja é também carinhosamente apelidada de igreja da rodovia M8, já que está às mrgens da rodovia que a ilumina à noite. [**N. do E.**]

brevidade. Uma hora e meia de exposição delineando a doutrina, então a aplicação. Mas de repente descobriu que havia algo acontecendo com ele e a aplicação que pretendia ser breve, continuou por mais uma hora. Enquanto prosseguia, coisas surpreendentes começaram acontecer. Pessoas estavam caindo no chão, outras chorando quebrantadas.

Estima-se que pelo menos quinhentas pessoas foram convertidas como resultado daquele sermão. Quando eu digo convertidas, não quero dizer que apenas vieram à frente no final. Eles não faziam coisas assim naqueles dias, não havia necessidade, e também não quero dizer que assinaram algum formulário. Não, foram convertidas no sentido de que suas vidas inteiras foram mudadas e permaneceram transformadas e se juntaram à igreja sem pressão sobre eles. Não houve nenhum dos mecanismos habituais com os quais nos tornamos tão acostumados e que só começaram em meados do século passado. Mas foi o poder do Espírito Santo!

E o mais notável é que Livingstone nunca teve um culto assim novamente. Foi a primeira e única vez em sua vida. Ele viveu muitos anos depois disso, mas nunca se esqueceu daquele dia e constantemente se referiu a isso em seus registros de vida.

Esse é o tipo de coisa que estou falando. Aqui está um homem, veja, tomado e subitamente capacitado a falar com um poder que ele nunca tinha conhecido antes e que nunca experimentou novamente. Há somente uma explicação para isso - é o Espírito Santo, o batismo do Espírito Santo capacitando um homem a falar e pregar com poder. Eu já citei um pouco do testemunho de como Howell Harris, há duzentos anos em Gales, foi batizado com o Espírito naquela torre da igreja, e veja, foi como resultado disso que esse homem começou a falar com poder. Há apenas uma explicação para isso – que é o Espírito Santo, isso é o batismo do Espírito Santo capacitando um homem a falar e a pregar com poder.

Isso é o que é tão fascinante para mim. Harris era um acadêmico. Ele nunca pretendeu ser um pregador, estava satisfeito em continuar ensinando. Mas então, como você lembra, ele foi convertido e depois de sua conversão, mesmo após ter certeza, cerca de três semanas depois, ele teve esse grande batismo que sempre chamou de seu batismo de fogo. Fogo! O fogo ou poder, não importa como você denomina. Chame de poder, chame de fogo, chame de liberdade.

Observemos o que aconteceu. Ele imediatamente começou a sentir uma preocupação por homens e mulheres que viviam ao seu redor, sua própria mãe e irmãos e as pessoas que viviam no bairro, e ele não sabia o que fazer. Ele, de repente, sentiu que poderia de alguma forma ir e visitar os enfermos, assim começou a fazer isso. Então pensou que não era suficiente, que devia tentar ajudá-los de outra forma. Tinha alguns bons livros piedosos e pensou: "Bem, eu irei a essas pessoas e apenas lerei esses livros para elas". E assim fez.

Mas o poder da leitura do livro de outra pessoa, a obra de outra pessoa, era tão grande que os ouvintes experimentavam convicção de seus pecados e se convertiam. E sempre que se sabia que Harris iria visitar uma pessoa doente com um de seus livros, todos se aglomeravam, sentavam-se e ouviam esse homem lendo, nem mesmo olhando para as pessoas, sem pregação – leitura de livros. E o poder vinha sobre eles, e isso foi o que levou eventualmente a se tornar um pregador e um evangelista.

Estamos todos familiarizados com o poder que desde o início era frequente na pregação de George Whitefield. Ele sabia que havia sido chamado e selado com o Espírito. Estava ciente do poder, de modo que quando pregou o primeiro sermão em sua cidade, Gloucester, coisas tremendas ocorreram e uma queixa foi feita de que quinze pessoas ficaram loucas. E ele não estava pregando um sermão evangelístico, mas pregando sobre o valor da comunhão cristã; mas tal foi o poder.

Todo mundo conhece a história de John Wesley, que não podia ser mais erudito, mas que estava muito desanimado, pois definitivamente não era um bom pregador. Foi um fracasso miserável quando foi para Georgia, na América, e voltou totalmente inconsolável. Claro, ele sempre poderia pregar um sermão aprendido, mas era completamente inútil. No entanto, depois da experiência na Rua Aldersgate, esse homem de repente começou a pregar com poder, tornou-se um evangelista. Como o autor da Epístola aos Hebreus, poderia dizer: "Me faltará o tempo [...]", mas eu estou simplesmente sustentando essas coisas diante de vocês, meus queridos amigos, para lembrá-los de uma coisa só – o poder do Espírito Santo, esse poder vivo do Espírito Santo".

Você pode ter lido a autobiografia de Charles Finney onde encontrará a mesma coisa. Mas deixe-me contar outra história. Entre 1857 e 1859 houve um movimento religioso, um avivamento. Começou na América em 1857, passou pelo norte da Irlanda em 1858, e veio para o País de Gales em 1859. Como você explica uma coisa assim: essa é uma prova para você novamente do poder do Espírito que vem sobre alguém.

Havia um homem, novamente um pregador comum no País de Gales, chamado David Morgan – e quando digo comum, quero dizer comum mesmo. Morgan era um homem de pouca habilidade e praticamente nenhum treinamento teológico, mas era bom e piedoso. Tinha começado a pregar quando era carpinteiro e eventualmente foi separado para o trabalho do ministério. Esse homem foi usado acima de todos os outros no avivamento de 1859 no País de Gales, e esta é sua história.

Morgan estava em uma reunião certa noite e ficou muito comovido, mas disse a um amigo mais tarde: "Eu fui para a cama naquela noite, como de costume, sendo David Morgan. Eu senti o poder no culto, mas fui para a cama à noite como David Morgan. Quando eu acordei na manhã seguinte, percebi que era um homem diferente. Eu me sentia como um leão, sentia grande poder". Ele começou a pregar com tremendo poder por dois anos.

Então ele disse a esse mesmo amigo: "Uma noite fui para a cama cheio desse poder que me acompanhou por dois anos, acordei na manhã seguinte e descobri que eu era David Morgan mais uma vez". E ele continuou a ser David Morgan, até a sua morte, cerca de quinze anos mais tarde.

Só há uma maneira de explicar uma coisa dessas. Veja, isso é o Espírito Santo que vem sobre um homem enchendo-o e depois deixando-o onde ele estava antes. Isto não significa que tal homem tenha feito algo errado, apenas significa que o Espírito é o Senhor, ele pode dar esse poder, e pode retirá-lo.

Eu já me referi várias vezes à história de D. L. Moody. Aquele homem foi feito o que era pelo batismo que lhe sobreveio na rua, na cidade de Nova Iorque. Dr. R. A. Torrey nos diz exatamente a mesma coisa. Suas grandes missões foram inteiramente o resultado disso. E se você já leu sobre a vida de um homem chamado A. B. Simpson, que fundou a Aliança Cristã e Missionária, você encontrará exatamente a mesma coisa lá: novamente, um homem capaz e sábio, consciente de que existia algo ineficaz sobre o seu trabalho e ministério, que foi então subitamente cheio com o Espírito, e teve como resultado todo o seu ministério transformado e levado a resultados incalculáveis.

Você pode dizer: "Ah, bem, mas todos esses homens que você tem mencionado foram homens excepcionais". Eu concordo que de certo modo todos eles eram homens excepcionais por natureza; mas o argumento que estou tentando estabelecer é que isso não é a coisa que explica o fato de que sabemos sobre eles. Nós nunca teríamos ouvido falar deles, não fosse o poder do Espírito que havia vindo sobre suas vidas e ministérios.

Mas vou dizer-lhe algo muito mais próximo do nosso nível. Eu não acredito que já tenha dito isso em público antes, mas vou fazê-lo para a glória de Deus e faço isso para avisá-los antecipadamente contra certas críticas que as pessoas podem fazer e comentar: "Ah, isso é apenas para pessoas excepcionais". Não é.

Eu estava em uma reunião de oração uma vez e aqueles de nós que estávamos presentes nunca esqueceremos. Lembro-me muito bem que era o mês de junho. Foi uma reunião de oração na noite de segunda-feira que nós tínhamos regularmente naquela igreja onde eu era ministro. Tivemos um domingo notável em muitos aspectos, mas nós viemos para a reunião como de costume e eu tinha chamado alguém para a abertura com a leitura bíblica e oração: a reunião começou pouco depois das 19h. E esse homem tinha lido a Escritura e orou, e outro homem se levantou e orou da mesma maneira.

Então um terceiro homem se levantou para orar, um homem que todos nós conhecíamos bem, um homem simples, alguém muito comum do ponto de vista intelectual. Na verdade, eu devo dizer isso, e ele não se ressentiria; ele não está mais vivo e sua família não mente. Ele era um homem que tinha certos defeitos – como todos nós temos – certos defeitos impressionantes; um homenzinho cheio de si, a quem não consideramos de modo algum incomum, espiritualmente ou de qualquer outra forma, e eu tinha ouvido esse homem orar muitas vezes.

No entanto, nessa noite em especial aquele homem não tinha pronunciado mais que duas ou três frases quando me dei conta – e todos os presentes – de que algo mais extraordinário lhe havia acontecido. Ele era alguém normalmente parado, humilde, comum; se me permite, entediante. Mas de repente aquele homem foi inteiramente transformado; sua voz se encorpou, um poder entrou em seu discurso e ele orou da maneira mais livre e mais poderosa que eu acho ter ouvido na minha vida.

E você pode imaginar o que aconteceu. A reunião de oração continuou sem qualquer intervalo, e a liberdade que tinha acompanhado a oração daquele homem foi dada a todos os outros. E isso continuou até as 21h50. Eu não tinha dito uma palavra, não havia cantado hinos, não havia nada. Foi apenas esse tremendo poder de liberdade na oração. Sentíamos como se estivéssemos fora do tempo, no céu, elevados à esfera espiritual. E aqui estava eu ouvindo as pessoas a quem conhecia tão bem, orando com liberdade, poder e confiança; pessoas que nunca tinham orado em público antes em sua vida, e quem havia se sentido aterrorizado só com o pensamento de fazê-lo, viu a si mesmo orando.

Bem, é isso. Tudo que eu estou preocupado em mostrar para você é: conhece alguma coisa sobre esse poder espiritual, esse reino espiritual? Não é isto que a igreja perdeu? Não é essa a coisa que explica o estado da igreja cristã, com toda a conversa sobre organização, arranjos e aprendizado disso e daquilo sobre como "nós" vamos acertar? Quando o Espírito de Deus vem, mesmo sobre o homem mais comum, pode fazer dele um gigante que agitará uma reunião transmitindo inspiração a outros e transformação aos presentes. Esse é o método de Deus; essa é a igreja cristã; isso é o cristianismo do Novo Testamento. É o único cristianismo que vale a pena falar. Isso é o que é necessário, e esta é uma das manifestações do batismo do Espírito Santo.

SERMÃO 8

DONS QUE CERTIFICAM

As palavras para as quais gostaria de chamar sua atenção são encontradas em João 1.26, 33: "Respondeu-lhes João: Eu batizo com água; mas, no meio de vós, está quem vós não conheceis [...] Eu não o conhecia; aquele, porém, que me enviou a batizar com água me disse: Aquele sobre quem vires descer e pousar o Espírito, esse é o que batiza com o Espírito Santo".

O assunto que estamos lidando é essa grande questão do batismo com o Espírito Santo. Eu estou tentando mostrar que isso é o que nos capacita como povo cristão para representar nosso bendito Senhor e Salvador, e a Deus nosso Pai Eterno, neste mundo de pecado e vergonha. Nós acreditamos que este evangelho da salvação é a suprema necessidade do mundo hoje, a soberana necessidade de cada indivíduo, a única esperança para o mundo em geral. Vivemos em um mundo cheio de problemas e confusão; um mundo que vem tentando lidar com seus problemas e resolvê-los ao longo dos séculos, mas que não está mais perto de resolvê-los agora do que no começo. Um mundo que, acreditamos, de acordo com o ensino da Escritura, está sob a ira de Deus; um mundo que se afastou de Deus e lançou a si mesmo em calamidade e tribulação; a única esperança para tal mundo é no evangelho. E os cristãos são pessoas chamadas para serem representantes do reino de Deus neste mundo. Declarações infindáveis a esse respeito podem ser encontradas em todos os lugares na Bíblia.

Os filhos de Israel, os judeus, eram o povo de Deus, e receberam os oráculos divinos. Deus deu a revelação para eles, a fim de que eles pudessem representá-lo diante das nações do mundo. E isso é verdade para o cristão hoje; esta é a tarefa da igreja, dizer ao mundo como é essa grande e gloriosa salvação que está em Cristo Jesus. Ele é a única esperança do mundo. Não há esperança nos homens. A esperança está somente no Filho de Deus, e nossa tarefa é representá-lo, glorificá-lo entre os povos do mundo, magnificar seu nome, mostrar-lhes as excelências de sua pessoa e de sua grande salvação; essa é a nossa ocupação, somente nós fazemos isso neste mundo. A igreja deve pregar a Cristo e este crucificado, como a única esperança, o único Salvador do mundo; declarar que "não há salvação em nenhum outro; porque abaixo do céu não existe nenhum outro nome, dado entre os homens, pelo qual importa que sejamos salvos" (At 4.12). E só os cristãos têm essa mensagem, só eles podem apresentá-la ao mundo. O mundo não conhece essa mensagem, não crê, essa é a causa do problema. Por isso somos chamados unicamente para dar testemunho de Jesus Cristo e para magnificá-lo.

Mas a questão é: como podemos fazer isso? Estamos cientes dos fatos a respeito dele, mas ele mesmo ensinou que isso é não suficiente. Cristo diz que até mesmo aqueles apóstolos treinados, seus discípulos que tinham estado com ele em todo o seu ministério terreno, visto sua morte, sepultamento, e foram testemunhas de sua ressurreição com seus próprios olhos; ele diz: "[...] permanecei, pois, na cidade, até que do alto sejais revestidos de poder" (Lc 24.49). E no Dia de Pentecostes enviou esse poder sobre eles em um batismo do Espírito Santo. E então estamos tentando mostrar que o objetivo central e principal desse batismo é capacitar-nos com o poder para sermos testemunhas do Senhor Jesus Cristo, de sua pessoa e de sua obra. E, portanto, não há nada mais importante no tempo presente do que entender este ensino.

Vamos agora passar algum tempo considerando quais são as evidências desse batismo com o Espírito. Eu dividi em duas categorias principais: aquelas que são mais ou menos internas e subjetivas, reconhecidas principalmente pelo próprio homem ou mulher; e aquelas que são mais objetivas em seu caráter e, portanto, visível para os outros. Obviamente as evidências objetivas do batismo são de vital importância em toda essa questão de ser testemunha e testemunhar.

Um dos resultados objetivos do batismo com o Espírito, às vezes, é visto mesmo na aparência facial de uma pessoa, uma espécie de transfiguração, um reflexo da glória de Deus. Como a face de Moisés brilhou quando desceu do monte tendo estado com Deus, também acontece algo assim no cristão. "E todos nós", diz Paulo em 2Coríntios 3.18, "com o rosto desvendado, contemplando como por espelho a glória do Senhor, somos transformados, de glória em glória, na sua própria imagem, como pelo Senhor, o Espírito".

Consideremos a seguir como a evidência do batismo com o Espírito se mostra na fala. A primeira grande característica aqui é o poder e a habilidade que é dada não apenas na pregação, mas em conversas comuns e em oração. Eu penso ainda existirem pessoas a pensar que o que estamos falando diz respeito apenas a certas pessoas especiais. Isso é uma falácia completa, pois o Novo Testamento oferece isso a todos e indica claramente que isso é possível, acessível para todos. Nós devemos ser claros a esse respeito. Esse batimo não é apenas para certas pessoas especiais, e a Bíblia não dispõe tal ensinamento. "Pois para vós outros é a promessa, para vossos filhos e para todos os que ainda estão longe, isto é, para quantos o Senhor, nosso Deus, chamar" (At 2.39). Há muitas ilustrações, como vimos, que mostram que pessoas comuns e desconhecidas podem desfrutar dessa experiência gloriosa da mesma forma que pessoas excepcionais e distintas. O diabo nos rouba os aspectos mais gloriosos da fé cristã. Vamos, portanto, concentrar-nos com todas as nossas forças enquanto estudamos isso juntos, para que ele não nos roube algo que Deus está nos oferecendo.

Outra evidência desse batismo é o tom de autoridade. Agora bem, isso naturalmente foi o que impressionou as pessoas a respeito de nosso bendito Senhor, embora ele fosse um carpinteiro e fosse, aos olhos do mundo, um mero ninguém. Todavia, quando começou a falar foram atingidas de uma só vez pela forma com que seu ensino diferia do ensino dos fariseus e escribas. Eles disseram: "Este homem fala e ensina com autoridade, não como os fariseus e escribas". Essa era a grande característica de seu ministério.

Mas, não esqueça, até mesmo o Senhor, o Filho de Deus encarnado, não foi capaz de iniciar seu ministério até que tivesse sido batizado com o Espírito na ocasião de seu batismo com água no Jordão por João Batista. É por isso que o apóstolo João escreve que foi dito a João Batista: "[...] Aquele sobre quem vires descer e pousar o Espírito, esse é o que batiza com o Espírito Santo" (Jo 1.33). E você se lembra do que o nosso Senhor fez quando voltou, depois disso, para a sua cidade natal, Nazaré, e foi para a sinagoga no dia de sábado. Ele recebeu o livro para ler e começou a falar. O que ele leu foi a famosa passagem de Isaías 61: "O Espírito do SENHOR Deus está sobre mim, porque o SENHOR me ungiu para pregar boas-novas aos quebrantados" (Lc 4.18). A unção ocorreu quando o Espírito Santo desceu sobre ele na forma de uma pomba em seu batismo no Jordão, e a partir desse momento, essa autoridade se manifestou e ficou evidente para todos.

Essa autoridade era igualmente clara e evidente nos apóstolos após o batismo com o Espírito. O contraste no caso de Pedro é impressionante. Leia seu sermão no Dia de Pentecostes como registrado em Atos 2 e você será atingido pela autoridade com a qual ele falou e ensinou àquela congregação e expôs as Escrituras. Não houve hesitação, nem confusão; todavia esse é o mesmo homem que, com os outros discípulos a princípio nem sequer acreditaram no relato sobre a ressurreição. Leia o último capítulo do evangelho de Lucas e você irá descobrir que quando as mulheres que tinham ido cedo ao túmulo voltaram e contaram a esses mesmos discípulos o fato de descobrirem que a tumba estava vazia; se encontraram com a seguinte reação: "Tais palavras lhes pareciam como um delírio, e não acreditaram nelas" (Lc 24.11). Os apóstolos estavam claramente confusos em toda a sua compreensão sobre as Escrituras do Antigo Testamento. Mas agora vemos um daqueles homens pregando e expondo as Escrituras com autoridade. Esse é sempre um dos resultados do batismo com o Espírito.

E você tem exatamente a mesma coisa no caso do apóstolo Paulo. Existem exemplos infindáveis a respeito dele que dificilmente sabemos qual selecionar. Deixe-me dar o exemplo de Atos 13, relacionado com sua primeira viagem missionária a Chipre. Paulo começou a pregar e o líder da ilha estava ouvindo, mas ele estava acompanhado de outro homem chamado "Elimas, o mágico". Sérgio Paulo, um homem prudente, o governador, estava muito disposto a ouvir, "mas opunha-se-lhes Elimas, o mágico (porque assim se interpreta o seu nome), procurando afastar da fé o procônsul. Todavia, Saulo, também chamado Paulo, cheio do Espírito Santo [...] disse [...]" (At 13.8-9). Isso foi algo que aconteceu a Paulo naquele momento – não significa que estava sempre tão cheio do Espírito Santo – ele recebeu autoridade e poder especiais para a ocasião.

Você encontra isso sendo repetido através do livro de Atos. É-nos dito sobre os discípulos e outros que foram "cheios do Espírito" no Dia de Pentecostes. Então no capítulo 4, Pedro e João estavam em julgamento e "ordenaram-lhes que absolutamente não falassem, nem ensinassem em o nome de Jesus" (At 4.18). Ameaçados de serem executados, eles voltaram e oraram a Deus, que novamente enviou o Espírito sobre eles, e foram cheios novamente. E na passagem em Atos 13 Paulo recebeu um revestimento especial, outro batismo, se você preferir, de poder e autoridade. Então você lê isso:

> Todavia, Saulo, também chamado Paulo, cheio do Espírito Santo, fixando nele os olhos, disse: Ó filho do diabo, cheio de todo o engano e de toda a malícia, inimigo de toda a justiça, não cessarás de perverter os retos caminhos do Senhor? Pois, agora, eis aí está sobre ti a mão do Senhor, e ficarás cego, não vendo o sol por algum tempo. No mesmo instante, caiu sobre ele névoa e escuridade, e, andando à roda, procurava quem o guiasse pela mão (At 13.9-11).

Como você pode ver, isto é autoridade, não há vacilação alguma. O apóstolo *sabia*. E todos esses homens contavam com a mesma convicção. Eles tinham essa autoridade na fala; tinham essa autoridade na realização de milagres: é sempre uma característica invariável. E quando você lê novamente a história subsequente da igreja, descobre que as pessoas se caracterizam invariavelmente por essa mesma autoridade. Você pode vê-la em todo avivamento, e nas grandes reformas. O que foi que permitiu Martinho Lutero permanecer firme sozinho – sozinho contra quinze séculos de tradição com todos os líderes eclesiásticos contra ele? Ficar sozinho e dizer: "Aqui estou eu, não posso fazer de outro jeito, então Deus me ajude?" Isso é autoridade e essa autoridade sempre tem caracterizado os homens que receberam o batismo do Espírito. E isso é verdade não apenas na declaração pública; senão que a mesma segurança é evidente em todas as pessoas que conhecem essa experiência.

A última coisa que eu menciono a título de evidência objetiva é ousadia e intrepidez. Isso é muito impressionante e é novamente visto, talvez, mais perfeitamente no exemplo do apóstolo Pedro em pessoa. Pedro era por natureza um homem muito impulsivo. Ele tinha uma espécie de ousadia também, mas era uma ousadia natural com boa parte de fanfarronice nela. Quando o nosso Senhor foi levado cativo a julgamento, e uma empregada o reconheceu e disse: "Você era um deles; você estava como esse galileu", Pedro, você se lembra, negou; ele negou a Jesus três vezes.

Por que ele fez isso? Bem, estava com medo e era um covarde tentando salvar sua pele, porque não queria ser morto. Então ele negou seu Senhor a quem tinha ouvido e a quem tinha visto realizar esses poderosos milagres; negou a fim de salvar sua própria vida. E, no entanto, no momento em que ele é batizado com o Espírito, você o vê de pé e dirigindo-se a essa multidão em Jerusalém, com intrepidez e ousadia, acusando-os de pecado, fazendo-lhes compreender a mensagem, sem medo de nada, nem ninguém. Que contraste!

Novamente, lemos em Atos 4 que Pedro estava em julgamento – a coisa que ele mais temia antes do batismo com o Espírito. Dizem-nos que as autoridades "os prenderam, recolhendo-os ao cárcere até ao dia seguinte, pois já era tarde" (v. 3). Aqui estão Pedro e João sendo julgados:

> Então, Pedro, cheio do Espírito Santo [agora isso foi outra dotação, foi algo especial, o Espírito veio sobre ele novamente com poder incomum] lhes disse: Autoridades do povo e anciãos, visto que hoje somos interrogados a propósito do benefício feito a um homem enfermo e do modo por que foi curado, tomai conhecimento, vós todos e todo o povo de Israel, de que, em nome de Jesus Cristo, o Nazareno, a quem vós crucificastes, e a quem Deus ressuscitou dentre os mortos, sim, em seu nome é que este está curado perante vós (v. 8-10).

Que ousadia! Que intrepidez! Isso é o que o Espírito Santo faz a um homem. E você encontra a mesma coisa mais tarde nesse capítulo, quando novamente as autoridades "ordenaram-lhes que absolutamente não falassem, nem ensinassem em o nome de Jesus. Entretanto, Pedro e João lhes responderam: "Julgai se é justo diante de Deus ouvir-vos antes a vós outros do que a Deus; pois nós não podemos deixar de falar das coisas que vimos e ouvimos" (v. 18-20). Essa é obviamente uma das grandes características do batismo com o Espírito: ousadia e intrepidez.

Deixe-me dar outro exemplo, porque meus queridos amigos, se não estamos entusiasmados com esse tipo de coisa, se não sentimos que há algo errado conosco, que não sabemos nada sobre essa qualidade, bem, então eu digo, estamos quase sem esperança. Leia:

> Então, Pedro e os demais apóstolos afirmaram: Antes, importa obedecer a Deus do que aos homens. O Deus de nossos pais ressuscitou a Jesus, a quem vós matastes, pendurando-o num madeiro. Deus, porém, com a sua destra, o exaltou a Príncipe e Salvador, a fim de conceder a Israel o arrependimento e a remissão de pecados. Ora, nós somos testemunhas destes fatos, e bem assim o Espírito Santo, que Deus outorgou aos que lhe obedecem (At 5.29-32).

Bem, isso está nas Escrituras. Nos extensos anais da igreja cristã existe algo comparável à forma em que os santos de Deus receberam essa mesma ousadia e intrepidez? Temos conhecimento de alguns grandes exemplos, e quanto a mim essas são coisas nas quais eu me glorio, nesses heróis da fé cristã desafiando reis, imperadores, príncipes, os grandes do mundo, falando a verdade de Deus e a verdade a respeito do Senhor Jesus Cristo. Pense sobre aqueles primeiros mártires e testemunhas, pense naqueles homens que não tinham medo de Nero. Eles não foram subjugados e vencidos, pelo contrário, o desafiaram e estavam prontos a serem lançados aos leões na arena, louvando a Deus que finalmente tinham sido considerados dignos de sofrer por causa do seu nome. E quando tais épocas vieram, esses homens gloriosos permaneceram de pé, lutando, desafiando a "juba ensanguentada do leão" – como diz um hino – e todos os principados e poderes.

Mas não nos esqueçamos disso. Entre eles houve grande número de pessoas comuns. Como Thomas Gray coloca em seu poema "Elegy in a Country Churchyard" (Lamento em um Cemitério Rural), "Algum povoado chamado Hampden, algum Milton desconhecido" – ninguém sabe seus nomes. Mas lá estavam homens e mulheres comuns que tiveram que fazer isso e foram ameaçados de perder o seu trabalho, colocados para fora de suas casas no campo, onde eles e seus ancestrais tinham vivido por séculos – apenas por uma razão de terem se tornado protestantes. Os anais da igreja estão cheios dessas histórias de pessoas assim. Nós não sabemos seus nomes, mas sabemos sobre eles: pessoas comuns.

Essa tem sido uma das coisas mais gloriosas ao longo história da igreja cristã. Ousadia! Intrepidez! Não é ser displicente, não é ser tolo, mas sempre estar pronto para dar uma razão para a esperança que está em você, com confiança, com convicção; não se deixando intimidar por qualquer poder humano terreno. Sua lealdade é a ele, e lhe foi dado tal conhecimento dele e de seu amor, que você está pronto para declará-lo com ousadia e intrepidez, quaisquer que sejam as consequências.

E isso ainda está acontecendo hoje, mesmo em nossa época. Nós damos graças a Deus pelos mártires no Congo, muitos dos quais passaram por essa mesma experiência. Sua ousadia e intrepidez foram de tamanha ofensa para os outros. Existem infinitas ilustrações que se poderia dar. Eu mesmo conheci tais pessoas, amigos que passaram por uma experiência semelhante com os comunistas na China na década de 1920. Enquanto eu viver nunca vou esquecer de ouvir o senhor e a senhora Porteous da *China Inland Mission* (Missão do Interior da China) contando como com armas apontadas para eles e esperando a morte certa, pediram que pudessem apenas lhes ser permitido cantar antes de morrerem. Seu pedido foi concedido e eles cantaram, "E eu O verei face a face, e contarei a história, salvo pela graça". Deus em sua misericórdia usou essa oportunidade de conduzi-los a sua soltura e liberdade.

Esses então são alguns dos sinais externos do batismo no Espírito e eles são claros e óbvios para todos. Eu os tenho considerado cada um por sua vez para que todos nós possamos examinar a nós mesmos e fazer a pergunta: existe algo sobre mim que causa essa impressão em homens e mulheres? Se eu sou um cristão como essas pessoas eram, existe essa qualidade sobre mim que promove tal impacto, levando homens e mulheres a ponderar sobre essas questões?

Chegamos agora a outra divisão da obra do Espírito Santo e confesso livremente que é além de qualquer dúvida o aspecto mais difícil de todo o assunto, e ainda assim devemos lidar honestamente com ela porque está nas Escrituras. É a questão dos dons do Espírito Santo que resultam do batismo com o Espírito. Não é uma questão fácil, principalmente porque é controversa. Há certas dificuldades inerentes que muitas vezes surgem por causa da nossa ignorância a respeito do reino espiritual, mas neste momento é uma questão muito importante por dois motivos principais. Primeiro, porque precisamos de alguma autenticação sobrenatural da nossa mensagem; e segundo, é importante por causa do perigo que ela implica, por causa do inimigo que pode falsificar a ponto de quase enganar, de acordo com nosso Senhor e Salvador, "até mesmo os eleitos". Este é o ensino e advertência do nosso Senhor em Mateus 24.24. Ele diz: "[...] Operando grandes sinais e prodígios para enganar, se possível, os próprios eleitos".

No primeiro ponto, está ficando claro para todos – ao menos deveria estar – que a igreja cristã hoje está falhando, e falhando lamentavelmente. Não é suficiente ser ortodoxo. Você deve ser claramente ortodoxo, caso contrário não terá uma mensagem. As pessoas não vão ouvir nossa argumentação, já que elas mesmas podem argumentar. As pessoas querem uma palavra de autoridade e isso sempre foi assim através dos tempos, visto que vimos como as pessoas reconhecem essa autoridade. Nós precisamos de autoridade e precisamos de autenticação. Não é suficiente apenas afirmarmos e demonstrarmos essas coisas de forma lógica. Tudo isso é essencial, mas não é suficiente. Não está claro que estamos vivendo em uma época em que precisamos de autenticação especial, em outras palavras, que precisamos de avivamento?

De fato, não somos apenas confrontados pelo materialismo, mundanismo, indiferença, dureza e insensibilidade – mas também estamos ouvindo cada vez mais, tanto de forma direta quanto na mídia, sobre certas manifestações dos poderes do mal e da realidade dos espíritos malignos. Não é apenas o pecado que está constituindo um problema neste país hoje. Há também uma exacerbação de magia negra e adoração do diabo e dos poderes das trevas, bem como o consumo de drogas e algumas coisas que levam a isso. É em razão disto que precisamos urgentemente de alguma manifestação, alguma demonstração do poder do Espírito Santo.

No Novo Testamento e, de fato, em toda a Bíblia, somos ensinados que o batismo com o Espírito é cercado por certos dons. Joel em sua profecia citada por Pedro no Dia de Pentecostes, prediz isto:

> E acontecerá nos últimos dias, diz o Senhor, que derramarei do meu Espírito sobre toda a carne; vossos filhos e vossas filhas profetizarão, vossos jovens terão visões, e sonharão vossos velhos; até sobre os meus servos e sobre as minhas servas derramarei do meu Espírito naqueles dias, e profetizarão. Mostrarei prodígios em cima no céu e sinais embaixo na terra [...] (At 2.17-19).

Joel e os outros profetas que também falaram disso, indicaram que na época porvir inaugurada com o Senhor Jesus Cristo e o batismo com o Espírito no Dia de Pentecostes, aconteceria alguma autenticação incomum da mensagem.

E como vemos em João 14, nosso próprio Senhor profetizou isso. Argumentando com os incrédulos, ele disse: "Se você não crê em mim, se você não crê em minhas palavras, então acredite em mim pelas obras". Os milagres do Senhor eram sinais, porque esse é o termo usado no evangelho de João em relação a eles. Os milagres não foram feitos apenas como atos de bondade. A principal razão para eles era que deveriam ser "sinais", autenticações de quem Jesus era.

Nosso Senhor deixa isso claro quando ele diz: "Crede-me que estou no Pai, e o Pai, em mim; crede ao menos por causa das mesmas obras. Em verdade, em verdade vos digo que aquele que crê em mim fará também as obras que eu faço e outras maiores fará, porque eu vou para junto do Pai" (Jo 14.11-12).

Nosso Senhor constantemente usou esse mesmo argumento. Por exemplo, quando João Batista enviou dois de seus discípulos para ele perguntando:

> És tu aquele que estava para vir ou havemos de esperar outro? E Jesus, respondendo, disse-lhes: Ide e anunciai a João o que estais ouvindo e vendo: os cegos veem, os coxos andam, os leprosos são purificados, os surdos ouvem, os mortos são ressuscitados, e aos pobres está sendo pregado o evangelho. E bem-aventurado é aquele que não achar em mim motivo de tropeço (Mt 11.3-6).

É claro então que a partir de todo o ensino no livro de Atos isso era de se esperar. E assim que você olhar para Atos encontra a evidência em grande profusão. Nos capítulos iniciais, lemos sobre as "línguas como de fogo", sinais visíveis, milagres de várias descrições, profecias e assim por diante. Tais manifestações do Espírito aparecem através de todo o livro de Atos. Mas o que é interessante é que elas não estão confinadas a Atos. Você encontra exatamente a mesma coisa sendo ensinada nas várias epístolas. Tomemos, por exemplo, a famosa passagem em 1Coríntios capítulo 12 até o final do capítulo 14. Esses capítulos lidam exclusivamente com esse grande assunto, mostrando que na igreja de Corinto, como em todas as outras igrejas, esse tipo de coisa estava ocorrendo e assim o apóstolo tem que lidar com a situação.

E, de fato, em 2Coríntios 12.12, na qual toda a questão de ele ser um apóstolo foi levantada por certos inimigos e detratores, Paulo escreve: "Pois as credenciais do apostolado foram apresentadas no meio de vós, com toda a persistência, por sinais, prodígios e poderes miraculosos". O ministério do apóstolo era autenticado dessa maneira.

E então em Gálatas 3.2 ele diz: "Quero apenas saber isto de vós: recebestes o Espírito pelas obras da lei ou pela pregação da fé?". E no versículo 5 indaga se "aquele, pois, que vos concede o Espírito e que opera milagres entre vós, porventura, o faz pelas obras da lei ou pela pregação da fé?". Agora o apóstolo diz que o Espírito veio sobre aqueles que creram pela fé. É para os crentes que o Espírito é dado dessa maneira no batismo. O resultado foi que Deus lhes ministrou o Espírito e milagres estavam sendo operados entre eles, e o apóstolo usa o mesmo argumento a esse respeito.

Deixe-me dar uma ilustração final do que estou tentando expor a partir de Hebreus 2.3-4. O autor fala da palavra do evangelho "a qual, tendo sido anunciada inicialmente pelo Senhor, foi-nos depois confirmada pelos que a ouviram; dando Deus testemunho juntamente com eles, por sinais, prodígios e vários milagres e por distribuições do Espírito Santo, segundo a sua vontade".

Eu estou simplesmente tentando estabelecer o argumento que é perfeitamente claro que nos tempos do Novo Testamento, o evangelho era autenticado dessa forma por sinais, maravilhas e milagres de vários tipos e descrições. E você não pode sequer começar a compreender o Novo Testamento, as epístolas, bem como o livro de Atos se não mantiver esse fato em sua mente e compreender que esse é claramente o caso.

Agora eu acredito que estou certo em dizer que todo mundo que é um cristão, em qualquer sentido, está preparado para crer e aceitar que essas coisas aconteceram, mas é aqui que surge a pergunta vital: nós aceitamos isso como sendo a verdade apenas para a igreja primitiva? Era apenas para ser a verdade para a primeira igreja? Esta é a questão para a qual devemos nos dirigir agora.

Há muitas pessoas que ensinam isso. Elas dizem: "Claro que eu aceito toda essa evidência", embora possam tentar minar isso. Eu conheci pessoas que tentaram explicar coisas claramente milagrosas: as línguas de fogo, e o falar em outras línguas no Dia de Pentecostes. Eu ouvi homens usando da maior engenhosidade para tentar explicar tudo, alegando algum conhecimento que acabaram de receber sobre algum estranho dialeto e assim por diante.

Mas não estou perdendo meu tempo com esse tipo de argumento. Estou lidando com pessoas que dizem: "Claro que eu aceito tudo o que encontro no Novo Testamento. Tenho certeza que é histórico e que essas coisas realmente aconteceram. Mas isso realmente não se aplica a nós agora, foi algo só para aquele tempo". Eles também podem sugerir que tudo isso foi realmente concebido como um sinal para convencer os judeus incrédulos. Considere a resposta do nosso Senhor a João Batista. João era um judeu típico e nosso Senhor diz para ele: "Veja, os sinais que foram profetizados estão ocorrendo, eis a sua resposta". E isso leva essas pessoas a dizer que todos esses sinais e milagres no período do Novo Testamento foram designados exclusivamente para atrair os judeus e convencê-los.

Por exemplo, certo escritor chega a dizer que depois do fracasso do próprio ensino do nosso Senhor (ele teria vindo para fundar o reino e esperava persuadir os judeus a segui-lo, mas não teve sucesso e o mataram) a igreja foi um tipo de reflexo posterior, e Deus então fez seu último esforço no Dia de Pentecostes ao enviar esse poder milagroso entre os apóstolos. Foi o apelo final aos judeus.

Como resultado da aceitação desta leitura, quando esses intérpretes chegam aos discípulos em Atos 19, com quem Paulo se deparou em

Éfeso e a quem perguntou: "Vocês receberam o Espírito Santo quando creram?", eles têm que dizer: "Claro, estes eram obviamente judeus", embora não haja nenhuma palavra para apoiar essa suposição. De fato, a maioria das autoridades concorda que essas pessoas quase certamente tinham alguma conexão com Alexandria no Egito. Certamente foi o caso, como sabemos, em relação a Apolo. Contudo, eles não hesitam em afirmar dogmaticamente que eram judeus, e que por causa disso receberam o sinal particular de línguas para convencê-los.

Outra maneira em que o argumento é colocado, é concordar que esses sinais extraordinários foram dados então, mas porque isso era o começo da igreja cristã, e Deus, por assim dizer, fez o que era incomum para fazer a igreja prosperar. Eles dizem que o mesmo tipo de coisa aconteceu no Antigo Testamento no início da grande linhagem de profetas, com Elias e Eliseu, onde você lê que eles realizaram certos milagres. Esses expositores afirmam que você sempre tende a obter esse tipo de coisa no início de uma obra, mas é claro que isso não é o que se espera que continue. É como um pai provendo seu filho dando-lhe uma fazenda ou um negócio. Ele coloca uma soma de dinheiro no banco para o filho e, em seguida, diz: "Siga em frente". Ele não continua dando presentes depois de estabelecê-lo, isso é algo incomum e excepcional no início de uma obra. Então eles dizem que essas coisas aconteceram, mas era apenas para inaugurar o início da dispensação.

Outro argumento é que essas coisas aconteceram, esses sinais foram dados e poderes tão incomuns e manifestações ocorreram, mas somente até o cânon do Novo Testamento ser concluído. Quando a igreja começou, os cristãos não tinham as epístolas do Novo Testamento. Mas nós temos, nós temos a verdade completa nas palavras da Escritura, que podemos ler, estudar, expor e entender. A igreja primitiva não podia fazer isso, então, Deus deu revelações aos apóstolos e aos profetas e para certas pessoas em determinados momentos; eles eram dependentes dessa mensagem direta e ensino. Mas no momento em que as Escrituras foram dadas à igreja, tudo aquilo não era mais necessário. Nós temos a verdade, então você não precisa de nada miraculoso ou sobrenatural.

Esses expositores gostam particularmente de argumentar tal ponto nos termos de 1Coríntios 13. Um escritor de fato coloca assim: "Depois que as Escrituras foram concluídas, esses sinais sobrenaturais cessaram". Ele faz um pronunciamento dogmático, e diz que eles cessaram porque não eram mais necessários, uma vez que tivéssemos as Escrituras. O argumento que eles tentam apresentar é o seguinte: Paulo diz em 1Coríntios 13.8-10 que "o amor jamais acaba; mas, havendo profecias, desaparecerão; havendo línguas, cessarão; havendo ciência, passará; porque, em parte, conhecemos e, em parte, profetizamos. Quando, porém, vier o que é perfeito, então, o que é em parte será aniquilado".

Eles argumentam que "o que é perfeito" é a concessão das Escrituras do Novo Testamento e uma vez que eles a receberam "o que é em parte [foi] eliminado". 1Coríntios 13 continua: "Quando eu era menino, falava como menino, sentia como menino, pensava como menino; quando cheguei a ser homem, desisti das coisas próprias de menino" (v. 11) – como profecias, falar em línguas, milagres e coisas como essas – "Porque, agora", Paulo prossegue, "vemos como em espelho, obscuramente; então [quando recebermos as Escrituras, segundo eles], veremos face a face. Agora, conheço em parte; então, conhecerei como também sou conhecido" (v. 12).

Para os proponentes dessa visão, tudo isso significa que até as Escrituras chegarem, o conhecimento era muito parcial e o apóstolo é muito claro dizendo aqui que todas essas manifestações sobrenaturais parciais pertencem ao âmbito das coisas infantis, que desaparecerão quando a perfeição e a plenitude vierem, e isso aconteceu quando o cânon do Novo Testamento foi concluído. Adicionado a isso, eles produzem um argumento subsidiário e vão tão longe a ponto de dizer que, já no Novo Testamento, você tem provas claras de que essas coisas estavam desaparecendo. Eles citam o fato de que Paulo não podia curar Timóteo, recomendando-lhe tomar um pouco de vinho para tratar seu estômago, que Trófimo adoeceu em Mileto, que Gaio não foi curado e que Epafrodito estava desesperadamente doente, "quase morto", mas que o Senhor teve misericórdia dele e que ele se recuperou. Eles dizem, portanto, que mesmo já no Novo Testamento, você vê essas coisas passando – começam no Dia de Pentecostes em grande plenitude, mas vão desaparecendo gradualmente, à medida que você segue no Novo Testamento.

E assim chegam a uma conclusão final, afirmando com máxima confiança e dogmatismo, que depois da chegada do cânon do Novo Testamento todos esses dons foram totalmente revogados.

Aqui está um esboço do argumento que se defende na atualidade, e que foi apresentado muito extensamente durante o século 20. Deixe-me começar a respondê-lo, dando-lhe apenas um pensamento sobre esse ponto: as Escrituras, em qualquer lugar, nunca dizem que essas coisas eram apenas temporárias – nunca! Não existe tal afirmação em qualquer lugar. "Ah, mas", poderia alguém indagar, "e essa passagem de 1Coríntios 13?" Bem, me parece que esse capítulo é a resposta suficiente por si só para essa crítica em particular. Você vê o que nos pedem para crer por esse tipo de exposição? Dizem-nos que a chegada das Escrituras do Novo Testamento nos coloca em um lugar de perfeição; considerando que se você olhar para o versículo 12, ele realmente diz: "Porque, agora vemos", quer dizer o apóstolo e os outros (Paulo está incluído juntamente com o resto dos crentes em Cristo anteriores ao cânon do Novo Testamento, grande parte do qual foi escrito pelo próprio apóstolo) "como em espelho, obscuramente; então, veremos face a face. Agora, conheço em parte; então, (que segundo eles é quando se completam as Escrituras) conhecerei como também sou conhecido".

Você percebe o que isso envolve? Isso significa que você e eu, que temos as Escrituras abertas diante de nós, sabemos muito mais sobre a verdade de Deus do que o apóstolo Paulo. É isso que significa, nada menos que isso, se esse argumento estiver correto. Isso significa que somos completamente superiores à igreja primitiva e até mesmo aos apóstolos, incluindo o apóstolo Paulo! Significa que estamos agora em uma posição em que conhecemos "face a face" que "nós conhecemos, como também somos conhecidos" por Deus porque temos as Escrituras. Certamente é desnecessário dizer mais.

O que o apóstolo, é claro, está lidando em 1Coríntios 13 é o contraste entre o mais elevado e melhor que o cristão possa conhecer neste mundo e nesta vida e o que ele conhecerá na glória eterna. O "agora" e o "depois" não é o tempo que se refere ao antes e depois das Escrituras serem dadas, porque isso, como eu disse, nos coloca em uma posição totalmente superior aos apóstolos e profetas que são o fundamento da igreja cristã e de cujo trabalho dependemos. É incoerente e contraditório – na verdade, há apenas uma palavra para descrever essa visão, é um absurdo. O "depois" é a glória eterna. É só então que eu conhecerei como também sou conhecido; pois então vamos vê-lo como ele é. Será direto e "face a face". Não será mais, como Paulo coloca novamente em 2Coríntios 3.18, como uma imagem ou um reflexo, mas conhecimento direto, absoluto, completo e perfeito.

Veja as dificuldades em que os homens se colocam quando não gostam de algo e não conseguem entendê-lo completamente e tentam explicar. Todas as coisas devem ser julgadas à luz das Escrituras, e não devemos distorcê-las para se adequar à nossa teoria ou argumento. Deixe-me terminar com esta declaração geral – não existe nada na Escritura em si que diz que as manifestações sobrenaturais cessaram, e, além disso, toda tentativa de fazer que as Escrituras digam isso leva às mesmas conclusões deprimentes e impossíveis que já vimos no caso de 1Coríntios 13.

Meus amigos, isso é para mim uma das questões mais urgentes neste tempo. Na situação em que se encontra a igreja e como está o mundo, a maior necessidade hoje é o poder de Deus por meio do seu Espírito na igreja, para que possamos testemunhar não só do poder do Espírito, mas da glória e louvor do único e suficiente Salvador, Jesus Cristo nosso Senhor, Filho de Deus, Filho do Homem.

SERMÃO 9

"COMO AGRADA O ESPÍRITO"

Nós temos considerado essas palavras de João Batista quando ele proclamou aquele que batizaria com o Espírito Santo. Nestes versículos, João Batista indica qual ia ser a característica marcante da Era do Senhor Jesus Cristo e do seu ministério. É, portanto, algo que devemos ter claro em nossas mentes, já que obviamente domina todo o ensino do Novo Testamento. Neste sentido estamos olhando isso e examinando o ensino referente a esse batismo o qual é abundantemente confirmado na história subsequente da igreja cristã.

Agora isso é importante para nós por muitas razões. Primeiramente, eu sugeriria que devemos nos interessar, porque, como cristãos, devemos nos preocupar com o estado do mundo em que vivemos e o estado da igreja. A igreja parece tão fraca e ineficaz neste mundo moderno, e tão cheia de problemas que a questão do que podemos fazer sobre a situação deve figurar de maneira suprema nas mentes de todos os cristãos.

Nós lemos o Novo Testamento e vemos o grande poder que foi dado aos primeiros apóstolos e discípulos. Seu mundo era muito semelhante ao nosso: reconhecemos o pecado e as aberrações, as perversões e a impureza, a degradação moral que lemos em partes do Novo Testamento. E, no entanto, achamos que apenas um punhado de homens simples, iletrados, ignorantes e algumas mulheres foram capazes, não só de causar impacto sobre o mundo, mas de influenciá-lo profundamente. A explicação é naturalmente que eles foram batizados com o Espírito Santo. O que João Batista profetizou, o que nosso próprio Senhor profetizou, literalmente, aconteceu. E a única explicação da Igreja do Novo Testamento e das coisas surpreendentes que ela foi capaz de fazer nos séculos seguintes, é esse poder dado pelo batismo com o Espírito Santo. Como vimos, é algo essencialmente concedido para nos permitir testemunhar: "Vocês receberão poder [...]", diz nosso Senhor, "e sereis minhas testemunhas" (At 1.8). Seu objeto principal é nos tornar testemunhas, pessoas que testemunham Deus e sua graça redentora mediante nosso bendito Senhor e Salvador. Nosso Senhor disse sobre o Espírito: "Ele me glorificará". Não a si mesmo. E a função da testemunha é proclamar o Senhor Jesus Cristo como o Filho de Deus e o único Salvador. E agora chegamos a essa grande questão dos dons, os dons espirituais doados pelo Espírito para homens e mulheres a fim de capacitá-los a tornarem-se testemunhas.

Esse não é apenas um grande assunto, ele também se tornou controverso, e é por isso que devemos examiná-lo muito cuidadosamente. Há ensinamentos sobre isso nas Escrituras; logo, é nossa função conhecer as Escrituras e expô-las. Nós não devemos evitar qualquer coisa ensinada nas Escrituras, por ser muito difícil ou controversa. Devemos examiná-la no Espírito, não para provar o nosso caso ou o nosso argumento, mas para chegar a um conhecimento da verdade em que podemos glorificar nosso Senhor e, por meio dele, glorificar a Deus, o Pai Eterno.

Tenho notado que há um novo interesse por esse assunto nos Estados Unidos e na Inglaterra e em muitas outras partes do mundo, e nos convêm como povo cristão esclarecer nossas mentes para buscar uma verdadeira compreensão à luz do ensino das Escrituras. É o que estamos tentando fazer agora, e estamos nos esforçando para fazê-lo por completo. Eu não acredito em atalhos ou respostas simplificadas; elas nunca são satisfatórias, visto que sempre deixam algo fora do relato. Então vamos continuar em silêncio, e vamos orar a Deus que nos dê o espírito de entendimento para podermos nos apegar a essas coisas que claramente são difíceis. É por isso que foram abordadas em epístolas no primeiro século, e ainda é tão essencial hoje que essas questões devam ser entendidas.

Vimos anteriormente a crença de algumas pessoas de que os dons foram revogados quando o cânon do Novo Testamento estava completo. Alguns deles chegam a dizer que a história da igreja mostra claramente que esses dons foram retirados; e alguns dizem bastante dogmaticamente que nunca mais ocorreram desde então – que literalmente não houve um milagre desde os que aconteceram nos tempos do Novo Testamento. E há aqueles que realmente vão além – eu tenho lido alguns de seus livretos recentemente – e dizem inquestionavelmente que o que se afirma serem manifestações dos dons do Espírito, não é nada além das manifestações de "poder diabólico". E eles dizem isso enfaticamente! Cristãos realmente escrevem e publicam essas coisas.

Mas eles se baseiam nesse argumento e nisso eles são bastante lógicos. Dizem que tudo isso foi destinado apenas para o tempo da igreja do Novo Testamento e cessou, portanto, qualquer coisa que possa parecer um dom sobrenatural, uma vez que pode ser proveniente "do diabo", uma falsificação, é algo a ser evitado como a própria praga e, de fato, algo que é extremamente perigoso.

Já lidamos com a interpretação errada de 1Coríntios 13, mas devemos continuar com esse argumento a fim de que esse ponto mais importante possa ficar bem esclarecido. E se essas pessoas estão certas e esses dons só foram concedidos para aquele tempo determinado, ou que isso pode ser provado, então não há necessidade de dizer mais nada. No entanto, quero sugerir a você que esse não é o caso. Considere o argumento de que os dons foram designados somente para os judeus. Parece-me que o livro de Atos é suficiente em si mesmo para nos dar uma resposta também corroborada nas epístolas. Deixe-me explicar.

O livro de Atos apresenta muito claramente que muitos milagres foram realizados entre os gentios como "sinais". De fato, lendo Atos não posso ver como alguém pode chegar a qualquer conclusão, além desta – que de um modo geral quando estava lidando com judeus, o apóstolo Paulo "arrazoou com eles acerca das Escrituras". Por exemplo, existe uma ilustração perfeita disso em Atos 17, em que nos é dito que Paulo, quando chegou a Tessalônica, entrou na sinagoga dos Judeus. Então lemos que Paulo, "segundo o seu costume, foi procurá-los e, por três sábados, arrazoou com eles acerca das Escrituras, expondo e demonstrando ter sido necessário que o Cristo padecesse e ressurgisse dentre os mortos; e este, dizia ele, é o Cristo, Jesus, que eu vos anuncio" (v. 2-3).

Esse é obviamente um procedimento muito razoável. Aqui estavam judeus que se gabavam das Escrituras do Antigo Testamento, de modo que o apóstolo simplesmente mostra-lhes "a partir das Escrituras" que Jesus é o Cristo, e que foi profetizado que o Cristo não seria um grande conquistador militar, mas que iria sofrer, "ser levado como um cordeiro para ser morto". O apóstolo quase invariavelmente se aproximou dos judeus desta maneira, e isto foi o que o nosso Senhor fez depois de sua ressurreição com os próprios discípulos. Eles tropeçaram na cruz, então nosso o Senhor levou-os através dos Profetas, de Moisés e dos Salmos, e os instruiu nas Escrituras.

Ao lidar com um judeu que tem as Escrituras e que as conhece, esse é obviamente o procedimento a adotar, e é isso que os apóstolos fizeram. Mas quando se está lidando com gentios você não pode fazer isso, porque eles não conhecem as Escrituras, e não têm o mesmo conhecimento. Você só pode começar a fazer isso com eles depois de um tempo, depois de lhes dar instruções sobre as Escrituras do Antigo Testamento. Então, o que encontramos é que quando os apóstolos ministraram entre os gentios eles geralmente operaram inúmeros milagres.

Há muitos exemplos disso, como Atos 14, quando Paulo está em Listra, e Atos 16 onde Paulo em Filipos ministrou sobre a jovem com um espírito de adivinhação. Então, em Atos 19 há uma frase mais interessante que é usada a respeito de Paulo em Éfeso: "E Deus, pelas mãos de Paulo, fazia milagres extraordinários" (v. 11). Mas isso aconteceu em uma comunidade gentílica, de modo que essa ideia de que tais sinais eram apenas para os judeus parece-me ser algo que simplesmente não pode ser comprovado a partir do livro de Atos – na verdade, é quase o exato oposto. Parece que essa grande profusão de milagres foi operada entre os gentios, que não podiam ser convencidos a partir das Escrituras porque eles não as conheciam. Sem a autoridade das Escrituras eles precisavam dessa outra autenticação. E, de fato, lemos ainda sobre Paulo: "A ponto de levarem aos enfermos lenços e aventais do seu uso pessoal, diante dos quais as enfermidades fugiam das suas vítimas, e os espíritos malignos se retiravam" (v. 12), proporcionando aqueles problemas que culminaram em um motim em Éfeso.

Então considere outra declaração baseada no fato que essas coisas não são mencionadas nas epístolas pastorais ou nas que são consideradas as últimas epístolas do apóstolo Paulo. Algumas pessoas deduzem que elas não são mencionadas porque os dons já haviam desaparecido. Agora isto, parece-me, é um argumento muito perigoso. É o que é chamado de argumento do silêncio. Porque o apóstolo, nas epístolas pastorais, ou em outras como aos Colossenses, não lida com a questão dos dons como ele faz em 1Coríntios, é presumido que esses dons já haviam sido revogados antes do final do cânon do Novo Testamento.

Deixe-me dar apenas uma ilustração do que quero dizer. Eu li um artigo sobre esse mesmo assunto recentemente, que mostra como os homens com preconceito e parcialidade são tão governados por esses argumentos, que leem coisas nas Escrituras que não estão lá e assim desenvolvem suas falsas deduções. Deixe-me citar esse artigo: "Paulo de fato dificilmente menciona o dom" – o escritor está lidando com "línguas", em particular – "exceto para tentar regular o comportamento daqueles que possuem e para verificar o seu uso indevido". Então ele prossegue: "Não havia dúvida de que isso o levou a relegar o dom para o fim da lista dos *charismata* e a exortar seus leitores para tentar colocar a questão em perspectiva". Tudo bem. Mas então o autor diz: "Para ele (Paulo), era permissível em vez de desejável". "Permissível, em vez de desejável!" Mas o próprio apóstolo diz claramente em 1Coríntios 14: "Eu quisera que vós todos falásseis em outras línguas" (v. 5). Agora isso não me parece meramente permissível, mas algo absolutamente desejável! O escritor continua dizendo: "Existe algum significado no fato de que a igreja de Corinto, onde parece que era o único lugar onde a prática prevalecia [...]." Você consegue ver? O sujeito está presumindo, pelo fato de não ser mencionado em relação a outras igrejas, que tal dom não ocorria nelas. Isso não passa de argumento do silêncio. Isso é dedução. Mas vamos continuar. "Existe algum significado no fato de que a Igreja de Corinto, onde parece que era o único lugar onde a prática prevalecia ter sido moral e espiritualmente menos madura entre as comunidades cristãs primitivas?". Não há nenhuma evidência para dizer isso. Nós não sabemos se a igreja de Corinto era a "menos madura". Há evidências sugerindo que as igrejas em Tessalônica e na Galácia eram igualmente imaturas.

Isso tudo é pura conjectura; é ler as Escrituras para sustentar seu preconceito particular. O escritor prossegue: "Eu sei que São Paulo disse: 'Dou graças a Deus, porque falo em meio ao êxtase mais do que todos vós'" – mas Paulo não diz realmente isso, ele disse "falo em línguas" (1Co 14.18). Alguns diriam que não se trata de "falar em êxtase". Eu casualmente concordo com a interpretação do autor que diz ser um falar em êxtase, mas ela não deve ser empregada como se fosse uma tradução. O escritor agora está colocando "falar em meio ao êxtase" no lugar de "outras línguas" – e prossegue: "... mas não se deve inferir simplesmente que ele sabia do que estava falando quando instou seus leitores a não darem grande importância a esse dom?" Sugiro que isso significa muito mais e espero lidar com esse assunto mais tarde.

"Eu não sei", esse homem continua com muita sinceridade, "e não gostaria de dogmatizar" – embora seja isso que ele vem fazendo, pois é isso que todos nós tendemos a fazer – "mas pelo menos eu nunca tive essas perguntas respondidas de uma maneira realmente satisfatória".

Parece-me que a resposta está nas Escrituras – e que, se você as considerar como são, fica claro que não tem o direito de fazer essas declarações. "Eu quisera que vós todos falásseis em outras línguas". Não se trata de algo permitido apenas, mas algo desejável! Mais uma vez Paulo diz, "não proíbam falar em línguas" (v. 39). Eu sugiro então que quando ele diz que agradece a "Deus por falar em línguas mais do que todos vocês", não está apenas reivindicando que sabe mais sobre isso por ter um conhecimento maior, está de fato reivindicando algo que experimentava.

Então devemos ter cuidado para não tentar evitar essas coisas ou nos livrar delas apenas fazendo suposições. É sempre muito perigoso deduzir algo apenas do silêncio. As epístolas foram todas escritas para um propósito específico. Em Corinto houve uma grande confusão por causa dos dons e o apóstolo lida com isso por muito tempo. Em outras igrejas os dons estavam presentes com igual profusão como sugerido por 1Coríntios 1.4-7 e 1Tessalonicenses 5.19-21, mas porque eles não estavam sendo mal interpretados e porque as pessoas não estavam ficando muito entusiasmadas com eles, não era necessário lidar com a questão. Então a explicação de o porquê essas coisas não são mencionadas em outros lugares é provavelmente que elas não constituíam problemas.

Precisamos deixar uma coisa clara em nossas mentes. Essas epístolas não foram escritas como livros didáticos sobre teologia ou sobre a doutrina da igreja. Elas foram todas escritas para atender a alguma situação particular. Tomemos como exemplo a Epístola aos Colossenses. Ali o grande problema eram as especulações filosóficas que estavam surgindo. Então o apóstolo lida com isso. Ele não coloca no papel um tratado completo sobre toda a doutrina da igreja. Os apóstolos eram homens ocupados, viajando e evangelizando e eles escreveram suas cartas para lidar com problemas particulares à medida que surgiram; e se você mantiver isso em mente, terá uma nova e revigorada compreensão de todas essas epístolas. Na Galácia, a grande questão era a da circuncisão, mas não era o único problema. Como eu já citei, em Gálatas 3.2, 5, o apóstolo se refere, apenas de passagem, ao fato de que milagres estavam sendo operados lá.

Mas, enquanto na igreja de Corinto os dons traziam problemas, nas igrejas da Galácia, Paulo não teve que lidar com nenhum decorrente dos milagres.

Então, o princípio é, tenha cuidado você que baseia seu argumento unicamente no silêncio. É uma armadilha notória. Isto foi responsável por muitas heresias ao longo dos séculos. Devemos tomar as Escrituras como um todo e, como tenho tentando lembrá-lo, o pano de fundo para todos os escritos do Novo Testamento é a história dos Atos dos

Apóstolos. Você não deve encontrar sua doutrina apenas nas epístolas. As epístolas devem ser lidas à luz da história que nos é contada tão claramente em Atos.

Vamos, então, para outro argumento. Nós lemos que Timóteo é exortado a usar "um pouco de vinho, por causa do teu estômago" (1Tm 5.23), em vez de ser milagrosamente curado; que "Trófimo foi deixado doente em Mileto" (2Tm 4.20); que "Epafrodito tinha adoecido mortalmente, de modo que eles tinham mesmo se angustiado e temiam que ele estivesse à beira da morte" (Fp 2.27). O argumento baseado sobre esses fatos é que os milagres foram obviamente revogados, ou esses homens teriam sido curados de uma só vez; não haveria necessidade de dar conselhos médicos a Timóteo e esse tipo de prescrição teria sido completamente desnecessária.

Agora essa é a suposição. Mas o Novo Testamento em nenhum lugar nos diz que a doença deve ser sempre curada, e sempre ser curada milagrosamente. Algumas pessoas que acreditam que esses dons são permanentes e reivindicam milagres de cura hoje, vão tão longe a ponto de dizer que um cristão nunca fique doente e que ele seja sempre curado milagrosamente. O outro extremo é assumir que o fato de que esses homens não foram imediatamente curados é a prova de que os milagres haviam cessado.

Ambas as visões são culpadas do mesmo erro, ou seja, o de assumir que no Novo Testamento qualquer cristão doente deve ser curado milagrosamente. Mas o Novo Testamento nunca ensina isso. Um milagre é uma coisa excepcional, que só acontece eventualmente.

A verdadeira resposta para toda essa questão é a declaração do apóstolo em 2Coríntios 12, onde ele lida com o seu espinho na carne. O próprio apóstolo tendeu a cair nesse erro. Ele ficou doente e não pôde fazer o seu trabalho, então orou para que Deus retirasse isso, o que não aconteceu, apesar de ele ter orado três vezes e da forma mais insistente. Aqui está um homem que tinha realizado tremendos milagres, visto coisas surpreendentes, e quando está enfermo, tem que suportar sua doença. Mas ele aprendeu a razão disso. Foi ensinado que há algo mais importante do que a cura física, e isso é o conhecimento de Deus. Essa é a grande lição: "Minha graça te basta". Ele não compreendia isso tão bem até então.

A Bíblia ensina que a doença às vezes é permitida para o bem da nossa alma. Deus permite que as coisas aconteçam conosco para o nosso bem. Agora isso não significa que toda doença é sempre permitida por Deus para o nosso bem; existem causas secundárias – o mundo é um lugar de pecado e doença. Tudo o que estou dizendo é que, às vezes, isso é verdade. Isso é tudo que o apóstolo diz. Em seu caso particular, o espinho na carne não foi removido para que ele pudesse aprender que "quando eu sou fraco, então eu sou forte" (2Co 12.10).

Então o princípio estabelecido é: você não deve argumentar que o poder milagroso tenha sido revogado porque alguns homens no Novo Testamento não foram milagrosamente curados. Os milagres, incluindo o poder de cura, sempre foram algo ocasional, determinados pelo Espírito. Não acontecia automaticamente que cada cristão era imediatamente curado. Alguns homens eram curados, alguns não eram. Deus tem um propósito em todas essas questões. Todos esses dons, como vou enfatizar, estão sob a soberania do Espírito. Ele decide quando, como e onde. Nunca devemos pensar nisso como algo automático, que você apenas puxa uma alavanca e aí está; tudo acontece. Isso é estranho ao Novo Testamento. Primeiro se concedeu um poder, e em ocasiões particulares uma comissão foi dada e, em seguida, os milagres aconteceram.

Mas deixe-me levá-lo para outro argumento que para mim é muito importante. Parece que a ideia de que essas coisas pertencem apenas ao período do Novo Testamento e não têm nada a ver conosco, é realmente culpada do erro conhecido como "alta crítica". Esse é o erro que julga as Escrituras e diz: "Claro, sim, isso foi apenas temporário, isso não se aplica a nós". Você decide o que é aceitável e o que não é. Você opta e escolhe. Esse argumento é exatamente o mesmo.

Em outras palavras, nos é dito que essa seção inteira de 1Coríntios não tem nada a ver conosco, porque foi uma posição temporária. Mas nesse caso, não estaria toda a igreja do Novo Testamento em uma posição temporária? Era uma igreja cheia do Espírito; "milagres, sinais e maravilhas" estavam ocorrendo. Nós consideramos a citação que demonstra esse fato em Hebreus 2.4 e novamente vou lembrá-lo da afirmação em Gálatas 3.5. A igreja neotestamentária era uma igreja pneumática, cheia com o Espírito e essas coisas estavam acontecendo. Toda a igreja do Novo Testamento estava nessa condição. Então para ser lógico, esses amigos deveriam dizer que todo o Novo Testamento não se aplica a nós, que não tem nada a dizer-nos, porque a posição agora é bastante diferente, uma vez que nós temos as Escrituras. Mas o argumento é contraditório. As Escrituras que temos são aquelas que lidam com a igreja do Novo Testamento e, portanto, se elas têm alguma relevância para nós, devemos estar essencialmente na mesma posição, como a própria igreja neotestamentária.

Devemos ter cuidado, então, com um ensino que julga as Escrituras e diz: "Isto se aplica a nós, isso não".

Tendo assim lidado com os argumentos de uma maneira puramente escriturística, deixe-me adicionar algo à história. Considere essa ideia de que todos os dons e manifestações milagrosas encerraram com a Era apostólica. Agora aqui, certamente, é algo que não temos o direito de afirmar dogmaticamente, porque há clara evidência histórica que muitos desses dons persistiram por vários séculos. Existem registros autênticos nas vidas e escritos de alguns dos grandes pais da igreja – Tertuliano e outros – que não deixam dúvidas de que essas coisas persistiram.

E mais do que isso – e isso para mim é muito importante – há uma grande evidência dessas coisas, mesmo no período da Reforma Protestante. Você já leu a história da vida daquele grande homem e estudioso John Welsh, o genro de John Knox? Existem coisas incríveis que parecem ser bem autênticas em conexão com ele. Existe uma tradição, que tem sido repetida pelos mais sóbrios historiadores, que em uma ocasião, quando estava vivendo em exílio no sul da França, John Welsh realmente ressuscitou alguém. Eu não sei, acabei de colocar a prova diante de você. Tudo o que estou tentando dizer é que eu não ousaria afirmar que essas coisas terminaram com a Era apostólica e que nunca houve um milagre desde então. Na verdade, eu não creio nisto! Há evidências, de muitos daqueles pais e reformadores protestantes, que alguns deles tinham um genuíno e verdadeiro dom de profecia – quero dizer que prediziam eventos. E você encontra entre os *covenanters*[13] escoceses, pessoas como Alexander Peden e outros, que entregaram profecias precisas e literais de coisas que posteriormente ocorreram.

Permita que eu demonstre de uma maneira mais simples. Eu sinto que o que precisa para ser dito a esta geração em que estamos vivendo é o que Shakespeare escreveu em sua peça, Hamlet: "Há mais coisas entre o céu e terra, Horácio, do que foram sonhadas na sua filosofia". Nosso perigo é extinguir o Espírito e colocar um limite sobre o poder de Deus, o Santo Espírito. Você já leu sobre a vida do pastor Hsi da China? Você pode negar o milagre nessa história? A manifestação de alguns desses mesmos dons que eram tão claros na história da igreja primitiva? Através dos séculos, livros foram escritos sobre esse grande tema. Horace Bushnell, um pregador e teólogo na América no último século, lidou com isso muito bem e dispôs grande quantidade de provas. Há mais evidências na Coleção Woodrow de biografias conectadas principalmente com os dignitários escoceses e na obra *Men of the Covenant* (Homens da Aliança), de Alexander Smellie.

Eu recomendo a leitura desses livros e lá você encontrará esse dom de profecia que foi dado aos homens para ver o futuro, o poder da palavra que receberam, e os milagres ocasionais que operaram. Qualquer um que esteja preparado para dizer que isto terminou com a Era apostólica, e que nunca aconteceu um milagre desde os apóstolos, está fazendo uma declaração ousada. Não só não há nada na Escritura que dê base para dizer que todos esses dons milagrosos tinham que terminar com

---

[13] Covenanter, qualquer um dos escoceses presbiterianos que em várias crises durante o século 17 subscreveram obrigações ou pactos, notadamente a Aliança Nacional (1638) e a Liga e Aliança Solenes (1643), na qual eles se comprometeram a manter suas formas escolhidas de governo da igreja e adoração em oposição à igreja inglesa [**N.E.**].

a Era apostólica; senão que a história subsequente da igreja, parece-me, desmente esta mesma afirmação.

Portanto, repito que manter essa visão é simplesmente extinguir o Espírito. E certamente, devemos deduzir das Escrituras que se você disser que o Espírito Santo foi dado à igreja primitiva para que esta começasse então essas coisas tão necessárias, de fato essenciais, em todos os momentos em que a igreja está em baixo nível e o mundo é altivo, forte e poderoso. Provavelmente esse é o momento em que você esperaria uma manifestação de tal poder. Se os apóstolos eram incapazes de ser testemunhas verdadeiras sem um poder incomum, quem somos nós para reivindicar que podemos ser testemunhas sem tal poder?

Eis aí, portanto, o principal argumento. Há também certas alegações triviais que menciono apenas para descartá-las. Muitas pessoas no momento dizem: "Você não deve tocar neste assunto, porque ele está apenas produzindo conflitos e divisão entre os cristãos". Eu realmente acho que isso é muito patético; essa é a acusação que sempre foi feita contra os evangélicos; foi a acusação feita de fato contra Martinho Lutero; foi a acusação feita contra os puritanos – "Por que eles não cerram fileiras; por que devem ser separatistas e reivindicadores?". Esse é o argumento que foi apresentado contra os metodistas, ou contra os evangélicos sempre que foram chamados para testemunhar de Deus de maneira especial. Ao longo dos tempos eles foram acusados de causar divisão, conflito e separação. Tenha cuidado, porém, se você força esse argumento todos nós teremos de voltar à Igreja de Roma, pois em última análise esse é o argumento romano contra o todo do Protestantismo: esses "irmãos" separados que cometeram o erro de sair da igreja.

Depois há outro argumento menor. Dizem que as pessoas que estão preocupadas com essas coisas manifestam sentimento de superioridade, desprezam os outros e desprezam aqueles que não têm esses dons ou que não receberam o batismo com o Espírito Santo. Mais uma vez a resposta é exatamente a mesma; que esse sempre foi o argumento de uma igreja tradicional morta contra quem recebe a nova vida do

Espírito. É invariável. Em resumo, foi, de fato, o argumento dos fariseus contra o nosso Senhor.

Até agora temos lidado com a tentativa de descartar toda essa questão tendo como base o fato de que ela só pertencia ao período do Novo Testamento e, portanto, não tem nada a ver conosco. Agora quero lidar com a posição exatamente oposta. É interessante notar como é possível sempre atingir extremos.

A segunda posição é a daqueles que afirmam que os plenos e milagrosos dons do Espírito Santo devem sempre permanecer na igreja, e que é apenas por falta de fé que nós não os possuímos agora. Alguns deles vão além e dizem que devemos "reivindicar" esses dons. Essas pessoas afirmam que esses dons foram destinados não apenas para a igreja do Novo Testamento, mas para a igreja em todas as Eras, e que a igreja hoje, dizem eles, estaria regozijando-se com todos esses dons, não fosse por nossa falta de fé. Eles devem sempre estar presentes, da mesma forma como eles estavam na igreja primitiva.

Eu quero sugerir a você que essa posição também é antibíblica e mais uma vez não encontra nenhuma garantia na Escritura em si. O ensino da Escritura é que essas coisas devem ser consideradas em termos da soberania do Espírito. É ele quem decide, já que "ele dá a cada homem individualmente como quer". Isto é, é ele quem escolhe. Esse foi todo o problema em Corinto, onde todos eles estavam reivindicando "todos os dons", por assim dizer. E a resposta é que o Espírito dá um dom para esse e outro dom para aquele. Tudo está inteiramente dentro do seu controle. Ele decide quando, como, para quem e onde.

Deixe-me estabelecer esse argumento da maneira que sempre foi mais útil para mim. Este é exatamente o mesmo que a questão do avivamento. Um avivamento, por definição, não é algo permanente. É algo que vem e vai, vem e vai. A história da igreja tem sido a história dos avivamentos. Sempre houve pessoas que ensinaram que você pode receber um avivamento sempre que quiser. Tudo o que precisa fazer é orar ou fazer certas coisas e reivindicá-lo, e você recebe o reavivamento. Mas a resposta simples é: você não pode! Eu conheci alguns dos melhores e mais honestos homens, que caíram nesse erro; *você* não pode decidir quando o avivamento vem. Ele vem sempre na soberania do Espírito. Muitas vezes vem quando você menos espera. Pode vir no quarteirão mais improvável, e o homem usado pode ser o tipo mais inverossímil.

O mesmo princípio se aplica aos dons do Espírito. Não devemos legislar de um lado ou de outro. Nós não devemos dizer "somente" para os tempos do Novo Testamento, nem devemos dizer "sempre". A resposta é "como ele quer", como o Espírito quer. É sempre certo buscar a plenitude do Espírito – somos exortados a fazê-lo. Mas os dons do Espírito devem ser deixados nas mãos do próprio Espírito Santo.

Por fim, gostaria de chamar sua atenção para mais três pontos. À luz do ensino da soberania do Espírito, temos o direito de deduzir, em primeiro lugar, que os dons podem ser retidos, assim como dados, de acordo com a soberania do Espírito. Ele pode retê-los assim como dá-los. Nós nunca devemos esquecer que, por isso, é uma parte essencial essa noção de soberania.

Em segundo lugar, nunca devemos usar a palavra "reivindicação". Isto é incompatível com a soberania. As pessoas dizem: "Reivindique esse dom; reivindique a cura...". Você não pode reivindicar a cura. O próprio apóstolo pediu por cura três vezes e não conseguiu. Nunca reivindique; nunca use essa palavra. Devemos nos submeter – é o Espírito quem dá. A reivindicação de dons, ou reivindicação até mesmo do batismo do Espírito, é algo claramente incompatível com toda a ênfase do Novo Testamento. Não, não, ele é o Senhor, ele controla e dá. Você pode suplicar, mas nunca deve reivindicar. Nunca!

Então, em terceiro lugar, uma variação é claramente vista no Novo Testamento, como eu já lhe mostrei. As coisas nem sempre acontecem, mesmo quando os apóstolos esperavam que elas acontecessem. E a variação novamente deve ser explicada apenas nos termos da soberania do Espírito. Isso é corroborado e fundamentado pela história dos avivamentos, e, de fato, além dela. Há provas muito claras, parece-me, que geralmente no início de qualquer nova obra, algo incomum acontece. Mencionei o período da Reforma e o início do trabalho missionário na

China e assim por diante... O incomum aconteceu e isso está novamente em total acordo com a doutrina da soberania do Espírito.

Mas eu também quero dizer isso – e aqui está algo que é muito frequentemente esquecido. Nós notamos o argumento de pessoas que dizem: "Tais coisas cessaram no tempo dos apóstolos. Você não vê essas coisas acontecendo na história da igreja, portanto elas não deveriam continuar". Mas há outro lado muito importante para essa questão. É historicamente verdadeiro que, quando você lê a história da igreja nos primeiros cinco ou seis séculos você encontra cada vez menos provas desses poderes sobrenaturais. E inevitavelmente a questão surge: "Por que isso aconteceu?" Essas pessoas presumem: "obviamente, eles foram revogados; eles não deveriam continuar". Eu sugiro a você que existe uma resposta muito melhor, que é o que aconteceu com a vida da própria igreja. No segundo século da igreja, como estava se espalhando cada vez mais entre os gregos, queria apresentar seu evangelho de maneira erudita e filosófica. Houve homens chamados apologistas que tentaram mostrar que o evangelho não era incompatível com a filosofia grega e com o direito romano. Eles o fizeram em grande parte por causa das perseguições e mal-entendidos, e embora tenham cultivado bons motivos, estavam realmente matando o Espírito, transformando o evangelho em uma filosofia "razoável".

Para piorar a situação, o imperador Constantino em sua "sabedoria" decidiu se tornar um cristão e conduzir o Império Romano ao cristianismo. A igreja agora se tornou uma instituição na qual tudo era controlado; uma espécie de sistema monárquico superior veio à tona, e os metropolitanos foram introduzidos. Em outras palavras, a igreja dos finais do terceiro ou quarto séculos, era uma igreja que simplesmente não pode identificar-se com a Igreja do Novo Testamento. Não por que Deus havia revogado os dons, mas porque o homem tinha tomado o controle dela e não foi dado lugar ao Espírito, pois ele estava sendo apagado. A igreja institucional daquele período deu origem à igreja Católica Romana da Idade Média.

E o mais interessante é que a igreja falsa sempre produz falsos milagres. Eles negam os dons do Novo Testamento, mas produzem milagres falsos, geralmente atribuídos à virgem Maria. Quão facilmente podemos nos perder. Nós dizemos: "Se você ler a história descobrirá que esses dons sobrenaturais não acontecem durante vários séculos". Mas nós não perguntamos: "Por que eles não acontecem?" Ou se perguntamos, damos a resposta errada. Isto é, não que Deus lhes retirou, é que a igreja em sua "sabedoria" e inteligência se tornou institucionalizada, extinguiu o Espírito, e fez das manifestações do poder do Espírito quase impossível.

Então minha conclusão final é esta: na soberania do Espírito essas coisas são sempre possíveis. Sempre é possível! Isso não significa que toda reivindicação esteja certa. Tudo o que estou argumentando é que, com base no ensino das Escrituras além da história da igreja, essas coisas são sempre possíveis. Elas são especialmente necessárias em tempos de declínio, nas quais geralmente caracterizaram algumas novas obras da parte do Espírito Santo de Deus.

Você não deve dizer: "Elas nunca podem acontecer, elas eram apenas para a igreja do Novo Testamento...". Nem dizer que estarão sempre presentes em sua plenitude. Ambas as visões são errôneas. Mas elas são sempre possíveis! E, portanto, quando somos confrontados por algo que se apresenta como um avivamento ou uma nova concessão de tais dons, não devemos rejeitá-lo de imediato, mas temos que provar, devemos testá-lo. E graças a Deus não somos apenas exortados pelas Escrituras a fazê-lo por causa do perigo terrível das falsificações, mas elas nos ensinam sobre como devemos realizar o teste.

SERMÃO 10

TESTE OS ESPÍRITOS

Neste ponto de nossa consideração sobre os dons do Espírito Santo, eu quero brevemente apoiar a conclusão a que chegamos, acrescentando novamente a evidência da história: a história da igreja, e particularmente a história dos avivamentos.

Um avivamento religioso nada mais é do que uma grande efusão do Espírito de Deus sobre a igreja, uma espécie de repetição do que aconteceu no Dia de Pentecostes. Um avivamento, em outras palavras, se trata de um grupo de pessoas sendo batizadas com o Espírito Santo ao mesmo tempo. Você ouve ou lê sobre pessoas que faziam o melhor para viver a vida cristã. Elas tinham a certeza de sua salvação, que deduziram por examinarem-se à luz das Escrituras e, na verdade, possuíam um espírito em seu interior que lhes permitiu em certa medida dizer "Aba, Pai". Mas de repente, o Espírito de Deus desceu sobre elas. De súbito foram elevadas a uma nova altura e um novo nível. A elas foi dada uma certeza que nunca haviam tido antes, e viram as coisas com grande compreensão e luminosidade.

É isso que queremos dizer com avivamento e, como eu os tenho lembrado, há sempre certos fenômenos que ocorrem em tais visitas do Espírito de Deus. Nós não precisamos entrar em detalhes, mas há esse novo poder, e às vezes um tipo de dom profético é dado. No entanto, é interessante observar que nos grandes avivamentos da igreja, durante todos os séculos, não tem acontecido demasiadas manifestações de alguns desses dons particulares, como o dom de línguas ou a evidência de milagres.

Esse é para mim um ponto muito importante. Não estou dizendo que tais dons estão completamente ausentes, mas são incomuns e inusitados. Estou pensando, por exemplo, nos avivamentos de 1859 na Irlanda do Norte, 1857 na América e em outros países, e do grande reavivamento evangélico do século 18 na Grã-Bretanha. Eles foram indubitavelmente avivamentos, mas havia muito poucos milagres, praticamente nenhuma manifestação do dom de línguas e profecias. Agora esses são simplesmente fatos que lhes apresento – fatos bem comprovados e bem estabelecidos.

Por que destaco isso? Bem, eu faço assim por uma razão que para mim é muito vital. É, de fato, meu principal objetivo em toda essa série de sermões. Parece-me que o ensino da própria Escritura, mais a evidência da história da igreja, estabelece o fato de que o batismo com o Espírito Santo nem sempre é acompanhado de certos dons particulares.

Aqueles que estão interessados na discussão contemporânea irão perceber a importância dessa afirmação. Existem pessoas (como tem havido por vários anos) que dizem que o batismo com o Espírito é sempre acompanhado de certos dons particulares. Parece-me que a resposta da Escritura é que esse não é o caso, que você pode ter um batismo com o Espírito (e até um poderoso batismo com o Espírito), sem nenhum dos dons como línguas, milagres, ou vários outros. Ninguém pode contestar o batismo com o Espírito no caso de homens como os irmãos Wesley e Whitefield e muitos outros, mas nenhuma dessas coisas lhes aconteceu.

Isto, eu sinto, estabelece esse princípio importantíssimo de que você deve fazer uma distinção entre o batismo com o Espírito em si e seus efeitos concomitantes possíveis ou ocasionais. Precisamos manter essas coisas distintas em nossas mentes. Existe uma grande confusão neste momento. Nos meus sermões anteriores eu já chamei a atenção para a maneira como as pessoas se confundem entre o batismo com o Espírito e a santificação, o que causa um grande problema. Essa confusão entre o batismo e os dons do Espírito leva a um problema igualmente grande. Eu estou muito ansioso para deixar claro que o batismo do

Espírito pode estar presente com grande poder e, ainda assim, nenhum desses dons se manifestar como tal.

Isto é, naturalmente, por causa da soberania do Espírito. Ele escolhe conceder dons em alguns momentos e em outros não. Devemos nos submeter a isso e estar prontos para aceitar. Não devemos dizer que os dons não podem acontecer, nem devemos dizer que eles devem sempre acontecer. A posição das Escrituras, fundamentada pela história da igreja, é que eles podem ou não acontecer e, portanto, não devemos estabelecer posições dogmáticas de um lado ou do outro. Então, a principal conclusão é que essa questão dos dons está inteiramente dentro da soberania do Espírito e que devemos estar sempre abertos, na mente e no coração, para qualquer coisa que o Espírito de Deus possa escolher fazer em sua soberania.

É muito importante que nos preocupemos com a verdade sobre o batismo com o Espírito por uma razão principal que é tanto o estado do mundo em que vivemos como o da igreja. Se você como cristão não está preocupado neste momento mais do que qualquer outra coisa com a necessidade do poder do Espírito Santo na igreja cristã, receio não entender seu cristianismo. Nunca houve tal necessidade da proclamação da verdade com autoridade e poder, e nada além de um batismo com o Espírito permitirá que a igreja faça isso, já que essa é sempre a maneira de Deus operar. Nunca houve maior necessidade de sermos claros sobre a doutrina do batismo com o Espírito – ou do avivamento religioso se você prefere ver isto de forma coletiva – que neste tempo presente.

Como essa questão dos dons está envolvida, devemos examiná-la, já que há muitas pessoas que rejeitam a doutrina do batismo com o Espírito Santo, porque rejeitam os dons. Por outro lado, há outros que, rejeitando a falsa "coalizão" – por assim dizer – entre a santificação e o batismo, rejeitam este último porque sentem que as pretensões para a plena santificação não podem ser provadas ou corroboradas. O que deveria nos preocupar é o poder do Espírito Santo sobre os indivíduos e sobre a igreja em geral; e é para que possamos ser claros sobre isso que devemos considerar essa questão de dons. Obviamente, se o Espírito escolhe dar-lhes, é uma prova maravilhosa da verdade. Mas permanece em sua soberania e devemos não estabelecer regras próprias.

Devemos assumir então que tudo o que diz ser um reaparecimento ou um avivamento de tais dons na igreja é realmente autêntico? Essa é a pergunta prática imediata e urgente. Nós estamos abertos (não fechamos nossas mentes para essa possibilidade por uma falsa compreensão do ensino escriturístico); nós estamos esclarecidos sobre isso. E de repente ouvimos relatos da aparição dos dons. Estamos nós, portanto, aceitando imediatamente como sendo os dons e as manifestações do Espírito Santo?

Neste ponto, existem dois perigos principais que nos confrontam. O primeiro é o perigo de extinguir o Espírito. Eu coloquei isso primeiro, porque acredito que é o mais comum dos dois. Há pessoas que automaticamente descontam tudo o que é relatado; toda a sua predisposição mental, todo o seu preconceito é contra isso. A história demonstra que a maior oposição para um verdadeiro avivamento na igreja, ou para o trabalho individual de homens que foram batizados com o Espírito, quase invariavelmente vem da própria igreja. É uma verdade surpreendente e assustadora, e tudo é devido a terem apagado o Espírito. A Igreja Católica Romana perseguiu os reformadores por essa razão; e, infelizmente, a Igreja Protestante tem muitas vezes perseguido homens sobre os quais o Espírito de Deus veio.

Por quê? Bem, o perigo é o institucionalismo e o zelo pelo decoro, ordem, pompa e cerimônia com tudo sendo ordeiramente controlado. Então, se alguma coisa diferente acontece ela é imediatamente desaprovada e repugnada. Acontece o mesmo com a ênfase pessoal na pregação do evangelho. Eu citei em outro lugar que a observação de Lord Melbourne, primeiro ministro da rainha Vitória, que disse: "As coisas estão atingindo situação lamentável se a religião começar a se tornar pessoal". Como isso é típico! Nós queremos uma religião digna que nunca nos perturbe, nem a mais ninguém. Não deve haver liberdade do Espírito – tal pensamento é quase indecente. Imagine perturbar a perfeição mecânica como a de um relógio em um grande culto, com uma efusão do Espírito! A coisa é impensável! Todavia isso está apagando o Espírito, e por essa razão você encontra o apóstolo ordenando: "Não apagueis o Espírito".

Sem dúvida o temperamento interfere nisso. Algumas pessoas têm o temperamento que as leva a gostar de ordem, disciplina, decoro, e assim por diante; e elas zelam por isso. Seu perigo é apagar o Espírito, e isso é um perigo muito real. E há muitas pessoas na igreja cristã que, no momento em que ouvem falar de algo incomum, condenam. "Não deve haver nada incomum. Nós nunca tivemos nada assim antes", dizem eles. Daí vem sempre a oposição ao avivamento; é por isso que os santos têm sempre sido perseguidos por pessoas que gostam do que é comum, monótono, rotineiro e morto. E lembre-se que isso pode ser verdade tanto quanto a respeito de pessoas ortodoxas tanto quanto a outras. Você pode ter uma ortodoxia morta, bem como uma formalidade morta. O grande perigo enfrentado pela maioria é o de apagar e resistir ao Espírito, permanecendo assim contra sua soberania.

O outro perigo é exatamente o oposto e é interessante ver como um extremo ou outro predominam: é o perigo de uma aceitação acrítica de tudo. Novamente o temperamento entra nisso. Algumas pessoas são crédulas. É muito interessante ler a história da igreja para ver esse elemento em alguns dos grandes servos de Deus. Existem alguns homens que estão sempre ansiosos pelo incomum – o qual é algo que eles têm que assistir. Cada um de nós tem que conhecer a si mesmo. Todos nós temos certas fraquezas e tendências e devemos observá-las. É a coisa mais difícil no mundo seguir o princípio que diz: "Conhece a ti mesmo!" E nós temos que estar em guarda para que nosso temperamento natural não se torne um preconceito e possamos ser encontrados lutando contra Deus.

Essa aceitação acrítica é muitas vezes o resultado de um espírito de medo. Perceba, o primeiro grupo de pessoas que mencionamos não teme em absoluto apagar o Espírito de vez; elas só têm a sua opinião fixa em que tudo diferente é condenável. Mas então há esse outro tipo de pessoa, que tem pavor de apagar o Espírito. E isso pode se tornar "um espírito de temor" que interfere com suas faculdades críticas, de modo que eles estão prontos para acreditar em toda e qualquer coisa. Eles têm tanto medo de ficarem contra uma obra de Deus, que passam por coisas que não deveriam passar.

Isso, é claro, é o que sempre leva ao fanatismo, ou ao que a Bíblia chama de fogo estranho. Aqui novamente, não só a Bíblia nos dá grande ensinamento, mas a história também confirma o perigo do fanatismo ou do fogo estranho, ou de outro espírito imitando o Santo Espírito. O fanatismo deve sempre ser condenado e muitas vezes causou grande destruição na vida da igreja. Ainda, uma aceitação acrítica de qualquer coisa que supostamente seja a manifestação dos dons do Espírito pode levar a manifestações de certos excessos. Mais uma vez, quem já leu a história dos avivamentos vai reconhecer esse perigo; assim como o da falsa ênfase, ou falta de equilíbrio. O tipo de coisa que estava obviamente acontecendo na igreja em Corinto e que exigiu a seção que o grande apóstolo dedica ao assunto.

Prosseguimos agora para o próximo grande princípio. Por que devemos não aceitar de forma acrítica tudo o que diz ser uma manifestação do poder do Espírito Santo? A resposta é, em primeiro lugar, que as próprias Escrituras nos advertem contra aceitar sem crítica tudo o que é colocado diante de nós.

Isto pela simples razão de que existe tal ser e pessoa como o diabo, que existem entidades tais como espíritos maus, espíritos imundos e malignos. Você se lembra da grande palavra do apóstolo em Efésios 6.12: "Porque a nossa luta não é contra o sangue e a carne, e sim contra os principados e potestades, contra os dominadores deste mundo tenebroso, contra as forças espirituais do mal, nas regiões celestes". O começo deste assunto é perceber que estamos vivendo em um reino espiritual, em uma dimensão espiritual. Este mundo não é apenas material – existe o elemento espiritual em torno dele e há forças espirituais malignas contra Deus e tudo o que é sagrado. É por isso que, por contraste, a terceira pessoa na Trindade é designada como o Espírito "Santo".

Se não percebermos que existem esses dois tipos de poderes e forças espirituais, estamos condenados ao desastre porque o ensino das

Escrituras é que esses poderes e espíritos malignos estão sempre lá e eles têm tremendo poder. Você vê isso mesmo no Antigo Testamento.

Lembra como Moisés, o servo de Deus, recebeu o poder para que ele pudesse ter meios para atestar sua reivindicação à liderança dada por Deus. Ele foi enviado por Deus para resgatar os filhos de Israel, mas previu a dificuldade. Ele disse: "Quando eu for e disser isso para eles, eles se voltarão e dirão: Quem é você e por que deveríamos ouvi-lo? Você está nos pedindo para assumir um grande risco. 'Tudo bem' – disse Deus – 'eu vou lhe dizer o que falar; diga: EU SOU me enviou'". Mas Deus disse, além disso: "Olhe para a vara que você tem em sua mão; Eu vou permitir que você faça algumas coisas através dela". Ele deu-lhe certos poderes milagrosos. Mas só isso, lembre-se, não foi suficiente, porque os magos do Egito foram capazes de repetir e falsificar muitas das coisas que foram feitas por Moisés. Assim, o apóstolo Paulo ao escrever sua segunda carta a Timóteo, referindo-se a esses mágicos, e comparando-os com os mestres malignos de seus dias, diz: "E, do modo por que Janes e Jambres resistiram a Moisés, também estes resistem à verdade. São homens de todo corrompidos na mente, réprobos quanto à fé" (2Tm 3.8). Então, temos um grande exemplo dessa mesma coisa no Antigo Testamento.

Infelizmente, as coisas não são, portanto, tão simples quanto algumas pessoas parecem pensar. Estamos sempre cercados por esses espíritos malignos, bem como pelo Espírito "Santo", e o único objetivo daqueles espíritos malignos é arruinar a obra de Deus. O diabo se rebelou contra Deus, e sua grande ambição é levar a obra santa ao descrédito. Não há nada que ele esteja mais preparado para fazer, portanto, do que confundir os cristãos, especialmente aqueles que são mais espirituais, e o caos que o diabo tem forjado na história da igreja é bastante terrível para se considerar. Por causa disso, a Escritura não apenas nos oferece a história e seus ensinamentos sobre o diabo e seus seguidores, mas também chega a nos dizer para "testar os espíritos", para "provar espíritos". "Provai os espíritos se procedem de Deus" (1Jo 4.1). Isso é um mandamento. E acrescenta: "Não deis crédito a qualquer espírito [...]".

Não acredite em todo espírito, mas prove-os e julgue-os para ver se são de Deus ou "do mundo", como ele coloca, e isso é uma prescrição real para nós. Não devemos, portanto, aceitar tudo o que se diga. Não; a Bíblia nos diz para exercitar nossas faculdades críticas a fim de provar e testar os espíritos.

Escrevendo à igreja em Tessalônica, Paulo diz: "Julgai todas as coisas, retende o que é bom" (1Ts 5.21). Você percebe o contexto? Ele começou dizendo: "Não apagueis o Espírito". Há a repreensão a esse primeiro grupo – não apague o Espírito. Havia pessoas que estavam fazendo isso, mas vocês não devem, diz Paulo. E então ele diz, não vá para o outro extremo, "julgai todas as coisas". Não seja acrítico porque eu lhes disse para não apagar o Espírito e não desprezar profecias. Não se apresse e diga: "Tudo bem, eu acreditarei em tudo" – "Prove todas as coisas; somente agarre-se àquilo que é bom". Você terá que rejeitar muita coisa, mas "retenha o que é bom". Agora está tão claro quanto qualquer coisa poderia ser.

Deixe-me resumir esse ponto colocando assim. O problema na igreja em Corinto foi inteiramente devido ao seu fracasso em fazer o que o apóstolo exorta as igrejas a fazerem. Eles estavam confusos sobre as coisas espirituais, porque não tinham aprendido essa lição muito importante.

Além da Escritura, temos exatamente o mesmo aviso por parte da história da igreja cristã – e você percebe que eu continuo colocando essas duas coisas juntas. Nós devemos fazer assim. A igreja é una; a igreja é a igreja de Deus e essencialmente a mesma ao longo dos tempos. Existe uma incrível continuidade, e os princípios ensinados nas Escrituras são trabalhados na história da igreja. E porque estamos na carne, são muito úteis os exemplos e ilustrações, daí o grande valor da história. Eu não sei de nada ao lado da leitura das próprias Escrituras que tem sido de maior valor em minha própria vida pessoal e ministério do que a constante leitura da história da igreja. Eu agradeço a Deus por isso mais do que nunca, pelo modo como, ao ilustrar essas coisas, me salvou de armadilhas e me mostrou o caminho certo para avaliar essas questões.

Então nos voltamos para a história e descobrimos que muito cedo na igreja cristã, grandes dificuldades surgiram devido a esse assunto. Esse é um assunto muito difícil. Houve um movimento em meados do século II, chamado Montanismo. Eu quero ser bem cuidadoso com isso, porque acredito que o Montanismo foi erroneamente julgado em muitas ocasiões. A igreja oficial foi contra porque estava tendendo a se tornar institucional e os montanistas estavam preocupados com a vida e o poder. Mas não há dúvida de que os montanistas foram longe demais nisso; eles violaram certos princípios bíblicos, tais como, que as mulheres não deviam ensinar na igreja, e isso por si só mostrou que eles já tinham errado em algum lugar, e ao fazê-lo, certos excessos tendiam a surgir ao mesmo tempo.

Logo, com o decorrer dos séculos, você vai descobrir que a Igreja Católica Romana começou a relatar milagres quase que intermináveis; eles começaram a fazer isso no quarto século, e, é claro, aumentou a passos largos. Eles estavam reivindicando os mais extraordinários milagres – curas e várias outras formas de milagres. Geralmente eles aconteceram em conexão com o que são chamadas de "relíquias dos santos". Um osso era reivindicado ser do corpo de Pedro ou algum outro "santo" e isso tinha qualidades milagrosas; ou era a "sepultura" de um santo, ou algum local, onde inúmeros milagres foram relatados. Você vai mesmo encontrar grandes homens como Santo Agostinho, Crisóstomo e outros relatando-os e acreditando neles; na Idade Média tal prática tornou-se não só generalizada, mas muito rentável para a igreja.

O que são chamados os milagres da Igreja Católica Romana, tais como em Lourdes no presente momento, são outro fato e fenômeno em conexão com a história da igreja. Muitas pessoas – crédulas, sem senso crítico – são predispostas a crer em qualquer maravilha ou sinal com o qual se confrontem e imediatamente os atribuem à obra do Espírito Santo. Muitas pessoas fizeram isso e se tornaram "convertidas à Roma", diretamente como resultado desse tipo de coisa. Temos aqui um grande aviso da história. Teremos que lidar com essas coisas novamente mais tarde.

Com o passar dos séculos você encontra a mesma coisa no Protestantismo. É muito interessante quando se lê sobre o grande avivamento de duzentos anos atrás, vinculado a homens como Whitefield e os Wesleys, ao considerar a história dos que foram chamados "os profetas franceses", particularmente em Londres. Muitos dos huguenotes[14] vieram para este país no final do século 17 e esse tipo de conexão foi mantido. Houve certos fenômenos, em algumas partes da França, os quais gradualmente chegaram a este país. É muito interessante notar como um homem intelectual e judicioso como John Wesley, foi cativado por isso por um tempo. Com Whitefield não foi assim, pois ele sempre foi mais temeroso sobre esses assuntos. Mas John Wesley, que por assim dizer, por muito tempo se apegara ao seu próprio intelecto e compreensão, inclinou-se como os homens costumam fazer a ir longe demais para o outro extremo. Ele se tornou crédulo e ficou muito impressionado com as manifestações desses chamados profetas franceses. Mas, eventualmente, veio a perceber que, pelo menos, era muito duvidoso que todas essas manifestações fossem do Espírito de Deus em vez do espírito maligno.

Em outras palavras, estou simplesmente tentando sublinhar o seguinte: Ouve-se muito no presente momento sobre o avivamento desses dons e assim por diante, mas essa não é a primeira vez que se faz referência a isso, nem a primeira vez que tal coisa se reivindica. É uma repetição de algo que aconteceu com frequência na história da igreja.

Deixe-me passar para o último século e para o episódio conhecido sob o nome de *irvingismo*, em conexão com Edward Irving. Esse escocês brilhante, que foi assistente do grande Dr. Thomas Chalmers, posteriormente se mudou para Londres e começou a pregar na igreja escocesa perto do jardim de Hatton. Ele se tornou a sensação de Londres na década de 1820. O povo se reunia para ouvi-lo, incluindo as pessoas da sociedade. Ele tinha muitas coisas que eram atraentes – sua personalidade, sua aparência, eloquência, etc – e se tornou um dos homens mais populares em toda a Londres. Mas a história terminou em uma

---

[14] Huguenotes eram os protestantes franceses [**N. do E.**].

grande tragédia e tudo isso surgiu da alegação de que os dons do Espírito Santo estavam sendo renovados e sendo repetidos sob seu ministério. Eu não vou contar toda a história; há livros que foram escritos sobre isso, que são mais instrutivos para ler. Mas eu tive o privilégio de ler uma pequena obra chamada *Narrative of Events* (Narrativa dos Eventos) de Robert Baxter, que eu gostaria de consultar neste momento.

Robert Baxter era um advogado que morava em Doncaster. Ele era um homem capaz, piedoso e sensível espiritualmente, que por um tempo tornou-se o centro do movimento em volta de Edward Irving e seu principal profeta. Ele alegou estar recebendo mensagens diretas de Deus, mensagens relativas à verdade ser entregue e no tocante ao que deveria fazer. Foi-lhe dito pelo Espírito de Deus – ele afirmou – que deveria deixar sua esposa, família e sua profissão para que fosse anunciar a mensagem. Foi-lhe dito, alegou ainda, para entrar nos tribunais, levantar-se e interromper um caso e dirigir-se ao juiz e entregar essa mensagem do Espírito de Deus, se sentisse o impulso enquanto se achasse na sala. Na verdade, ele não sentiu o impulso e não se levantou, mas tinha tomado medidas para deixar sua esposa e família, havendo-se lhe dito de que não deveria sequer despedir-se deles, mas ir imediatamente.

Tudo isso foi relatado e considerado como direção do Espírito. Homens alegaram estar falando em outras línguas e Robert Baxter, que estava no coração, no centro disso, foi considerado como um "oráculo", como um homem com poderes espirituais extraordinários. Ele testificou que seu amor ao Senhor era maior do que nunca e também o era sua felicidade. No entanto, esse homem chegou a ver que tudo isso não era do Espírito de Deus. Recebeu profecias detalhadas, mas que não se cumpriram. E depois começou a perceber que algumas dessas coisas que se lhe tinha dito para fazer não estavam de acordo com o ensino claro das Escrituras. Ele era muito honesto, mas tinha crido que tudo aquilo era do Espírito de Deus. Eventualmente, seu entendimento foi restaurado e ele continuou o resto de sua vida como um homem santo e piedoso na igreja. Foi para avisar os outros que escreveu esse livro há muito tempo esgotado chamado *Narrative of Events* (Narrativa dos eventos).

Meus queridos amigos, não devemos desconsiderar tais coisas. O *irvingismo* entrou em colapso, embora tenham estabelecido o que eles denominaram como Igreja Católica Apostólica. Mas a coisa toda terminou em desastre, incluindo a morte do pobre Irving, que esgotado fisicamente, acabou morrendo como um homem destruído. Havia certas profetisas que até denunciaram umas às outras, enquanto que algumas delas mais tarde admitiram e confessaram que haviam inventado fatos em certos pontos. Não me entenda mal – eu não estou dizendo tudo isso para que você possa dizer no momento em que ouvir algo assim: "obviamente isso é absurdo! Uma repetição do irvingismo; não quero ter nada a ver com isso". Esse não é meu objetivo. Tudo que eu estou dizendo é que não se deve acreditar em tudo de forma acrítica: "Examine todas as coisas; retenha o que é bom".

Eu poderia contar histórias sobre estranhas seitas religiosas que surgiram nos Estados Unidos no século passado. Foi escrito um livro sobre isso chamado *Group Movements and Experiments in Guidance* (Movimentos de Grupos e Experiências de Orientação). Agora o ponto sobre todos eles é que não havia dúvida sobre sua sinceridade. Todos eles realmente acreditavam que as coisas que eles experimentavam eram os atos do Espírito de Deus, mas a história termina em desastre.

Deixe-me passar para uma terceira prova que é igualmente importante e que ilustra o perigo dos espíritos malignos para induzir ao erro "se fosse possível até mesmo os eleitos". A terceira evidência é a que vem do espiritismo e da psicologia. Aqui, novamente, a coisa fica bem clara se você analisar o problema. Eu nunca entendi aquelas pessoas que dizem que tudo o que chamam de espiritismo deve ser falso ou uma farsa. Um homem como o falecido Sir Oliver Lodge não era um tolo, nem o falecido *Sir* Arthur Conan Doyle.[15] Eu sei que há muita desonestidade no reino do espiritismo e muita evidência fictícia tem sido frequentemente apresentada. Mas – e eu acho que a *Society for*

---

[15] Arthur Conan Doyle (1859-1930) foi o criador do célebre detetive Sherlock Holmes e seu companheiro Dr. Watson [**N. do E.**].

Psychical Research (Sociedade para Investigação Psíquica) já mostrou isso – há sempre um resíduo que simplesmente não pode ser explicado em termos de trapaças e desonestidade. Existem sim tais coisas como os fenômenos espirituais; e eu não tenho dificuldade em acreditar nisso, porque eu acredito que todo espiritismo é obra dos espíritos malignos. Há espíritos malignos que podem produzir fenômenos e podem fazer coisas incríveis.

Em outras palavras, não há dúvida – e tem sido relatado e estabelecido muitas vezes – que no espiritismo há pessoas que podem falar em línguas. Espíritos maus podem fazer as pessoas falarem em línguas e em idiomas estranhos que elas não entendem. Eles podem falsificar o falar em línguas produzido pelo Espírito Santo – em aparência parecem ser idênticos. Não só isso, mas não há dúvida que curas podem acontecer no reino do espiritismo. Isso novamente foi verificado por observadores cuidadosos e pessoas que não acreditam no espiritismo. Você não pode dizer que todo o trabalho de um homem como o famoso Harry Edwards[16] é totalmente desonestidade e fraude. Existem certos casos de curas que são tão genuínos quanto qualquer coisa que pode ser relatada por curadores de fé cristãos. É ridículo negar os fatos. O perigo é que o praticante afirma que ele é o médium do espírito de uma pessoa morta.

Eu estou colocando essa evidência diante de você como um aviso que fenômenos do espiritismo podem ser surpreendentes como esses outros fenômenos espirituais, de modo que se acreditar em qualquer coisa que é colocada diante de você sem críticas, está obviamente expondo-se ao engano do espiritismo e tudo o que pertence a essa esfera.

Isso também vale para a psicologia. Tudo isso está sendo descoberto cada vez mais e está recebendo uma boa dose de atenção, é claro. Você pode ter visto programas na televisão, ou lido o livro do Dr. William Sargent: Battle For the Mind (*A Luta Pela Mente*), no qual a intenção é desacreditar a fé cristã e explicar tudo nos termos da psicologia. O

---

[16] Harry James Edwards (1893-1976) foi um autoproclamado curador espiritual inglês [**N. do E.**].

que eles podem demonstrar é que sob hipnotismo você pode fazer as pessoas falarem em outras línguas que elas não conhecem e que nunca ouviram. E há pessoas que podem se hipnotizar sem necessariamente invocar o reino espiritual. Puramente no nível da psicologia você pode reproduzir certos fenômenos espirituais, tais como falar em línguas por autossugestão e auto-hipnose ou pela revivificação de algo que está perdido no baú da memória. Algo de que a pessoa não está mais consciente pode ser trazido à tona novamente. Existem fenômenos extraordinários desse tipo.

Depois, há todo o campo da histeria, no qual qualquer coisa pode acontecer. Você vai ouvir pessoas dizendo: "olhe, se você vai basear seu cristianismo na presença desses fenômenos, aqui estão eles para você", e eles os produzirão usando hipnotismo, histeria e transe. Eles vão mostrar fotos tiradas em certas seitas estranhas em várias partes do mundo, nas quais você pode ver a coisa acontecendo psicologicamente. Aí está, eles dizem, e esse é todo o seu cristianismo – o cristianismo não é nada além disso.

Essas são algumas das razões pelas quais nós devemos prestar atenção às exortações da Escritura: "provais os espíritos"; "não deis crédito a qualquer espírito"; "provai todas as coisas; retendes o que é bom". É nosso dever sagrado se valorizamos a doutrina de Deus e se estamos preocupados com o estado da igreja. Deus não permita que as pessoas confundam os fenômenos, as manifestações, com o batismo do Espírito em si, porque se eles o fazem as pessoas que rejeitam os fenômenos, rejeitarão o batismo com o Espírito também. Essas duas coisas devem ser mantidas distintas e separadas.

Como provamos os espíritos? É vital que devamos saber como testar, especialmente aqueles de nós que realmente sentem o fardo dos tempos em que vivemos. Não permita Deus que haja alguém nesse momento que se acomode em satisfação e contentamento, dizendo: "claro, finalmente ele disse isso, eu tenho esperado isso por todo o tempo. Eu sempre disse que isso não tem nada a ver e não faz sentido

– alguns até dizem que é do diabo". Deus tenha piedade, se você for presunçoso na igreja em tempos como esses!

Não, eu estou falando particularmente para aqueles homens e mulheres bons, honestos e de mentalidade espiritual de qualquer idade, que anseiam por avivamento e despertar, desejando ver a igreja falando com poder nesta era maligna, abordando governos se necessário, fazendo algo que vai deter a decadência moral que está acontecendo ao redor e sobre nós, crendo que isso é o que precisamos. É para essas pessoas que eu destino essas palavras em particular. Pois é a sua ansiedade de conhecer a plenitude e o batismo do Espírito que constitui o perigo e expõe você a essa possibilidade de não usar suas faculdades críticas como deveria.

Neste argumento, eu lhe darei apenas a negativa: não confie somente em seus sentimentos interiores. Muitos têm feito isso e sofrido grave dificuldade. O que quero dizer é que tomam decisões baseadas inteiramente em suas impressões internas. Eles dizem: "você sabe, tenho a sensação de que isso é certo. Eu não gosto dessa outra possibilidade". Mas isso é totalmente subjetivo, e ainda que eu não descarte completamente o aspecto subjetivo, digo que ele é insuficiente. Você não deve confiar apenas em algum "sexto sentido", porque essa é a coisa que o diabo quer que você faça. Isso significa que você não está usando todas as suas faculdades críticas; decidindo de uma forma puramente emocional e subjetiva.

Deixe-me acrescentar: não se deixe influenciar nem pelo fato de que algo relatado faz você se sentir muito bem. Você pode dizer: "certamente qualquer coisa que me faça sentir maior amor a Deus deve estar certo". Robert Baxter, a quem já me referi em conexão com o movimento do "irvingismo", costumava dizer que nunca tinha sentido tanto amor – o amor de Deus em seu coração –, ou tanto amor a Deus como ele teve naquele período de engano. Ele estava pronto para deixar sua esposa e família por amor a Deus. Ele estava cheio de um sentimento do amor de Deus que nunca tinha conhecido antes, mas veio a perceber tudo que o estava enganando.

Portanto, não devemos julgar mesmo em termos de tais sentimentos. Você pode dizer: "nunca conheci tanto amor, nunca conheci tal paz, nunca conheci tanta alegria". As pessoas que pertencem às seitas, muitas vezes lhe dirão exatamente a mesma coisa. Portanto, não devemos confiar em nossos próprios sentimentos subjetivos. Não repudiá-los, nem desconsiderá-los, mas não confiar exclusivamente neles. Não diga: "eu sinto que isso é certo, tudo em mim diz que isso é certo, todo meu espírito cristão". Não é o suficiente. O diabo é muito sutil quanto a isso. Lembre-se da palavra do nosso Senhor: "Se possível, enganarão os próprios eleitos".

Por fim, não baseie seu julgamento nas pessoas que estão falando com você, lhe dando seus relatos pessoais. A tendência é dizer: "bem, agora, eu sei que esse homem é um bom cristão, uma alma honesta, e uma pessoa mais devota – portanto qualquer coisa que ele disser deve estar certa". Ele pode estar errado! Ele não é perfeito, o diabo derrubou homens mais fortes do que ele. Então, o mero fato de que o relato é trazido a você por boas pessoas que podem dizer a você: "toda a minha experiência foi transformada por isso", não é o suficiente. Pode estar certo, ou pode estar errado.

Mais uma vez, você tem essas advertências não apenas nas Escrituras, mas na história contínua da igreja cristã. Muitas vezes algumas das melhores, mais honestas e sinceras pessoas podem estar seriamente desviadas. Os cínicos sentam-se e dizem: "claro que sabia que isso era falso". Exatamente! Eles dizem isso sobre tudo. Eles dizem isso sobre o verdadeiro, bem como para o que é falso. Eles menosprezam tudo, condenam tudo. Deus tenha misericórdia deles. Eu me pergunto: Eles são cristãos? Não, saiba que é a alma boa, honesta e verdadeira que o diabo tenta mais do que tudo, porque essa pessoa está mais próxima do Senhor. O diabo não perde nada do seu tempo e energia com o formalista presunçoso – ele está dormindo em segurança, já sob o efeito da droga do diabo, embora esteja ocupando o banco em uma igreja cristã. O diabo não perde tempo com ele. Mas o homem com quem ele realmente está preocupado é aquele desejoso em seguir seu Senhor por todo o caminho.

Portanto, eu digo que você não deve decidir meramente em termos do caráter das pessoas que dão seu testemunho, nem mesmo em termos de sua experiência, seja o que for que elas digam. Esteja aberto, esteja pronto para ouvir, mas nunca seja acrítico, "examine todas as coisas; retenha o que é bom".

SERMÃO 11

DISCERNIMENTO E A PALAVRA

Ao retomarmos nossos estudos, lembro novamente que nossa razão ao olhar para esta grande questão do batismo com o Espírito Santo e os dons do Espírito, não é apenas porque está nas Escrituras. Sim, é nossa tarefa sempre investigar e estudar tudo o que está nas Escrituras; nós não selecionamos e escolhemos. Se acreditamos que esta é a palavra de Deus, então tudo é a palavra de Deus e devemos estar familiarizados com o ensino de toda a Bíblia. Nós não temos o direito de ignorar um ensino simplesmente porque nós não gostamos ou porque achamos que pode nos envolver em dificuldades e problemas. Essa é a primeira e principal razão para estudar este assunto.

Mas, além disso, todo o estado e condição da igreja cristã na atualidade faz este estudo muito necessário. Estamos testemunhando um mundo caótico e em pecado, e é certamente evidente para todos que nada além de um grande derramamento do Espírito de Deus sobre a igreja pode ser de benefício em tal situação. Nós tentamos de tudo, e eu não estou depreciando os esforços dos homens, mas é bastante evidente que as organizações e tentativas humanas não estão realmente tocando a verdadeira situação como existente na Inglaterra e em outros países. O método de Deus ao longo dos séculos tem sido o envio de um avivamento entre o seu povo, derramando o seu Espírito novamente sobre a sua igreja. Por esta razão, é urgentemente importante examinarmos o ensino sobre isso e olhar para ele especialmente à luz da história subsequente da igreja. E assim continuaremos nosso estudo dos dons do Espírito.

Em nosso último estudo, começamos a considerar como devemos testar os fenômenos e eu ofereci o conselho para não confiar cega e exclusivamente em sentimentos ou impressões internas. Agora eu gostaria de considerar as formas positivas de provar e examinar cada fenômeno. Em primeiro lugar, devemos usar nossa razão e discernimento. Alguns podem estar surpresos que eu comece com isso e não com as Escrituras. Minha razão para fazer isso, claro, é que na igreja primitiva eles não possuíam as Escrituras como nós. A pergunta surge: como eles poderiam testar? Como poderiam provar os espíritos? Eu começo com a razão e o entendimento, e isso, creio, é um assunto muito importante.

Deixe-me mostrar a você o que eu quero dizer. Esboçarei uma proposição a ser encontrada nas Escrituras mesmo, segundo a qual nunca devemos abandonar nossas mentes, nossa razão, nossa compreensão. Deixe-me usar a frase que é mais comumente usada: nunca devemos "deixar-nos levar".

Aqueles de vocês que estão interessados nesses assuntos, e especialmente no interesse renovado que levantam no atual momento aqui na Inglaterra, na América e em outras partes do mundo, saberão exatamente o que quero dizer. Há um ensino que tem chegado até nós e diz: "Se você quer esta bênção, deixe-se levar, em especial a sua mente... Se você quer isso tem que abandonar a si mesmo, para, deixar-se levar".

Eu estou tentando mostrar que isso é sempre um erro, mas eu quero esclarecer esse argumento. Alguém pode me dizer: "Mas certamente você está contradizendo o ensino claro das Escrituras, o qual nunca cansa de enfatizar que um homem nunca se convence do cristianismo, que alguém pela mera compreensão intelectual e esforço nunca se torna um cristão", para isso a resposta é bastante simples – está perfeitamente certo. Nunca podemos nos "convencer" ao cristianismo. Nós nunca podemos por meio de um processo intelectual conduzir-nos à verdade e para o reino de Deus. Isso é verdade. Mas é igualmente importante lembrar que o cristianismo não é ilógico e nunca é irracional – nunca!

Não podes chegar a ele mediante a razão; mas no momento em que você está nele, descobre que é a coisa mais sensata e racional possível.

Em nenhum momento, então, estamos deliberadamente abandonando nosso intelecto. Não há instrução nas Escrituras para fazermos isso. Parar deliberadamente de pensar e nos anularmos, por assim dizer, nos entregando a outras forças – isso nunca é defendido nas Escrituras. Como, então, alguém se torna um cristão? Acontece assim: o Espírito Santo ilumina o entendimento. Ele não nos faz cristãos à parte do entendimento. O que ele faz é elevar a compreensão até um nível mais alto. Não há nada errado com a razão, exceto que ela é governada por uma disposição pecaminosa, e é por isso que nunca pode nos levar ao cristianismo ou ao reino. Mas o Espírito pode elevar o entendimento e a razão. Um homem nunca é salvo contra a sua razão e seu entendimento – nunca! O que acontece é que sua compreensão e sua razão recebem a capacidade para ver a verdade que anteriormente rejeitou. "Ora, o homem natural", diz o apóstolo, "não aceita as coisas do Espírito de Deus, porque lhe são loucura; e não pode entendê-las, porque elas se discernem espiritualmente". Perfeitamente. Mas a resposta não é cometer suicídio intelectual, nem parar de pensar, nem deliberadamente deixar-se levar e abandonar os poderes que Deus lhe deu. A resposta é confiar na iluminação e na orientação do Espírito. Ao fazer isso, o Espírito iluminará a mente. Como o apóstolo coloca em 1Coríntios 2.10: "Mas Deus no-lo revelou pelo Espírito; porque o Espírito a todas as coisas perscruta, até mesmo as profundezas de Deus".

Eu confio que esse argumento é claro. O intelecto somente, não nos permite compreender a verdade, mas quando a revelação é dada mediante o Espírito, o intelecto e a razão compreendem a verdade, alegram-se nela e apreendem dela.

Aqui está minha primeira resposta para isso, mas deixe-me dar-lhe uma segunda, que é ainda mais importante. A pressuposição total por trás do argumento em 1Coríntios capítulos 12, 13 e 14 é o exercício do entendimento e razão, e isso é o mesmo com todos os outros ensinos do Novo Testamento. Por que a igreja em Corinto está em dificuldade sobre o exercício e manifestação desses dons? Porque não estava empregando a razão e entendimento, mas se deixando levar.

Permita-me desenvolver isso com você. Considere essa prescrição na primeira epístola de João: "Amados, não deis crédito a qualquer espírito; antes, provai os espíritos se procedem de Deus, porque muitos falsos profetas têm saído pelo mundo afora" (1Jo 4.1). Agora, como você pode provar ou experimentar os espíritos a menos que esteja usando sua mente, razão e compreensão? Isso é impossível. A situação é essa: de um lado temos o homem com o Espírito Santo, e do outro lado temos os espíritos malignos e o espírito do anticristo tentando nos possuir e influenciar. Como nós sabemos qual é qual? Se você "se entrega" ou se deixa levar, para de pensar, ou deixa de raciocinar e aplicar o seu entendimento, como você pode provar? É impossível! Surgiram problemas na igreja de Corinto porque eles não estavam fazendo uso do entendimento, ou se recusando a fazê-lo.

Mas há outra maneira em que podemos observar a questão. Em 1Coríntios 14 o apóstolo lida – e espero voltar para isso mais tarde – com toda a questão do uso indevido do dom de falar em línguas. Eles estavam tendendo a abusar ou, de qualquer forma, querendo exercê-lo o tempo todo quando estavam reunidos, e assim o apóstolo os adverte do efeito que teria sobre um possível visitante: "Se, pois, toda a igreja se reunir no mesmo lugar, e todos se puserem a falar em outras línguas, no caso de entrarem indoutos ou incrédulos, não dirão, porventura, que estais loucos?" (1Co 14.23). Essa é a posição que o apóstolo teve que lidar. Os coríntios queriam gastar todo o tempo em suas reuniões da igreja falando em línguas que outras pessoas não conseguiam entender.

Agora, qual é o conselho do apóstolo para eles, qual é a sua exortação e seu ensino? É que isso deve ser controlado, e que você não pode ao mesmo tempo entregar-se, deixar-se levar e ainda estar no controle. O versículo que coloca tudo em poucas palavras é 1Coríntios 14.32: "Os espíritos dos profetas estão sujeitos aos próprios profetas". Agora isso se estabelece certamente de uma vez por todas! Você não deve se deixar levar, porque se fizer isso, se exporá a outros espíritos, não será capaz de provar, e ainda mais, não será capaz de controlar. Então Paulo termina esse capítulo com a seguinte prescrição: "Tudo, porém, seja feito com decência e ordem", o que é impossível se você abandonar o seu pensamento, razão e entendimento.

Agora há um problema aqui e eu vou lidar com isso mais tarde. É para mim um dos aspectos mais maravilhosos dessa verdade – como em um mesmo tempo você pode ser tomado e arrebatado pelo Espírito e ainda estar no controle. Essa é a glória do cristianismo, que o diferencia de tudo que é falso e espúrio. Então eu argumento que a primeira coisa a fazer é usar nossa razão e compreensão, os próprios poderes que Deus nos deu. Na verdade, eu quero colocar isso como uma afirmação positiva, que é a glória central da salvação cristã que toma todo o homem; sua mente, coração e vontade. Qualquer ensino que lhe diz que você só vai receber a bênção se parar de pensar é contrário ao ensino do próprio evangelho. Aqui está algo que ilumina os olhos de nosso entendimento. A mente está a todo vapor, o intelecto está envolvido, e todo o homem também o está.

Logo, estamos certos em desconfiar de qualquer coisa que tente subsistir por seus métodos ou por sugestionamento para nos impedir de pensar. Refiro-me ao emprego de certas técnicas psicológicas bem conhecidas, como apagar as luzes e colocar uma repetição rítmica de música ou de frases. Você deve ter visto e lido sobre o tipo de coisa que acontece entre as raças mais primitivas, como elas lentamente se sujeitam a uma condição em que não estão mais pensando e perdem o poder do raciocínio e entendimento. Qualquer coisa que faça isso deve ser suspeita. No Novo Testamento não há nada que pareça com isso, na verdade você encontra exatamente o oposto.

E no que consiste essa mensagem em que acreditamos? Bem, isso é chamado de verdade, algo patente vindo principalmente à mente de um homem; de modo que qualquer sugestão de que você "se deixe levar" já indica que existem pelo menos muitos bons motivos para suspeitar de tal ensinamento.

Vamos agora passar para o segundo grande princípio de como devemos provar os espíritos, que são as Escrituras em si mesma. Eu já lembrei que as primeiras igrejas não tinham as Escrituras como as temos. Logo que se formaram as igrejas estavam em meio a esses problemas e é por isso que os apóstolos tiveram que escrever cartas. Mas essas pessoas estavam obviamente em posição, antes disso, para aplicar certas provas. Hoje, graças a Deus, temos as Escrituras e, portanto, é nossa tarefa usá-las. "A igreja", diz o apóstolo Paulo, "está edificada sobre o fundamento dos apóstolos e profetas" (Ef 2.20) e é por meio desses homens que temos as Escrituras. Aqui está o ensino autoritativo – aqui está todo o ensinamento que precisamos. Não há necessidade de um suplemento às Escrituras, porque tudo o que precisamos já nos foi dado aqui.

Agora vamos considerar a maneira pela qual aplicamos esses testes. Devemos perceber que não há perigo maior do que colocar o Espírito contra as Escrituras. Todos que estão familiarizados com a história da igreja saberão exatamente o que eu quero dizer. Esta é sempre a característica dos movimentos falsos, dos hereges, se você preferir denominar assim; especialmente aqueles que estão demasiadamente preocupados com dons espirituais e manifestações. Eles sempre tendem a colocar o Espírito contra a Palavra e, eventualmente, chegam a uma posição na qual não hesitam em dizer que as Escrituras não são mais necessárias. Por que, eles perguntam, você precisa das Escrituras se você tem a luz interior? Se você está recebendo mensagens diretas do Espírito, onde está a necessidade das Escrituras?

Este é um assunto muito importante e é um dos primeiros testes que devemos aplicar a qualquer coisa que se oferece a nós como uma nova manifestação do Espírito Santo, particularmente nessa questão dos dons. Observe o lugar que é dado às Escrituras. Você encontrará frequentemente na história de tais movimentos que, enquanto eles começam bem, há uma tendência crescente de usar cada vez menos a Escritura e de anexar maior significado ao que eles chamam de "mensagens proféticas". Eles falam mais sobre essas mensagens, prestam mais atenção nelas e começam a imprimi-las e usá-las em vez de exposições da palavra de Deus; esse é sempre um sinal muito perigoso.

Na Escritura está toda a verdade que precisamos, e o que precisamos é a iluminação do Espírito Santo em nossas mentes, para nos permitir entendê-la e expô-la. Então eu colocaria como uma regra valiosa e geral, que se você vir uma tendência de basear uma posição cada vez menor nas Escrituras, e gastar cada vez menos tempo expondo-as, e cada vez mais tempo naquilo que dizem ser mensagens diretas do Espírito, então você tem o direito de ter todas as suas suspeitas despertadas e é seu dever estar vigilante.

Mais uma vez eu posso ilustrar isso simplesmente a partir da história da igreja. Houve movimentos que surgiram no início da igreja, isto é, nos primeiros três séculos, que caíram nesse mesmo erro. Foi um dos grandes perigos do Montanismo e outros movimentos semelhantes. Mas talvez um dos exemplos mais notáveis disso foi imediatamente após a Reforma Protestante. Durante séculos, a Igreja Católica Romana governava tudo com mão de ferro, um rígido sistema com sua própria interpretação das Escrituras. Os reformadores protestantes acabaram com aquele erro. Eles captaram toda a verdade do sacerdócio universal de todos os crentes; viram que todo homem com o Espírito tem o direito de ler as Escrituras, e como resultado disso as pessoas foram libertadas. Mas, veja você, o inimigo entrou e tentou levar isso longe demais para o outro extremo. O exato oposto do Catolicismo Romano, em certo sentido, é chamado de movimento Anabatista. Você pode ler sobre os movimentos que surgiram no século 16 e que causaram tantos problemas para pessoas como Martinho Lutero, Zwínglio, João Calvino e outros.

Deixe-me dizer francamente que os grandes reformadores protestantes eram muito severos com eles e exageraram em sua condenação dos Anabatistas. Mas o que eles estavam enfrentando era o perigo que esses movimentos arredios – que diziam não precisar das Escrituras, e que o Espírito lhes dava orientação direta sobre tudo – provavelmente destruiriam a Reforma completamente. Esses movimentos deixaram os católicos na posição de serem capazes de dizer: "no momento em que você nos deixam o que vocês conseguem? – caos e confusão completa". Então é interessante ver como esses homens se chamavam de "profetas", alegavam, não tanto que estavam expondo as Escrituras, mas que tinham orientação imediata e direta.

Um exemplo ainda mais conhecido, é claro, é o dos quakers. George Fox e outros começaram com as Escrituras, e tudo o que reivindicavam era que tinham a luz interior para permitir que eles entendessem. Mas muito em breve haviam deixado essa posição e estavam dizendo, mais ou menos, que você não precisa das Escrituras. Você tem essa luz ou orientação interior e tudo o que precisa fazer é buscar o Espírito e ele lhe falará. E assim viraram as costas cada vez mais para as Escrituras, persistindo como uma característica desse movimento até hoje.

Você encontra a mesma coisa na história do "irvingismo", a que eu já referi. Eles novamente deixaram as Escrituras e olhavam cada vez mais para essas declarações proféticas. Quando Robert Baxter estava presente, tudo o que faziam era sentar e ouvir o que tinha a dizer, pois ele mesmo dizia estar falando sob o poder e a influência do Espírito, obtendo uma mensagem direta. Ele não pregava nem expunha a Escrituras, mas apenas dava essas mensagens proféticas, como foram chamadas. E, como eu lembrei, isso não só trouxe confusão, mas finalmente terminou em tragédia e o próprio Baxter veio a perceber que não era o Espírito de Deus como ele havia pensado, e foi misericordiosamente restaurado a uma posição cristã e escriturística.

Esses, então, são os dois princípios essenciais envolvidos no teste dos espíritos. Devemos usar nossas mentes e nosso entendimento e nunca devemos "deixar-nos levar". Nós não devemos ceder a nós mesmos, pois ao fazê-lo, perdemos a capacidade de sermos críticos, avaliar, provar e nos controlar. Acima de tudo, devemos aplicar as Escrituras. Temos o Espírito em nós, nossa mente é iluminada e temos as Escrituras. Devemos unir essas coisas. Nada é mais perigoso do que fazer uma divisão entre a Palavra e o Espírito, enfatizando um às custas do outro. É o Espírito e a palavra, o Espírito sobre a palavra, e o Espírito em nós quando lemos a palavra.

Como aplicamos esses princípios em detalhes? Vou colocar diante de você uma série de princípios gerais que me parecem ser úteis. Eu os apresento como resultado de leitura das Escrituras, junto com minha própria experiência ao longo dos anos. Também é o resultado da minha leitura da história da igreja e dos movimentos em conexão com a vida da igreja. Aqui estão algumas das conclusões a que cheguei e que eu estabeleceria como princípios que você pode aplicar.

Para começar, sempre desconfie – de fato, eu iria mais adiante e diria, esteja pronto para a condenação e rejeição – de qualquer coisa que afirma ser uma nova revelação da verdade.

Tenho certeza que você sabe o que quero dizer com isso. Pessoas neste estado e condição afirmam que algo foi revelado para elas. Existem certos movimentos bem conhecidos, mesmo neste tempo presente, que foram iniciados por pessoas que afirmam ter uma revelação especial.

Uma das revelações mais comuns a todos eles diz respeito à segunda vinda do nosso bendito Senhor e Salvador. Eles reivindicam que lhes foi revelado que nosso Senhor estaria vindo novamente em um determinado ano. A Igreja Adventista do Sétimo Dia, como é chamada, começou dessa maneira. Um homem chamado Russell e uma mulher chamada Sra. Eleanor White[17], afirmaram que o Espírito Santo havia revelado diretamente a eles o ano exato em que nosso Senhor voltaria. É notório que não aconteceu, é claro, mas isso não importa e o movimento continua. O ponto que estou estabelecendo é que a coisa toda foi baseada no que se alega ter sido uma revelação direta e imediata sobre uma verdade particular.

Como você prova uma coisa dessas? O que dizer se alguém vem até você e afirma que foi revelado a ele, em um estado espiritual, que o Senhor vai voltar, vamos dizer, em 1970?[18] Bem, eu sugiro que o que você não deve fazer é começar a especular com as figuras e números das Escrituras, como muitos fazem. Eu penso que é suficiente ter apenas uma passagem bíblica afirmando que você não deve se preocupar com os tempos e as épocas; e, portanto, se receber uma data exata, deverá responder que a Bíblia nos diz que não devemos saber a data: "Irmãos, relativamente aos tempos e às épocas, não há necessidade de que eu vos

---

[17] Aqui Lloyd-Jones se equivocou já que Russell é fundador das Testemunhas de Jeová, não do Adventismo. Guilherme Miller, sim, e depois Ellen White, mas White não previu a volta de Cristo, só Miller. [**N. do E.**].

[18] Estes sermões foram pregados em 1965 (Nota do editor original).

escreva". Por quê? Bem, você sabe que o Senhor virá "como um ladrão de noite" (2Pe 3.10). Nosso Senhor disse quando estava neste mundo que nem ele sabia a data exata, que só era conhecida por Deus. Portanto, marcar datas é reivindicação para uma nova revelação contrária ao ensino das Escrituras. Somente por esses motivos, você tem o direito de rejeitá-la.

Mas, infelizmente, as pessoas não fizeram isso. Elas disseram: "mas olhe para essa pessoa, essa Sra. White, que mulher piedosa ela é", e houve outros que reivindicaram exatamente a mesma coisa. Voltando ao movimento de Irving mais uma vez, houve grande foco na segunda vinda, o que foi o próprio centro do ensino que parece ter sido particularmente popular na América e Grã-Bretanha, naquele momento.

Mas deixe-me dar uma ilustração ainda mais interessante disso, que não é tão conhecida. Houve um ensino que ganhou grande popularidade em círculos evangélicos, sobre o que é conhecido como "o arrebatamento secreto dos santos". Tal doutrina ensina que o Senhor em sua segunda vinda só aparecerá aos seus santos, e que eles serão arrebatados aos céus secretamente sem que ninguém veja e saiba qualquer coisa sobre isso; tudo o que eles sabem é que de repente os santos terão ido embora.

Eu me pergunto se você conhece a história e o relato desse ensino? As pessoas que o seguem parecem supor que esse sempre foi o ensino da igreja, que é verdadeiramente um ensino bíblico, mas você conhece sua história? A resposta é que esse ensino foi apresentado pela primeira vez em 1830. Nunca foi ouvido antes.

Como então isso começou? A resposta é mais interessante; novamente devemos trazer o nome de Edward Irving. Em meados de 1830 as pessoas que se tornaram conhecidas como os Irmãos Plymouth, incluindo nomes como J. N. Darby, B. W. Newton e S.P. Tregelles, e outros dos primeiros líderes do Movimento dos Irmãos, começaram a se reunir com Edward Irving e alguns de seus seguidores para realizar o que eles chamavam de "Encontros Proféticos". Eles se interessaram por toda a doutrina da segunda vinda de nosso Senhor, e disseram: "Isto tem sido negligenciado e devemos olhar e examinar isso". Então eles realizaram encontros em um lugar chamado Powerscourt. E foi em conexão com aqueles encontros que toda essa ideia do arrebatamento secreto dos santos foi introduzida. Nós temos a autoridade de S. P. Tregelles, um grande e famoso estudioso da Bíblia, que nos diz como isso aconteceu em um livro que ele escreveu chamado *The Hope of Christ's Second Coming* (A Esperança da Segunda Vinda de Cristo). No livro ele afirma:

> Eu não estou ciente de que havia algum ensino definido, que deveria haver um arrebatamento secreto da igreja em uma vinda secreta, até que isto foi dado como uma "declaração" [repare as aspas] na igreja do Sr. Irving, algo que foi então recebido como sendo a voz do Espírito. Mas se alguém já afirmou tal coisa ou não, foi a partir dessa suposta revelação de que a doutrina moderna e fraseologia moderna, respectivamente, surgiram.

Tragelles participou dessas conferências, então ele fala com autoridade. Na igreja de Edward Irving alegaram que os dons do Espírito haviam sido restaurados, declarações proféticas fluíam entre eles, e foi mediante uma dessas supostas declarações do Espírito que essa ideia do arrebatamento secreto dos santos foi introduzida. Então isso foi algo que eles alegaram que o Espírito tinha concedido como uma revelação direta, e a aceitaram. O que é incrível é que um homem como J. N. Darby não apenas aceitou isso, ele foi além, e continuou a ensinar, e esse ensino se tornou muito comum desde então. Tregelles não aceitou, nem B. W. Newton. Foi a primeira causa de uma divisão entre os Irmãos de Plymouth. A propósito, Darby logo viu as tendências perigosas em Edward Irving e rompeu totalmente com ele, mas continuou a aceitar o arrebatamento secreto, somente como resultado do que alegou ser uma declaração profética.

O princípio que estou estabelecendo, portanto, é que se deve ser mais cauteloso ao aceitar qualquer coisa que alega ser um novo ensino ou uma revelação nova ou adicional. Isso deve ser considerado sempre com a mais profunda suspeita, porque, como digo, é desnecessário, e muitas vezes você vai achar algo que contradiz o que é claramente ensinado na própria Escritura. Isso nos leva a um segundo princípio: obviamente, se o que alguém afirma ser uma mensagem do Espírito, contradiz claramente um ensinamento da Escritura, mais uma vez você deve rejeitar.

Deixe-me ilustrar o que quero dizer. É bastante surpreendente notar a credulidade das pessoas, incluindo os cristãos, o que os leva a expor-se a charlatães ou a homens mentalmente desordenados. Eu me referi anteriormente a um livro reeditado na década de 1930 chamado *Group Movements and Experiments in Guidance,* que é um relato esclarecedor de vários movimentos religiosos exóticos dos Estados Unidos no século 19. Agora você acredita que cristãos saudáveis, pessoas espiritualmente piedosas poderiam aceitar algo assim? Certo mestre alegava que estava tão cheio do Espírito que você só precisava tocá-lo para receber uma bênção. Nós lemos em Atos 19 sobre milagres especiais realizados pelo apóstolo Paulo, por isso, se as pessoas doentes mandassem seus lenços e os colocassem no corpo de Paulo eles poderiam ser curados colocando aqueles lenços em seus próprios corpos. Então essas pessoas aplicaram isso e dizem: "Sim, com esse homem acontece o mesmo". Elas pensaram que ele tinha sido tão cheio do Espírito que apenas o contato físico com ele concederia a bênção. Então as pessoas entravam em grandes números para atender as ordens. Isso terminou de uma forma muito trágica. Eu acho que o homem estava mentalmente transtornado, mas acabou em sua alegação de que essa bênção seria obtida no seu máximo, se as pessoas realmente dormissem com ele na mesma cama. Eu não preciso dizer mais nada. Tanto homens como mulheres fizeram isso, o que culminou, é claro, em um grave escândalo.

O argumento que estou querendo estabelecer, meus queridos amigos, é simplesmente que tudo era uma armadilha na qual caíram pessoas boas, piedosas e espirituais, que realmente queriam a bênção plena de Deus. Claro, os membros regulares da igreja não caíram na armadilha; eles apenas se sentaram e disseram: "Nós avisamos a vocês, toda vez que começam essa conversa sobre o Espírito onde é que vai terminar". Deus tenha misericórdia deles! É melhor ser muito ingênuo do que ser carnal, presunçoso e morto. Refiro-me, portanto, a algo que constitui um perigo para as melhores pessoas. No momento em que abandonar seus testes e deixar-se levar, no momento em que você parar de pensar: "onde há algo assim nas Escrituras", você é a vítima de coisas como as que eu citei.

Deixe-me lhe dar outro exemplo. Eu pessoalmente conheci pelo menos dois ministros, que pararam de preparar seus sermões como resultado de grandes experiências que tiveram no avivamento galês de 1904 e 1905. Eles argumentaram que não era mais necessário, porque o Espírito lhes dava a mensagem. De fato, uma vez ouvi um cristão piedoso elogiando um homem que estava visitando este país na época para realizar cultos, e esse foi o maior elogio que ele poderia dar a ele. Ele disse: "você sabe o que é mais maravilhoso, eu nunca conheci nada parecido, ele nunca prepara um esboço ou uma mensagem, é tudo dado a ele, às vezes quando ele está entrando na reunião". Bem, esse é o tipo de coisa que se ouve dizer, e esses dois ministros que eu conheci pararam de preparar sermões, porque pensaram: "nós lemos nas Escrituras: 'Abre bem a boca, e ta encherei' (Sl 81.10), e as Escrituras não dizem: "Quando, pois, vos levarem e vos entregarem, não vos preocupeis com o que haveis de dizer, mas o que vos for concedido naquela hora, isso falai; porque não sois vós os que falais, mas o Espírito Santo' (Mc 13.11)"?

A única resposta para isso é que as Escrituras devem sempre ser consideradas em seu contexto, e "Abre bem a boca, e ta encherei" está num Salmo que nada tem a ver com a pregação, mas sim tem a ver com comer e com alimento. No que diz respeito à outra citação, é o que os discípulos são instruídos a fazer quando estão sendo julgados no tribunal, repentinamente detidos e presos, e novamente não tem nada a ver com a pregação e ensino.

Em outras palavras, essa não é a maneira de usar as Escrituras. Repare também, e isso para mim é mais importante, que os dois ministros que pararam de preparar suas mensagens e iam para o púlpito esperando receber a mensagem, eram piedosos, honestos e homens sinceros; mas eu não preciso lhe dizer que o ministério deles estava completamente arruinado e suas igrejas desapareceram quase sob suas próprias mãos.

Além disso, é claro, a coisa toda é muito contrária ao ensino da própria Escritura, a qual nos foi dada para ser exposta. E por isso se escreveu, e por isso havia mestres na igreja primitiva que davam instruções nas Escrituras, que foram separados para fazê-lo, dos quais se diziam ser dignos de "dupla honra".

E quando você olha ao longo dos séculos descobre que quando os homens foram batizados com o Espírito – homens tais como Whitefield, Wesley, Moody, Finney – todos eles expunham as Escrituras. Eles as estudaram, prepararam suas mensagens bíblicas e depois confiaram no Espírito para receberem poder e aplicá-las aos ouvintes.

Deixe-me dar-lhe um último conselho sobre essa posição geral. Tudo o que é meramente espetacular deve sempre ser considerado com suspeita, como também qualquer coisa que pareça tola às nossas mentes ou à nossa razão. Em outras palavras, vamos estar sempre à espreita quanto ao fanatismo, cuja marca é não só o que exagera, senão que também introduz o elemento do ridículo. Quão complicados podem ser tais assuntos!

Vou dar dois exemplos disso, não para lhe entreter, pois novamente vou me referir a dois homens piedosos que sofreram muito por sua fé, e eu sei que estão agora na glória eterna. Eu não conheci muito bem o primeiro homem, mas conheci pessoas que o conheceram. Esse homem pensou que estava sendo orientado pelo Espírito a extrair todos os dentes, para que uma nova arcada dentária pudesse crescer. Isto seria um grande e glorioso testemunho da obra e do poder do Espírito. Ele disse que tinha sido lhe dada uma garantia sobre isso, ia acontecer, e ele realmente teve seus dentes extraídos.

Eu digo que isso vem sob o título de fanatismo, porque esse homem estava esperando um novo ato de criação. Você não encontra isso nos milagres da Bíblia. Você vê cura e restauração, mas não obtém uma nova criação. Eu já ouvi falar de pessoas que oraram por um homem que perdeu um membro para que um novo membro crescesse; isso nunca aconteceu. Isso envolve criação. Mas é aí que entra a falsificação.

Deixe-me contar sobre o segundo homem que eu conhecia muito bem, de fato. Outra vez ele era um ministro maravilhosamente usado por Deus no avivamento galês de 1904 e 1905, e que recebia indicações pelo Espírito de uma maneira muito surpreendente. Ele viveu em um lugar a cerca de quatro milhas do mar e um dia anunciou que tinha sido revelado a ele pelo Espírito que seria capaz de andar sobre o mar. Então ele realmente desceu para a costa, em uma tentativa de fazê-lo, o que, é claro, terminou em nada além de fracasso completo. E esse homem, piedoso, santo como ele era, ficou muito deprimido e infeliz. Por quê? Porque um espírito maligno, eu acho, veio e tentou falsificar um fenômeno empurrando-lhe a ir longe demais; isto teria sido um mero espetáculo, sem nenhum benefício espiritual.

Você se lembra do tipo de coisa que o diabo sugeriu ao nosso Senhor nas três tentações famosas; que ele deveria subir no topo do templo, e jogar-se, e assim por diante. Isso era apenas um espetáculo e você vai encontrar na história sobre esses assuntos que o diabo frequentemente empenha-se exatamente dessa maneira, tentando persuadir o povo cristão a fazer algo que não tem valor, algo meramente espetacular. Isso é sempre indicativo de uma tendência ao fanatismo. Na verdade, a principal tendência dos outros poderes espirituais é nos pressionar muito e nos incitar na direção da credulidade e de uma atitude acrítica, até que a coisa toda se torne ridícula e de fato às vezes até trágica. E claro, o diabo está preocupado que a obra do Espírito e a obra do Senhor, sejam levadas ao ridículo e ao desprezo.

Bem, aqui estamos – começamos a considerar como realizar o mandamento das Escrituras de "provar os espíritos", "testar todas as coisas" e "reter o que é bom e verdadeiro". Que Deus, portanto, nos mantenha todos humildes, e proteja alguns contra o apagar do Espírito. É um terrível pecado apagar o Espírito. E que ele possa proteger outros do abandono dos dons da razão e entendimento que Deus lhes deu, abandonando até mesmo as Escrituras e expondo-se aos erros, aos perigos e às tragédias do fanatismo.

# SERMÃO 12

GARANTIA CONTRA O ENGANO

Ainda há certos assuntos, parece-me, sob este título geral de "provar espíritos", em que grande cautela é necessária. O Novo Testamento nos exorta a sermos prudentes, provar e testar, não acreditar cegamente em tudo que ouvimos ou vemos. Nada é mais vital do que percebermos que estamos em um reino espiritual e que existem principados, poderes espirituais do mal, mesmo em lugares celestiais, com que temos que nos defrontar. O próprio diabo pode transformar-se em um anjo de luz e quase enganar os próprios eleitos, se isso fosse possível. Portanto, precisamos de grande cuidado. As Escrituras nos exortam a isso, a história prova a necessidade de fazê-lo.

A primeira área em que as Escrituras e a história da igreja mostram necessidade de extrema cautela é a profecia sobre eventos futuros. Eu já lidei com isso antes quando consideramos a tendência de fixar a data exata da segunda vinda do nosso Senhor, e coisas assim. Isso sempre foi uma armadilha criada pelo diabo, e é realmente triste e patético perceber como pessoas boas foram pegas dessa maneira, apesar da exortação das Escrituras sobre não se preocupar com os tempos e as estações. O diabo nos conhece muito bem e ele sabe da nossa curiosidade – uma das características mais proeminentes de todos nós – do quanto queremos "conhecer" essas coisas, embora isso não seja para nós. A data e a hora são conhecidas apenas por Deus.

Mas essa propensão não se limita à segunda vinda de nosso Senhor. Você sempre encontrará na história essas aberrações, em relação ao padrão do Novo Testamento, e que outros eventos particulares foram frequentemente profetizados, ou uma declaração feita sobre algo em particular que aconteceria em determinada data. Robert Baxter fez isso em várias ocasiões; mas eu não quero me deter sobre isso agora. Tudo o que precisamos dizer a respeito – e devemos manter o equilíbrio – é que a previsão do futuro é possível, pois o Espírito Santo pode capacitar um homem para fazer isto. Nos registros de alguns grandes dignitários escoceses podemos ver tal coisa. John Welsh e outros foram habilitados a prever com precisão determinados eventos que posteriormente aconteceram. Não devemos descartar isso, é sempre possível. Como Deus deu o dom da profecia aos profetas no Antigo Testamento, há sempre essa possibilidade que não devemos excluir.

Tudo o que estou dizendo é que devemos ter muito cuidado, porque isso é um fenômeno raro. Ocorre, mas é um fenômeno raro, de modo que quando você encontrar pessoas fazendo isso livremente e sem qualquer hesitação, deve sempre ser extremamente cauteloso. O teste final do profeta é aquele que nos ensinou no próprio Antigo Testamento: o que ele profetizou realmente acontece ou não? No Antigo Testamento, lembre-se, houve essa grande luta acontecendo quase que constantemente entre os verdadeiros e os falsos profetas, e ambos estavam profetizando. Então o ensino é que, em última análise, você prova a verdade do profeta e suas afirmações mediante esse teste. Você tem que esperar. Se o que ele prediz não acontece, então você sabe que a profecia não é verdadeira porque não é uma palavra vinda de Deus.

Então, quando as pessoas profetizam com confiança que isso e aquilo vai acontecer em tal data e isso não acontece, você deve ponderar. Foi em grande parte por isso que Robert Baxter acabou descobrindo que o espírito que estava nele, que ele até então pensava ser o Espírito Santo, claramente não era. Quando uma profecia é dada pelo Espírito Santo, isso acontece – é infalível. Então a falha é claramente o indicativo do fato de que é outro espírito.

Seria fácil ampliar essas coisas, mas não devo fazer isso. Há muito interesse no presente momento no que é chamado percepção extrassensorial, uma habilidade estranha que algumas pessoas parecem possuir para predizer o futuro até certo ponto. No entanto, isso deve nos fazer ver a necessidade de cautela aqui. É preciso perceber que, à luz de todas essas coisas, devemos ter cuidado para não creditarmos ou atribuirmos ao Espírito Santo algo que realmente não vem dele.

Outro ponto em que é necessária muita cautela é a questão de "orientações pessoais". Aqui novamente está um dos mais extraordinários assuntos, e de fato muito fascinante, e por muitos ângulos, um dos mais gloriosos. Não há dúvida de que o povo de Deus pode procurar e esperar "direção", "orientação", "indicações do que se deve fazer". Existem muitos exemplos disso nas Escrituras, e aleatoriamente, usarei um. Você se lembra da história em Atos 8.26 em diante, de como Filipe o evangelista foi abordado pelo anjo do Senhor: "Dispõe-te e vai para o lado do Sul, no caminho que desce de Jerusalém a Gaza; este se acha deserto". Filipe foi e, evidentemente, descobriu que tinha sido enviado lá para que pudesse encontrar o eunuco etíope e pregar-lhe Cristo. Leia a história novamente por si mesmo.

Existem tais direções como essa. Você encontra algo mais específico no começo de Atos 13, onde nos é dito, "Havia na igreja de Antioquia profetas e mestres: Barnabé, Simeão, por sobrenome Níger, Lúcio de Cirene, Manaém, colaço de Herodes, o tetrarca, e Saulo. E, servindo eles ao Senhor e jejuando, disse o Espírito Santo: Separai-me, agora, Barnabé e Saulo para a obra a que os tenho chamado". "Disse o Espírito Santo!" Eles sabiam que era o Espírito Santo falando e agiram de acordo com sua instrução. Saulo e Barnabé foram obedientes, por perceberem que era a direção do Espírito.

Novamente, se você ler a história dos santos, o povo de Deus, ao longo dos séculos e, especialmente a história dos avivamentos, você descobrirá que isso é algo perfeitamente claro e definido – homens foram informados pelo Espírito Santo para fazer alguma coisa; eles sabiam que era o Espírito Santo falando, e constatou-se que, obviamente, era sua direção. Parece claro para mim que se negarmos tal possibilidade somos novamente culpados de apagar o Espírito.

Porém mais uma vez isso não é a única coisa que temos para considerar; há outro lado nisso. Direcionamentos podem acontecer. Tenho certeza de que muitos de vocês que já tiveram uma orientação específica a este respeito, não só sempre agradecerão a Deus por isso, mas olham para trás com um sentimento de admiração e respeito como uma das coisas mais maravilhosas e surpreendentes que já aconteceram para você. Mas não podemos parar aí, porque parece ser bastante claro nas Escrituras que mesmo grandes homens de Deus não têm experimentado habitualmente uma espécie de direção direta e constante do Espírito.

Vou dar um exemplo que, parece-me, coloca essa questão com bastante clareza – e esse é o caso do próprio apóstolo Paulo. Aqui está um dos homens mais espirituais que a igreja já conheceu, um homem batizado com o Espírito, ao que parece, muitas vezes; o Espírito veio sobre ele e encheu-o em ocasiões especiais. E ainda é interessante observar que o apóstolo obviamente não viveu perpetuamente sob orientações e direções imediatas e diretas do Espírito. Ele usou sua mente e razão e os poderes que Deus tinha lhe dado, agora iluminado e potencializado pelo Espírito Santo. Deixe-me dar apenas um exemplo de Atos 16, que é muito importante nesse contexto, especialmente os versículos 6 e 7: "E, percorrendo a região frígio-gálata, tendo sido impedidos pelo Espírito Santo de pregar a palavra na Ásia, defrontando Mísia, tentavam ir para Bitínia, mas o Espírito de Jesus não o permitiu".

As duas frases importantes, é claro, são "tendo sido impedidos pelo Espírito Santo de pregar a palavra na Ásia", e novamente, "tentavam ir para Bitínia, mas o Espírito – "o Espírito de Cristo", como alguns dos manuscritos dizem – "não o permitiu". A única conclusão a que podemos chegar a partir disso é que o apóstolo decidiu pregar na Ásia, porque lhe parecia a coisa certa a fazer. Ele estava determinado a fazer e o Espírito Santo teve que intervir de maneira especial. Isso, eu digo, mostra que ele não esperou até ter alguma direção especial para ir à Ásia. Ele tinha decidido ir lá, mas não era a vontade do Espírito Santo nesse ponto, e então ele foi impedido. Então exatamente da mesma maneira "tentavam ir para Bitínia", e estavam decididos a isso, "mas o Espírito não o permitiu".

Agora você pode tirar muitas conclusões sobre, mas para mim a principal é que claramente o apóstolo não esperou por alguma direção especial, mesmo com esssa grande e importantíssima obra. Ele usou sua razão e seu entendimento para chegar a uma decisão e quando não era a vontade do Espírito, este intervinha, o contendo e detendo.

Então eu estabeleço o princípio de que se encontrarmos pessoas começando a reivindicar orientação especial e imediata sobre praticamente tudo o que elas fazem, acho que temos o direito de ter nossas suspeitas despertadas. Você vai descobrir que sua forma de falar manifesta isso. Eles dizem que foram "levados" a fazer isso ou aquilo. Eu algumas vezes ouvi pregadores fazerem isso e eles obviamente consideravam como sendo uma marca de espiritualidade incomum; eles prefaciavam a entrega do texto dizendo: "A palavra à qual o Espírito me guiou". Alguém não deve dizer isso por essa razão – um homem que é chamado para o ofício do ministério deve sempre submeter-se e sujeitar-se a Deus, deve sempre buscar a orientação dele em tudo e depois usar os poderes que Deus lhe deu. Mas às vezes descobre que está impedido e outras vezes recebe uma mensagem diretamente. Graças a Deus que isso acontece. Mas quando um homem entra no estado e condição em que sempre espera por isso e não fará nada sem isso, então eu digo, ele está à beira do fanatismo.

Isso novamente pode ser abundantemente ilustrado a partir da história da igreja. Os quakers, claro, eram particularmente perceptíveis a este respeito, colocando a ênfase sobre a "luz interior"; e, com esta ênfase na orientação direta e imediata, cada vez mais em detrimento das Escrituras, eles claramente se tornaram abertos a este ataque particular do diabo. Leia a história dos primeiros quakers – é algo que vale a pena, porque eles têm um aspecto que tende a ser esquecido no presente. Observe-os de perto, e mesmo enquanto você lê, encontrará que havia uma tendência crescente em alguns deles de atribuir tudo à orientação do Espírito. Você acha isso na vida do próprio George Fox, um homem que certamente teve muitas orientações diretas, mas, como ele mesmo descobriu, nem sempre foi assim.

Outro exemplo notável disso, e um pouco surpreendente, é de ninguém menos do que Oliver Cromwell – certamente um dos maiores ingleses que já viveu. Cromwell foi um homem que, por ser espiritual, estava um pouco sujeito a essa tendência. Às vezes ele atrasou a reunião do Parlamento ou do Exército por um ou dois dias e não dava sua resposta, ou julgamento, porque estava esperando por uma orientação direta. Nada é mais interessante na vida do grande Lorde Protetor[19] do que a maneira pela qual ele buscava orientação imediata e direta – o termo que se usava então era "direção".

O perigo sempre é que uma vez que você tenha experiência de tal orientação direta, entra na condição em que deixa de funcionar com suas faculdades normais, porque está sempre esperando por alguma orientação imediata.

Eu uso minha próxima ilustração com muito temor e tremor, e ainda me sinto confiante de que o que vou dizer está certo. Na história do avivamento de 1904 e 1905 no País de Gales, eu sempre penso que o homem que foi tão marcadamente usado por Deus naquele avivamento, o falecido Sr. Evan Roberts, definitivamente cruzou a linha particular que eu estou tentando traçar, e entrou em um estado em que não fazia nada sem uma orientação direta do Espírito. Por exemplo, ele poderia ter sido anunciado para pregar em uma capela, as pessoas estavam lá – e ele também estava presente – todavia ficava sentado e não falava nenhuma palavra porque dizia que o Espírito não o havia guiado a fazê-lo, mesmo que a reunião tivesse sido anunciada e que ele estaria presente nela. E assim se tornou cada vez mais habitual com ele, que não tomava mesmo algumas das menores decisões sem alguma orientação

---

[19] Este foi um título usado no direito constitucional britânico para o chefe de Estado. É também um título particular para os chefes de Estado britânicos em relação à igreja estabelecida (Anglicana). Às vezes também é usado para se referir aos portadores de outros cargos temporários, por exemplo, um regente em lugar de um monarca ausente [**N. do E.**].

direta e imediata. Eventualmente, é claro, sua saúde se deteriorou e ele sofreu um colapso nervoso. E isso aconteceu com muitos outros que foram nessa direção específica.

Eu creio que estou deixando bem claro. Deus me livre que eu diga que devemos desacreditar tudo o que aparenta ser uma orientação pessoal: isso seria simplesmente apagar o Espírito. Não, pode acontecer; mas cuide para que o diabo não venha e pressione tanto naquela direção que você, no final das contas, se torne culpado de fanatismo de tal maneira que você não fará nada sem uma direção ou impulso do Espírito, ou considerar toda ideia que surge como algo que necessariamente foi dirigido pelo Espírito. Há muitas coisas atribuídas ao Espírito Santo que não deveriam ser assim feitas.

Deixe-me terminar esse assunto contando uma famosa história de Charles Haddon Spurgeon, que tem seu lado divertido. Eu não faço isso para lhe entreter, mas para mostrar um princípio enunciado por esse grande pregador. É sobre um homem que veio até ele um dia dizendo-lhe que o Espírito havia dito a ele (esse homem) que deveria pregar no Tabernáculo de Spurgeon, na quinta-feira seguinte. O Sr. Spurgeon simplesmente respondeu: "Bem, parece muito estranho para mim, pois o Espírito não me disse isso". E assim o homem não pregou no Tabernáculo de Spurgeon. Esse princípio é muito sensato. É onde a razão e o bom senso entram. Se o Espírito Santo disse que o homem pregasse no Tabernáculo de Spurgeon, ele também teria dito ao Sr. Spurgeon, porque era o Sr. Spurgeon que habitualmente pregava lá e que tinha sido anunciado para pregar naquela noite.

Em outras palavras, não apague o Espírito, mas teste todas as coisas. Não assuma que tudo o que parece ser uma direção do Espírito o é na verdade. Existem maneiras e meios pelos quais essas coisas podem ser testadas. E não há nada mais perigoso para pessoas piedosas e inocentes, que sempre querem o melhor, do que acreditar em um homem e aceitar tudo o que ele diz como sendo do Espírito Santo porque simplesmente ele afirma que é.

Nós não estamos longe da verdade, penso eu, se expressarmos assim: que normalmente a orientação nos é dada por meio do ensino geral das Escrituras e de nossas próprias faculdades e poderes. Se somos cristãos, o Espírito Santo está em nós e ele afeta, influencia e aumenta todas as nossas faculdades. Isso, mais o ensino da Escritura, é o caminho normal de orientação. Qualquer coisa além disso ao modo de orientação direta é excepcional e, de fato, há um bom fundamento bíblico – como acho que lhes mostrei – para dizer que o exercício dessa orientação direta é muitas vezes tão negativo e limitador quanto positivo e indicativo.

Este não é um assunto fácil e é por isso que toda essa atenção é tão necessária. E como você encontra pessoas reivindicando este tipo de coisa cada vez mais, tem que ser cauteloso em relação a eles e, como irmãos, deve adverti-los para serem igualmente cautelosos também. Qualquer tendência crescente em atribuir tudo ao Espírito, ou a essa orientação direta perpétua, é algo que devemos sempre examinar cuidadosamente.

Eu vou agora para o próximo princípio, que é consequência do anterior. Qualquer coisa que faça o ego proeminente ou grande deve sempre ser considerada com maior suspeita. Não é surpreendente e, no entanto, quão difícil é. Um homem está no Espírito, ansioso pela glória de Deus e do nosso Senhor, descobre que o diabo vem a ele e lhe diz: "Agora você é quem vai fazer isso por Deus". E como tem a mente posta principalmente na glória do Senhor não vê a sutileza da tentação do diabo, que realmente o coloca em uma posição de destaque.

A história da igreja está repleta de tragédias nesse sentido. Alguns dos grandes hereges começaram sendo majoritariamente grandes homens piedosos, mas essa tendência sutil surgiu juntamente com o orgulho. O apóstolo Paulo está constantemente alertando as primeiras igrejas contra isso; por exemplo, em 2Coríntios 11:

> Quisera eu me suportásseis um pouco mais na minha loucura. Suportai-me, pois. Porque zelo por vós com zelo de Deus; visto que vos tenho preparado para vos apresentar como virgem pura a um só esposo, que é Cristo. Mas

receio que, assim como a serpente enganou a Eva com a sua astúcia, assim também seja corrompida a vossa mente e se aparte da simplicidade e pureza devidas a Cristo (1-3).

É isso! E o que Satanás manipulou com Adão e Eva foi o orgulho deles, claro; orgulho foi a causa da queda do próprio diabo, e o diabo sempre usa isso como uma de suas maiores armas.

Agora isso é óbvio, mas é trágico notar quão lento as pessoas reconhecem o problema. E quando você mesmo é a vítima, é especialmente difícil fazê-lo. Mas existem casos tão extraordinários na história que a isso deveria ser bastante evidente para nós. Um dos primeiros quakers, chamado James Naylor, um verdadeiro homem de Deus, foi tão impulsionado pelo diabo nesse ponto que, finalmente, foi encontrado montando um cavalo na cidade de Bristol, alegando que era o Messias, seguido por uma multidão de mulheres inocentes e crianças em torno dele aclamando-o – uma espécie de imitação do nosso Senhor triunfante entrando em Jerusalém. Pobre Naylor, ele estava completamente desviado naquele momento. Muito inocentemente, sem dúvida. Ele não viu que seu próprio ego estava exaltado.

E, de novo, a mesma coisa pode ser vista claramente na história de Robert Baxter, que, pobre homem, julgava ser o mensageiro de Deus enviado para falar a toda Inglaterra sobre seu futuro: e que receberia a mensagem diretamente de Deus. Tudo contribuía para engrandecer Robert Baxter. Mas por fim, como eu disse a você, ele despertou para uma compreensão do que estava acontecendo.

Vamos agora considerar o quarto ponto de perigo nesses assuntos o que acontece quando a conexão entre o elemento físico e a experiência é extraordinariamente proeminente. Mais uma vez aqui está um assunto que eu sinto precisar de muita investigação. Por essa expressão "elemento físico", me refiro a uma ênfase sobre as sensações físicas. Se houver muita conversa sobre o aspecto físico da experiência ou se a mesma suscita muita emoção, devemos sempre estar extremamente suspeitos. Por exemplo, você recebe algumas pessoas descrevendo como receberam o batismo do Espírito em termos de uma corrente elétrica passando por elas, ou uma grande sensação de calor, ou vendo uma bola de luz, ou alguma visão, ou algo parecido.

Esse tipo de coisa também acontece na questão da cura. Mais uma vez, é claro, devemos lembrar que os espíritos malignos também podem curar – não há dúvidas sobre isso. Para cada caso que você pode produzir de cura espiritual como resultado da influência do Espírito Santo, os espíritas ou os espiritualistas, como você quiser chamá-los, podem produzir um número semelhante de casos. Se você se baseia apenas em termos de aparências, e mostra pessoas que foram aleijadas e que de repente descobrem que podem ficar de pé, andar, pular e dançar – bem, os espíritos podem lhe mostrar quantos casos você apresentar a eles. Como então podemos estabelecer a diferença?

É exatamente nesse ponto que se torna importante o que eu estou afirmando para você. Você encontrará no caso de curas espíritas que há sempre ênfase no elemento físico. As pessoas vão testemunhar uma sensação de calor quando a mão do curandeiro veio sobre elas, ou de uma sensação como um choque elétrico ou algo assim – o físico é sempre muito proeminente.

Eu coloquei assim pela razão seguinte. Eu sei que devo lidar com esse argumento com cuidado, porque você nunca deve defender um caso sobre o argumento do silêncio, mas tenho que dizer que não há nada correspondente no Novo Testamento. Quando homens e mulheres foram batizados na Era do Novo Testamento, testemunharam a sua alegria e o amor de Deus derramado em seus corações, e essa tem sido a característica das pessoas ao longo dos séculos. Eles não falam muito sobre suas sensações físicas, mas sobre o seu Senhor e seu amor por ele. Da mesma forma, não existe nada no caso de pessoas curadas no Novo Testamento que nos diz algo sobre essa sensação de calor ou de corrente elétrica ou qualquer coisa assim. Simplesmente não existe. E eu sinto que não está lá porque não é importante.

Mas aqui, perceba, o diabo mais uma vez cai na mesma armadilha. Ele sempre exagera as coisas, tornando-as espetaculares – muito espetaculares – e chama a atenção para os fenômenos físicos. Eu não estou dizendo que as pessoas no Novo Testamento não sentiram nada fisicamente, elas podem ter sentido. Não nos é dito, isso é tudo. Tudo o que elas sabiam era que foram curadas, estavam inteiras, bem, e atribuíam o louvor e a glória a Deus. Então, se você encontrar pessoas sempre falando sobre a sensação de calor ou o que sentiram, ou o arrepio, ou a luz, ou a visão, eu digo que certamente em contato com algo tão diferente do padrão da Escritura, você tem o direito de considerá-la com grande cautela, e na verdade, não é errado suspeitar. É um dos pontos que diferencia o espúrio do verdadeiro.

Vamos agora passar para outra consideração – e aqui mais uma vez, é muito importante e muito difícil. Refiro-me ao perigo relacionado ao poder da sugestão. Com tudo o que está sendo ensinado no momento atual, e tudo o que realmente foi trazido à tona durante os últimos cem anos, em particular no campo da psicologia, nós podemos ver, talvez com uma clareza especial, a necessidade de cautela. É provado mais uma vez que a Bíblia é um livro contemporâneo e atual. Seus escritores não tinham o conhecimento científico que nós temos, mas estavam cientes dos fatos. O Espírito Santo sabe tudo, e na linguagem do Novo Testamento ele nos diz para ter cuidado com algumas dessas coisas modernas; não com terminologia moderna, mas em palavras significando exatamente a mesma coisa.

O poder da sugestão é algo muito real e definido. Isto é sempre um dos perigos quando se trata de uma multidão, ou uma massa – nos referimos à psicologia de massa. Hitler nunca teria chegado ao poder, se não fosse por isso. Ele pode não ter conscientemente percebido o que estava acontecendo, mas certamente ilustrava esse ponto. Ele tinha uma espécie de poder hipnótico; claramente podia fazer sugestionamentos, e por repetição, ele podia fazer as pessoas o aceitarem. As pessoas abordadas não estavam conscientes do que estava acontecendo, mas era o poder da sugestão. Agora esse fenômeno pode dar-se no reino das coisas espirituais e nós somos apenas aprendizes sobre esses assuntos a menos que percebamos isso. Nem tudo o que parece ser conversão é conversão. Muitas vezes você vai encontrar pessoas respondendo a uma convocação em um momento de excitação ou em uma campanha altamente organizada com grandes números. Se você perguntar depois, "Por que você foi à frente?", eles costumam dizer: 'Eu não sei". E essa é a verdade – eles não sabem. Foi o poder da sugestão; vendo os outros indo para a frente, eles sentiram um impulso de ir e fazer a mesma coisa.

Agora isso pode ser ilustrado, como eu digo, em muitos âmbitos. No domínio político muitas vezes pode ser visto em reuniões abordadas por alguém que está ansioso para propagar uma doutrina. É uma das coisas com a qual temos que ser mais cautelosos, e é certamente uma das coisas que o apóstolo tem em mente quando diz em 1Coríntios 2 que ele não pregou em Corinto "em linguagem persuasiva de sabedoria, mas em demonstração do Espírito e de poder" (v. 4). Se alguém percebe esses perigos deve evitá-los. Longe de usar técnicas psicológicas e assim por diante, você deve evitá-las. Todos nós sabemos e temos lido sobre essas coisas. Você diminui as luzes e talvez coloque uma cruz, uma cruz vermelha apenas, acima da luz do púlpito, e coisas tremendas podem ser feitas. Somos todos ingênuos, todos sujeitos a essas coisas. E, novamente, a história da igreja nos diz muito a respeito – como homens, homens inescrupulosos às vezes, pelas razões mais mercenárias, usaram e empregaram todas essas coisas, a fim de servir seus próprios fins indignos.

Mas com o que estou ansioso para lidar é um aspecto particular dessa questão, que teve certa quantidade de destaque recentemente. É o fenômeno de falar em línguas e não se pode deixar de notar que isso só tende a aparecer quando é falado ou pregado sobre, ou quando é sugerido de alguma forma. Existe uma prova muito interessante sobre esse assunto. Alguns de vocês podem lembrar-se de um livro publicado há vários anos chamado *This Is That* (Isso é Aquilo). Era um relato do notável avivamento que eclodiu no Congo (a propósito, não se pode deixar de sentir que Deus abençoou aquelas pessoas naquele tempo dessa forma, por causa do que aconteceu com eles depois. Os avivamentos frequentemente vêm assim, para preparar as pessoas. Ocorreu na Coreia exatamente da mesma maneira). Este livro conta como aquele grande avivamento eclodiu, sem a manifestação de falar em línguas, exceto em locais onde o assunto já havia sido mencionado e tratado. Nos locais onde as pessoas nunca ouviram sobre o assunto, não havia falar em línguas. Este fato foi confirmado a mim por um dos homens mais envolvidos no avivamento, o Sr. Ivor Davies. Ele confirmou que as línguas só apareceram onde eles falaram sobre o assunto.

Certamente nossas suspeitas já devem ser despertadas. Ou colocando de outra forma. Se acharmos que as pessoas tendem a falar em línguas somente como resultado do contato com uma pessoa, pregador ou professor em particular, nossas suspeitas devem ser mais uma vez despertadas, porque você novamente tem essa possibilidade de sugestionamento e poder hipnótico.

Você pode estar pensando: "Por que você diz isso?" Eu digo porque quando você lê o livro de Atos, descobre que os apóstolos tinham esse dom de impor as mãos sobre os outros para que recebessem o Espírito Santo e falassem em línguas, mas é algo que parece ter sido confinado quase inteiramente aos apóstolos. Eu não esqueci a única exceção, Ananias, que foi enviado, você lembra, ao apóstolo Paulo para impor as mãos sobre ele "para que [ele] recuperes a vista e fiques cheio do Espírito Santo" (At 9.17). Mas isso parece-me confirmar o ponto de que este foi um dom confinado aos apóstolos. Ananias recebeu uma comissão especial. Ele foi particularmente ordenado a fazer o que fez, e obedeceu. Então, essa mesma exceção tende a provar a regra.

Aqui está um argumento, eu acho, realmente além de qualquer discussão. Deixe-me colocar assim para você. Se – e é de fato o ensino de 1Coríntios 12 que este é o caso – o dom de falar em línguas é algo dado pelo Espírito Santo em sua soberania e em seu senhorio, se ele é o doador, então ele pode dar quando quiser, assim como pode reter quando quiser. E quando esse dom se manifesta, o que fica destacado e evidente não é que alguma "pessoa" em particular sugeriu ou ensinou, mas que é na verdade o dom do Espírito.

Agora, por que no Congo só aconteceu onde foi mencionado, se é dom do Espírito? Por que se limitou apenas àquele local e área especificamente, se depende tudo da soberania, do dom e do poder do Espírito?

A resposta à pergunta é perfeitamente clara para mim e eu vou colocá-la dessa forma: se você encontrar esse fenômeno particular ocorrendo apenas como resultado de algum sugestionamento, ou ensino, ou como resultado das atividades de certos indivíduos particulares, então você tem todo o direito de ser cauteloso e até mesmo duvidar. Isso está na soberania do Espírito e ele pode dar e reter como lhe agrada. Mas obviamente, se a sugestão é feita de que todos que têm o batismo do Espírito devem falar em línguas e isso é repetido continuamente, não é de surpreender que as pessoas falem em línguas. Mas surge então a questão sobre o que eles estão fazendo realmente. Essa é uma questão que teremos de abordar mais tarde, mas tudo o que me preocupa no momento é que nunca devemos esquecer o poder da sugestão psicológica.

Que criaturas estranhas nós somos! Não é sequer uma questão de intelecto. Você descobrirá que quando pessoas altamente intelectuais se veem influenciadas por um espírito de medo, podem se tornar muito ingênuas e enganar muitos outros. Estamos sujeitos a essas coisas. Mas as Escrituras nos dizem para ter cuidado, provar, testar, examinar, não crer em todo espírito, lembrar que existe um poder que pode falsificar de maneira mais sutil e brilhante, de modo que quase engane os próprios eleitos.

Eu terminei agora a minha lista dos pontos de perigos específicos que sinto devemos sempre manter no primeiro plano de nossas mentes. O próximo passo é examinar o ensino escriturístico direto sobre esse assunto. Agradeço a Deus que não somos deixados em nenhuma dúvida! Existem certos testes ensinados aqui de forma muito clara e evidente – testes específicos e explícitos. Eu não tenho lidado com eles até agora, pois temos considerado os testes "implícitos". Encontramos nas Escrituras advertências dessa grande necessidade de cautela, descobrimos ali com o uso da nossa mente e razão, vemos também ilustradas na história da Igreja e de pessoas em especial. Ó, que Deus nos conceda equilíbrio, sabedoria e sanidade com respeito a essas questões!

Deixe-me dizer novamente: "Não apague o Espírito". Evitar que tudo saia do controle não é exercer discernimento, é apagar o Espírito. Se você chegar ao fim deste estudo em particular dizendo: "Eu não vou mexer nisso. Eu não estou interessado em absoluto. Vou continuar vivendo minha vida cristã", meu querido amigo, você está apagando o Espírito, e isso é uma coisa terrível. Não, devemos seguir as Escrituras. Essas coisas são possíveis e devemos estar sempre abertos. Não devemos crer em todo espírito, mas testar "os espíritos se procedem de Deus". Vamos agradecer a Deus pelas Escrituras e pelas ilustrações que nós encontramos nelas; agradeçamos ao Senhor pela história da igreja preservada para nós por homens piedosos; vamos prestar atenção aos avisos; e quando virmos os perigos em ambos os lados, vamos com grande humildade nos apegar à simplicidade que há em Cristo. Que, como espero mostrar, é de fato o teste final em todas essas questões.

SERMÃO 13

JESUS É O SENHOR

Talvez seja bom neste momento recapitular sobre o que estamos considerando até agora. Nós vimos que é muito importante testar tudo o que se propõe ou se apresenta como sendo dons ou manifestações do Espírito. As próprias Escrituras nos dizem para fazer isso, e insistem para que usemos a prova de "Jesus é o Senhor". O cristão não deve ser uma pessoa crédula que acredita em tudo o que é dito; ele é destinado a provar e examinar. As Escrituras nos dizem a razão para fazer isso: porque certos espíritos malignos estão ao nosso redor. Esse é o grande tema da Bíblia. Em certo sentido, a Bíblia é um registro do grande conflito entre Deus e o diabo, exposto de várias maneiras. Bem, aqui está esse conflito central no coração do Novo Testamento. A igreja primitiva foi imediatamente confrontada por esse grande problema. O diabo sempre tenta arruinar a obra de Deus. Ele arruinou a primeira criação e tenta fazer o mesmo com a nova, de maneira que todos que se tornam cristãos sejam imediatamente alvos especiais do "maligno", o "adversário dos irmãos".

O diabo faz esse trabalho de muitos modos, e um deles é confundir os filhos de Deus por meio da melhor falsificação que possa fazer das manifestações da obra do Espírito Santo no crente; e é por isso que nos é dito tão constantemente para "provar" e "testar" os espíritos. E nós vimos que a maneira de fazer isso é usar nossa razão e entendimento. Eles nos foram dados por Deus e o Espírito Santo os ilumina e aguça para que o cristão seja uma pessoa altamente inteligente. Não somos pessoas meramente emocionais, que apenas excitam suas emoções, mas que utilizam a mente. As grandes epístolas do Novo Testamento põem à prova nossas mentes e nossa compreensão. Nós devemos usar nossas mentes, iluminadas como são pelo Espírito. A mente natural não ajuda aqui, pois nem sequer entende do que essas coisas estão falando. Mas dada a iluminação, o revestimento e a unção do Espírito, devemos usar nossas mentes e compreensão. E, acima de tudo, recebemos a instrução clara das próprias Escrituras.

Agora eu coloquei para você uma série de princípios gerais derivados das Escrituras – entendimento, razão, e – muito importante, não mais importante que os outros, mas muito importante – a história da igreja em todos os séculos. Felizmente, não somos as primeiras pessoas envolvidas nesta batalha, e não há nada que possa ser de maior ajuda para nós, ao lado das Escrituras, do que a história da igreja. Nós podemos ver como homens e mulheres semelhantes a nós reagiram na mesma situação, como caíram em tentações em certos pontos, e todas essas coisas estão escritas para nossa compreensão. De maneira que devemos usar todas elas para tentar chegar a essa posição em que podemos provar e testar os espíritos. Nada é mais perigoso do que dizer "não, eu não estou interessado no que aconteceu no passado, eu estou apenas interessado em experiências espirituais diretas, não quero mais nada". Eu ouvi pessoas que dizem isso. Elas não estão interessadas mesmo nas Escrituras já que, segundo dizem, recebem tudo diretamente. E há outros que não estão interessados na história da igreja. São pessoas com maior probabilidade de acabar em algum tipo de desastre.

Tendo considerado alguns desses princípios gerais que me parecem bastante óbvios, e que nos orientam nessa questão de testes, chegamos agora diretamente ao ensino particular das próprias Escrituras.

O primeiro teste que devemos sempre empregar é o único sugerido para nós em 1Coríntios 12.3: "Por isso, vos faço compreender que ninguém que fala pelo Espírito de Deus afirma: Anátema, Jesus! Por outro lado, ninguém pode dizer: Senhor Jesus!, senão pelo Espírito Santo".

Imediatamente somos postos frente a frente com o teste supremo, e é interessante notar que quando o apóstolo lida mais tarde nesse capítulo com essa questão dos dons, e a confusão que havia surgido em Corinto por causa de seu uso indevido, ele coloca esse teste no início. Quando você está lidando com dons espirituais, ele recomenda colocar isso sempre em primeiro lugar.

1João 4, lembre-se, diz exatamente a mesma coisa:

> Amados, não deis crédito a qualquer espírito; antes, provai os espíritos se procedem de Deus, porque muitos falsos profetas têm saído pelo mundo fora. Nisto reconheceis o Espírito de Deus: todo espírito que confessa que Jesus Cristo veio em carne é de Deus; e todo espírito que não confessa a Jesus não procede de Deus; pelo contrário, este é o espírito do anticristo, a respeito do qual tendes ouvido que vem e, presentemente, já está no mundo (1-3).

Essas duas afirmações confirmam, é claro, o que nosso Senhor mesmo disse e como está registrado em João 16. Você se lembra de como apenas no final do seu ministério e antes de sua morte na cruz, nosso Senhor ensinou os discípulos sobre o Espírito Santo e sua obra. Eles ficaram desanimados porque ele tinha dito que ia deixá-los, e se perguntaram o que ia acontecer. A resposta foi que o Espírito Santo estava por vir. E nosso Senhor os instruiu sobre o Espírito e disse-lhes o que ele ia fazer.

A declaração crucial está no verso 14: "Ele me glorificará, porque há de receber do que é meu e vo-lo há de anunciar". Agora isso é absolutamente básico. "Ele" – o Espírito Santo quando vem – Cristo diz: "me glorificará". Esse é o teste supremo de qualquer coisa que afirme ser a obra do Espírito Santo. De fato, nosso Senhor já havia falado acerca disso mais cedo no mesmo capítulo:

> Mas eu vos digo a verdade: convém-vos que eu vá, porque, se eu não for, o Consolador não virá para vós outros; se, porém, eu for, eu vo-lo enviarei. Quando ele vier, convencerá

o mundo do pecado, da justiça e do juízo: [do pecado por quê?] do pecado porque não creem em mim [sempre apontando para ele]; da justiça, porque vou para o Pai, e não me vereis mais; do juízo, porque o príncipe deste mundo já está julgado (7-11).

E ele julgou esse inimigo morrendo na cruz.

Então temos nosso Senhor mesmo, que estabelece o grande princípio de que a característica suprema e excepcional da obra do Espírito Santo sempre será glorificá-lo. O Espírito não fala de si, nem mesmo chama atenção para si mesmo. Ele sempre vai – se eu puder usar tal expressão – focalizar uma luz no Filho de Deus.

Esse é um pensamento maravilhoso. Você lembra como nosso Senhor continuou dizendo sobre seu ministério que ele veio para glorificar o Pai. Existem muitos cristãos que esquecem isso. Existem muitos evangélicos que muito raramente falam sobre o Pai, mas apenas sobre o Filho; enquanto o próprio Filho disse tantas vezes que tinha vindo para glorificar o Pai e nos levar até ele. E exatamente da mesma maneira há pessoas que parecem falar apenas sobre o Espírito e esquecem que o Espírito veio para glorificar o Filho. Este, portanto, é o teste de todos os testes que devemos aplicar a qualquer coisa que alega ser a obra do Espírito Santo de Deus.

Agora o que isso significa exatamente? O que é esse teste como colocado por Paulo aos Coríntios e por João em sua epístola? Isto significa reconhecer a verdade sobre o Senhor Jesus Cristo e sua pessoa. "Jesus é o Senhor!" Essa é a grande confissão! Essa foi a grande confissão da igreja primitiva. "Jesus Cristo é o Senhor!" E foi nos termos desse teste que muitos dos primeiros cristãos foram martirizados. Eles estavam sendo obrigados a dizer: "César é o Senhor", mas eles não o fizeram. Não, Jesus é o Senhor e só ele é "o Senhor".

Glorificá-lo significa que acreditamos na verdade a respeito de sua pessoa, que ele é, de fato, o Filho Unigênito de Deus. E se um homem não crê na divindade singular do Senhor Jesus Cristo, nem em sua eterna filiação; se ele não crê em sua coigualdade e coeternidade com o Pai, nem na grande doutrina da encarnação, então esse homem simplesmente não é um cristão e ele não tem o Espírito de Deus. Ele pode reivindicar ser um cristão, pode até ser denominado um pregador cristão, e ter destaque na igreja, mas se ele nega que Jesus é Deus, não tem o Espírito Santo.

Isso é o essencial, como o apóstolo João expressa: "que Jesus Cristo veio em carne" (1Jo 4.2). Observe também que é proeminente os dois lados de sua natureza – sua eterna divindade e a realidade de sua natureza humana. Havia homens aparecendo nas igrejas que ensinavam que a encarnação não era realmente um fato, que Jesus, o "Senhor da Glória", assumiu uma espécie de corpo etéreo, e que, portanto, não era realmente homem. Outros estavam dizendo que era *apenas* homem. Ambos são denunciados no Novo Testamento. Então temos que afirmar, e o Espírito Santo nos impulsiona a fazer isso, que "Jesus é o Senhor", que "Jesus Cristo [verdadeiramente veio] em carne".

Há uma tradição a respeito do apóstolo João em sua velhice, de dada ocasião em que estava entrando em certa casa de banho,[20] foi informado que Celso, um desses hereges que negavam a natureza humana de nosso Senhor, estava no recinto tomando banho. No momento em que João tomou conhecimento da presença, virou-se e nem sequer ficou no mesmo prédio com um homem assim, e isso está correto. Quão mais terrível é que tais homens sejam encontrados na igreja cristã; homens que negam a realidade da encarnação, ou que negam uma ou outra das duas naturezas na pessoa única do Filho de Deus.

E então o Espírito Santo capacita a pessoa a entender não apenas a pessoa, mas também a obra de Cristo. É somente o Espírito Santo quem pode capacitar a pessoa a discernir o pão e o vinho da mesa da

---

[20] Eram os locais destinados aos banhos públicos (em latim: *thermae*). Esses banhos podiam ter diversas finalidades, entre as quais a higiene corporal e a terapia pela água com propriedades medicinais; em geral as manhãs eram reservadas às mulheres e as tardes aos homens [**N. do E.**].

comunhão, o porquê observamos esse sacramento e o que o mesmo significa. As pessoas negam isso, ridicularizam ou o descartam, chamando a Cristo como um mero pacifista ou apenas como um bom homem. Mas o Espírito Santo leva um homem a ver que na cruz Cristo está levando nossos pecados e a punição dos mesmos: "Deus estava em Cristo reconciliando consigo o mundo, não imputando aos homens as suas transgressões" (2Co 5.19). É só o Espírito quem pode levar um homem a enxergar essas coisas, e a negação de qualquer uma delas significa que nem se trata de cristianismo, nem da mensagem cristã.

Eu quero adicionar outro teste a esse primeiro que consiste em que não só acredita no que dissemos antes sobre o Senhor, mas se você dá o lugar central para ele em sua vida. É por isso que estou enfatizando esse aspecto da questão: o Espírito Santo tem que glorificá-lo. E é esclarecedor notar que no restante do Novo Testamento – depois dos evangelhos – é o Senhor Jesus Cristo quem ainda domina a situação. Há algumas pessoas que tentam nos persuadir a chamar o livro dos Atos dos Apóstolos, como o livro dos Atos do Santo Espírito. Mas isso seria completamente errado. O próprio Lucas faz isso ser perfeitamente claro no início do livro: "Escrevi o primeiro livro, ó Teófilo, relatando todas as coisas que Jesus começou a fazer e a ensinar." É Jesus quem continua fazendo isso. Lá você vê a grande atividade do Espírito, mas é o Senhor Jesus Cristo quem se destaca; quem domina a cena. Atos é a continuação da história do seu trabalho. O Espírito leva os homens a glorificarem o Senhor Jesus Cristo.

Em terceiro lugar, este termo "Jesus é o Senhor" significa, naturalmente, que nós nos rendemos a ele. Você pode pensar que quando o Apóstolo diz: "ninguém pode dizer: Senhor Jesus!, senão pelo Espírito Santo" o que ele quer dizer é que se um homem se levantar e dizer: "Jesus é o Senhor", ele é automaticamente um cristão. Mas não significa isso. Essa é uma afirmação muito profunda. Se você dissesse "Jesus é o Senhor", no mundo antigo do primeiro século, poderia muito bem significar o martírio para você. Se você fosse um judeu, isso certamente significaria que foi condenado ao ostracismo da sua família e seu nome seria expurgado da genealogia. Um homem que diz "Jesus é o Senhor" é aquele que entregou sua vida a ele, que se juntou à igreja, e que é frequentemente exposto à perseguição, ao ridículo e ao equívoco. Então a confissão de que "Jesus é o Senhor" não é apenas repetir uma frase; qualquer um pode fazer isso. A repetição vazia de uma frase não significa que um homem é guiado, conduzido, movido e habitado pelo Espírito Santo. Essa é a declaração mais profunda de todas. Isso é definitivo; não só a aceitação da fé, mas comprometer-se a si mesmo com ela, lançando todas as esperanças medos e tudo o mais sobre ele, tomando a cruz e seguindo-o.

Aqui, então, está o primeiro e o maior teste, um que obviamente exclui muitas coisas que nos apresentam como supostamente cristãs. É, portanto, um teste excludente e muito valioso a esse respeito.

Mencionei anteriormente um pouco da história dos quakers, e eles são particularmente interessantes a este respeito. Tendo começado como cristãos totalmente ortodoxos, como os outros puritanos no século 17, os quakers, colocando sua ênfase cada vez mais na luz interior e desacreditando o ensino da Palavra, começaram a se desviar em sua doutrina. Eu não estou sendo crítico ou injusto quando afirmo que hoje a vasta maioria deles é composta de unitaristas. Isso, não por acaso, é o tipo de coisa que costuma acontecer.

As pessoas podem vir até você, elas podem ter aparência de muito espirituais, altamente morais, que podem fazer obras excelentes – podem ser os maiores filantropos no país – mas isso não é suficiente. A pergunta que queremos saber é essa – e aqui é o nosso teste excludente mais valioso – o que eles dizem sobre este Jesus? Qual é a sua confissão a respeito dele? Ele é apenas o grande mestre, apenas o místico supremo, ou ele é o Filho de Deus encarnado, que salva por sua morte na cruz, por seu corpo sendo partido e seu sangue sendo derramado? Esses são os testes, e se você os aplicar vai descobrir um resultado interessante.

Tal teste não se aplica apenas aos quakers, mas também as muitas das seitas atuais, bem como aquela que tiveram seus dias de popularidade nos séculos passados. Você vai descobrir que esse teste preliminar é sempre de grande valor. Talvez venham até você pessoas que usam uma linguagem maravilhosa, professando grande idealismo. Eles podem falar sobre milagres de cura, uma maravilhosa orientação divina e várias outras coisas. Tudo soa muito cristão, e parecem estar oferecendo a maioria das coisas listadas nos dons do Espírito. Mas você não deve aceitar tudo isso cegamente conforme apresentado. Pode soar como a posição cristã, mas é aí que a sutileza entra. Você tem que "provar" e "testar", e o teste que deve aplicar é este: o que eles dizem sobre o Senhor Jesus Cristo? Eles podem muito bem ter milagres para oferecer, ou experiências maravilhosas para contar; podem ser capazes de colocar pessoas à frente para dar seu testemunho e dizer: "eu costumava ser miserável e infeliz, agora estou feliz todos os dias e não tenho problemas, tudo é resplandecente e glorioso". Mas você os ouve e escuta apenas uma coisa – onde o Senhor Jesus Cristo entra? E você geralmente vai achar que ele não entra de forma alguma. Se é mencionado, parece ser apenas o primeiro propagador de um ensino particular: Cristo, o primeiro cientista cristão,[21] por exemplo. Ele teve a visão correta da vida, dizem eles, a verdadeira ciência, filosofia e compreensão da vida; ele é apenas o primeiro proponente e exemplar disto ou daquilo, e não mais do que isso. Ele não é o Filho de Deus, não é eterno e se não salva morrendo na cruz, não há expiação.

Em outros casos, você descobre que ele não é mencionado. Tudo soa como verdadeiro: as pessoas se sentem muito melhores; eles tiveram uma experiência maravilhosa ou uma grande libertação; eles foram curados fisicamente. Certamente, você diz: isso é cristianismo, algo que queremos muito; na verdade, é muito melhor do que o que as igrejas oferecem, não encontramos essas coisas nas igrejas. Esse é o cristianismo real. Tenha cuidado, meu amigo, tenha cuidado! Aplique o primeiro grande teste excludente, o que eles dizem sobre o Senhor?

---

[21] A Ciência Cristã também chamada de *Christian Science*, é um movimento religioso fundado por Mary Baker Eddy, em 1866, na cidade de Boston, Massachusetts, Estados Unidos. [**N. do E**].

Onde ele entra em todos os seus ensinamentos e esquemas? Jesus é o eterno Filho de Deus? Ele salva por derramar seu sangue? Ele é central, essencial, totalmente importante?

Mas tendo dito tudo isso e enfatizado todas essas coisas, eu tenho agora a dizer que mesmo esse teste importante não é suficiente! Você percebe que eu continuei me referindo a ele como um teste essencialmente "excludente", e eu tenho feito isso muito deliberadamente, porque não é suficiente. Você pode interpretar essas declarações significando que, se um homem vem e me diz acreditar que Jesus é o Senhor, então obviamente devo aceitar tudo o que ele diz e tudo o que faz. Você pode pensar que porque ele diz: "Jesus é o Senhor", deve estar certo em cada consideração. Mas é aí que toda a necessidade de testes se torna tão sutil e delicada.

Agora, com que fundamento eu digo isso? Bem, deixe-me apresentar minha evidência. Eu não estou aqui para dar voz às minhas próprias opiniões; Deus sabe que todos nós temos que ser cuidadosos; então vamos ouvir a Escritura. Leia o que nosso Senhor diz em Mateus 24.23-24: "Então, se alguém vos disser: Eis aqui o Cristo! Ou: Ei-lo ali! Não acrediteis; porque surgirão falsos cristos e falsos profetas operando grandes sinais e prodígios para enganar, se possível, os próprios eleitos". Que declaração! Falsos Cristos! As pessoas dirão: "Aqui está o Cristo, ou ali está o Cristo". Não acredite nelas. Leia essa passagem novamente. Essas são as palavras do nosso bendito Senhor, e ele diz que isso vai se tornar particularmente verdade para o "fim do mundo", o "fim desta Era".

Veja uma declaração comparável em 2Tessalonicenses 2.8-9: "Então, será, de fato, revelado o iníquo, a quem o Senhor Jesus matará com o sopro de sua boca e o destruirá pela manifestação de sua vinda. Ora, o aparecimento do iníquo é segundo a eficácia de Satanás, com todo poder, e sinais, e prodígios da mentira". Exatamente a mesma coisa está sendo profetizada e é por causa dessas coisas que temos que exercer tamanho cuidado.

Todas essas advertências são dirigidas à igreja, não ao mundo. Isso significa que todas essas coisas vão acontecer nos termos da mensagem cristã. Olhe novamente para 2Coríntios 11. Este foi o grande problema em Corinto: ficaram tão animados com os diferentes dons e assim por diante que andaram perdendo o equilíbrio, e assim Paulo reitera o aviso:

> Quisera eu me suportásseis um pouco mais na minha loucura. Suportai-me, pois. Porque zelo por vós com zelo de Deus; visto que vos tenho preparado para vos apresentar como virgem pura a um só esposo, que é Cristo. Mas receio que, assim como a serpente enganou a Eva com a sua astúcia, assim também seja corrompida a vossa mente e se aparte da simplicidade e pureza devidas a Cristo (2Co 11.1-3).

Aqui está o aviso. No momento que nos afastamos dessa simplicidade central que está em Cristo já estamos fazendo algo extremamente perigoso.

Paulo continua com esse tema mais tarde no mesmo capítulo 11 da segunda Carta aos Coríntios. Ele está falando sobre falsos mestres que estavam rondando as igrejas como professores cristãos. Agora isso é muito importante. Eles não estavam circulando como pessoas que negavam a fé cristã, mas como pregadores cristãos, e estavam confundindo as igrejas. Paulo diz sobre eles:

> Porque os tais são falsos apóstolos, obreiros fraudulentos, transformando-se em apóstolos de Cristo. E não é de admirar, porque o próprio Satanás se transforma em anjo de luz. Não é muito, pois, que os seus próprios ministros se transformem em ministros de justiça; e o fim deles será conforme as suas obras (v. 13-15).

Algo poderia ser mais claro? Eles surgem como apóstolos de Cristo, mas na verdade são falsos mestres.

Então, esses avisos continuam. Outro alerta nos é dado pelo nosso Senhor cedo em seu ministério, no Sermão da Montanha. Mateus 7.21-23 nos diz:

> Assim, pois, pelos seus frutos os conhecereis. Nem todo o que me diz: Senhor, Senhor! entrará no reino dos céus, mas aquele que faz a vontade de meu Pai, que está nos céus. Muitos, naquele dia, hão de dizer-me: Senhor, Senhor! Porventura, não temos nós profetizado em teu nome, e em teu nome não expelimos demônios, e em teu nome não fizemos muitos milagres? Então, lhes direi explicitamente: nunca vos conheci. Apartai-vos de mim, os que praticais a iniquidade.

Jesus não nega que tenham o poder para fazer as obras quando afirmam que fizeram algo maravilhoso, e faziam em seu nome.

Perceba, é aqui que temos que ser tão cuidadosos. Você pode dizer: "Ah, sim, no que diz respeito aos cultos, é bastante claro. Nós temos aplicado o seu teste, e como eles não creem no nosso Senhor, como lemos no Novo Testamento – na verdade, muitos deles nem sequer o mencionam – então isso está perfeitamente claro. Mas certamente, quando um homem vem e diz que fez isso no nome do Senhor, ele deve estar certo". Não, não é assim. Leia a passagem novamente. Esse ponto não está muito claro, meus amigos? Não é suficiente que as pessoas "digam" que Jesus é o Senhor.

Deixe-me dar-lhe mais uma prova do que estou dizendo, e mostrar-lhe ainda a importância de aplicar esses testes, porque espíritos malignos podem fazer declarações extraordinárias a fim de nos iludir. Leia Marcos 3.11: "Também os espíritos imundos, quando o viam, prostravam-se diante dele e exclamavam: Tu és o Filho de Deus!" Aqui estão os espíritos malignos prostrados diante dele – incorporados em suas vítimas – fazendo a confissão: "Tu és o Filho de Deus". Então obviamente não é suficiente que as pessoas digam: "Jesus é o Senhor";

os espíritos malignos podem dizer isso. Aqui eles estavam – de acordo com o registro – fazendo isso nos dias em que nosso Senhor estava aqui neste mundo. Você tem a mesma coisa relatada em Lucas 4.41: "Também de muitos saíam demônios, gritando e dizendo: Tu és o Filho de Deus! Ele, porém, os repreendia para que não falassem, pois sabiam ser ele o Cristo". Como Tiago nos lembra: "Até os demônios creem e tremem" (Tg 2.19). Então, a mera declaração de uma perspectiva ortodoxa não garante que a obra que está sendo realizada é necessariamente oriunda do Espírito Santo.

Deixe-me dar um último exemplo de Atos, que mostra como os apóstolos, por sua vez, colocaram esse mesmo ensinamento em prática. É o famoso incidente no ministério do apóstolo Paulo, quando ele e Silas estavam em Filipos. Em Atos 16.16-17 lemos: "Aconteceu que, indo nós para o lugar de oração, nos saiu ao encontro uma jovem possessa de espírito adivinhador, a qual, adivinhando, dava grande lucro aos seus senhores. Seguindo a Paulo e a nós, clamava, dizendo: Estes homens são servos do Deus Altíssimo e vos anunciam o caminho da salvação". Você não iria esperar que Paulo a tivesse adicionado imediatamente à sua campanha evangelística como a peça que ele precisava? Aqui está uma jovem que obviamente possuía alguns poderes maravilhosos. Ela aponta para eles dia após dia à medida que passam e continua a fazer essas declarações. Que maravilhosa agência de publicidade, você pode ter pensado, para a pregação do evangelho. Não, não! O versículo 18 continua: "Isto se repetia por muitos dias. Então, Paulo, já indignado, voltando-se, disse ao espírito: Em nome de Jesus Cristo, eu te mando: retira-te dela. E ele, na mesma hora, saiu".

Agora eu confio que essas evidências são mais do que suficientes para nos convencer de que, mesmo que a confissão do nome de Cristo seja feita, isso não garante que tudo o que está acontecendo é necessariamente obra do Espírito Santo. As Escrituras nos advertem.

Vamos ver como a história confirma novamente tudo isso. Eu poderia dar muitos exemplos. A história da igreja está repleta de exemplos de pessoas tendo sido enganadas nessa exata questão. A maioria dos hereges se perdeu exatamente aqui; e a maior parte dos movimentos aberrantes, fanáticos, que causaram tais problemas, foi desviada exatamente da mesma maneira. Deixe-me lhe dar apenas um exemplo: Robert Baxter. Eu uso ele de novo porque já mencionei anteriormente. A mesma coisa era verdade é claro, do próprio Edward Irving e de todas as pessoas que costumavam adorar juntos em seus cultos. Essas pessoas eram verdadeiros cristãos. Você não poderia desejar um cristão mais ortodoxo do que Robert Baxter, cujo grande desejo era exaltar o nome do Senhor Jesus Cristo. Não havia nenhuma dúvida sobre isso. Ele inquestionavelmente passou no teste de 1Coríntios 12.3 e de 1João 4.1-3. Ele confessou que Jesus Cristo havia vindo em carne. Ele estava muito preocupado em fazer isso. E ainda, como eu já mencionei, o pobre Robert Baxter fez a descoberta terrível que o espírito que estava em si, que ele pensava ser o Espírito Santo, claramente não era, e ele agradeceu a Deus por livrá-lo de um destino possivelmente terrível.

Aqui, então, está a essência desse problema. Nós não podemos repousar nesse único teste, embora sejamos tentados a fazê-lo. Nós todos, suponho, fizemos isso em algum momento ou outro. Alguém vem e fala de certa maneira para você sobre certa experiência que teve, ou relata certas coisas que estão acontecendo. Você tem várias hesitações, mas diz que o homem é claramente um bom cristão e totalmente ortodoxo em sua crença. Porque ele é genuíno, sincero e faz tudo pela glória de Deus e de Cristo, sentimos que o que ele diz deve, portanto, estar certo. Então você anula seu desejo de testar e provar; na verdade, sente que é quase errado fazer isso, pois supõe estaria pecando contra o Espírito Santo ou se faria culpado de blasfêmia só em questionar ou consultar tal pessoa. E ainda assim confio que demonstrei que você deve testar essa pessoa. "Não acredite em todo espírito; mas prove e experimente os espíritos, se são eles de Deus ou não". Algumas das pessoas mais genuínas são aquelas que têm se desviado desastrosamente, simplesmente porque não perceberam que esse teste não é suficiente. Você encontrará, de fato, na história de Robert Baxter que quando surgiram perguntas em sua mente, e especialmente quando sua esposa expressou preocupação com o que estava acontecendo e o que ele estava fazendo, e argumentou com ele a partir das Escrituras – a única resposta que ele continuou dando era: "eu não sei, mas tudo que eu sei é que Cristo é mais real para mim e eu estou mais preocupado com sua glória e eu o amo mais do que jamais amei". Isso parecia responder tudo. Mas não é suficiente. Nós devemos continuar testando, provando e experimentando os espíritos.

O que fazemos então à luz de tudo isso? Bem, graças a Deus que no Novo Testamento ainda existem testes mais específicos os quais devemos examinar. Se o apóstolo sentisse que meramente dizer que "Jesus é o Senhor" era o suficiente, nunca teria escrito o resto de 1Coríntios 12, ou os capítulos 13 e 14. Ele teria dito que isso era a única coisa importante. Mas sabia que não era assim, então teve que continuar e lidar com o assunto em detalhes. E eu gostaria de fazer isso com você.

Deixe-me dizer novamente, pois minha razão para fazer isso não é interesse teórico ou acadêmico. Eu tenho apenas uma preocupação. Para mim, a única coisa que deve ser superior em nossas mentes neste momento é a necessidade da igreja cristã de um batismo do Espírito Santo, para tirá-la de sua formalidade, letargia e morte. Nada é mais urgente do que um grande avivamento. Você vê a decadência moral. Não adianta apenas condenar – espero mostrar como isso é fútil. O que é necessário é este poder do Espírito Santo sobre a Palavra, a autenticação da mensagem, a mensagem ortodoxa da igreja cristã, uma separação entre o verdadeiro e o falso, e logo, para que Deus desça sobre essa Palavra de verdade. É a suprema necessidade, e todos os que estão preocupados com isso estão de fato, em minha opinião, seguindo diretamente a liderança do Espírito.

Mas no momento em que fazemos isso o outro espírito entrará. Ele tentará estragá-lo com falsificações e exageros; vai levar as pessoas a confundirem o batismo do Espírito com os dons ocasionais do Espírito, e as pessoas vão rejeitar os dois juntos, e a grande necessidade do avivamento será esquecida. É por isso que estou lidando com isso e devo fazer detalhadamente. O apóstolo Paulo era um homem muito ocupado, um viajante e um evangelista que não tinha tempo apenas para se sentar em um quarto e escrever cartas às igrejas. Não, ele nunca escreveu uma carta a menos que tivesse que fazer isso e de fato estava preocupado com a igreja em Corinto. Ele diz "zelo por vós com zelo de Deus". Ele queria salvá-los de si mesmos e de seus próprios erros, para salvar a reputação da igreja, porque ela era a igreja de Cristo, de Deus, e ele queria salvar a reputação, por assim dizer, de Deus o Pai, o Filho e o Espírito Santo. Então, nós também devemos estar imbuídos do mesmo desejo.

Deixe-me, então, simplesmente apresentar este assunto para você agora, e então seguiremos considerando em detalhes. O grande problema que muitas vezes encontro com 1Coríntios 12, 13 e 14 é que as pessoas se tornam tão interessadas nos detalhes dos dons em particular, que perdem toda a mensagem desses três capítulos. Em nenhum lugar é maior o perigo de que árvores em particular não nos deixem ver o bosque inteiro, do que neste ponto. Em outras palavras, a primeira coisa que você deve fazer é uma pergunta: por que o apóstolo escreve esta seção? Qual é o seu objetivo final? O que ele está realmente tentando fazer? Ele está tentando nos falar sobre línguas ou sobre curas? Não, ele não está; ele assume essas coisas. Sua preocupação é que devemos ter todas essas coisas na perspectiva e no equilíbrio corretos. Ele não escreveu estes capítulos, a fim de dar uma dissertação sobre os dons do Espírito. Esse não é o seu objetivo! Houve problemas e confusão e até mesmo divisão na igreja em Corinto sobre esses assuntos, e o único objetivo do apóstolo é trazer correção.

Portanto, não devemos nos preocupar demais com os detalhes. Devemos compreender em primeiro lugar o princípio primordial, o grande objetivo. Paulo parece estar dizendo: "aqui estão vocês, dividindo e competindo uns com os outros. Ouçam: 'Por isso, vos faço compreender que ninguém que fala pelo Espírito de Deus afirma: Anátema, Jesus! Por outro lado, ninguém pode dizer: Senhor Jesus!, senão pelo Espírito Santo'. Vocês esqueceram de Jesus?" *Isso* é o que ele está realmente dizendo. E então, claro, ele trabalha em termos de sua analogia do corpo e assim por diante, mostrando que um verdadeiro equilíbrio em relação a essas coisas tem uma unidade essencial, que se concentra inteiramente na pessoa do Senhor Jesus Cristo.

Agora esse é o grande princípio de liderança que devemos ter em mente quando seguimos o apóstolo enquanto ele trabalha em detalhes. Eu não vou fazer outra coisa exceto expor a você de uma forma muito geral, o ensino desses três capítulos. Não faz parte do meu objetivo – na verdade, é desnecessário que consideremos esses nove dons em detalhes e digamos o que cada um significa. Eu acho que se fizermos isso, provavelmente cairemos no próprio erro contra o qual o apóstolo está tentando nos proteger. O princípio central é ter uma visão equilibrada e verdadeira do propósito e lugar de todas essas coisas na vida daqueles que verdadeiramente creem que Jesus é o Senhor. E enquanto seguimos o ensino, eu acho que nós seremos salvos de muitos dos perigos que nos assolam e têm assediado a igreja em muitos momentos diferentes. Observe o último versículo do capítulo 14, apenas para terminar com esse princípio geral. Aqui está o objetivo: "Tudo, porém, seja feito com decência e ordem". Paulo escreve esses três capítulos porque a igreja em Corinto tornou-se "indecente e desordenada", em um sentido espiritual. Esse é o erro que ele está tentando corrigir.

SERMÃO 14

BUSCANDO OS DONS

Em nossa consideração desse assunto do batismo com o Espírito Santo chegamos ao ponto em que estamos considerando a questão dos dons espirituais. O batismo com o Espírito Santo, como vimos, é essencialmente designado para testemunhar. Nosso Senhor disse aos discípulos: "Permanecei, pois, na cidade, até que do alto sejais revestidos de poder" (Lc 24.49), e então diz que eles seriam "testemunhas dele". Do modo que estavam, ainda não eram aptos para serem testemunhas. Nunca nos esqueçamos que essas palavras foram proferidas aos discípulos que estiveram com nosso Senhor durante os três anos de seu ministério. Eles tinham ouvido seus sermões, visto seus milagres, viram-no crucificado, morto e enterrado, e viram-no depois que ele se levantou literalmente no corpo da sepultura. Esses eram os homens que tinham estado com o Senhor no cenáculo em Jerusalém depois de sua ressurreição e a quem ele tinha exposto as Escrituras, e ainda assim é dito para esses homens que eles deveriam permanecer em Jerusalém, até que fossem dotados de poder do alto. O propósito especial e específico do batismo com o Espírito Santo é capacitar-nos para testemunhar, e uma das maneiras pelas quais isso acontece é por meio da operação de dons espirituais. É por isso que devemos considerar esse assunto ao lidar com a doutrina geral do batismo com o Espírito Santo.

Nós já vimos ser possível que alguém seja batizado com o Espírito Santo sem ter alguns desses dons especiais. Isso fica claro nesta passagem de 1Coríntios 12-14 e é feito de forma igualmente clara ao longo da história da igreja cristã. Houve homens levantados por Deus, batizados com o Espírito – e estou pensando em homens como Whitefield, os irmãos Wesley, Finney, D. L. Moody e outros – clara e patentemente batizados com o Espírito Santo como uma experiência distinta, mas eles nunca falaram em línguas e nem operaram milagres. É vital que nós mantenhamos essas coisas distintas e claras em nossas mentes.

Agora, isso não significa dizer que não deve haver manifestações dos dons no tempo presente. Nós vimos que devemos estar abertos para isso. Nós discordamos daqueles que dizem que essas coisas foram confinadas ao período apostólico; discordamos igualmente daqueles que dizem que todas essas coisas devem sempre se manifestar na igreja. Nós dizemos que isso é uma questão para a soberania do Espírito, e claramente ao longo dos séculos em avivamentos e vários períodos da igreja o Espírito manifestou essa soberania. Ele tem dado capacidade de expressão, de fala, de pregação, muitas vezes sem alguns desses dons particulares.

No entanto, é vital que consideremos essas coisas porque a qualquer hora, a qualquer momento, o Espírito em sua soberania pode decidir dar esses dons novamente. É por isso que devemos estar familiarizados com o ensino, porque vimos que há grande motivo para cautela espiritual nesses assuntos. Somos exortados a testar e provar os espíritos, e é isso que agora estamos tentando fazer. Nós vimos que fazemos isso pelo emprego de nossa razão e entendimento, particularmente com respeito às Escrituras, e que o Espírito Santo ilumina nossas mentes ao lê-las. E vimos até agora que o primeiro e o maior teste de todos é o lugar dado ao nosso bendito Senhor.

Mas também vimos que mesmo isso por si só não é suficiente. Exclui muita falsificação, mas não é suficiente para descartar várias outras falsificações que podem ser operadas pelo diabo. Então, vamos agora considerar o ensino destes três grandes capítulos, 1Coríntios 12, 13 e 14. Paulo, lembre-se, deixa bem claro que ele não estava escrevendo aos coríntios apenas pelo prazer, mas por uma razão apenas, porque isso se tornou essencial. A igreja se dividiu em grupos, seitas e divisões. Eles eram uma igreja de mente carnal, dividida entre si, mesmo no que diz respeito aos seus mestres e pregadores – eu sou de Paulo, eu sou de Apolo, eu sou de Cefas. Eram também divididos sobre se deviam comer carne oferecida a ídolos ou não. Essas coisas se tornaram questões de divisão e eles estavam particularmente em apuros sobre essa questão dos dons espirituais, razão pela qual o apóstolo lhes escreve. E se não abusassem desses dons, ele provavelmente nunca escreveria sobre esse assunto; mas abusaram, e assim, todo o objetivo de Paulo nesta sessão é corrigir este abuso. A confusão havia surgido entre os cristãos em Corinto devido ao fato de estarem sofrendo de uma falta de proporção em sua compreensão desses dons espirituais.

O apóstolo escreve para eles quase com um senso de espanto. Diz que eles deveriam ser crianças no tocante à malícia, mas serem homens amadurecidos no entendimento. "Irmãos, não sejais meninos no juízo; na malícia, sim, sede crianças; quanto ao juízo, sede homens amadurecidos" (1Co 14.20). Estavam comportando-se como crianças e ele escreve para dar um senso de proporção correto em relação a esses assuntos.

Então, qual é o ensinamento de Paulo? Eu tentei classificá-lo ressaltando os diferentes princípios. Não estou preocupado em entrar nos detalhes dos dons particulares. Isso é o certo a fazer, mas não é realmente essencial para o presente propósito, porque o que é verdadeiro sobre qualquer dom é verdadeiro para todos os outros, são todos dados por um e pelo mesmo Espírito, como o apóstolo segue enfatizando – de fato esse é o seu argumento principal como veremos. O primeiro e principal princípio diz respeito ao lugar e ao propósito desses dons na vida do indivíduo cristão e na vida da igreja. Aqui o ensinamento do apóstolo é certamente bastante claro, ou seja, que nunca devem ser considerados como um fim em si mesmo – nunca! Esse é o perigo, que as pessoas considerem esses dons como fins em si mesmos e esqueçam seus plenos objetivos e propósito. No momento em que fazemos isso, tiramo-los fora de proporção. Eles devem ser considerados em seu contexto, em seu objetivo, e em todo o seu propósito, e isso é o que o apóstolo passa a mostrar a essas pessoas.

Em outras palavras, os dons nunca devem ser colocados no centro. Eles estavam se tornando centrais em Corinto, ocupando o centro do palco, por assim dizer, e é por isso que o apóstolo tem que repreender a igreja dos Coríntios. Paulo diz que eles tiraram as coisas da proporção, visto que os dons não são destinados a ocupar centralidade. Em outras palavras, nunca devemos estar constantemente falando sobre os dons. Há um lugar para eles, mas não no centro de nossa conversa, ou na nossa pregação e ensino.

Isso é o que é tão interessante. Considere o Novo Testamento em si e você não pode deixar de ver que o que predomina na posição central é o próprio Senhor Jesus Cristo, e tudo aponta para ele. Existem muitas outras coisas incidentais, incluindo essa questão dos dons. Mas os dons não são centrais para o Novo Testamento; quem é central é o Senhor.

Mais uma vez você descobrirá que nos grandes períodos de reforma e avivamento na igreja, quando coisas notáveis aconteceram e os fenômenos foram evidentes, não foram as maravilhas que estiveram no centro, mas o próprio Senhor. Essas coisas simplesmente apontavam para ele. No momento que nos encontramos constantemente falando sobre dons, qualquer um deles ou todos juntos, e colocando-os no centro do nosso ensino e pregação, já perdemos o equilíbrio e proporção. Eles nunca devem ocupar o centro do palco. Ainda é pior, claro, quando se tornam a causa da divisão ou quando dividem uma igreja em seitas como haviam feito em Corinto. É por causa disso que Paulo escreve suas cartas e repreende. Eles estão muito errados em fazer isso. Então, parece-me que formar movimentos com relação aos dons do Espírito é totalmente antibíblico.

Mas sejamos justos nesse assunto. Isto não se aplica apenas aos dons espirituais. A maneira com que as pessoas formaram movimentos em relação a assuntos particulares nunca deixa de me surpreender. Por exemplo, não posso ver no Novo Testamento em si qualquer justificativa possível para um movimento em conexão com a santidade. Não vejo justificativa para um movimento apenas para fomentar o ensino profético ou sobre o segundo advento do nosso Senhor. Não devemos formar movimentos com respeito a aspectos particulares da fé ou da doutrina. Não; no momento em que você faz isso, perde o equilíbrio. Todas essas coisas devem sempre ser consideradas em conjunto; da mesma maneira que não deve haver movimento em conexão com os dons do Espírito. Por quê? Porque estes devem ser manifestados na Igreja, e assim como a Igreja é um todo, sua doutrina é um todo. Você não se "especializa" em doutrinas na vida cristã.

Isso é algo, naturalmente, que alguém poderia ilustrar apelando a muitas outras esferas. A especialização excessiva é sempre um perigo. Parece-me que isso é o que está acontecendo na medicina moderna, e é algo muito perigoso. Você tem homens que se especializam exclusivamente em peito, enquanto outros só sabem sobre condições abdominais, o que é muito perigoso porque você pode ter uma doença em seu peito, mas a sua dor pode muito bem estar na sua área abdominal. Eles são partes de um corpo e você não deve dividir o corpo assim. E é exatamente o mesmo com os vários aspectos do ensino cristão ou das várias manifestações da vida e do poder do Espírito Santo no homem. O momento em que essas coisas são isoladas e colocadas em uma posição especial, com toda a atenção focada nelas, você já perdeu seu senso de equilíbrio e proporção neotestamentários. Então eu digo que é certamente evidente que quando um indivíduo ou um número de indivíduos estão sempre falando sobre dons, e nunca falam sobre qualquer outra coisa, e enquanto eles estão sempre pregando, já assumiram a posição coríntia.

Isso não significa dizer que os dons em si são errados, mas significa que essa atitude em relação a eles é errada e que essas pessoas já estão em uma posição contrária ao ensino da Escritura. Estão muito entusiasmados sobre os dons. Eles estavam muito animados sobre essas coisas em Corinto. Enquanto você lê esses capítulos da carta pode sentir a tensão e a excitação. Toda a comunidade estava em uma condição que o apóstolo teve que repreendê-la e escrever o notável décimo terceiro capítulo sobre o amor, a fim de trazê-la de volta para um sentido correto de equilíbrio em relação a essas questões.

Então outra coisa óbvia sobre eles era que lhes faltava um senso de disciplina com relação aos dons, e foram culpados de certa desordem e, de fato, de causar um tumulto. Paulo enfatiza: "Que todas as coisas sejam feitas decentemente e com ordem". Eles eram tão indisciplinados que ele tem que dizer: "Se, pois, toda a igreja se reunir no mesmo lugar, e todos se puserem a falar em outras línguas, no caso de entrarem indoutos ou incrédulos, não dirão, porventura, que estais loucos?" (1Co 14.23). Quando a igreja dá a impressão ao visitante de que ela consiste de um ajuntamento de maníacos, ela está fazendo exatamente o oposto que nosso Senhor pretendia que fizesse. Houve uma grande desordem aqui, simplesmente porque eles não estavam vendo esses dons de forma correta; os dons se tornaram tudo, e todos queriam mostrar que receberam os dons, e faziam isso ao mesmo tempo. E assim um visitante chegando e ouvindo todas aquelas pessoas falando em línguas ao mesmo tempo, diriam: "Eles são loucos!".

Outra coisa terrível surgida entre eles foi que um espírito de competição tinha chegado com respeito aos dons. Esse é o cerne da seção intermediária do décimo segundo capítulo. Paulo escreve: "Porque também o corpo não é um só membro, mas muitos. Se disser o pé: Porque não sou mão, não sou do corpo; nem por isso deixa de ser do corpo" (v. 14-15). Veja como esses dons diferem. Paulo lista nove dons diferentes, alguns dos quais são mais espetaculares do que outros. Porque eles colocaram todo o assunto fora de proporção, ficaram com ciúmes uns dos outros, e os homens com os maiores dons tendiam a desprezar os outros, de modo que toda a igreja enfrentava um estado de turbulência. Além de mostrar uma total falta de disciplina, os coríntios estavam literalmente cheios de inveja uns dos outros. A condição completa da igreja era uma das mais infelizes e lamentáveis.

Esse senso de competição levou à tendência de "exibir" os dons. A vida cristã é uma vida maravilhosa, é uma nova vida; mas ainda estamos no corpo e ainda não somos perfeitos. Existem enfermidades que permanecem, e há o diabo, o adversário, que está sempre pronto para perturbar a obra de Deus. Quando esses dons são dados, o diabo entra e nos faz enxergá-los da maneira errada, e assim começamos a nos exibir e mostrar os dons.

Eu não preciso me estender dizendo que essas coisas são sempre importantes. Elas são importantes, por exemplo, em reuniões de oração, como muitas vezes tive que salientar. A reunião de oração ideal é aquela em que quase todos os presentes participam, mas às vezes algumas pessoas oram tanto que não há tempo para mais ninguém. Mas Paulo ensina aqui que nós devemos pensar um no outro, e não estar fazendo uma exibição. Eles eram culpados de fazer isso em Corinto e isso é sempre um dos perigos que tendem a se infiltrar.

Então, finalmente, nesta seção, o apóstolo está enfatizando a importância de colocar os dons na ordem certa. Não há dúvidas de que o principal problema em Corinto era que o dom de línguas também estava recebendo muito destaque. Esse é o principal impulso dos três capítulos. Paulo sempre o coloca por último na lista. Agora vamos ser claros sobre isso. Paulo diz especificamente "não proíbam falar em línguas". Não devemos fazer isso, proibir. Mas é igualmente claro que ele diz, não coloque isso em primeiro lugar, não monopolize toda a vida da igreja com o falar em línguas já que esse não é o seu lugar. Ele diz: "Busque sinceramente os melhores dons"; acrescentando mais tarde no capítulo 14: "Segui o amor e procurai, com zelo, os dons espirituais, mas principalmente que profetizeis". Para mostrar a importância da profecia acima e em contraposição às línguas, ele nos dá esse ensinamento em relação aos respectivos méritos de profetizar e falar em línguas. De fato, todo esse décimo quarto capítulo é designado para mostrar que as línguas nunca devem ser a única coisa sobre a qual se fale; nem a única coisa que todo mundo cobiça, assim como não deve monopolizar toda a atenção – é isso que ele condena. Os dons devem ser colocados na ordem correta. O dom de línguas é muito espetacular e emocionante, e é exatamente aí que o diabo vê sua oportunidade. Ele faz as pessoas perderem o senso de equilíbrio e proporção, para que o dom de línguas se torne o centro. Isto não deveria ser assim; ele é sempre colocado por último na lista, e parece ser o menor dos dons. É um dom espiritual não há dúvida: "Eu gostaria que todos vocês falassem em línguas", diz Paulo. Obviamente, nem todos falavam, do contrário ele não diria isso. Ele próprio diz que fala em línguas, e agradece a Deus por isso, mas mantém o dom em ordem e no seu devido lugar. Paulo diz: "Prefiro falar na igreja cinco palavras com o meu entendimento [...], a falar dez mil palavras em outra língua" (v. 19). Então, vemos como essas coisas podem ser objetos de abuso, porque as pessoas esquecem o lugar, o propósito e o objetivo de todos esses dons, que é glorificar o Senhor. Essa é a coisa que as pessoas vão continuar esquecendo. Eles param nos dons em si mesmos. "Não é maravilhoso?", dizem eles, "não é maravilhoso?". Mas onde está o Senhor, meu amigo, onde ele está? Todas essas coisas são destinadas a glorificar o Senhor! Como é que podemos muitas vezes esquecer o padrão e o exemplo que é definido para nós pelos próprios apóstolos?

Olhe para aquele grande incidente em Atos 3 quando Pedro e João subiram ao templo na hora da oração. Eles viram o homem coxo colocado diariamente na Porta Formosa e foram empoderados para curá-lo. Aqui estava um homem que nunca andou em sua vida e disse-lhe Pedro: "Não possuo nem prata nem ouro, mas o que tenho, isso te dou: em nome de Jesus Cristo, o Nazareno, anda!" Na execução real do milagre, Pedro toma cuidado para colocar o Senhor no centro. Ele tinha recebido esse dom, esse é o dom de fazer de milagres. Mas observe a maneira como o apóstolo realiza o milagre.

Torna-se ainda mais interessante quando Pedro aborda a multidão que se reuniu. Eles estavam cheios de assombro e espanto. "À vista disto, Pedro se dirigiu ao povo, dizendo: Israelitas, por que vos maravilhais disto ou por que fitais os olhos em nós como se pelo nosso próprio poder ou piedade o tivéssemos feito andar?" Ele não se deixa colocar no centro, nem ter a atenção voltada para ele. E continua: "O Deus de Abraão, de Isaque e de Jacó, o Deus de nossos pais, glorificou a seu Servo Jesus, a quem vós traístes e negastes perante Pilatos, quando este havia decidido soltá-lo [...] Pela fé em o nome de Jesus, é que esse mesmo nome fortaleceu a este homem que agora vedes e reconheceis;

sim, a fé que vem por meio de Jesus deu a este saúde perfeita na presença de todos vós" (12-13,16). Pedro continua pregando Jesus Cristo. Ele não lhes dá uma pregação sobre o dom, ele simplesmente manifesta o dom. O objetivo do dom é chamar atenção para o Senhor. Você não deve parar nos dons, e a atenção não deve ser focada neles. Você não deveria estar sempre pregando e ensinando sobre os dons. Não, você deve pregar a Cristo! Você deve pregar o que ele faz, como ele envia o Espírito, e como o Espírito, por sua vez, pode conceder ou não os dons.

Você não encontra um movimento sobre dons, porque se você o fizer descobrirá que está falando muito pouco sobre o Senhor. E qualquer ensinamento ou pregação que não mantém o Senhor como centro e vitalidade dominando tudo, já é um ensino errôneo. Esse tipo de ensino sempre leva a problemas e eventualmente ao desastre. Não nos esqueçamos de que isso foi o que aconteceu com o movimento de Edward Irving.

Como isso contrasta com toda a poderosa pregação que sempre caracterizou os grandes avivamentos na história da igreja. Eles pregaram Jesus Cristo como Salvador e como Senhor. Ele era o centro de toda a pregação. Essa ênfase é até refletida nos hinos que temos em nossos hinários, os grandes hinos. Eles são todos focados em Jesus. E uma vez que deixamos de compreender que o objetivo de todos os dons é glorificá-lo, no momento em que nós esquecemos isso, nós já estamos em erro.

O segundo objetivo dos dons é evangelístico. O apóstolo deixa isso bem claro, por exemplo, em relação a esse dom de línguas: "De sorte que as línguas constituem um sinal não para os crentes, mas para os incrédulos; mas a profecia não é para os incrédulos, e sim para os que creem" (1Co 14.22) e é bem evidente no livro de Atos que isso é assim. Nós devemos testar qualquer coisa que afirme ser um movimento do Espírito em termos de seu poder evangelístico.

Isso é importante, porque é um ponto bastante sutil. Todos os grandes movimentos do Espírito, conforme registrados nas Escrituras e na história subsequente da igreja, sempre foram grandes movimentos evangelísticos. O avivamento, claro, sempre começa na igreja, mas não para por aí. A maneira de Deus é reavivar seu povo e, em seguida, porque eles estão reavivados, seu poder é manifesto em sua pregação, seu testemunho e em toda a sua vida.

Essa é a característica de um verdadeiro movimento do Espírito, a de sempre produzir evangelismo. Por outro lado, a tendência da falsificação é um pequeno movimento interior, no qual você tem um pequeno círculo sendo formado, em que eles apenas compartilham experiências maravilhosas entre si, mas ninguém mais recebe nenhum benefício. Isto é, naturalmente, sempre uma característica das seitas, que tendem a ser voltadas para si, sem evangelismo algum. Mas a grande característica da obra do Espírito é invariavelmente aquela consequência evangelística.

Veja a ordem. Deve começar na igreja, que recebe poderes para testemunhar e testificar corajosamente do Senhor. O Espírito Santo não é dado para que possamos ter experiências fascinantes ou sensações maravilhosas dentro de nós, ou mesmo para resolver problemas, incluindo os psicológicos. Isso é certamente uma parte da obra do Espírito, mas não é o objetivo principal. O objetivo principal é que o Senhor possa ser conhecido. Então você tem o direito de julgar qualquer coisa que alega ser um movimento do Espírito – não estou aqui referindo-me a um movimento organizado em conexão com o Espírito ou preocupado em ensinar sobre o Espírito – estou falando de um movimento do próprio Espírito, a ação do Espírito. Você tem o direito de testar isso, aplicando-lhe esse vital teste evangelístico.

Em outras palavras, perceba, um movimento do Espírito vai afetar toda a igreja. Move toda a igreja para frente e não apenas reúne pessoas que estão interessadas em experiências ou sensações e que estão sempre girando em um pequeno círculo. Essa é a causa da divisão. Isso que estou falando é mais geral em sua operação.

O próximo ponto que eu gostaria de enfatizar é o mencionado pelo apóstolo quando diz que esses dons são dados para que possamos ter proveito: "A manifestação do Espírito é concedida a cada um visando a um fim proveitoso" (1Co 12.7). Novamente esse é um ponto muito importante: deve haver um fim proveitoso para o próprio homem e também para toda a igreja. Deixe-me colocar para você como o faz 1Coríntios 14.12: "Assim, também vós, visto que desejais dons espirituais, procurai progredir, para a edificação da igreja". Aqui está a grande regra que o apóstolo estabelece: sempre deve haver proveito e edificação. O momento em que perdemos isso, de novo, nos desviamos.

O diabo, claro, nos tentará como ele sempre tentou pessoas ao longo dos séculos, para que nos interessemos meramente em fenômenos e experiências. Estamos todos em carne e osso e todos estamos ansiosos para ter certeza e segurança. O risco é que isso pode voltar-se para dentro de tal forma que estejamos interessados apenas em sensações e experiências, e assim esquecendo o proveito; existem, sem dúvida, pessoas que vão para reuniões não para que suas mentes possam ser iluminadas ou para que possam ter proveito em seu entendimento, mas porque querem um arrepio, querem sentir alguma coisa.

Agora isso acontece não só em conexão com a doutrina do batismo do Espírito, também é verdade para todos os cultos da igreja. Você sabe muito bem de grandes cruzadas nas quais algumas pessoas vão de reunião em reunião esperando por algum sentimento, alguma emoção ou excitação. Elas não crescem, não obtêm proveito, nem crescem em entendimento, pois não estão interessadas nessas coisas. Tudo o que querem é a excitação da experiência. O ensinamento do apóstolo mostra que essa atitude é completamente errada: "A manifestação do Espírito é dada a cada um visando a um fim proveitoso", e é para ser sempre a edificação da igreja.

Agora chego ao segundo tópico, que novamente é de vital importância - diz respeito ao modo como buscamos os dons. O apóstolo diz: "Procurai, com zelo, os melhores dons" (1Co 12.31). É neste ponto que o inimigo uma vez mais tende a se aproveitar e introduzir-se. Deixe-me ser claro sobre isso; somos exortados a buscar e desejar os dons e fazê-lo com sinceridade. Mas aqui é onde o perigo se apresenta. Existem maneiras erradas de buscar os dons. Bem, deixe-me observar algumas delas.

Em primeiro lugar, claro, a atitude com a qual nós os procuramos é vital em si mesma. Se nós procuramos essas coisas com uma motivação egoísta ou simplesmente com o desejo de nos fazermos importantes, para que possamos falar e ser proeminentes ao dar testemunho, e não para a edificação da igreja, então já estamos errados.

Temos que começar por fazer-nos essa primeira pergunta: por que desejo esses dons? Qual é a minha motivação e meu objetivo? E você descobrirá que isso o ajudará. Você quer para ter alguma experiência arrebatadora e emocionante? Se sim, já está errado. O Espírito Santo é enviado para glorificar o Senhor Jesus Cristo e nunca devemos esquecer isso. Nossa motivação deve ser sempre conhecê-lo para que possamos ministrar à sua glória e ao seu louvor.

Tendo examinado suas motivações, a segunda coisa que eu diria que você fizesse – e eu faço isso à luz de alguns ensinamentos que tenho lido recentemente – é o seguinte. Há um ensino popular dizendo que a maneira mais rápida de obter o batismo com o Espírito Santo é obter o dom de línguas, que dizem ser especialmente maravilhoso. Se você quer o batismo com o Espírito, comece com as línguas, e então isso provavelmente levará você a esse batismo. Isso é quase inacreditável porque contraria a totalidade do ensino neotestamentário, que afirma ser o dom de línguas uma das manifestações do Espírito. Então você não começa com as línguas e vai para o Espírito, mas tem o Espírito e o dom de línguas é uma prova disso. Porém, agora exatamente o oposto está sendo ensinado. Naturalmente isso não revela mais que uma extrema ansiedade: é o homem intervindo com seus métodos.

O que o Novo Testamento descreve? Os apóstolos e os 120 reuniram-se no cenáculo, o Espírito Santo desceu sobre eles, e começaram a falar; eles foram batizados primeiro com o Espírito, então começaram a falar em línguas. E assim é em todos os outros exemplos nas Escrituras. Mas o novo ensinamento diz para começarmos com as línguas, pois é o mais fácil e a maneira mais simples; e por meio das línguas você chega ao batismo do Espírito. Bem, não há necessidade de dizer mais nada! É apenas pura falta de compreensão bíblica, é a carne intrusa tentando fazer por nós o que o próprio Espírito sozinho pode fazer.

Deixe-me colocar isso de forma ainda mais evidente. Não há nada, parece-me, tão errado e tão perigoso como tratar de tentar induzir ou produzir em nós mesmos os dons do Espírito. Mais uma vez é quase inacreditável que as pessoas se extraviem nesses assuntos. Contudo, muitas delas sempre tendem a fazê-lo e isso está acontecendo extensivamente no tempo presente. O ensino em questão é uma tentativa de ajudar o Espírito a fazer o seu próprio trabalho. Agora a Escritura ensina que o Espírito Santo nos é dado, o Senhor ressuscitado nos batiza com o Espírito. "Aquele sobre quem vires descer e pousar o Espírito, esse é o que batiza com o Espírito Santo", disse Deus a João o Batista, "esse é o que batiza com o Espírito Santo". E somente ele faz isso, ninguém mais. Ele não precisa de assistência, o Espírito não precisa de nossa ajuda. No momento que você tenta ajudar o Espírito, já está pedindo para arranjar problemas.

Considere, por exemplo, um ensinamento que é bem conhecido no tempo presente de como alguém pode ser batizado com o Espírito. Aqui estamos nós, cristãos, ansiosos para receber o melhor que Deus tem para nos dar, e receber o batismo com o Espírito para que possamos glorificar o Senhor e testemunhar dele. Podemos sentir que não recebemos isso, então como fazemos? "Muito simples – nos dizem – você quer o batismo do Espírito? Bem, tudo que você precisa fazer é ficar depois de uma reunião". Então você se senta em uma cadeira e relaxa o máximo que puder, relaxe seu corpo. Então nos é dito que nosso Senhor no cenáculo "soprou" o Espírito Santo sobre os discípulos e disse: "Receba o Espírito Santo". Então, o próximo passo do ensino segue assim: "Agora se lembre de que ele soprou Espírito Santo; você quer ser batizado com o Espírito Santo? Bem, isso é tudo que você tem que fazer – nesta condição relaxada, inspire profundamente, e como você está fazendo, está respirando no Espírito Santo, e está recebendo o batismo do Espírito Santo. Então relaxe e respire profundamente e continue fazendo isso, e como você está fazendo, está respirando no Espírito Santo".

Isso está realmente sendo ensinado! Onde você encontra alguma coisa se aproximando disso no Novo Testamento? Meus queridos amigos, isso é pura manipulação psicológica e nada além do poder da sugestão. É típico dos métodos de psicologia e você pode ter visto psicólogos famosos demonstrando isso na televisão. E é porque as pessoas cristãs ensinam esse tipo de coisa que os críticos são capazes de fazer seus ataques enquanto o mundo ri em escárnio. Mas eu estou dizendo aqui que esse ensinamento não é apenas antibíblico, é puramente carnal, para não dizer nada pior sobre isso. Onde você vê no Novo Testamento sendo dito a um homem para relaxar e respirar profundamente ou fazer alguma coisa? Não, o que você encontra é que os cristãos estão reunidos, orando a Deus, e de repente o Espírito vem sobre eles; na casa de Cornélio, estavam sentados ouvindo a pregação de Pedro e o Espírito Santo veio sobre eles. Em Éfeso, Paulo impõe as mãos sobre eles e o dom é recebido; eles não fazem nada por meio de respiração relaxante e profunda. Isso é psicologia. E ainda há pessoas inocentes que seguem esse ensinamento e que ingenuamente imaginam que foram batizadas com o Espírito. Não foram! Foram hipnotizadas por outra pessoa, ou hipnotizaram-se, ou então entraram em um estado de histeria; e, como eu já lembrei, condições psicológicas podem produzir esses fenômenos como o poder do espiritismo. No momento em que você começa a fazer coisas como essas para ajudar o Espírito, já abriu a porta mais perigosa que poderia abrir em sua vida espiritual.

Deixe-me dar outra ilustração da mesma coisa. Considere essa questão de falar em línguas. Quando um homem chega e me conta de alguma grande ocasião em sua vida quando, enquanto orando, o Espírito Santo de repente veio sobre ele e ele se levantou e encontrou-se falando em uma língua estranha, estou pronto para acreditar nele e aceitá-lo, especialmente se me disser que nunca aconteceu novamente ou que só aconteceu muito raramente. Eu aceitaria como uma experiência autêntica.

Mas quando leio algo (como faço tantas vezes em vários periódicos) minha postura é totalmente diferente. Esse é o ensino: "Você quer falar em línguas? Muito bem – dizem – isso é o que você tem que fazer; libere sua mandíbula e sua língua – libere-os". Isto não é motivo de risada, meus amigos, a coisa é muito séria. Existem pessoas se desviando por tal ensinamento hoje. "Então – eles continuam – comece a emitir sons, qualquer tipo de som, não importa se tem sentido ou significado; pronuncie qualquer som que se oferece a você e continue fazendo. E se você continua fazendo vai encontrar-se falando em línguas". E a resposta simples é que você provavelmente vai, mas não terá nada a ver com o Espírito Santo. Eu não hesito em dizer isso. Onde há, no Novo Testamento, alguma sugestão de que nós temos que fazer coisas assim? Não há. O que acontece no Novo Testamento é que um homem é batizado com o Espírito e encontra-se falando em línguas. Esse é o dom do Espírito e ele é todo-poderoso. Ele não precisa da sua ajuda. Mas a psicologia precisa. Se você quer ser hipnotizado, tem que ceder e se render, tem que se comportar de maneira automática, e fazer o que lhe é dito para fazer. Isso é exatamente o que essas pessoas estão ensinando.

Agora eu não estou questionando as motivações dessas pessoas; eu sei que elas são honestas e boas; o que estou dizendo é que não são apenas antibíblicas, mas também estão se colocando nas mãos não só de psicólogos, mas talvez até de espíritos malignos. Você não deve fazer nada. O Espírito dá esses dons "individualmente a todos os homens como ele quer". Esta é a declaração: "Mas um só e o mesmo Espírito realiza todas estas coisas, distribuindo-as, como lhe apraz, a cada um, individualmente" (1Co 12.11). Se eu vou dar um dom a alguém, eu não quero nenhuma ajuda deles. Mas é isso que as pessoas estão ensinando a fazer no tempo presente, como se o Espírito Santo não pudesse decidir, e não pudesse fazê-lo por si mesmo. Ele não precisa da sua ajuda! No momento em que você começa a tentar induzir um dom, está agindo psicologicamente; de fato, como eu disse, pode estar se entregando a espíritos malignos. Isso é exatamente o que acontece com aqueles que se tornam "médiuns", em conexão com tal obra; eles apenas entregam-se e são usados por espíritos malignos. Não há nada mais perigoso do que isso, mas o que me surpreende é como alguém que é cristão pode crer em tal ensino. Onde está isso, eu pergunto, no Novo Testamento? Não está lá de jeito nenhum! De acordo com o Novo Testamento é o dom do Espírito, é a soberania do Espírito, e devemos deixá-lo fazer inteiramente por ele e não fazer nada por nós mesmos a fim de tentar ajudar, induzir ou produzir.

Eu estou expondo isso para você em sua forma extrema porque é assim que está sendo popularmente ensinado hoje. Existem reuniões em que eles têm tentado produzir uma excitação batendo palmas ou repetindo um refrão ou um hino. Tudo isso é pura psicologia e não é necessário. Não! O caminho do Novo Testamento é exatamente o oposto; vá até o Espírito, busque isso dele. Ele é o doador. Não faça mais nada. O Espírito Santo não precisa de nossa ajuda, meus amigos, ou de nossos auxílios psicológicos. Não precisamos reduzir as luzes e colocar uma luz atravessando o púlpito. Ele não precisa de toda a nossa ajuda com todo o nosso canto e todas as nossas manipulações preliminares de emoções.

Eu não estou falando agora apenas sobre o batismo com o Espírito, também estou pensando em evangelismo pessoal. E se o Espírito é o Senhor – e ele é – não precisa dessas ajudas, e qualquer coisa que tente ajudar o Espírito a produzir um resultado é uma contradição do ensino do Novo Testamento. "Não com palavras persuasivas da sabedoria humana" – diz o apóstolo – "mas em demonstração do Espírito e de poder". Vá até ele! Fale para ele! Peça a ele! Ore a ele! Isso é o que eles fizeram nos tempos do Novo Testamento, e é isso que eles fizeram em todos os maiores e melhores períodos da história subsequente da igreja cristã.

Deixe-me terminar com esta nota. A melhor forma, de acordo com o apóstolo Paulo, é a maneira descrita em 1Coríntios 13. Veja o último versículo no capítulo 12: "Entretanto, procurai, com zelo, os melhores dons. E eu passo a mostrar-vos ainda um caminho sobremodo excelente". Não há passagem da Escritura que tenha sido mais frequentemente adulterada e mal interpretada. A maneira comum em que os que apagam o Espírito a usam naturalmente é a seguinte: "Passo agora a mostrar-lhes um caminho ainda mais excelente – eles dizem – Não fale nem se interesse por dons; dons são bons, mas eles não são nada. Busque as virtudes". Eles interpretam assim porque baseiam seus ensinamentos sobre uma tradução diferente dessa passagem bíblica que está incorreta: "Passo agora a mostrar-lhes um caminho ainda mais excelente", diz a Nova Versão Internacional, mas os tradutores não tinham direito de traduzi-la assim. No original não se faz nenhuma comparação entre uma coisa e outra. A maneira que deve ser traduzida é: "E eu passo a mostrar-vos ainda um caminho sobremodo excelente" como o faz a Revista e Atualizada. Isso é tudo. Você pode traduzir como: "E, no entanto, mostro-lhe um caminho de acordo com a excelência".

O que Paulo quer dizer com isso? Eu concordo com Charles Hodge quando interpreta da seguinte maneira: "Deseje ardentemente os melhores dons; e, além disso, mostro-lhe o caminho por excelência para obter os dons". Você vê que é exatamente o oposto de descartar e tirar a importância dos dons como dizem. Não pode significar isso porque quando o apóstolo retoma o assunto no começo do capítulo 14 ele diz: "Segui o amor e procurai, com zelo, os dons espirituais [...]" (v. 1). Ele não os dispensou, ele não está contrastando os dons espirituais com as virtudes. Ele não diz: se você realmente quer os dons, busque as virtudes. O melhor caminho de se obter os dons é buscar o amor do Senhor; seu amor por você e o seu por ele. Se você está cheio desse amor, então está suscetível a obter os melhores dons, já que é o caminho por excelência para obtê-los.

Sem dúvida alguma, esse é o caminho do Novo Testamento, como tem sido o caminho dos santos através dos séculos. Não busque os dons diretamente, mas indiretamente. Procure a Jesus! Procure o seu amor! Procure a sua glória! Procure o conhecimento dele! Busque o poder de testemunhar e testificar dele! Seja cheio de amor por ele e então você receberá seus dons. Se você não o fizer, o que vai acontecer com você será isso. Você pode falar as línguas dos homens e dos anjos, mas porque não tem amor, será "como o bronze que soa ou como o címbalo que retine". Lembre-se, isso significa que você poderá falar em línguas, mas não terá valor. "Ainda que eu tenha o dom de profecia e saiba todos os mistérios – os quais você tem procurado diretamente – e todo o conhecimento; e tenha uma fé capaz de mover montanhas, se não tiver amor, nada serei". Isso não é bom.

Em outras palavras, a receita é: busque-o! Procure o seu amor, busque a sua vida, procure conhecê-lo nos próprios sinais vitais do seu ser; busque ser cheio de amor por ele e você receberá os dons. Não fale sobre dons sempre, não tenha reuniões sobre dons. Não! Tenha reuniões sobre ele! Pregue sobre ele! Proclame-o na glória de sua pessoa, em sua divina salvação e em tudo o que ele fez. Proclame-o! Procure-o! Ame-o! E ele vai lhe dar os dons para que possa ser testemunha dele para a glória do seu louvor!

Devemos parar por aqui, mas essas questões, como você pode ver, são de importância mais vital e urgente. Mantenha o equilíbrio, meu querido amigo. Mantenha seu senso de proporção. E acima de tudo seja cauteloso, porque na sua ansiedade para obter dons, você pode entregar-se a psicólogos ou então a espíritos malignos capazes de falsificar até mesmo esses dons escolhidos e preciosos do Espírito Santo, dados pelo Senhor ressuscitado. Que Deus nos dê um espírito de entendimento e de sabedoria em relação a esses assuntos.

SERMÃO 15

O CONTROLE DO DOM DE LÍNGUAS

Vimos que Paulo enfatiza acima de tudo que o propósito e o objetivo dos dons é glorificar o Senhor. O próprio Espírito foi enviado para glorificar o Senhor Jesus, não para chamar atenção para si mesmo, mas sempre para apontar para o Senhor. Nós devemos sempre manter isso na linha de frente de nossas mentes. Vimos também que o próximo fundamento abordado pelo apóstolo – e é a isso que ele realmente dá mais atenção – é toda a questão de equilíbrio e ordem. Finalmente, nós consideramos brevemente a maneira pela qual procuramos esses dons. Paulo nos diz para "buscar sinceramente os melhores dons", e vimos que existem certas formas mecânicas e psicológicas falsas que as pessoas podem utilizar e assim se meterem em problemas e, em última análise, levar toda a doutrina sobre dons ao descrédito.

Devemos continuar a examinar toda essa questão dos dons como o apóstolo faz. Você percebe que em 1Coríntios 12-14 ele dá maior proeminência a toda questão do que é chamado "falar em línguas", porque isso era claramente a principal causa de problemas e confusão em Corinto. O objetivo dos três capítulos é realmente colocar a questão de falar em línguas no seu devido lugar, dando aos coríntios um senso de proporção com respeito a isso. Eles estavam colocando esse dom em primeiro lugar, falando sobre ele e todos tentando mostrar que o possuíam. Assim, a desordem a que ele se refere infiltrou-se na vida da igreja.

Não há dúvida de que esse é o objetivo principal que o apóstolo tem em mente, porque ele continua repetindo-o. Todo o décimo quarto capítulo é virtualmente dedicado a esse assunto, e é interessante notar a maneira com que ele lida com isso. Nas duas listas que dá, ele deliberadamente coloca falar em línguas no final e faz isso porque os coríntios estavam colocando em primeiro lugar. Essa é a forma dele para corrigi-los. E então ele se esforça o máximo repetindo várias vezes, ao mostrar que a profecia é o maior dom e que este é o que eles deveriam procurar. Em outras palavras, ele lida com as línguas, contrastando-as com o dom da profecia, mostrando assim que a importância exagerada que os coríntios estavam dando a este falar em línguas era totalmente errado.

Estamos lidando com isso aqui porque é nosso dever expor as Escrituras. Se alguém disser: "eu não estou interessado no dom de línguas ou em 1Coríntios 12-14", então eu tenho que lhe dizer que o que eu quero discutir com ele não é o dom de línguas, mas a sua visão completa das Escrituras. Qualquer um que cortar porções das Escrituras é culpado de um pecado muito grave. É tarefa de todos nós como cristãos entendermos a Bíblia em sua totalidade, e a menos que estejamos fazendo um esforço para isso, somos cristãos muito medíocres; além do fato de que estamos ao mesmo tempo, provavelmente apagando o Espírito e apenas desejosos de seguir em frente em nosso tipo de cristianismo formal tranquilo, autossatisfeito e presunçoso. Eu não tenho nada a dizer sobre isso, exceto avisar a essas pessoas que terão de ficar diante de Deus no julgamento e prestar contas de si mesmos, incluindo como prestaram atenção à palavra que Deus tem fornecido para elas, para seu crescimento e desenvolvimento. Essa é, então, nossa principal razão para considerar a questão.

Outra razão muito boa para examinar todo esse assunto é que essa questão recebeu uma grande proeminência neste século atual. Um movimento eclodiu em 1906, particularmente na América, mas também, em certa medida, na Grã-Bretanha, vinculado com o falar em línguas. Este movimento tornou-se conhecido como Pentecostalismo. Não precisamos aqui entrar na história do movimento, mas esse assunto recebeu uma boa dose de destaque desde então, e cabe a nós, portanto, saber algo a respeito. Nos anos recentes tem havido um interesse avivado nisso, novamente começando principalmente na América, mas também se espalhando para esse e outros países. Há no momento atual, entre muitos bons e excelentes cristãos, um grande interesse em toda a questão de falar em línguas e é, portanto, nossa tarefa estar ciente do ensino da Escritura com respeito a isso, a fim de que possamos saber qual atitude adotar.

Em terceiro e último lugar, meu motivo para chamar a atenção para esse dom é que obviamente, de todos os dons espirituais esse é o mais provável que seja mal utilizado e abusado pelos crentes. Esse é todo o impulso dessa passagem em 1Coríntios. Não sei por que isso deveria ser assim. Pode ser pelo fato de ter sido o dom mais livremente distribuído ou pode muito bem ser porque é o menor dos dons. O problema em Corinto era que todos eles queriam falar em línguas e muitos deles falar ao mesmo tempo. Esse é um dom que tende a se prestar ao exibicionismo e promover o egoísmo.

Agora bem, a coisa maravilhosa sobre a vida cristã é que nós nascemos de novo – mas não somos feitos perfeitos. É por isso que podemos nos desviar e escutar os ataques do inimigo, o adversário de nossas almas. É por isso que essas cartas do Novo Testamento surgiram, porque cristãos estavam sendo enganados de várias maneiras. E então eu digo que não há dom, talvez, que seja mais passível de abuso do que esse; nenhum que seja mais suscetível de atrair a parte carnal do nosso ser e assim levar ao excesso e abuso. E certamente é verdade dizer que não há dom do Espírito que se prestou tanto à falsificação do diabo em várias formas do que esse dom em particular.

Eu penso já ter lembrado que é bem possível para os espíritas falarem em línguas – não há dúvida. Houve inúmeros casos registrados a respeito. Não somente isso, mas que pessoas sob certos estados e condições psicológicas podem ser levadas a fazer isso sob a influência de espíritas. Eu lembro de certo pastor leigo que veio a mim em considerável aflição, sobre o caso de uma menina que foi claramente possuída pelo diabo e foi capaz de falar em línguas. Essas coisas são fatos bem estabelecidos. Por isso eu digo que por causa de problemas assim nos convêm ser excepcionalmente cuidadosos ao nos aproximarmos desse assunto. Então, fazemos isso nos moldes em que já estive indicando para você. Devemos evitar os dois extremos, um dos quais é descartar tudo e recusar até mesmo considerar isso.

Estou espantado com algumas das coisas que li recentemente sobre o assunto – certos cristãos publicaram livretos e panfletos, e em um deles o escritor não hesitou dizer que "todo o que fala em línguas hoje é do diabo". Eu simplesmente não posso compreender como um homem se aventura a fazer tal afirmação. Eu não me atreveria a fazê-lo. Não, devemos ser muito cuidadosos em tudo o que dizemos e devemos estar abertos nesse assunto. O apóstolo nos diz: "Portanto, meus irmãos, busquem com dedicação o profetizar e não proíbam o falar em línguas" (1Co 14.39). Além do mais, nós já lidamos com o argumento que afirma que isso pertencia exclusivamente à igreja primitiva. Se você seguir essa linha você vai logo descobrir que o Novo Testamento não tem praticamente nada a dizer para você, e terá que dizer que foi tudo para igreja primitiva. Mas claramente não foi, é para nós também.

Começamos então dizendo que é sempre possível que o Espírito Santo pode dar esse dom para certos indivíduos. De modo a quando ouvirmos qualquer caso relatado, não descartarmos, nem condenarmos indiscriminadamente. Nós devemos examiná-lo. Na soberania do Espírito, ele pode dar esses dons a qualquer um, a qualquer momento; devemos, portanto, estar abertos. Mas pelas razões que já temos aduzido, devemos também ser sempre cautelosos e cuidadosos, devemos "provar todas as coisas" e apenas "reter aquilo que é bom".

Agora, qual é o ensinamento nas Escrituras em relação ao falar em línguas? Em primeiro lugar, falar em línguas não é o acompanhamento invariável do batismo do Espírito. Eu coloquei assim porque existe um ensino que tem sido propagado por vários anos, e ainda é hoje, afirmando que o falar em línguas é sempre a evidência inicial do batismo com o Espírito. Por isso, afirma que a menos que você tenha falado em línguas não foi batizado com o Espírito Santo. Isso está inteiramente errado. Em 1Coríntios 12.30 o apóstolo pergunta: "Têm todos os dons de curar? Falam todos em línguas?" Novamente em 1Coríntios 14.5 ele diz: "Gostaria que todos vocês falassem em línguas, mas prefiro que profetizem". E quando afirma desejar que todos falassem em línguas, está claramente dizendo que nem todos falavam. Isso, parece-me, deveria ser suficiente por si só.

Mas, além desta, há outras grandes evidências. Quando nós estávamos lidando com a questão do batismo com o Espírito em geral eu dei um número considerável de citações de alguns dos maiores e mais santos homens que a igreja já conheceu, alguns dos maiores pregadores e evangelistas. Esses foram homens que haviam recebido o batismo com o Espírito Santo depois de sua conversão de uma maneira inconfundível, e que deram provas disso por serem usados poderosamente por Deus no evangelismo e no avivamento; mas nenhum deles falava em línguas, nenhum deles.

Estes são fatos absolutos e eles certamente devem indicar para nós, como é errado fazer essas afirmações dogmáticas. Mas deixe-me ser bastante justo; nem todos os que pertencem ao Pentecostalismo ensinam isto: alguns o fazem e outros não. É muito interessante notar que na Conferência Pentecostal Europeia, realizada em Estocolmo em 1939, foi admitido que línguas poderiam ocorrer à parte da ação do Espírito. Esses são honestos homens de Deus que estavam prontos a admitir em uma conferência mundial que poderes que não são do Espírito Santo podem capacitar pessoas a falar em línguas; em seguida passaram a dizer que um cristão poderia ser cheio com o Espírito sem o sinal de línguas. Certamente! Eles teriam negligenciado os fatos da história, bem como o ensino claro das Escrituras, se não tivessem feito essa admissão e concessão.

Agora esse assunto me preocupa pela seguinte razão. Quando as pessoas dizem que, a menos que falem em línguas, não foram batizados com o Espírito Santo, diversas pessoas que foram batizadas com o Espírito Santo se sentem muito infelizes. Elas dizem: "Mas eu nunca falei em línguas, e me disseram que por causa disso, nunca fui batizado com o Espírito". Até então achavam que eram, e tinham toda razão para pensar dessa forma, e assim tornam-se infelizes.

Porém ainda mais grave é o fato de se tornarem infelizes por esse falso ensino, eles então, é claro, tornam-se muito mais abertos do que antes à pressão psicológica, porque não dizer, à influência de espíritos malignos. Eles estão tão ansiosos para ter essa evidência "essencial" que fazem todo o possível para falar em línguas e, claro, depois de um tempo, alguns deles começam a fazê-lo. Mas a questão é: o que os capacitou a fazê-lo? Outros permanecem infelizes e desapontados, o que é completamente errado, tudo devido a esse ensino. É uma negligência das Escrituras e da história da igreja dizer que a menos que um homem tenha falado em línguas, ele nunca foi batizado com o Espírito Santo.

Deixe-me dizer novamente que um dos meus principais objetivos em toda essa série de sermões é salvaguardar a doutrina do batismo com o Espírito Santo. Há uma tendência por parte de alguns, porque eles não gostam dos dons, das manifestações e dos excessos, de jogar fora a doutrina do batismo do Espírito com isso. Deixe-me salientar esse fato importante – você deve distinguir entre um e outro. É possível para um homem ser batizado com o Espírito Santo sem nunca ter falado em línguas e, de fato, sem ter alguns desses outros dons que o apóstolo lista nessa importante passagem que estamos examinando.

Vamos para o segundo assunto. O que é falar em línguas? Isso é útil novamente para lançar luz sobre a presente discussão. Como você define o falar em línguas? Há sim uma dificuldade que surge aqui por causa do que nos é dito em Atos 2, do que aconteceu aos apóstolos e àqueles que também foram reunidos com eles naquele cenáculo no Dia de Pentecostes. Foi dito: "E apareceram, distribuídas entre eles, línguas, como de fogo, e pousou uma sobre cada um deles. Todos ficaram cheios do Espírito Santo e passaram a falar em outras línguas, segundo o Espírito lhes concedia que falassem" (v. 3-4).

A tendência em alguns é identificar isso com o que o apóstolo está falando em 1Coríntios 12-14. Todavia parece-me que isso é pura confusão. Eu falo assim porque fica perfeitamente claro a partir do que aconteceu no Dia de Pentecostes que os apóstolos estavam falando em línguas conhecidas. Nós provamos isso apontando como as pessoas diferentes que estavam lá ficaram surpresas que todos estavam ouvindo aqueles galileus falando em suas próprias línguas. "Estavam, pois, atônitos e se admiravam, dizendo: Vede! Não são, porventura, galileus todos esses que aí estão falando? E como os ouvimos falar, cada um em nossa própria língua materna?" (At 2.7-8). Eles estavam claramente falando idiomas.

Há quem diga que o que aconteceu foi que os apóstolos falavam a língua natural dos galileus, mas que o dom de os entender foi dado aos ouvintes. Isso é errado pelo seguinte motivo: se assim fosse, seria sobre as outras pessoas que o Espírito Santo teria descido. O milagre teria acontecido nos ouvintes, mas o relato nos diz que o milagre aconteceu em quem falava, nos discípulos, que foram habilitados a falar essas várias línguas, e as pessoas puderam ouvi-las. Em outras palavras, não havia necessidade de um intérprete. As pessoas conheciam as línguas e entendiam o que estava sendo dito.

Agora veja, o argumento inteiro em 1Coríntios 14 é que a interpretação é uma necessidade absoluta e que, sem a interpretação, o dom de línguas não deve ser exercido. Há essa ênfase na necessidade de um intérprete nos versos 2, 4, 14 e 15. É claro para mim, portanto, que na passagem coríntia não estamos lidando com "línguas conhecidas" como estávamos em Atos. Há uma boa razão – que não precisamos entrar aqui – para que acontecesse o que aconteceu no Dia de Pentecostes. Aquilo foi a resposta para a Torre de Babel. É a indicação da universalidade do evangelho.

Mas aqui estamos lidando com algo diferente. É bastante evidente que em uma cidade cosmopolita e portuária como Corinto, teria havido pessoas de diferentes partes do mundo falando idiomas diferentes. Está bem claro que se esses cristãos estivessem falando em várias línguas haveria pessoas presentes que poderiam ter entendido. O próprio apóstolo Paulo era claramente um homem capaz de falar várias línguas, mas ele diz que quando falava em línguas lá, eles não entendiam (veja 1Co 14.14). Por isso, quando o dom de línguas era dado, havia necessidade da atuação do dom de interpretação. Portanto, parece-me bastante claro que em 1Coríntios não estamos lidando com idiomas conhecidos. Em qualquer caso, não parece haver nenhum ponto ou propósito em um homem orando em alguma outra língua conhecida. O que é que se ganha? Não parece haver nenhum objetivo ou qualquer propósito nisso.

Eu quero sugerir a você agora que muitos dos problemas surgem, porque as pessoas não deram o devido significado à palavra "língua" – "em língua estranha" ou "em línguas" (os adjetivos "estranha" e "desconhecida" são geralmente acrescentados). Qual é o significado básico da palavra "língua"? Agora eu não estou dando minha própria opinião aqui, mas a opinião dos especialistas nestes assuntos e não há dúvida de que a palavra grega significa "línguas que falam", ou se você preferir, "a língua em ação". Paulo não está se referindo aqui a dialetos ou idiomas.

O que o apóstolo está falando, portanto, é "a língua falando quando movida pelo Espírito Santo". Normalmente quando um homem fala, sua língua se move como resultado de sua compreensão e direção de sua vontade; mas quando um homem fala em uma língua, a língua está em ação como resultado da operação do Espírito. Todos esses dons são dons do Espírito, e, portanto, a própria palavra que é empregada rejeita toda essa noção de idiomas ou dialetos, e é indicativa do fato de que é expressão oral, a língua em ação, a língua falando como o resultado da propulsão ou direção, ou controle do próprio Espírito Santo.

Isto me parece que o apóstolo deixa perfeitamente claro nos versículos 14 e 15 do capítulo 14, em que ele diz: "Porque, se eu orar em outra língua, o meu espírito ora de fato, mas a minha mente fica infrutífera. Que farei, pois? Orarei com o espírito, mas também orarei com a mente; cantarei com o espírito, mas também cantarei com a mente". Você percebe contraste que é entre "orar no espírito" e "orar com o entendimento". No primeiro caso, é o Espírito – o Santo Espírito – agindo sobre o espírito do homem e movendo sua língua. No segundo, é o próprio homem com sua compreensão falando por meio de sua língua.

Esses são versículos cruciais e aqueles que estão familiarizados com o comentário de Charles Hodge[22] saberão como ele mesmo se encontra em considerável dificuldade neste ponto. O único jeito em que ele pode se desvencilhar é afirmando que o que o apóstolo está realmente nos dizendo é: "Se eu orar em uma língua desconhecida meu espírito ora, mas eu não estou dando compreensão para outras pessoas". Mas isso não é o que o apóstolo diz. Paulo está falando sobre seu próprio espírito e sobre seu próprio entendimento; não sobre dar compreensão a outras pessoas. Na verdade, é precisamente isso que ele não está dizendo, e essa explicação de Hodge, portanto, violenta todo texto. Existem outros comentaristas que concordam inteiramente com o que eu estou dizendo. Paulo está se referindo a algo que acontece em si mesmo.

O versículo 2 confirma isto: "Pois quem fala em outra língua não fala a homens, senão a Deus, visto que ninguém o entende, e em espírito fala mistérios". E ele diz no versículo 4: "O que fala em outra língua a si mesmo se edifica, mas o que profetiza edifica a igreja". Esse é todo o mistério com relação a esse dom. Parece-me que só podemos interpretá-lo dizendo que falar em uma língua significa que por um momento um homem foi elevado pelo Espírito. O Espírito veio sobre ele e o elevou ao reino espiritual onde se encontra falando em uma língua que não entende. É uma linguagem extraordinária. Embora ele não entenda o funcionamento, ainda é edificante para ele como o versículo 4 diz. Ele não entende as palavras, mas sabe o que está fazendo – ele sabe que está glorificando a Deus. Esse é o verdadeiro significado do versículo 2: "Pois quem fala em outra língua não fala a homens, senão a Deus". É melhor traduzi-lo "para" ao invés de "a". Por assim dizer, a pessoa não está ajudando homens como fazia, ele não está fazendo nada para os homens, mas está fazendo algo para Deus. Ele está glorificando a Deus, adorando-o e exaltando-o. Ele sabe que está fazendo isso, mas não pode identificar as palavras reais que está usando. A coisa toda é um mistério.

---

[22] O autor se refere ao *Commentary on the Epistle to the Corinthians* de Charles Hodge [**N. do E.**].

Mas, veja você, estamos lidando com o reino do Espírito, um reino que é milagroso e sobrenatural. Esse é o tema que o apóstolo tem em mente ao longo deste capítulo inteiro. Esses são *dons espirituais*. Não são as faculdades naturais do homem sendo intensificadas; isso é um dom, algo novo, algo dado. E assim o apóstolo diz que o que acontece quando um homem fala em línguas é que o Espírito está controlando-o, ignorando seu entendimento por um momento. Em vez de passar por meio da compreensão para a língua, flui diretamente mediante o espírito do homem para esta última.

A prova final do que estou dizendo é, evidentemente, encontrada quando ele contrasta línguas com profetizar. Profetizar significa que um homem novamente é iluminado pelo Espírito Santo, mas seu entendimento é que é iluminado. Então nós lemos no terceiro versículo: "Mas o que profetiza fala aos homens, edificando, exortando e consolando". As operações do Espírito são quase infinitas. O Espírito ilumina a mente de um homem e sua compreensão. Graças a Deus por isso! Nós todos sabemos disso, e pregadores, em particular, sabem como a compreensão pode ser aumentada. Mas um homem sabe que as palavras estão passando por meio de sua compreensão e que é esta, iluminada pelo Espírito, que move sua língua. Mas ao "falar em línguas" o entendimento não está envolvido. Isto é algo que acontece diretamente por meio do Espírito Santo agindo sobre o espírito do homem, movendo a língua.

Agora eu estou muito interessado em revelar essa definição em um excelente Léxico escrito por Arndt e Gingrich.[23] Eles disseram que além de qualquer questão, todo o "falar em línguas" referido nesses capítulos significa "discurso fragmentado de pessoas em êxtase religioso". É precisamente isso que estou tentando dizer, que quando um homem fala em línguas ele é tomado, elevado acima de si e fala em uma linguagem que não entende. Estou muito disposto a concordar com aqueles que dizem que as pessoas provavelmente estão falando na linguagem do paraíso, a linguagem da própria glória. Eu sempre

---

[23] Lloyd-Jones se refere ao *A Greek-English Lexicon of the New Testament and Other Early Christian Literature*, de William F. Arndt e F. Wilbur Gingrich [**N. do E.**].

senti que isso é semelhante ao que temos em 2Coríntios 12, onde o apóstolo Paulo diz que, quatorze anos antes, foi elevado aos céus, onde ouviu coisas que eram inexprimíveis. Ainda que eu não possa provar para você, me parece ser a exposição inevitável aqui. Para que isso não seja algo sem nexo, esse é um homem possuído pelo Espírito, elevado a uma condição de êxtase em que fala nessa linguagem de glória, não entendendo o que está dizendo, e ainda sabendo que é a linguagem da glória que está glorificando a Deus.

Mas deixe-me adicionar uma qualificação. Embora eu diga que o homem está em um estado de êxtase religioso, isso não significa que ele está inconsciente; não significa que perdeu o controle de si mesmo, como demonstrarei a você mais tarde.

O próximo princípio a que chegamos é que falar em línguas não é algo que pode ser iniciado por nós. Ou se você preferir, um homem não pode falar em línguas sempre que quiser. Isto é para mim talvez o ponto mais importante de todos. Você irá geralmente descobrir pessoas que afirmam hoje falar em línguas, e que a maioria delas diz que pode fazê-lo sempre que quiser. Pergunte-lhes: "Você pode falar em línguas sempre que quiser?" E então dirão: "Sim, sempre que quisermos", e farão isso para você ali mesmo. Eu sugiro que isso os coloca em uma categoria fora do ensino de 1Coríntios 14. Este é para mim um dos pontos cruciais na diferenciação entre o verdadeiro falar em línguas e a falsificação.

Como eu confirmo isso? Faço isso chamando a atenção para o que o apóstolo diz em 1Coríntios 14.18 em que lemos: "Dou graças a Deus, porque falo em outras línguas mais do que todos vós". Agora, para mim essa é uma afirmação crucial. Vamos ter cuidado ao observar exatamente o que ele diz. Ele não diz "eu falo em mais línguas do que todos vocês". Ressalto isso porque as pessoas que rejeitam o todo do sobrenatural e do milagroso nesses capítulos dizem que tudo que o apóstolo Paulo está alegando aqui é que sabia mais línguas estrangeiras do que os coríntios sabiam. Eles dizem que toda a questão se refere a falar em outros idiomas e que o apóstolo diz: "Bem, eu por acaso sei mais línguas estrangeiras do que qualquer um de vocês".

Eu rejeito isso porque é errado gramaticalmente. O que ele diz é que fala mais em línguas. É um advérbio que significa "mais frequentemente". "Eu agradeço ao meu Deus por falar em línguas com mais frequência do que todos vocês". Agora, se é verdade dizer que um homem pode falar em línguas sempre que quiser, qual é o objetivo da declaração do apóstolo? Se for verdade para todos que têm o dom de falar em línguas que eles podem fazê-lo sempre que tiverem vontade – qual é o propósito do apóstolo em dizer que fala em línguas com mais frequência do que todos? Isto significaria simplesmente que Paulo decide fazê-lo com mais frequência do que eles fazem. Não há propósito em dizer isso e, de fato, no versículo seguinte, ele torna tal explicação impossível por esta razão: "Contudo, prefiro falar na igreja cinco palavras com o meu entendimento, para instruir outros, a falar dez mil palavras em outra língua" (v. 19).

Não, parece-me que há apenas uma explicação para essa declaração que o apóstolo está fazendo. Paulo está dizendo: "Eu acho que sei mais do que qualquer um de vocês o que é ser tomado pelo Espírito". Isso não é algo comum, mas algo notável, glorioso e excepcional. Ele está dizendo: "O Espírito vem com mais frequência sobre mim do que qualquer um de vocês". Ele diz-lhes, com efeito: "Você está se gabando, está me fazendo vangloriar-me, e eu estou lhe dizendo que eu sei com mais frequência do que qualquer um de vocês, o que é ter o Espírito tomando conta de mim e me elevando a este reino". É a única explicação concebível. De fato, sugiro que os versículos 29 e 30 apoiem essa afirmação. Ele diz: "Tratando-se de profetas, falem apenas dois ou três, e os outros julguem. Se, porém, vier revelação a outrem que esteja assentado, cale-se o primeiro". O que isso significa? Bem, suponha que haja um profeta falando; agora, Paulo diz, se outro profeta recebe uma mensagem, o primeiro deveria se calar para que o segundo possa falar. Mas você percebeu que ele diz: "Se, porém, vier revelação a outrem [...]". Um profeta não está cheio de mensagens que ele pode falar sempre que ele quiser. Não; a mensagem é "dada".

Todos os dons são dados. O que se aplica às línguas aplica-se também aos milagres. Existe alguma evidência no Novo Testamento de que um homem que tem o dom de milagres pode operar um milagre sempre que ele quiser? Claro que não existe. É o exato oposto. É o mesmo com todos esses dons. O profeta nem sempre está cheio de mensagens que ele pode acionar ou entregar sempre que quiser. Não, a mensagem chega até ele, é dada para ele.

Eu acho que esse é o assunto mais importante de todos e sugiro que se um homem me disser que pode falar em línguas sempre que quiser, provavelmente é algo psicológico e não espiritual. Os dons espirituais são sempre controlados pelo Espírito Santo. Eles são dados, e não se sabe quando serão dados.

Deixe-me provar isso para você ilustrando-o no caso de milagres. Veja os apóstolos em Atos. Eles tinham o dom de milagres, mas o que é tão interessante observar é que os apóstolos nunca fizeram experimentos, ou tentaram curar alguém, perguntando se isso aconteceria ou não. Não, não havia tentativas, nem experimentos, e nem falhas. O que é ainda mais interessante é que os apóstolos nunca fizeram um anúncio que fariam milagres em tal e tal dia. Nunca coloque um cartaz dizendo: "Venha na quinta-feira, milagres serão realizados". Nunca! Por que não? Há apenas uma resposta – eles nunca sabiam quando isso iria acontecer. O que claramente acontecia é que de repente eram confrontados por uma situação e a comissão era dada a eles.

Considere o primeiro exemplo disso em Atos 3. Lemos que: "Era levado um homem, coxo de nascença, o qual punham diariamente à porta do templo chamada Formosa, para pedir esmola aos que entravam. Vendo ele a Pedro e João, que iam entrar no templo, implorava que lhe dessem uma esmola" (v. 2-3). Então observe isto: "Pedro, fitando-o, juntamente com João, disse [...]". Agora isso é uma indicação clara de que a Pedro foi dada uma comissão. Isso não é um experimento, ele não está apenas tentando ver o que pode acontecer. Ele sabia e disse: "Olha para nós. Ele os olhava atentamente, esperando receber alguma coisa. Pedro, porém, lhe disse: Não possuo nem prata nem ouro, mas o que tenho, isso te dou: em nome de Jesus Cristo, o Nazareno, anda! E, tomando-o pela mão direita, o levantou; imediatamente, os seus pés e tornozelos se firmaram" (v. 4-7). E Pedro então se virou para a multidão reunida e deu a explicação: "O Deus de Abraão, de Isaque e de Jacó, o Deus de nossos pais, glorificou a seu Servo Jesus [...] Pela fé em o nome de Jesus, é que esse mesmo nome fortaleceu a este homem que agora vedes e reconheceis; sim, a fé que vem por meio de Jesus deu a este saúde perfeita na presença de todos vós" (v.13,16). Em outras palavras, Pedro claramente recebeu uma comissão muito definida, e então o que ele diz, acontece.

Você pode encontrar vários exemplos disso. Considere Atos 13 e o milagre que o apóstolo Paulo operou sobre o homem chamado Bar-Jesus, que estava com Sergio Paulo, um grande homem na ilha de Pafos. Dizem-nos: "Mas opunha-se-lhes Elimas, o mágico (porque assim se interpreta o seu nome), procurando afastar da fé o procônsul. Todavia, Saulo, também chamado Paulo, cheio do Espírito Santo, fixando nele os olhos, disse: [...]" (v. 8-9). Esse não é um homem capaz de fazer milagres sempre que quiser. Não, ele recebe uma comissão, é cheio do Espírito Santo, e diz: "Ó filho do diabo, cheio de todo o engano e de toda a malícia, inimigo de toda a justiça, não cessarás de perverter os retos caminhos do Senhor? Pois, agora, eis aí está sobre ti a mão do Senhor, e ficarás cego, não vendo o sol por algum tempo [...]" (v. 10-11). O apóstolo Paulo não pôde fazer esse tipo de coisa sempre que ele queria; foi-lhe dada uma comissão, e então o que ele diz acontece. Isso está absolutamente certo.

O mesmo acontece com a cura do homem em Listra em Atos 14, onde você encontra a mesma expressão novamente: "Esse homem ouviu falar Paulo, que, fixando nele os olhos e vendo que possuía fé para ser curado, disse-lhe em alta voz [...]" (v. 9-10). Você não pode ouvir a autoridade? Você não pode ouvir este tom de comissão? É o Espírito quem dá. Não é uma posse permanente em um homem.

Então aqui está outro exemplo marcante em Atos 16, no caso da menina com um espírito de adivinhação. "Aconteceu que, indo nós para o lugar de oração, nos saiu ao encontro uma jovem possessa de espírito adivinhador, a qual, adivinhando, dava grande lucro aos seus senhores. Seguindo a Paulo e a nós, clamava, dizendo: Estes homens são servos do Deus Altíssimo e vos anunciam o caminho da salvação"

(v. 16-17). Agora preste atenção: "Isto se repetia por *muitos dias*". Se o apóstolo permanentemente tivesse o poder do exorcismo, por que não lidou com ela no primeiro dia? Ele sabia que era um espírito de adivinhação e que ela estava possuída pelo diabo. Ele não recebeu sua comissão imediatamente. "Isto se repetia por muitos dias. Então, Paulo, já indignado, voltando-se, disse ao espírito: Em nome de Jesus Cristo, eu te mando: retira-te dela" (v. 18). Ele sabia. Não houve fracasso, não houve experimentação. Paulo recebeu uma comissão e o espírito maligno "na mesma hora, saiu".

Eu estou dizendo tudo isso para estabelecer o ponto fundamental que o que se aplica a milagres, exorcismo e todos os dons, se aplica igualmente ao dom de línguas. Não é algo, portanto, que um homem pode fazer quando quiser. Não. "Dou graças a Deus, porque falo em outras línguas mais do que todos vós". Em outras palavras: "eu sei o que é", diz o apóstolo, "ser tratado pelo Espírito nesse aspecto com mais frequência do que qualquer um de vocês". Ele não está apenas dizendo: "Eu decido fazer isso com mais frequência do que qualquer um de vocês". Não, não é isso que ele está dizendo – ele diz que isso acontece consigo. Todas essas coisas são dons do Espírito. Elas nos acontecem, nos são dadas. E, portanto, eu digo que se nós possuímos algum dom que podemos manipular, ou usar, ou empregar sempre que quisermos, parece-me que isso está fora da categoria dos dons espirituais de 1Coríntios 12-14. Isto definitivamente o põe de acordo com o que sabemos sobre o âmbito do que é psicológico. Auto-hipnotismo é algo que se pode fazer sempre que alguém quiser; isso é muito característico.

Eu conheço um homem missionário há anos na China, que me disse que em uma ocasião, quando sozinho em seu quarto foi batizado com o Espírito Santo e encontrou-se falando em línguas. Ele nunca havia experimentado isso desde então. Agora ele estava muito preocupado e falou comigo sobre isso. Jamais esquecerei sua sensação de libertação e alegria quando expus 1Coríntios 14.18 a ele. Eu disse: "Meu querido amigo, o fato de você me dizer que isso só aconteceu com você uma vez me faz dizer que foi genuíno e autêntico. Se você me dissesse que você poderia fazer isso sempre que quisesse eu ficaria muito perturbado". Não meus amigos, essas coisas são dons espirituais; eles estão no controle do Espírito Santo, não no controle do homem. São dons dado à igreja. Ele é o Senhor, agracia quem ele quiser e quando quiser. Portanto, tenhamos muito cuidado, para não sermos iludidos pela falsificação em várias formas. Considere novamente com critério as evidências de 1Coríntios 14.

Para que eu possa concluir isso, deixe-me expandir o que eu disse anteriormente que, embora o homem que fala em línguas está em um estado de êxtase ele ainda é racional; ele não perdeu o autocontrole. Eu provo isso em 1Coríntios 14.27-33. "No caso de alguém falar em outra língua, que não sejam mais do que dois ou quando muito três, e isto sucessivamente, e haja quem interprete". Ele não pode dizer isso se não se pode controlar essas coisas. "Mas, não havendo intérprete, fique calado na igreja, falando consigo mesmo e com Deus". Perceba, deve ser controlado. "Tratando-se de profetas, falem apenas dois ou três, e os outros julguem. Se, porém, vier revelação a outrem que esteja assentado, cale-se o primeiro. Porque todos podereis profetizar, um após outro, para todos aprenderem e serem consolados". Aqui está o versículo crucial – o versículo 32: "Os espíritos dos profetas estão sujeitos aos próprios profetas. Porque Deus não é de confusão, e sim de paz. Como em todas as igrejas dos santos" (v. 33).

Então, aqui está essa coisa admirável e maravilhosa que, embora o Espírito Santo nos tome quando quer e nos eleve a este reino, ainda não nos tornamos irracionais. Você não pode iniciar isso, mas pode controlá-lo e interrompê-lo. Esse é o ensino desses capítulos. É o movimento do Espírito; sim, e ele pode vir sobre qualquer número de pessoas ao mesmo tempo. Mas, o apóstolo diz: você ainda é racional e, portanto, não deve haver confusão; deve haver um limite para o número que fale em público e deve ser feito com ordem. Falando geralmente da igreja, Paulo diz que haja mais profecia em vez de falar em línguas. "Portanto, meus irmãos, procurai com zelo o dom de profetizar e não proibais o falar em outras línguas".

Mas o ensino parece ser de que você deve exercitar esse dom – se você realmente o tem – a sós durante a oração privada. O apóstolo aqui está contrastando o que acontece na igreja e o que acontece quando você está na intimidade. Para fazer seu significado claro, ele toma um caso hipotético. Ele diz, com efeito: "Imagine qual seria a posição se todos vocês falassem em línguas ao mesmo tempo". Considere o verso 23: "Se, pois, toda a igreja se reunir no mesmo lugar, e todos se puserem a falar em outras línguas, no caso de entrarem indoutos ou incrédulos, não dirão, porventura, que estais loucos?".

Então, aqui ele claramente ensina essa coisa extraordinária, que enquanto ele é elevado a um reino além da compreensão, ainda assim mantém o autocontrole perfeito. Você encontrará na falsificação que o autocontrole é frequentemente perdido. Você é encorajado a deixar-se levar e até mesmo abandonar sua razão. Você não deve fazer isso. Nós nunca devemos deixar nossas mentes à margem – nunca! Se o Espírito escolhe fazer algo diretamente em nós, acima do entendimento, louvai a Deus por isso; mas você nunca deve renunciar a sua compreensão ou "deixar-se levar". Isso é sempre como abrir a porta para falsos espíritos malignos, para o psicológico, para a sugestão e várias outras coisas. Esta é a forma gloriosa como atua o Espírito Santo – acima do entendimento, mas deixando este ainda em atividade. E assim o apóstolo pode terminar o seu discurso dizendo: "Tudo, porém, seja feito com decência e ordem". Um profeta não pode iniciar, mas ele pode controlar: "Os espíritos dos profetas estão sujeitos aos próprios profetas".

Queira Deus possamos meditar mais e mais sobre esse grande ensino do batismo com o Espírito Santo e seus dons, para que possamos ser capazes de discernir e diferenciar entre o real e o falso nestes dias em que vivemos. "Julgai todas as coisas, retende o que é bom".

SERMÃO **16**

O BATISMO COM O ESPÍRITO E A SANTIFICAÇÃO

Estamos nos concentrando no fato de que o grande propósito do batismo com o Espírito Santo é nos capacitar para testemunhar da grande salvação que Deus nos concedeu através de Jesus Cristo, nosso Senhor. E como eu tenho dito, minha grande preocupação é que devemos entender a essência desse ensinamento sobre o batismo com o Espírito Santo. Isso, de acordo com João Batista, é a característica marcante do ministério de nosso bendito Senhor e Salvador. "Eu", ele diz, "batizo com água; ele batizará com o Espírito Santo e com poder".

Repito, portanto, novamente, estou preocupado em enfatizar que o testemunho é o principal objetivo e propósito do batismo com o Espírito Santo.

Há, no entanto, um ou dois outros assuntos com que devemos lidar antes de deixar esse principal, a fim de que possamos ajudar àqueles com dificuldades particulares. Uma pergunta é: qual exatamente é a relação do batismo com o Espírito Santo com vários outros aspectos de sua obra? Muitas vezes há terrível confusão sobre isso. É bastante claro a partir do ensino do Novo Testamento que o Espírito Santo tem muitas manifestações e atividades. É ele, claro, quem nos convence do pecado. Nenhum homem pode fazê-lo. Podemos mostrar uns aos outros que podemos estar errados, mas isso é uma coisa muito diferente da convicção do pecado. Somente o Espírito Santo pode fazer. Também é somente ele quem pode nos dar uma compreensão da Escritura. O apóstolo Paulo nos diz: "Ora, o homem natural não aceita as coisas do Espírito de Deus, porque lhe são loucura; e não pode entendê-las, porque elas se discernem espiritualmente" (1Co 2.14). Bem, você vê, é uma operação do Espírito que nos desperta e regenera. Nascemos "do Espírito".

Existem muitas outras operações do Espírito. Nós lemos sobre a unção, a iluminação, ser unido e selado. Existem diferentes termos usados para descrever suas várias atividades e por isso, não é surpreendente haver ocasionalmente alguma quantidade de confusão na mente das pessoas a respeito do relacionamento dessas coisas umas com as outras; e como uma ou duas delas são particularmente importantes, parece-me que devemos aborda-las.

A primeira é a relação do batismo com o Espírito Santo com a santificação. Aqui há (e houve no passado) muita confusão na mente das pessoas. Agora isso não é de todo surpreendente. Eu acho que o problema surge da seguinte maneira ou pelas seguintes razões. Uma delas é que se utilize o termo "encher". Em Efésios 5.18 o apóstolo diz: "E não vos embriagueis com vinho, no qual há dissolução, mas enchei-vos do Espírito". E quando você lê o relato do que aconteceu no Dia de Pentecostes – que é o relato por excelência do batismo com o Espírito Santo – o que nos é dito sobre os discípulos e os outros com eles no cenáculo é que "todos ficaram cheios do Espírito Santo" (At 2.4), mesmo termo usado em Efésios 5.18. Portanto, não é de todo surpreendente que as pessoas devam tender a identificar as duas coisas: a própria terminologia, por si só, é suscetível de levar a esta confusão.

Mas há uma segunda coisa que tende a exagerar essa tendência, e é a experiência das pessoas quando passam pelo batismo com o Espírito Santo. A própria natureza da experiência, como vou mostrar, é tal que não é surpreendente que as pessoas a considerem como algo denotando essencialmente santificação. E, claro, tem havido um ensino muito específico nessa mesma linha que se origina, de muitas maneiras, com os irmãos John e Charles Wesley, repetindo-se mais ou menos desde então na igreja cristã, por certos setores e grupos de pessoas piedosas com mentalidade espiritual.

Essas, então, são as razões pelas quais a confusão quase inevitavelmente tende a ocorrer e parece-me existir duas tendências principais, portanto, em relação a toda essa questão da relação entre o batismo com o Espírito Santo e a santificação. A primeira tendência é considerar o batismo com o Espírito Santo como destinado inteiramente à santificação; ou usar o termo dos Wesleys, "perfeito amor"; ou, para usar outro termo, "perfeição imaculada". E lá estão aqueles que, portanto, ensinam que quando um homem é batizado com o Espírito Santo ele é inteiramente santificado, e que essa deveria ser a nossa definição essencial do batismo com o Espírito: um coração limpo e a libertação do pecado. Alguns falam sobre "erradicação" do pecado. Os termos não importam; o importante é o ensino principal.

Mas depois há uma segunda tendência que, como de costume, é exatamente o oposto disso (Nós sempre tendemos a ir de um extremo para o outro). Algumas pessoas têm ignorado completamente a santificação neste assunto – elas não falam sobre isso, e estão sempre falando sobre a manifestação dos dons. Essa foi obviamente a tendência na igreja em Corinto, como tem sido em muitas seções da igreja durante os séculos seguintes: o perigo de ser levado totalmente pelos dons, tornando-se entusiasmado com eles e só pensando neles. E quando você está fazendo isso, a vida e o viver não são apenas ignorados, mas tendem a se degenerar, por isso você tem as exortações que o apóstolo endereçou aos membros da igreja em Corinto.

Agora, essas duas tendências se manifestaram através dos séculos, mas particularmente nos últimos dois ou três séculos, e são muito óbvias hoje. Tem havido muito descrédito sobre toda a doutrina do batismo com o Espírito Santo por causa disso; pessoas que reivindicam grandes dons e experiências maravilhosas, mas patentemente falham em sua vida cristã invariavelmente em temas como moralidade comum, honestidade, decência e outros pecados da carne.

Agora não é difícil ver como essas coisas surgem. Qualquer movimento profundo no espírito do homem, em certo sentido, sempre o expõe a ataques incomuns do diabo, que está sempre ansioso para adentrar e descredibilizar o trabalho. E assim acontece quando encontramos esses dois extremos geralmente sendo defendidos ao mesmo tempo. Pessoas dizem: "Não importa, eu fui batizado com o Espírito Santo; olhe para os poderes que eu tenho, olhe o que eu estou fazendo" – e assim a vida se torna negligenciada e isso tem levado a um verdadeiro desastre. E lembre-se que eu ainda estou falando sobre pessoas honestas, boas, espirituais, que estão ansiosas para obter – como eles dizem – o melhor que Deus tem para dar e que realmente estão preocupadas somente com a glória de Deus.

À luz de tudo isso, então, qual é a relação entre o batismo com o Espírito Santo e a santificação? Minha primeira resposta é que não há conexão direta. Quero dizer que o objetivo principal e primário do batismo com o Espírito Santo não é santificação, mas é – como afirmei anteriormente – algo relacionado com o poder – poder em evidência e em testemunho.

Isto, claro, é afirmado de forma clara e explícita, como nós vimos, pelo nosso bendito Senhor, quando ele diz: "mas recebereis poder, ao descer sobre vós o Espírito Santo, e sereis minhas testemunhas tanto em Jerusalém como em toda a Judeia e Samaria e até aos confins da terra" (At 1. 8). Há a declaração do próprio Senhor com respeito a isso – "[...] permanecei, pois, na cidade, até que do alto sejais revestidos de poder" (Lc 24.49).

Nós vimos isso claramente na transformação de Pedro em Atos 2 e na história de Paulo em Atos 9, e a história subsequente da Igreja cristã demonstra este mesmo argumento abundantemente: que o batismo com o Espírito Santo é principal e essencialmente um batismo de poder, proporcionando uma grande certeza e segurança, implicando um tipo de "obrigação" de fazer as coisas da maneira que nós indicamos, assim como a capacidade e o poder para isso. Estou, portanto, argumentando aqui que não há conexão direta entre o batismo com o Espírito Santo e a santificação.

Um segundo argumento é que certamente o caso da igreja em Corinto deveria ser suficiente por si só para resolver essa questão. Aqui as pessoas estavam se gabando de seus dons e manifestando-os – a própria igreja estava entusiasmada com os dons. Mas o apóstolo mostra o estado e a condição espiritual daquela igreja, que estava, de muitas maneiras, deplorável. Ele nos diz, no quinto capítulo, que havia um pecado sendo aceito na igreja em Corinto, que até mesmo os gentios não toleravam.

Essa é a questão extraordinária, no sentido que você pode ter dois estados ao mesmo tempo; um baixo nível de espiritualidade – e de fato da moral – e você vê que o apóstolo ainda exorta sobre os ágapes,[24] seguidos pela Ceia, que aconteciam na igreja de Corinto. Ali não apenas o egoísmo estava sendo exibido, mas resta claro que alguns estavam se embriagando antes de irem aos ágapes e não estavam sóbrios o bastante. Isso é realmente verdade na igreja em Corinto. O estado de espiritualidade, ou de santificação, se você preferir, era baixo; e a despeito disso havia essa evidência poderosa em termos de dons e assim por diante.

Tudo o que eu estou preocupado em mostrar é que obviamente não há conexão direta entre essas duas coisas, e, claro, o apóstolo resolveu de uma vez por todas para nós no famoso décimo terceiro capítulo da primeira epístola aos coríntios:

> Ainda que eu fale as línguas dos homens e dos anjos, se não tiver amor, serei como o bronze que soa ou como o címbalo que retine. Ainda que eu tenha o dom de profetizar e conheça todos os mistérios e toda a ciência; ainda que

---

[24] Ao que tudo indica os cristãos do período apostólico que participavam de uma mesma igreja local, tinham o costume de reunir-se pelo menos uma vez por semana para comerem juntos e durante a refeição celebrarem a Ceia do Senhor. Aparentemente o propósito dos "ágapes" era a comunhão cristã, o compartilhar de alimentos entre os mais pobres e especialmente, lembrar-se do Senhor Jesus e participar espiritualmente da sua morte e ressurreição pelo pão e o vinho. [N. do E.].

eu tenha tamanha fé, a ponto de transportar montes, se não tiver amor, nada serei. E ainda que eu distribua todos os meus bens entre os pobres e ainda que entregue o meu próprio corpo para ser queimado, se não tiver amor, nada disso me aproveitará (v. 1-3).

Aí está! Isso é demonstração e prova; toda a epístola faz o mesmo, mas está concentrada nessa declaração tremenda que obviamente não há conexão direta e imediata entre as duas coisas. E tudo isso, claro, é tão importante, porque é o fracasso das pessoas em compreender o cerne da questão que leva às tragédias a que tenho me referido. As pessoas presumem isso porque estão recebendo dons e tendo experiências, então imaginam que tudo deve estar bem. Nem sempre é assim; essas coisas devem ser aplicadas, e se não fizermos, haverá problemas.

O terceiro argumento que demonstra que não há conexão direta ou imediata é que a obra do Espírito na santificação é sempre apresentada no Novo Testamento em termos de exortação. Agora tome essa afirmação novamente em Efésios 5.18: "E não vos embriagueis com vinho, no qual há dissolução, mas enchei-vos do Espírito". Isso é uma exortação. O apóstolo não os incita a procurar por uma experiência que iria deixá-los bem, ele está ordenando, e dizendo-lhes o que fazer: é um apelo para continuarem rendendo-se ao Espírito que está neles.

Ele também declara o mesmo de forma negativa. Ele lhes diz para não "entristecerem" o Espírito: "Não entristeçam o Espírito Santo de Deus, com o qual vocês foram selados para o dia da redenção" (Ef 4.30). Novamente isso é um mandamento. É possível que nós "entristeçamos" o Espírito. Em outro lugar ele diz: "Não apaguem o Espírito" (1Ts 5.19). Agora todas essas coisas são exortações; e nos confrontam dizendo-nos o que fazer e o que não fazer. Essa é a maneira característica em que o Novo Testamento sempre apresenta a doutrina da santificação.

Considere outra ilustração em Filipenses 2, esta grande declaração nos versículos 12-13:

Assim, pois, amados meus – *tome nota* – como sempre obedecestes, não só na minha presença, porém, muito mais agora, na minha ausência, desenvolvei a vossa salvação com temor e tremor; porque é Deus quem efetua em vós tanto o querer como o realizar, segundo a sua boa vontade.

Aqui temos uma formulação típica do assunto. Nós temos que fazer o trabalho porque Deus já nos possibilitou a fazê-lo. É Deus quem trabalha em nós, mas temos que resolver isso; não se trata de algo que nos acontece. Enquanto toda a questão sobre o batismo do Espírito Santo, como vimos, é que é algo acontecido conosco. Você não pode fazer nada sobre ser batizado com o Espírito, exceto pedir por isso. Você não pode fazer qualquer coisa para produzi-lo.

Eu me referi a isso em outro lugar quando apontei o terrível perigo de tentar produzi-lo, ou induzi-lo, ou ajudá-lo a vir relaxando e respirando profundamente, etc. Isso pertence ao reino da psicologia. Você não pode fazer nada sobre o batismo do Espírito. É "concedido", é sua operação e ação. É totalmente de Deus. Isso acontece com a gente. Mas aqui no reino da santificação é sempre exortação, sempre um apelo para aplicarmos o que já aprendemos.

O que o apóstolo escreve em Efésios 4.17 é tão típico do ensinamento do Novo Testamento concernente à santificação: "Isto, portanto, digo e no Senhor testifico que não mais andeis como também andam os gentios, na vaidade dos seus próprios pensamentos". Ele está dirigindo um apelo a eles quando diz: "Olhem aqui, vocês nasceram de novo". Mais tarde, os exorta: "Portanto, sejam imitadores de Deus, como filhos amados". Paulo está dizendo: "Lembre-se quem você é". "Ande em amor, como também Cristo nos amou e se entregou por nós". Mais tarde escreve: "Porque outrora vocês eram trevas, mas agora são luz no Senhor. Vivam como filhos da luz [...] Não participem das obras infrutíferas das trevas [...]" (Ef 5.8,11). Isto é a santificação e é tudo baseado em um argumento e um apelo. Ele nos lembra de quem nós somos, o que somos e o que nos aconteceu, e conclui dizendo: "Agora, à luz disto, aplique-o, perceba quem você é; não viva como você costumava viver, mostre que você é diferente, mostre que vocês são 'filhos amados de Deus'".

Tudo é apelo, exortação, argumento, e esse é o método típico do Novo Testamento nos ensinando a santificação. A santificação é, em última análise, o trabalho do Espírito. Nenhum homem pode se santificar a menos que tenha o Espírito de Deus nele. Mas no momento em que um homem é regenerado, o Espírito está nele e a obra de santificação já começou.

Todavia, por definição, o batismo com o Espírito Santo é algo que acontece com uma pessoa, e só pode acontecer com o cristão. Contudo um homem pode ser um bom cristão, pode estar "crescendo em graça e no conhecimento do Senhor", estar progredindo em santificação, e ainda assim, não conhecer o batismo com o Espírito Santo. Isso é algo dado como uma tremenda experiência. Trata-se de um fato que pode ser isolado, enquanto a santificação é um processo contínuo. Então, por essas razões, estou argumentando ser errado identificá-los, e que, de fato, devemos ensinar e dizer que não há conexão direta entre eles.

No entanto, tendo dito isso, chego ao meu segundo argumento que, enquanto é claro que não há nenhuma conexão direta, é igualmente claro que existe uma conexão muito indireta entre ambos. Estou dizendo que muito da experiência do batismo com o Espírito Santo deve afetar e influenciar a nossa santificação. Como? Bem, é algo assim: quando um homem é batizado com o Espírito Santo, o que realmente acontece com ele é o que Paulo fala em Romanos 5.5: "O amor de Deus é derramado em nosso coração". Essa é a expressão do apóstolo e é uma tradução muito boa – é derramado em grande profusão, quando o coração é inundado com a percepção do amor de Deus. Quando homens e mulheres têm essa experiência, de Deus lhes dizendo que "ele os amou com um amor eterno", que são "seus filhos amados", que zelava por eles antes da fundação do mundo, lhes ama e está preocupado em trazê-los para si e para a glória eterna, em absoluta perfeição e glória, quando Deus faz isso, é bastante inevitável que naquele momento eles abominem o pecado com todo o seu ser, o pecado é para eles naquele momento algo impensável. Não sabem nada, exceto sobre o amor de Deus para com eles enquanto o amor deles por Deus brota em resposta. Isso é a experiência de ser batizado com o Espírito Santo, algo essencialmente experimental. É aí que essas pessoas que dizem que isso acontece a todos na regeneração, parecem-me não só negar o Novo Testamento, mas definitivamente apagam o Espírito. Regeneração é inconsciente, não experimental; mas o batismo com o Espírito Santo é essencialmente experimental.

Olhe para o segundo capítulo de Atos – imagine dizer que isso não é experimental! Mas isso é o que alguns ensinam. Porque eles têm medo dos excessos do Pentecostalismo, atribuem a isso uma impossibilidade, é de fato uma posição ridícula dizer que o batismo com o Espírito Santo não é experimental. Como nós temos visto, não foi apenas experimental, foi tão experimental que toda a Jerusalém sabia o que tinha acontecido com as pessoas; sabiam disso e todo mundo também o sabia. Na verdade, o batismo com o Espírito Santo é caracterizado essencialmente por esse tremendo acontecimento experimental. É a experiência mais maravilhosa e gloriosa que um homem pode ter nesta vida. A única coisa que supera a experiência do batismo com o Espírito é o próprio céu. Nessa experiência, então, um homem sente que pode nunca mais pecar – como ele pode pecar contra tal amor? Então não é em absoluto surpreendente, que as pessoas se inclinem a identificá-lo com a santificação.

Mas devemos ter cuidado aqui. Embora isso seja o que se sente nesse ponto, isso não significa que o pecado tenha sido inteiramente erradicado. Isso é o que se sente na hora, mas não é assim. Porque se fosse assim, eu novamente argumento que todas essas grandes exortações nas epístolas do Novo Testamento teriam sido totalmente desnecessárias, você nunca teria tido todos esses argumentos, apelos e discurso; tudo que o apóstolo teria que dizer seria: "Bem, então, procure isso e você será liberto de todos os problemas, será inteiramente santificado". Mas ele não diz isso, como eu mostrei a você.

Deixe-me dar mais argumentos para comprovar o que estou dizendo. Olhe para o apóstolo, por exemplo, escrevendo em Romanos 6.11-13: "Assim também vós considerai-vos mortos para o pecado, mas vivos para Deus, em Cristo Jesus". Então vem imediatamente um apelo: "Não reine, portanto, o pecado em vosso corpo mortal, de maneira que obedeçais às suas paixões". Não permitam, ele diz, está no âmbito de seu controle. "Nem ofereçais cada um os membros do seu corpo ao pecado, como instrumentos de iniquidade; mas oferecei-vos a Deus, como ressurretos dentre os mortos, e os vossos membros, a Deus, como instrumentos de justiça". Isso nunca teria sido dito se esse outro ensino fosse a verdade e estivesse correto. Claramente não é. A santificação é sempre apresentada em termos de exortação.

E assim você encontra o mesmo em Romanos 8.12-13: "Assim, pois, irmãos, somos devedores, não à carne como se constrangidos a viver segundo a carne. Porque, se viverdes segundo a carne, caminhais para a morte; mas, se, pelo Espírito, mortificardes os feitos do corpo, certamente, vivereis". Agora, se o pecado é tirado de nós pelo batismo com o Espírito Santo, o apóstolo nunca nos exortaria a "mortificar os atos do corpo". Mas ele exorta, e argumenta, e nos dá razões para que meditemos nelas. Todavia a exortação é esta: "Se, pelo Espírito, – o Espírito capacitará você e o ajudará, mas você tem que fazê-lo – mortificardes os feitos do corpo, certamente, vivereis". Não devemos dizer que o batismo do Espírito garante inevitavelmente a santificação. Mas eu ainda digo que existe essa conexão indireta entre eles. O que é isso, então? Bem, eu colocaria assim: o batismo com o Espírito Santo é o maior encorajamento possível para a santificação.

Deixe-me usar uma ilustração, que eu usei em outro lugar, de Efésios 1.13, em conexão com o selo do Espírito. Eu não consigo pensar em uma maneira melhor de ilustrar a relação entre o batismo com o Espírito e a santificação. Olhe para a questão assim: pense na primavera, quando pessoas cultivaram o solo de seus canteiros e semearam. O jardineiro fez o trabalho dele, cavou, arou a terra, colocou a semente, nivelou o solo. Agora há vida nessa semente, mas pode ser que a primavera seja má, fria, sem sol, sem chuva. Semanas passam e o pobre jardineiro vai inspecionar seu jardim e ele não vê nada, então começa a se perguntar se a semente que plantou realmente era boa. Algo está errado, nada está acontecendo e ele se sente um pouco desanimado.

Mas finalmente ele começa a ver a semente germinando e aparecendo logo acima da superfície, apenas uma espécie de névoa verde e nada mais. Então fica assim por dias. Nada parece estar acontecendo e novamente ele está quase cheio de desespero; e continua assim por algum tempo. Mas de repente o dia vem com sol glorioso, e depois um banho de chuva e você pode quase ver a coisa toda surgindo.

Essa é a relação, parece-me, entre o batismo com o Espírito e a santificação. Perceba, houve vida lá todo o tempo; o homem não podia ver, mas havia vida nessa semente e ela tem que brotar. Mas é muito lento, você dificilmente pode ver, quase imperceptível, e vai nesse ritmo. Quando o sol e a chuva vêm, então a coisa toda é estimulada e surge, você pode quase vê-lo crescendo com seus olhos nus.

No momento em que o homem nasce de novo, a semente da vida divina está nele. Pedro diz que somos "coparticipantes da natureza divina" (2Pe 1.4). João diz que "o que permanece nele é a divina semente" (1Jo 3.9). Por mais pobre que o cristão possa ser, a semente está lá. O cristão não pode continuar vivendo uma vida de pecado; ele não "vive na prática do pecado". Por quê? Bem, a semente permanece nele. A vida está lá, mas é como aquele jardim gerando dúvidas sobre se existe alguma coisa lá.

Em outras palavras, o momento em que o homem nasce de novo e a semente divina ou seus princípios entram nele, a vida começou e há esse crescimento imperceptível. Mas deixe um homem ser batizado com o Espírito Santo, deixe que a chuva e o sol do Espírito venham sobre ele, que o amor de Deus seja derramado em seu coração, e você vai vê-lo surgindo na vida, vigor e atividade; sua santificação, tudo referente à sua pessoa é estimulado de uma maneira assombrosa e surpreendente. Mas, é uma conexão indireta, não direta, e não é a mesma coisa. Há um relacionamento inevitável e íntimo entre as duas coisas, todavia ainda devem ser pensadas separadamente; de outra forma não haverá nada além de confusão. E a confusão tem ocorrido com frequência na longa história da igreja cristã.

Então há apenas mais um passo nessa questão, outro passo tremendamente importante, que é enfatizado em todos os lugares no Novo Testamento. Porque essas várias ações são as operações do mesmo Espírito Santo, há sempre essa conexão entre elas. Porque o batismo com o Espírito é o maior estímulo e incentivo à santificação, nós sempre temos um teste muito bom, portanto, que devemos sempre aplicar a qualquer coisa e tudo o que diz ser a obra e operação do Espírito Santo, e é, naturalmente, o mesmo teste para as outras operações do Espírito. Em outras palavras, se você vê algo muito dramático e espetacular alegando ser do Espírito, tem o direito de procurar nessa pessoa pelo fruto do Espírito: o "amor, alegria, paz, longanimidade, benignidade, bondade, fidelidade, mansidão, domínio próprio". É porque às vezes certos setores da igreja falharam ao fazer isso, que naufragaram como eu venho indicando.

Há uma consistência sobre a obra do Espírito. Haverá momentos em que teremos a mesma coisa descrita em 1Coríntios. Nós devemos ser claros sobre isso. Você não deve dizer que os membros da igreja em Corinto não eram cristãos. Muitas pessoas diriam isso. Eles olham para esse lado apenas, o da santificação, e dizem: "Mas certamente um homem que é culpado desse terrível pecado mencionado em 1Coríntios 5, um homem que se deitou com a esposa de seu pai – uma coisa que nem é mencionada entre os gentios – tal homem", dizem eles, "não pode ser um cristão, isto é impossível. Eu não me importo o que ele sabe, que experiência ele teve, que dons ele pode possuir, eu digo que ele não é cristão".

Bem, você não tem o direito de dizer isso e está julgando sem conhecimento. O apóstolo Paulo fala sobre esse homem como um irmão. Um irmão! Em 1Coríntios, Paulo expõe alguns desses pecados graves, essas falhas terríveis e escândalos em que os membros da igreja ali tinham caído, e ainda – e este é o milagre glorioso disso, graças a Deus por isso – é assim que ele se dirige a eles: "Paulo, chamado pela vontade de Deus para ser apóstolo de Jesus Cristo, e o irmão Sóstenes, à igreja de Deus que está em Corinto, aos santificados (separados) em Cristo Jesus, chamados para ser santos [...] (1Co 1.1-2), "chamados santos".

Eles são santos! Você não precisa ser perfeito para ser um santo (os católicos romanos abusaram desta palavra "santo" por chamar assim apenas certos cristãos. Todo cristão é um santo – cada um). Somos todos chamados "santos". Então eu digo que devemos ter cuidado neste momento. Aqui está o apóstolo, e embora ele mostre esses pecados graves em que essas pessoas haviam caído, ainda diz que são santos. Mas ao mesmo tempo não desculpa; pelo contrário, repreende. Ele diz que não adianta falar sobre seus dons maravilhosos se você está negando o próprio Espírito em sua vida diária. Exorta-lhes a serem consistentes, porque a vida cristã é uma totalidade.

Portanto, há sempre essa conexão entre o batismo com o Espírito Santo e santificação, de modo que devemos sempre examinar e verificar tudo o que se diz ser do Espírito Santo, pelo teste da santificação; e se não encontrarmos evidências óbvias de santificação naqueles que estão reivindicando grandes experiências ou grandes dons, devemos adverti-los solenemente em nome de Deus. Mostre o perigo para eles, lembre-os que os dons podem ser dados pelo diabo e que espíritos malignos podem falsificar de uma maneira aterrorizante algumas das mais excelentes manifestações do dom do próprio Espírito Santo.

SERMÃO 17

O SELO DO ESPÍRITO

Chegamos agora a outro termo que é usado em relação ao Espírito Santo, e esse é o "selo". Aqui está um termo que você encontra particularmente em 2Coríntios 1.22. Nos versículos 20-21 do mesmo capítulo o apóstolo diz: "Porque quantas são as promessas de Deus, tantas têm nele o sim; porquanto também por ele é o amém para glória de Deus, por nosso intermédio. Mas aquele que nos confirma convosco em Cristo e nos ungiu (outro dos termos) é Deus", – e aí vem o verso 22 – "que também nos selou e nos deu o penhor do Espírito em nosso coração".

Outro uso dessa palavra está em Efésios 1.13, onde o apóstolo está se referindo aos gentios. Ele disse no versículo 11: "Nele, digo, no qual 'fomos' também feitos herança" – isto é uma referência aos judeus. Eles foram os primeiros, como ele diz no versículo 12 – "os que de antemão esperamos em Cristo". Agora ele diz nos versos 13-14: "Em quem também vós," – os gentios – "depois que ouvistes a palavra da verdade, o evangelho da vossa salvação, tendo nele também crido, fostes selados com o Santo Espírito da promessa; o qual é o penhor da nossa herança, até ao resgate da sua propriedade, em louvor da sua glória".

O mesmo termo ocorre novamente em Efésios 4.30: "E não entristeçais o Espírito de Deus, no qual fostes selados para o dia da redenção".

Esses são os principais usos deste termo. Há outros que não são tão explícitos, mas isso é suficiente para o nosso propósito aqui. E o que nos é dito é que esses crentes foram "selados" pelo "Espírito Santo da promessa". O Espírito é frequentemente referido no Novo Testamento como "a promessa do Pai". Há uma grande promessa em execução através do Antigo Testamento de um dia que estaria por vir, quando o Espírito seria derramado sobre toda carne. Está na profecia em Joel, você se lembra; também se encontra em Ezequiel 36, e em muitos outros lugares na mais bela e gráfica linguagem, frequentemente comparada com o "orvalho" ou uma "chuva". Agora, portanto, o Espírito Santo é assim referido como "o Espírito Santo da promessa" e o que o apóstolo nos ensina é que estamos selados até o dia da redenção pela doação e recebimento desse Espírito Santo prometido havia tanto tempo.

Algumas questões surgem imediatamente. Qual é a relação disto com o batismo com o Espírito? O que exatamente significa "selar"? A melhor maneira, parece-me, é fazer essas perguntas na ordem inversa: descobrindo o que exatamente é o "selar" é que vamos ver qual é sua relação com o batismo com o Espírito Santo.

O que, então, é esse "selar com o Espírito"? O que o apóstolo quer dizer quando lembra os coríntios e efésios a respeito disso? (E o que diz para eles, é claro, pode ser verdade para todos os outros cristãos – eles podem ser "selados" com esse Espírito Santo da promessa).

A tendência, novamente, por parte de alguns é identificar isso também com santificação. Existe um ensino que tem sido um dos predominantes e mais populares nos círculos evangélicos desde 1873, que todos esses termos são apenas maneiras diferentes de descrever a santificação. Então, quando nos é dito, portanto, que temos sido selados pelo Espírito, é apenas outra maneira de dizer que todos nós estamos passando por este processo de santificação e todas as promessas de Deus são seladas a nós, produzindo os "frutos" de santificação em nós; e que, portanto, o selo do Espírito significa que estamos manifestando amor, alegria, paz, longanimidade, benignidade, bondade, fidelidade, mansidão, domínio próprio – o fruto do Espírito. Nesta visão não existe nada de especial, separado, ou único em ser selado com o Espírito.

Eu falei anteriormente sobre a questão da santificação, que há pessoas adotando essa mesma visão em relação ao batismo com o Espírito. E depois houve os outros que identificaram o batismo com santificação.

Então, novamente, é necessário esclarecermos esse assunto, e eu desejo sugerir que essa identificação do selo com o Espírito com a santificação nada mais é que confusão. Torna-se algo importante e sério, porque eu acredito que, eventualmente, isso leva a apagar o Espírito. Homens e mulheres chegam à conclusão de que tudo o que se quer dizer aqui é que pelo fato de termos nascido de novo e termos a semente da vida crescendo em nós, nossa santificação está progredindo; e porque essa é a obra do Espírito Santo, o significado da expressão selado com o Espírito é justamente esse. Portanto, eles não procuram nada mais.

Agora me parece que o perigo ao longo de toda essa linha argumentativa com essa questão é a de reduzir a terminologia do Novo Testamento ao nível de nossas próprias experiências. É o perigo de interpretar o ensino do Novo Testamento não nos termos da vida da igreja primitiva, mas nos da vida da igreja como se tornou, infelizmente, durante o passar dos séculos. Colocando de outra forma, é o perigo de interpretar o Novo Testamento ensinando nos termos da vida da igreja, quando ela está em baixa, em vez de quando está no seu ponto mais alto, em períodos de avivamento, despertamento e manifestação do poder glorioso de Deus. Nada para mim é mais sério do que isto. Se tudo é uma questão de santificação, não há nada mais para vivermos. Nós apenas continuamos como estamos, nos rendendo à obra do Espírito sem jamais esperar qualquer coisa de fora, qualquer "chuva" ou "derramamento" do Espírito, e isso, infelizmente, é a atitude que prevalece no presente momento.

Tudo isso está errado, porque é adulterar as palavras usadas pelo apóstolo na declaração em Efésios 1.13-14. Vamos estudar isso por um momento: "Em quem também vós, depois que ouvistes a palavra da verdade, o evangelho da vossa salvação". Agora eu vou considerar isto a partir da Versão Autorizada[25] que continua assim: "No qual também

---

[25] A Bíblia King James, também conhecida como Versão Autorizada - em inglês: Authorized King James Version - é uma tradução inglesa da Bíblia realizada sob as ordens do rei James I no início do século 17, sendo considerada um dos livros mais importantes para o desenvolvimento da cultura e língua inglesas (**N. do E.**).

depois que crestes, fostes selados com o santo Espírito da promessa, que é o penhor de nossa herança até a redenção do bem adquirido". Os amigos que querem identificar isto com a santificação dizem: "eu vejo exatamente onde você erra; você foi enganado por essa tradução". É sempre interessante para mim ver como esses amigos parecem pensar que alguma tradução especial é sempre o que vai resolver o problema.

Claro, estou bem ciente do fato de que essa última tradução mencionada não é literalmente precisa. Agora eu enfatizo isso: não estou dizendo que não é precisa, estou dizendo que não é "literalmente" precisa. Os tradutores não deveriam ter realmente dito: "depois que crestes". A melhor tradução é "crendo" ou "tendo crido". Você pode considerar isso nos dois sentidos: "em quem também crendo, fostes selados com o Espírito Santo da promessa"; ou: "tendo crido...". Ambas as traduções estão corretas e as autoridades estão divididas entre as duas.

Mas isso não faz diferença alguma para o significado. O que o apóstolo está dizendo é que tendo eles ouvido a mensagem da verdade do evangelho, haviam crido na mesma, receberam-na e, crendo – ou tendo crido – haviam sido selados com o Espírito Santo da promessa. De modo que deixa o significando exatamente o mesmo. Presume-se e se dá por certo que eles já eram crentes quando foram selados.

Agora eu quero citar o comentário de Charles Hodge, sobre esse ponto, porque não me parece haver outro melhor. Charles Hodge referindo-se a essa tradução diz: "Isto é mais do que uma tradução; é uma exposição do original", e ele está, sem dúvida, correto. O que ele quer dizer é isto: embora, talvez, os tradutores não devessem ter na verdade dito "depois que crestes" eles realmente estavam expondo o grego original. Esses homens eram ótimos estudiosos do grego e traduziram deste modo. Eles sabiam tudo sobre o significado exato, mas estavam ansiosos em ajudar os leitores. Então, para ajudá-los, eles "expõem" em vez de traduzir neste ponto. 'Entenda-se o que se entender por "selar" – diz Charles Hodge – "é algo posterior à fé". Este é o ponto importante.

Também pode considerar o que diz Charles Simeon em relação a essa mesma declaração. Referindo-se ao selar do Espírito, ele diz:

"Isto foi concedido a muitos dos santos em Éfeso" – note que ele não diz todos eles. E então ele continua: "Sempre haverá alguém na igreja que possua e desfrute... Esse estado superior de santificação e garantia é reservado para aqueles que 'tendo nele também crido' mantiveram uma íntima caminhada com Deus".

Em outras palavras, essas duas autoridades, diferindo muito uma da outra em muitos aspectos – Charles Hodge, o grande comentarista e teólogo americano, e Charles Simeon, evangelista, pastor, professor em Cambridge – ambos concordam sobre o fato que "selado com o Espírito" é algo que pressupõe fé, algo dado àqueles que possuem fé. E Simeon é particularmente insistente sobre o ponto que isso não pode dizer-se de todos os cristãos.

Agora considere essa outra visão que diz que isso é santificação e, claro, você tem que dizer que essa verdade se aplica a todo cristão, que todo cristão automaticamente foi selado até o dia da redenção, pelo fato de sua regeneração. Como eles dizem que o batismo com o Espírito Santo é comum a todos os crentes, equivalendo a regeneração e não algo separado ou diferente desta, dizem a mesma coisa do "selado". Mas aqui me parece que as próprias palavras utilizadas, mais do que as opiniões das autoridades mencionadas, torna impossível aceitarmos essa exposição.

Em outras palavras, o que você tem aqui em Efésios 1.13 é exatamente a mesma ordem de Atos. Olhe para isto; considere os próprios apóstolos. Aqui estão esses homens que estiveram com o nosso Senhor e creram nele, a quem ele contrasta com o mundo e de quem ele disse: "Vós já estais limpos pela palavra que vos tenho falado" (Jo 15.3). Os mesmos homens sobre quem ele havia "soprado" o Espírito Santo no cenáculo após a sua ressurreição, a quem havia dito para permanecerem ali até receberem poder – homens crentes e regenerados – mas foi só no Dia de Pentecostes que foram batizados com o Espírito. Essa é a ordem.

E você se lembra do caso dos crentes em Samaria. Filipe havia pregado, eles creram na mensagem e foram batizados, mas ainda não haviam sido batizados com o Espírito Santo – outra vez é essa mesma ordem. Então Pedro e João desceram, oraram e impuseram as mãos e o Espírito Santo desceu sobre eles. É sempre essa ordem: "Tendo crido", "crendo"– então... é precisamente uma repetição do mesmo.

E da mesma forma, em Atos 19, o apóstolo Paulo tendo pregado novamente a essas pessoas depois "os batizou em nome do Senhor Jesus Cristo", ainda teve que impor as mãos sobre elas antes de receberem o batismo com o Espírito Santo. Essa é a sequência. Quero destacar que você tem exatamente a mesma ordem aqui quando o apóstolo fala a esses efésios sobre o "selar".

O que, então, é esse "selar com o Espírito"? "Em quem também vós... tendo nele também crido, fostes selados com o Santo Espírito da promessa". Aqui novamente está um ponto interessante. Existem aqueles que dizem: "Ah, sim, um selo: selo sempre significa propriedade. Quando um homem é dono de algo ele coloca seu selo para dizer: 'Esta é a minha propriedade'". Muito bem, as pessoas fazem isso. É um dos significados do termo "selar". Outros dizem: "Não, é mais uma questão de segurança"; e isso de novo está certo. Juntamos um pacote, e se estamos particularmente ansiosos que viaje com segurança, mandamos registrá-lo e você não pode registrar uma coisa sem o selo. De modo que, dizem eles, a ideia é de segurança. E de novo, claro, sabemos que o selamento é usado nesse sentido. Mas isso é uma coisa muito perigosa, apenas pegar o seu dicionário e ver o significado de uma palavra e, em seguida, aplicar o primeiro que você encontrar e dizer: "Ah, deve ser isso". Não, existem muitos significados diferentes para selar, e há outro que eu quero apresentar a você como sendo o mais adequado significado à questão.

Outra finalidade do selar é autenticar ou confirmar algo como genuíno e verdadeiro. Agora você faz isso assinando um documento, não é? Você coloca um selo nele, e o objetivo de selar é autenticar esse documento, confirmar que é genuíno e verdadeiro. E eu quero sugerir que esse é o significado principal aqui. Não é o único, os outros dois que eu penso estão envolvidos; mas acredito que o principal objetivo do selar é que a experiência foi autenticada. "Vocês creram – diz Paulo – como nós cremos, e então vocês estão sendo autenticados pelo Espírito Santo da promessa, que é também a garantia de nossa herança até a redenção da posse adquirida".

Por que eu digo que esse é o significado que devemos selecionar em vez dos demais, ou pelo menos, dar-lhe a maior proeminência? Bem, eu acredito que o primeiro argumento deveria ser que o próprio contexto sugere isso. O apóstolo aqui está lembrando esses efésios do que eles são como cristãos. Esse é todo objetivo dessa carta. Então ele começa com o grande propósito eterno de Deus, e mostra o quão grande é o propósito de Deus. Ele diz que o propósito é "assim como nos escolheu, nele, antes da fundação do mundo, para sermos santos e irrepreensíveis perante ele; e em amor nos predestinou para ele, para a adoção de filhos, por meio de Jesus Cristo" (Ef 1.4-5). Esse é na realidade o propósito de Deus para conosco. E assim ele "nos tem abençoado com toda sorte de bênção espiritual nas regiões celestiais em Cristo" (Ef 1.3). Esse é o grande plano e propósito eterno de Deus, como está disposto no versículo 10: "De fazer convergir nele, na dispensação da plenitude dos tempos, todas as coisas, tanto as do céu como as da terra": Deus redimindo o cosmos, formando um povo para si mesmo. E ele fez isso – diz Paulo – escolhendo de entre esses judeus e desses gentios.

O que ele quer que esses efésios saibam é que essa é a verdade a respeito deles. Está escrevendo para encorajá-los, e é por isso que ele continua a orar:

> Não cesso de dar graças por vós, fazendo menção de vós nas minhas orações, para que o Deus de nosso Senhor Jesus Cristo, o Pai da glória, vos conceda espírito de sabedoria e de revelação no pleno conhecimento dele, iluminados os olhos do vosso coração, para saberdes qual é a esperança do seu chamamento, qual a riqueza da glória da sua herança nos santos (v. 16-18).

Esse é o contexto, você vê, e mesmo aqui, neste contexto imediato, ele diz que o Espírito é o selo e o penhor: "[...] Fostes selados com o Santo Espírito da promessa; o qual é o penhor da nossa herança, até ao resgate da sua propriedade, em louvor da sua glória" (v. 13-14). Paulo quer dizer com isso que Cristo, pela sua obra na terra, sua vida, morte e ressurreição, comprou para nós uma grande herança, uma grande propriedade. Mas como estamos aqui na terra e a vida é difícil, somos fracos e fracassados, a questão é, como podemos saber que tudo isso é verdade dessa herança nos pertencer? Ele tem feito a obra, mas ainda não possuímos o que é nosso. Está lá e nós vamos recebê-lo "até a redenção da posse adquirida".

Agora, diz Paulo, a garantia que você recebe enquanto está aqui, o penhor, é o Espírito Santo. O Espírito Santo é tanto o selo, quanto o penhor. Você tem os títulos de propriedade, tem o seu documento e o selo está nele, e o selo é esse prometido Espírito Santo. Então o selo foi colocado sobre nós; fomos "selados" pelo Espírito. Não só como a "posse" de Deus – que naturalmente entra nisso e eu já aceitei – nem também como uma questão de segurança, isso também está envolvido. Mas o melhor de tudo é que nós podemos ter a autenticação confirmatória de que isso é a verdade a nosso respeito.

Está aí meu primeiro argumento para isso, e eu diria que essa é a forma usada também em Atos. Como eu tenho lembrado, os apóstolos Pedro e João tiveram que descer a Samaria no sentido de confirmar a obra que havia sido feita por Filipe. Filipe havia pregado, as pessoas creram e foram batizadas. Sim, mas aqueles crentes ainda não possuíam a forma mais qualificada de autenticação, assim os apóstolos desceram e oraram por eles impondo as mãos, e então o Espírito desceu sobre aqueles crentes. Esta foi a autenticação, para eles em particular, mas também para os outros que estavam testemunhando.

Mas o caso mais notável de todos, de muitas maneiras, é Atos 10.44-48, a história do que aconteceu na casa de Cornélio, já considerada aqui mais de uma vez.

O que aconteceu foi isto: Pedro diz na verdade que estava "confrontado por um argumento sem resposta". Ele era um judeu e estava com problemas. A visão foi-lhe dada para poder persuadi-lo de que os gentios deveriam ser admitidos na igreja. Ele tinha todos os preconceitos de um judeu e a questão era: "como pode um gentio ser um cristão?", e aqui está ele pregando. O que Pedro está dizendo, com efeito, é isto: "Quando eu vi Deus colocando seu selo sobre essas pessoas, quem era eu para dizer que não poderiam ser recebidas ou que não deveriam ser batizadas? Deus colocou o selo sobre eles e, portanto, fiquei sem palavras".

Mas, lembre-se, Pedro foi chamado para dar testemunho disso e ele teve que ir a Jerusalém para explicar sua ação ao batizar esses gentios e recebê-los na igreja cristã. Atos 11.15-17 relata o que aconteceu:

> Quando, porém, comecei a falar, caiu o Espírito Santo sobre eles, como também sobre nós, no princípio. Então, me lembrei da palavra do Senhor, quando disse: João, na verdade, batizou com água, mas vós sereis batizados com o Espírito Santo. Pois, se Deus lhes concedeu o mesmo dom que a nós nos outorgou quando cremos no Senhor Jesus, quem era eu para que pudesse resistir a Deus?

Perceba o argumento: Deus havia dado a evidência, colocando seu selo sobre eles. Por isso eu estou argumentando que o que você tem aqui em Efésios 1.13 está em conformidade com o que você encontra descrito em Atos.

Eu ainda tenho uma evidência mais forte, que deveria determinar nossa decisão sobre o que exatamente se entende pelo selo com o Espírito: é o que se nos diz sobre nosso bendito Senhor em João 6.25-27, quando os judeus estavam discutindo com ele:

> E, tendo-o encontrado no outro lado do mar, lhe perguntaram: Mestre, quando chegaste aqui? Respondeu-lhes Jesus: Em verdade, em verdade vos digo: vós me procurais, não

porque vistes sinais, mas porque comestes dos pães e vos fartastes. Trabalhai, não pela comida que perece, mas pela que subsiste para a vida eterna, a qual o Filho do Homem vos dará; porque Deus, o Pai, o confirmou com o seu selo.

Exatamente o mesmo termo! Aqui nosso Senhor está falando sobre si mesmo, dizendo que foi "selado" por Deus Pai.

Agora isso foi dito a esses judeus que não acreditavam nele. Então, no versículo 28, lemos: "Dirigiram-se, pois, a ele, perguntando: Que faremos para realizar as obras de Deus?". Mais tarde, perguntaram-lhe: "Que sinal fazes para que o vejamos e creiamos em ti? Quais são os teus feitos?" (v. 30). Eles queriam um sinal, queriam algum selo, alguma prova de que ele era o Filho de Deus como afirmara ser. Ele está dizendo: "eu sou o pão da vida", "eu sou a água da vida", "eu sou a luz [...]" e assim por diante, mas eles queriam alguma prova. E Jesus diz: "vocês têm a prova, o Deus Pai já 'me selou'".

Ao que se referem essas palavras? Bem, há apenas uma resposta para essa questão. Não pode ser a santificação aqui, pode? Você não fala sobre a santificação do Filho de Deus. É claro que não. Ele nasceu como o Filho de Deus, nasceu cheio com o Espírito de Deus, ele é o Filho de Deus. Mas ele afirma que foi selado. Ao que ele está se referindo? Há apenas uma resposta para isso: está se referindo ao que aconteceu com ele em seu batismo. Foi lá que Deus o autenticou. Ele insistiu, você lembra, que João Batista deveria batizá-lo, e quando estavam no Jordão o Espírito Santo desceu sobre ele na forma de uma pomba, e, como vemos em João 1.33 permaneceu sobre ele. "E eis uma voz dos céus, que dizia: Este é o meu Filho amado, em quem me comprazo" (Mt 3.17).

Aí temos o selo, a autenticação. O carpinteiro Jesus de Nazaré de repente avança, começa a ensinar, e todo mundo diz: "Quem é esse?". Então Deus responde a questão. Deus o "selou" e o autenticou dizendo: "Este é meu filho; o Espírito é enviado sobre ele".

É depois disso que ele começa a fazer o seu trabalho. Então, chegando de volta da tentação no deserto, vai para Nazaré, sua cidade natal, entra na sinagoga no sábado, toma o pergaminho e começa a ler Isaías: "O Espírito do Senhor está sobre mim, pelo que me ungiu para evangelizar" (Lc 4.18).

Ele foi selado, separado. Deus diz, aqui está meu mensageiro, meu Messias: "Deus não dá o Espírito por medida", diz João 3.34.

O comentário do Bispo Westcott sobre isso é particularmente claro. Ele diz que selar significa ser "solenemente separado para o cumprimento de uma função e autenticado por sinais inteligíveis". Isso é o que aconteceu ao nosso Senhor; a Cornélio e sua casa; aos samaritanos e a essas pessoas em Éfeso. Isto é o que o apóstolo está dizendo sobre eles.

Isso se trata claramente de algo não relacionado com santificação, mas com poder para testemunhar: algo visível, inteligível, tangível; algo acontece que os homens podem entender. E então quando você lê sobre o ministério de nosso Senhor, descobre que as pessoas ficaram maravilhadas e disseram: "Não podemos discutir o poder, mas afinal de contas, esse é Jesus de Nazaré, como se explicam essas coisas?" E ele continua dizendo: "vocês não conseguem ver a explicação? O que estou fazendo, o que sou capacitado para fazer é a prova de quem eu sou e para o que eu mesmo tenho sido preparado". Até a idade de trinta anos nosso Senhor aparentemente viveu uma vida como todo mundo, mas de repente, quando partiu em sua obra de evidenciar e testemunhar, ele recebe este "selo do Espírito".

Em outras palavras, estou sugerindo a você que o selo do Espírito e o batismo com o Espírito são a mesma coisa. Esses termos são sinônimos, mas são usados, aqui e ali, de acordo com o contexto imediato. Quando é puramente uma questão de testemunho você tem o termo "batismo" usado; mas quando é colocado mais em termos de nossa herança e a certeza que nos é dada de que somos os herdeiros de Deus, então o termo "selo" é usado, e o termo "penhor" elabora um pouco mais o significado. O penhor e o selo geralmente são encontrados juntos por esse motivo.

Nós definimos o batismo nesses termos: é a mais alta forma de segurança da salvação que qualquer um pode receber, e que com essa garantia vem o poder. Se estivermos inseguros, duvidosos e hesitantes, nosso testemunho será afetado. Se não tivermos certeza sobre a palavra de Deus, sobre o que é verdadeiro e o que não é verdadeiro, ou se eu não tenho certeza sobre o meu relacionamento com ele e se essas coisas se aplicam ao nosso caso, eu devo, como vimos anteriormente, ser um advogado, não uma testemunha. Mas quando um homem é batizado com o Espírito ou selado com o Espírito, ele sabe; o Espírito é a certeza.

Isso não conduz só à certeza no indivíduo, conduz ao poder, e isso por necessidade. É quando estamos certos de algo que falamos com autoridade e poder. Nós não apenas "sugerimos" alguma coisa. Nossas declarações não são contingentes, elas não são qualificadas, nós "anunciamos" – essa é a grande palavra do Novo Testamento. "Esse que adorais sem conhecer", diz Paulo aos atenienses, "é precisamente aquele que eu vos anuncio". Ele sabia! Essa é a grande característica da igreja cristã em cada período de avivamento e reforma.

A fim de tornar isso ainda mais claro, eu quero dar um passo adiante e sugerir que o que o apóstolo Paulo diz em Romanos 8.16 é novamente a mesma coisa: "O próprio Espírito testifica com o nosso espírito que somos filhos de Deus". Mas volte atrás; deixe-me lhe dar o contexto, desde o versículo 14:

> Pois todos os que são guiados pelo Espírito de Deus são filhos de Deus. Porque não recebestes o espírito de escravidão, para viverdes, outra vez, atemorizados, mas recebestes o espírito de adoção, baseados no qual clamamos: Aba, Pai. O próprio Espírito testifica com o nosso espírito que somos filhos de Deus. Ora, se somos filhos, somos também herdeiros, herdeiros de Deus e coerdeiros com Cristo; se com ele sofremos, também com ele seremos glorificados. Porque para mim tenho por certo que os sofrimentos do tempo presente não podem ser comparados com a glória a ser revelada em nós (Rm 8.14-18).

Você percebe o contexto? Quão interessantes são essas coisas. O apóstolo está dizendo exatamente a mesma coisa dita em Efésios 1.13, mas ele varia a terminologia. Escrevendo aos romanos, ele está preocupado com os cristãos passando por um momento muito difícil. "Tenho por certo que os sofrimentos do tempo presente não podem ser comparados com a glória a ser revelada em nós". Como eu sei disso? Aqui estou tendo um momento complicado e difícil como cristão neste mundo, sou informado sobre essas coisas gloriosas – como eu sei que isso me pertence?

O apóstolo responde à pergunta. Ele diz: você creu na verdade; o Espírito está operando em você, e em você mesmo há um Espírito de adoção, um clamor em seu coração a Deus dizendo, "Aba, Pai". Você pode não ter essa experiência muitas vezes, mas sabe o que ela é. Como quando uma criança corre para seu pai ou mãe com algum problema, você sabe o que é correr para Deus e dizer: "Ó Pai! Aba, Pai!". Esse é "o Espírito de adoção!".

Isso é uma grande ajuda para você, diz o apóstolo. Você não está mais em um espírito de peso e de escravidão, ou debaixo da lei, tentando se tornar cristão, pensando às vezes que é cristão, depois cai no pecado e diz: "Mas eu sou um cristão?", duvidando de toda a sua justificação. Esse é o espírito de escravidão que leva ao medo de modo que não sabe se você é um cristão ou não. Mas você não é isso, diz o apóstolo, você não recebeu isso "novamente". Você já foi assim, mas agora não é mais. Não, recebeu o Espírito de adoção, por meio do qual clama "Aba, Pai".

Tudo bem; mas o diabo vem até você nesse ponto e diz: "Sim eu sei; mas o espírito humano é muito inseguro e muito pouco confiável, talvez se trate de um estado de ânimo puramente natural. Você sabe como é variável. Você acorda duas manhãs seguidas e pode se achar totalmente diferente; está de bom humor um dia e de mau humor no outro. Você não pode controlar essas coisas, de se sentir assim hoje e dizer "Aba, Pai", mas como você estará amanhã? Vai confiar em seus próprios sentimentos?".

O diabo como "o acusador dos irmãos" vem e diz coisas assim para nós, e é muito difícil responder a ele porque é sutil e inteligente ao manipular seus argumentos. Ele se traveste em psicologia moderna e assim por diante e você começa a duvidar da coisa toda.

Bem, espere um minuto, diz Paulo. Eu não terminei, eu tenho algo mais forte. Além do seu espírito que clama "Aba, Pai", existe este outro: "O próprio Espírito testifica com o nosso espírito". Agora isso não é algo em mim, mas é algo fora de mim. Este é o próprio Espírito testificando com meu espírito. Em outras palavras se preferir, como marca ou selo sobre o meu espírito. Aqui está meu título de propriedade com o selo sobre ele; o selo é o Espírito. "Ele testifica com meu espírito que sou um filho de Deus".

Agora meus queridos amigos, vejam vocês, isso não é a santificação. A santificação está incluída no que nos é dito no versículo 15 com "meu espírito". Todos nós sabemos disso, eu creio, cada um de nós. Não apenas aqueles momentos em oração quando você diz: "Pai!" e você descansa em seu amor e em seus braços como seu filho. Mas sabe também sobre experiências em que quando lê as Escrituras elas falam com você. Elas não falam com todos, mas falam aos cristãos. Elas têm sido ditadas pelo Espírito Santo e ele está em você. Você sabe o que é encontrar o Espírito realçando a palavra e falando a você, e isso lhe dá uma grande segurança, pois o reconhece em seu espírito. Você sabe que é um filho de Deus e pode lembrar-se de um dia em que sentiu que as Escrituras eram chatas e não as entendeu e elas não significaram nada. Mas agora elas significam! Bem, esse é o seu espírito, em certo sentido, clamando "Aba, Pai". Ou você pode ter conhecido em um culto quando sentiu coisas que lhe deram a certeza de que é realmente um filho de Deus.

Você conhece a história de William Wilberforce e seu amigo íntimo, William Pitt, o Jovem, um dos grandes primeiros-ministros deste país? Wilberforce foi um homem cristão excelente e ele estava profundamente preocupado com o seu amigo William Pitt, que era nada mais que um cristão nominal.

Wilberforce estava sempre tentando falar com ele sobre essas coisas. Estava particularmente ansioso que Pitt deveria ir com ele para ouvir um famoso pregador evangélico, chamado Richard Cecil. Então, Wilberforce ministrou sobre a vida de Pitt por semanas e meses. Por fim, Pitt prometeu que no próximo domingo de manhã iria para ouvir esse pregador, então Wilberforce foi orando, cheio de expectativa, e eles foram para o culto e sentaram juntos. Richard Cecil pregou e expôs as glórias do reino de Deus e a relação dos filhos de Deus com o Pai; Wilberforce estava em êxtase, regozijando-se, deleitando-se nessa gloriosa verdade ao imaginar o que estava acontecendo com Pitt.

Pitt era, suponho, um homem mais respeitável do que William Wilberforce – ele era o primeiro-ministro. No final do culto eles saíram e Wilberforce se perguntou o que tudo isso significava para Pitt. Ele não teve que esperar muito. Assim que saíram do átrio, Pitt virou-se para Wilberforce, que tinha sido tão arrebatado pela exposição da verdade de Deus – e disse: "Eu não entendi uma única palavra do que aquele homem estava falando, o que foi isso?!"

É assim que obtemos a segurança? Se essas coisas o movem e arrebatam seu coração é porque você é um filho de Deus. Você tem uma natureza que pode receber "o genuíno leite espiritual" e lhe dá certeza. Então você recebe a segurança orando, ao ler as Escrituras, nos cultos e de várias outras maneiras.

Mas o que o apóstolo está dizendo é: tudo isso é maravilhoso, mas há algo ainda mais maravilhoso, e é "o próprio Espírito testificando com nosso espírito" – o selo, o batismo, "o amor de Deus derramado no coração". Isto é algo irrefutável. Você está vendo e ouvindo. Você não está deduzindo isso de si mesmo ou dos sinais de santificação que há em si mesmo. Essa é outra maneira pela qual pode ter segurança. Isso é algo externo, por assim dizer, objetivo, "dado", "acontece" com você.

Há apenas uma coisa além disso, como eu disse, e que é estar no próprio céu, na glória. Isso é o mais próximo de chegar ao céu aqui na terra – quando "o próprio Espírito testifica com o nosso espírito que somos filhos de Deus. Ora, se somos filhos, somos também herdeiros, herdeiros de Deus e coerdeiros com Cristo".

Meus queridos amigos, estou lhes dizendo que "batismo com o Espírito", "selado com o Espírito", "o penhor do Espírito", a certeza do Espírito com nosso espírito de que somos filhos de Deus, coisas são as mesmas coisas.

Deixe-me citar novamente Charles Simeon: "Para muitos", ele diz, "infelizmente, o selo do Espírito é mera tolice". Lamentavelmente existem muitas pessoas assim na igreja hoje, considerando tudo isso como "tolice". Mas Simeon continua, "aqueles que o consideram assim falam mal das coisas que não entendem. Vamos procurar examinar a nós mesmos, em vez de censurar aqueles que o fazem". E eu repito e recomendo essas palavras para você.

Deixe Whitefield ter a palavra final. Este é um trecho de seu diário pessoal: "Estava cheio do Espírito Santo – isso é muito depois de sua conversão. Ó, que todos que negam a promessa do Pai possam assim recebê-la em si mesmos! Ó, que todos sejam participantes da minha alegria!"

Você foi selado com o Espírito? O Espírito testificou com o seu espírito que você é filho de Deus? Eu não quero dizer que você deduz isso da sua santificação, ou de sua leitura da Escritura, ou oração, ou dos cultos, ou qualquer um desses outros elementos. Eu estou perguntando, ele próprio lhe autenticou, atestou, selou; para que você saiba além de qualquer dúvida ou incerteza de que é filho de Deus e um herdeiro comum com Cristo? Graças a Deus pela multiplicidade dos termos, por todos juntos nos mostrarem essa mesma grande verdade de diferentes aspectos, pois ajudam a aumentar a sua glória e seu esplendor.

"Ó, que todos que negam a promessa do Pai possam assim recebê-las em si mesmos! Ó, que todos sejam participantes da minha alegria!" Você pode dizer isso? Isso é possível para você. Busque isso. Procure até o encontrar e ser capaz de dizer: "Ó, que todo o mundo conheça a alegria que agora conheço, enquanto o Espírito enche a minha vida e testifica com meu espírito que sou um filho de Deus".

SERMÃO 18

ALGO PELO QUE VALE A PENA LUTAR

Vimos que foi somente após os apóstolos terem sido batizados com o Espírito Santo que realmente vieram a entender o significado do que aconteceu com seu Senhor e Mestre. Se você ler as páginas dos quatro evangelhos encontrará os discípulos chegando lentamente a uma fé na divindade de nosso Senhor, mas ainda tropeçando, especialmente quando ele se referiu à sua morte próxima. Eles foram incapazes de aceitar aquilo e recebê-lo, e nós também os encontramos mesmo depois da ressurreição ainda desconsolados, e ainda não entendendo. Nosso Senhor tem que repreendê-los e adverti-los, e em seguida, expõe para eles nas Escrituras a verdade sobre si mesmo. Ele aponta como as Escrituras tinham profetizado que o Cristo deveria sofrer e que "Jesus é o Cristo". Essa foi a essência de seu ensino, como você vai encontrá-lo, por exemplo, em Lucas 24. Então ele os instrui e promete-lhes que dentro de alguns dias serão batizados com o Espírito Santo. E assim aconteceu no Dia de Pentecostes. O que você encontra imediatamente é que o apóstolo Pedro atuando como porta-voz e pregador é capaz de expor o significado da morte de Jesus Cristo de uma forma que ele nunca foi capaz de fazer antes.

Em outras palavras, nosso Senhor havia prometido que quando o Espírito viesse em sua plenitude daria entendimento, levaria a toda a verdade, e permitiria alcançar coisas que não conseguiram entender à época.

Agora esse é um princípio tão verdadeiro hoje como era naqueles dias. Temos repassado o testemunho de muitos homens que viveram no passado, os santos de Deus, e notado um elemento comum a todos: nessa experiência todos eles testemunham que chegaram a uma compreensão da verdade sobre o Senhor e a um conhecimento dele que nunca tiveram antes.

Muito bem, então é essencial que se quisermos compreender o significado dos acontecimentos que levaram à cruz e à crucificação em si, que sejamos ungidos com o Espírito Santo, porque é apenas quando nossos olhos são verdadeiramente iluminados que podemos entender. Vocês todos sabem quantos interpretaram mal o significado dessas coisas e ainda o fazem; lamentavelmente mesmo em nome do cristianismo, a morte do nosso Senhor é descrita como a morte de um pacifista, como uma grande tragédia que gostariam não tivesse acontecido. Meus queridos amigos, se ela não tivesse acontecido, nós não estaríamos aqui agora; ninguém teria alguma esperança do céu. Mas não podemos entender essas coisas com a mente natural. "Ora, o homem natural não aceita as coisas do Espírito de Deus, porque lhe são loucura; e não pode entendê-las, porque elas se discernem espiritualmente" (1Co 2.14). A maior necessidade da igreja, sob todos os pontos de vista, é por uma grande visitação do Espírito Santo, e somente quando ela receber isso será capaz de entender de novo, compreender e pregar aos outros a mensagem salvadora do evangelho do Filho de Deus. Então, continuaremos com nosso estudo, já que não há nada mais vital.

Agora me parece que há outra coisa a se fazer. Há uma série de dificuldades que as pessoas sempre tiveram e ainda têm em relação a certos textos.

A dificuldade é que esses textos parecem dizer superficialmente que todo cristão recebeu esse batismo com o Espírito Santo e seria errado, portanto, exortar o povo cristão a buscar essa bênção, porque você é um cristão e necessariamente já deve ter recebido. Ou às vezes eles colocam a dificuldade dizendo que se existe a promessa de que isso vai acontecer com todos os crentes, bem, ou todos receberam, ou não se pode entender por que aqueles que pedem não o receberam.

Vamos olhar para um ou dois desses versículos, porque eu acho que as pessoas que estão preocupadas com esse assunto – e elas são as que eu estou ansioso em ajudar – têm um verdadeiro problema com isso. Um versículo que frequentemente citam é Lucas 11.13: "Ora, se vós, que sois maus, sabeis dar boas dádivas aos vossos filhos, quanto mais o Pai celestial dará o Espírito Santo àqueles que lho pedirem?". Agora esse é um daqueles versículos que confundem as pessoas. Elas dizem: "Ou todos nós recebemos o Espírito Santo desta maneira como cristãos, ou não sabemos o que pensar, pois parece dizer-nos bastar pedir esse dom e nós o receberemos".

Então a discussão continua assim: as pessoas dizem: "Bem, eu pedi a ele e não tive nenhuma experiência como você está descrevendo. Portanto, há apenas uma conclusão: ou isso é *na realidade* a posse de todos os cristãos – quer saibam ou não – e você está errado em dizer que é algo especial e único, ou então a resposta parece ser que, de uma forma ou outra, Deus não está cumprindo sua promessa". Como nós lidamos com isto?

Aqui está um dos mais importantes princípios que governa não apenas este texto em particular, mas também muitas declarações semelhantes. Você percebe que nosso Senhor está se referindo apenas aos filhos, aos filhos que pedem. E isto em si já é algo interessante: Jesus parece estar dando como certo que aqueles que vão pedir ao Pai o Espírito Santo são aqueles que sabem que são filhos e se dirigem a ele como seu Pai celestial. Isto sugere aqui, mais uma vez, que apenas os filhos pedem esse batismo, não se tratando de algo acontecido automaticamente na regeneração, mas os regenerados, os "filhos", que fazem esse pedido. Ninguém mais fará isso.

Nosso Senhor deixou claro que "o mundo" não pode receber o Espírito. Ele deixa isso perfeitamente claro em João 14.16-17 onde diz: "E eu rogarei ao Pai, e ele vos dará outro Consolador, a fim de que esteja para sempre convosco, o Espírito da verdade, que o mundo não pode receber, porque não o vê, nem o conhece; vós o conheceis, porque ele habita convosco e estará em vós".

Neste texto nós temos o mesmo tipo de distinção. "Você – ele diz – o conheceis; o mundo não". Estou argumentando, portanto, que aqueles que fazem esse pedido já são "filhos", são cristãos, e eles, como filhos e cristãos, dirigem-se ao seu Pai do Céu. Essa a maneira de se aproximar dele, não como um Deus distante, mas como seu Pai celestial; e fazem seu pedido dessa maneira e nesses termos. Esse é um princípio importante.

Porém ainda mais importante eu acho que é o seguinte: o que exatamente ele quis dizer por pedir? A impressão que as pessoas parecem ter é que você tem apenas que pedir e Deus imediatamente dá. É assim que interpretam essas palavras: "quanto mais o Pai celestial dará o Espírito Santo àqueles que lho pedirem?". Então eles assumem que qualquer um que tenha pedido a Deus por esse dom do Espírito Santo deve recebê-lo de uma só vez. Mas agora aqui surge esta pergunta sobre o que se entende por pedir, e é aqui que tendemos a nos desviar.

Você percebe que nosso Senhor sugere uma espécie de transição gradual nesta questão do pedido: "Por isso vos digo [ele diz em Lucas 11.9] Pedi, e dar-se-vos-á; buscai, e achareis; batei, e abrir-se-vos-á". Então ele diz: "Pois todo o que pede recebe; o que busca encontra; e a quem bate, abrir-se-lhe-á".

Agora muitos, sem dúvida, tiveram essa perplexidade em relação a toda a questão das respostas à oração. Há declarações na Escritura parecendo sugerir que você só tem que pedir e então receberá. Logo as pessoas dizem: "Mas eu pedi e não recebi", e não entendem a razão. Estou sugerindo como resposta que há um conteúdo maior nesta palavra "pedir" do que costumamos pensar e que nosso Senhor sugere isso ao variar a expressão: "peça, busque, bata".

Pedir de verdade, estou sugerindo, é o "bater". Em outras palavras, pedir não significa um pedido casual. De repente dá vontade e faz o seu pedido, então já esquece tudo na manhã seguinte. Isso não é pedir de verdade, nem verdadeira busca. Na petição verdadeira há um tipo de urgência, uma recusa em se contentar com algo menos que a resposta. É aí que está o bater. Você não grita de longe meramente, mas vai e se aproxima mais e mais, e finalmente está, por assim dizer, martelando a porta.

Este é claramente o ensinamento da própria Escritura. O perigo para todos nós é reduzir as grandes bênçãos da fé cristã a algum processo quase automático. Eu tenho muitas vezes comparado com as máquinas automáticas de autosserviço em que você coloca sua moeda e retira seu chocolate ou bebida. Isso simplesmente não é verdade na vida cristã. Definitivamente não é verdade. Existe esse elemento de busca real, "fome e sede". "Bem-aventurados os que têm fome e sede de justiça, porque serão fartos" (Mt 5.6). Isso não significa que em um culto você desejou estar vivendo uma vida melhor e gostaria de ser melhor, ou quando você está num funeral, sente a mesma coisa e depois esquece tudo sobre isso e volta a viver a mesma velha vida. Não, se trata de ter fome e sede de justiça: de pedir, buscar, bater!

E como esse é o ensino da Escritura, você encontrará abundante confirmação nos testemunhos e experiências de pessoas que testemunham ter recebido essa grande bênção. Muitas delas tiveram que se esforçar às vezes anos a fio antes de terem tido essa experiência maravilhosa, e dizem, além disso, que olhando para trás podem ver que o problema era sua busca irregular. Elas faziam isso em espasmos e depois esqueciam tudo. Então voltavam para a busca e depois esqueciam novamente. Mas então chegaram a um ponto em que ficaram desesperados, e como Jacó antigamente, por assim dizer, declararam: "Eu não te deixarei ir a não ser tu me abençoes". Isso é tipificado de uma vez por todas nessa grande história de Jacó. E foi repetido assim muitas vezes na vida e no testemunho das pessoas.

O problema com a gente é a nossa indiferença sobre isso. Nosso Senhor está falando aqui sobre a importunação; daí a ilustração que deu para lidar com esse ponto de um homem que de repente tem amigos chegando e não tem comida para dar-lhes. Então vai até outro amigo e diz:

> Pois um meu amigo, chegando de viagem, procurou-me, e eu nada tenho que lhe oferecer. E o outro lhe responda lá de dentro, dizendo: Não me importunes; a porta já está fechada, e os meus filhos comigo também já estão deitados. Não posso levantar-me para tos dar; digo-vos que, se não se levantar para dar-lhos por ser seu amigo, todavia, o fará por causa da importunação e lhe dará tudo o de que tiver necessidade (Lc 11.6-8).

Este necessitado não está disposto a receber um não como resposta, embora o homem na casa tenha dito: "Eu não consigo me levantar, estou na cama e meus filhos estão na cama comigo". Isso é exatamente o que lhe responde; eles estavam na cama, e ele diz: "Eu não posso importunar todo mundo". Mas o homem lá fora continua incomodando, insistindo, gritando e diz: "Levante-se, me dê esses pães. Eu devo ter algo para dar ao meu amigo que chegou de repente". Aquele na cama finalmente diz: "Bem, não podemos dormir. Há apenas uma maneira de se livrar desse homem; é melhor levantar e dar-lhe o pão". E ele faz isso "por causa da importunação".

É isso que nosso Senhor está dizendo e reforçando. Então, se nós apenas quase casualmente pedirmos a Deus por essa bênção e então nada acontece, não devemos culpar a Deus. Nós não cumprimos as condições e não temos realmente pedido. Não se esqueça: "Peça; busque; bata". Importunação! "Eu não te deixarei ir!" Todo esse elemento é de vital importância neste assunto. Está no ensino das Escrituras, é confirmado pelos testemunhos e experiências dos santos.

Toda essa analogia humana é certamente importante aqui. Um pai humano nem sempre dá imediatamente à criança o que ela pediu. Há momentos e ocasiões em que nem é sábio ou certo fazê-lo, para o bem da criança. Há vantagens em reter e recusar em certas condições. Isso é similar na vida humana comum. Deus é nosso Pai e ele não nos dá imediatamente a bênção sempre que queremos. Graças que não faz. Nós nunca cresceremos se ele fizer assim, e isso é uma parte de todo o nosso processo de santificação. Ao reter a bênção Deus nos sonda, examina, nos faz examinar a nós mesmos e perceber os termos e condições, assim como aprofunda toda a nossa vida espiritual.

Isso novamente é algo que a geração a que pertencemos está tendendo a esquecer. Somos um povo sempre desejoso por alguns atalhos, algum método fácil, algum tipo de bênção "empacotada". E essa é uma das grandes diferenças entre a literatura cristã do presente século e a da igreja cristã até cerca de meados do século 19. As pessoas procuravam uma bênção por anos antes de recebê-la. Mas havia um propósito nisso tudo; Deus estava lidando com eles e os conduzindo ao longo de um determinado caminho. Você nunca conhecerá as alturas da vida cristã sem esforço. É preciso se esforçar para estas coisas – há uma busca, uma batida e uma importunação. E é porque muitos perderam esse elemento que se confundem neste momento.

Agora vamos observar uma segunda dificuldade, muito semelhante, mas ligeiramente diferente, que as pessoas encontram. Está em Atos 2.37-39. O apóstolo Pedro está pregando no Dia de Pentecostes e lemos:

> Ouvindo eles estas coisas, compungiu-se-lhes o coração e perguntaram a Pedro e aos demais apóstolos: Que faremos, irmãos? Respondeu-lhes Pedro: Arrependei-vos, e cada um de vós seja batizado em nome de Jesus Cristo para remissão dos vossos pecados, e recebereis o dom do Espírito Santo. Pois para vós outros é a promessa, para vossos filhos e para todos os que ainda estão longe, isto é, para quantos o Senhor, nosso Deus, chamar.

"Agora – eles dizem – isso é bem simples. Pedro diz para eles 'Arrependam-se e sejam batizados em nome do Senhor Jesus Cristo, e recebereis o dom do Espírito Santo'. E não somente vocês, mas 'para seus filhos e todos os que estão longe, e tantos quantos o Senhor nosso Deus chamar".

"Há – continuam eles – apenas uma maneira para se interpretar isso; ele está dizendo claramente que se você se arrepender e crer, receberá o dom do Espírito Santo e isso é prometido a todos. Como então você diz que um homem pode ser cristão sem isso? Como você diz que todo cristão não recebeu isto, quando a declaração parece prometer universalmente a todos os que se arrependem serem batizados em nome do Senhor Jesus Cristo?"

Aqui, novamente, estamos enfrentando, é claro, um grande princípio em relação ao ensino bíblico. "A promessa!" eles dizem. "A promessa é para você e para seus filhos". Muito bem, uma promessa é uma promessa e, portanto, deve acontecer a todos.

Muitas pessoas têm problemas com isso. Eu imagino que se eu tivesse mantido um registro, eu descobriria que sou obrigado a responder às perguntas das pessoas sobre este assunto mais frequentemente do que qualquer outro. Elas dizem: "A promessa é clara: 'Pedi e recebereis'. Eu pedi, mas não recebi". Eles não entendem isso e tendem a pensar que às vezes Deus não cumpre sua promessa. Eles não percebem que todas as promessas de Deus são sempre invariavelmente condicionais.

Deixe-me colocar isso para você assim: mesmo sendo uma promessa não significa que será dada automaticamente a todos. Não, trata-se de uma promessa geral acompanhada de condições. Considere algumas dessas grandes declarações que nos são feitas nas Escrituras. O apóstolo Pedro, por exemplo, 2Pedro 1.1-2 diz: "Simão Pedro, servo e apóstolo de Jesus Cristo, aos que conosco obtiveram fé igualmente preciosa na justiça do nosso Deus e Salvador Jesus Cristo, graça e paz vos sejam multiplicadas, no pleno conhecimento de Deus e de Jesus, nosso Senhor". Agora observe isso! "Visto como, pelo seu divino poder, nos têm sido doadas [sido doadas!] todas as coisas que conduzem à vida e à piedade, pelo conhecimento completo daquele que nos chamou para a sua própria glória e virtude, pelas quais nos têm sido doadas as suas preciosas e mui grandes promessas, para que por elas vos torneis coparticipantes da natureza divina [...]" (v. 3-4). Mas a questão que surge imediatamente é esta: estamos todos nós, cada um de nós, prontos para testemunhar que recebemos estas grandes e preciosas promessas em toda a sua plenitude?

Segundo esse outro argumento todos deveríamos ser capazes de fazer isso, mas o apóstolo Pedro, nesse mesmo capítulo, passa a basear um raciocínio nos seguintes termos: ele diz, de fato, que isso é o que se lhes têm prometido e oferecido, mas as pessoas não percebem isso e não têm abordado essa verdade da maneira correta. Ele então diz:

> Por isso mesmo, vós, reunindo toda a vossa diligência, associai com a vossa fé a virtude; com a virtude, o conhecimento; com o conhecimento, o domínio próprio; com o domínio próprio, a perseverança; com a perseverança, a piedade; com a piedade, a fraternidade; com a fraternidade, o amor. Porque estas coisas, existindo em vós e em vós aumentando, fazem com que não sejais nem inativos, nem infrutuosos no pleno conhecimento de nosso Senhor Jesus Cristo (v. 5-8).

Você pode ser um cristão e estar ciente, teoricamente, de todas essas grandes e preciosas promessas, mas ser estéril e infrutífero. Por quê? Bem, porque você não tratou isso com diligência, você não "adicionou" ou "forneceu" sua fé com a virtude, etc. Pedro prossegue:

> Pois aquele a quem estas coisas não estão presentes é cego, vendo só o que está perto, esquecido da purificação dos seus pecados de outrora. Por isso, irmãos, procurai, com diligência cada vez maior, confirmar a vossa vocação e eleição; porquanto, procedendo assim, não tropeçareis em tempo algum. Pois desta maneira é que vos será amplamente suprida a entrada no reino eterno de nosso Senhor e Salvador Jesus Cristo (v. 9-11).

Essa é uma ilustração perfeita desse grande princípio. Nós devemos nos livrar dessa noção automática e parar de dizer: "A promessa existe, portanto, eu devo tê-la ou então há algo errado". Não. Tudo o que Pedro está dizendo é isto: se você se arrepender e crer no Senhor Jesus Cristo você é um candidato a essas promessas; essas são as promessas que irão confrontar você. Você está então em posição de receber o presente que os apóstolos já receberam.

Pedro está falando com pessoas que apenas creram na mensagem e estão sob convicção de pecado. Elas clamam: "Que faremos irmãos?" E ele diz: "Tudo bem, vocês viram o que aconteceu conosco; é isso que vocês devem fazer, e essas coisas estarão abertas para vocês". Ele não diz que acontecerá automaticamente com eles, porque não foi e não tem sido assim ao longo da história.

Agora temos uma ilustração disso e, claro, eu poderia lhe dar muitas outras. Os apóstolos têm que continuar firmando esse argumento. Paulo escreve aos efésios, aqui está o povo cristão, gente remida, salva, e ainda assim ele ora por eles: "Iluminados os olhos do vosso coração, para saberdes qual é a esperança do seu chamamento, qual a riqueza da glória da sua herança nos santos e qual a suprema grandeza do seu poder para com os que cremos, segundo a eficácia da força do seu poder" (Ef 1.18-19). Está tudo disponível, mas sabemos disso? Essa é a questão. Portanto, devemos entender a natureza dessas promessas.

Agora me deixe dar o que é, talvez, um dos exemplos mais cruciais. Eu me lembro de ter que lidar com uma pessoa em grande aflição de alma sobre Mateus 18.19, que diz: "Em verdade também vos digo que, se dois dentre vós, sobre a terra, concordarem a respeito de qualquer coisa que, porventura, pedirem, ser-lhes-á concedida por meu Pai, que está nos céus", e o problema era que dois deles tinham concordado, mas não tinham recebido o que haviam pedido. Aqui, você vê, está exatamente o mesmo problema. Não adianta dizer: "Existe esse versículo, o que poderia ser mais claro? Todavia, não acontece".

Bem, deve haver algo errado então no seu pensamento; e é claro que há. Esse versículo nunca deve ser interpretado como significando que, se dois cristãos concordam sobre qualquer coisa em tudo, e pedirem a Deus por isso, eles receberão. Graças a Deus que isso não é verdade! Situações desastrosas frequentemente poderiam ter acontecido com essas pessoas se o seu pedido tivesse sido concedido. Não; essas coisas são colocadas dessa maneira para encorajar-nos e mostrar o que é possível, mas não devemos assumir que temos, por assim dizer, uma alavanca que podemos puxar e Deus é obrigado a responder; isso não é o ensino cristão. Tal pensamento pertence ao reino da mecânica e você não encontra mecânica no Novo Testamento.

Essas coisas devem ser consideradas da maneira como tenho explicado. Elas são indicativos das possibilidades abertas em Cristo; mas nunca as recebemos automaticamente. Não, todo o relacionamento está envolvido, a paternidade de Deus, nosso próprio bem, nossa própria ignorância e escuridão e muitas outras coisas. E, portanto, nunca devemos interpretar Atos 2.38-39 ensinando que automaticamente todos que se arrependem e creem, são batizados com o Espírito Santo. Não é verdade no ensino do Novo Testamento, e isso não é verdade na experiência.

Isso, então, me leva à terceira e última dificuldade com a qual estou ansioso para lidar, e que é encontrada em 1Coríntios 12.13: "Pois, em um só Espírito, todos nós fomos batizados em um corpo, quer judeus, quer gregos, quer escravos, quer livres. E a todos nós foi dado beber de um só Espírito". A ênfase é colocada aqui sobre o "todos" por aqueles que creem que todos os cristãos são batizados pelo Espírito Santo. Isto, dizem eles, é verdade para todos, portanto o batismo do Espírito deve ser verdade para todos.

Esse é o argumento familiar e tem sido usado em grande escala no momento atual, como sempre foi usado por aqueles que não creem no batismo com o Espírito Santo como uma experiência separada. Eles sustentam que esse versículo é suficiente em si já que diz que todos foram batizados com o Espírito. Mas isso levanta a verdadeira pergunta: o versículo diz realmente isso? Eu quero tentar demonstrar, além disso, que o versículo não só não diz isso, mas definitivamente não trata a doutrina do batismo com o Espírito Santo.

"Ah", diz alguém, "eu posso ver o que você vai fazer; vai ler a tradução Almeida Século 21[26] que diz: "Pois todos fomos batizados *por* um só Espírito para ser um só corpo [...]" (1Co 12.13). Mas no grego original não está assim. Lá diz: 'Pois, *em* um só Espírito, todos nós fomos batizados em um corpo'. Então esse versículo não diz que o Espírito nos batizou, como você sugere, é melhor dizer que fomos batizados "no" Espírito dentro do corpo de Cristo". E essas pessoas afirmam que isso pode ser estabelecido porque o apóstolo usou a preposição grega "em" que alguns sustentam significar sempre "no" e não "por".

Agora essa é uma questão muito interessante. Praticamente todas as traduções que temos, além de duas em especial,[27] traduzem dessa forma: "Por um só Espírito". A tradução da *Revised Standard Version* faz assim, a do Dr. Moffat também; a tradução *American Williams* diz isso, o mesmo faz Arthur S. Way em sua famosa tradução das Epístolas de Paulo e J. N. Darby coloca isso na margem em sua tradução. O *Amplified New Testament* traduz assim: "Por (por meio da agência pessoal do) o Espírito". "Por"!

Aqui está a coisa mais interessante, por que é que virtualmente todas essas traduções conhecendo tudo sobre o fato de que a palavra grega *en* é a palavra usada, deliberadamente traduzem-na pela expressão "por"? Há apenas uma resposta: é que essa preposição é usada em grego num sentido causal. Volte-se agora para os grandes léxicos – *Arndt & Gingrish,* um dos melhores, tem uma seção mostrando que ela é usada no sentido causal. Existem também léxicos mais antigos dizendo exatamente a mesma coisa.

Deixe-me dar um exemplo ou dois, da mesma palavra *en* usada neste sentido instrumental. Considere isso, por exemplo, em Mateus 26.52: "Disse-lhe Jesus: "Guarde a espada! Pois todo os que empunham a espada, pela espada morrerão"" (NVI). Aqui temos a pequena palavra

---

[26] São Paulo: Vida Nova, 2013 [**N. do E.**].

[27] A Bíblia de Jerusalém, que também traduz *en* como "no", não havia sido publicada quando o Dr. Lloyd-Jones fez esta menção.

en e significa claro: "pela espada morrerão". Você não poderia possivelmente traduzir isso como "em espada morrerão".

Ou veja Mateus 7.6 onde você encontra exatamente a mesma palavra usada e só pode ter um significado possível: "Não deis aos cães o que é santo, nem lanceis ante os porcos as vossas pérolas, para que não as pisem com os pés [...]". O significado é realmente "pisotear *pelos* pés". Eles não podem "pisotear *nos* seus pés", mas é a palavra *en* que é usada.

É o mesmo caso em Lucas 1.51 e depois há um famoso exemplo disto em Romanos 5.9 onde o apóstolo diz o que segue: "Logo, muito mais agora, sendo justificados *pelo* seu sangue [...]", mas a palavra usada é *en*. Poderia se dizer: "Logo, muito mais agora, sendo justificados *em* seu sangue". Mas ninguém sonharia em dizer isso. Então essa palavra é usada e traduzida como "por", tanto e tão definitivamente como por "em". De modo que, com base puramente na gramática, não há qualquer objeção à tradução usada aqui.

Mas deixe-me citar uma declaração em um livro chamado *The Untranslatable Riches from the New Testament* (As Riquezas Intraduzíveis do Grego do Novo Testamento), escritas por um famoso estudioso do grego, o americano Dr. Wuest. Ele lida com esse mesmo versículo. Ainda que eu discorde de Wuest em sua interpretação final, eu o estou citando aqui apenas como uma autoridade tanto na gramática, como na linguística. Ele diz:

> Batizar significa "colocar em" ou "introduzir em" [...]. A palavra "Espírito está no caso instrumental em grego. A ação pessoal é expressa ocasionalmente pelo caso instrumental. Em tais ocasiões, o verbo está sempre na voz passiva ou média. A construção grega aqui segue esta regra da gramática grega. O agente pessoal, neste caso, que faz o batismo é o Espírito Santo. Ele coloca ou introduz o pecador crente no corpo do qual o Senhor Jesus é a Cabeça viva. Poderíamos traduzir, portanto, "por meio de um Espírito como agente pessoal todos nós fomos colocados em um só corpo".

> Não é o batismo com o Espírito, nem do Espírito, no sentido que o Espírito Santo é o elemento que é aplicado a nós; mas é o batismo pelo Espírito. Este batismo não traz o Espírito para nós, no sentido de que Deus coloca o Espírito sobre nós ou em nós; antes, esse batismo leva o crente à união vital com Jesus Cristo. Isso significa que o batismo pelo Espírito não tem como finalidade poder, pois neste batismo não há nada aplicado ou dado ao crente.

Então ele volta, compara e contrasta essa declaração com o que você tem em Lucas 3.16 onde João Batista diz aos que estão com ele: "disse João a todos: Eu, na verdade, vos batizo com água, mas vem o que é mais poderoso do que eu, do qual não sou digno de desatar-lhe as correias das sandálias; ele vos batizará com o Espírito Santo e com fogo". E temos a mesma preposição *en* ali. Dr. Wuest une essa declaração do Batista com João 1.31, com que estamos lidando, e Atos 1.5 e 11.16, e outros textos bíblicos, e afirma:

> Esta classe de verbo não é encontrada nas passagens citadas desde Mateus até Atos, mas é encontrada em 1Coríntios 12.13. Nossa tradução "batizados por meio do Espírito" está correta para a passagem de Coríntios, mas não para essas outras que acabamos de comentar. A frase "com o Espírito" define, portanto, a que batismo estamos nos referindo, e as palavras "por meio do Espírito" falam do fato de que o Espírito Santo é o agente divino que batiza, o propósito do batismo é colocar o pecador crente em união vital com Jesus Cristo e assim fazer dele um membro do corpo, do qual Cristo é a Cabeça viva.

Isso para mim é muito importante porque o Dr. Wuest é uma das maiores autoridades sobre essas questões no século 20, e eu poderia ter citado ainda mais. Todo o seu argumento se reduz a que aqui em

1Coríntios 12.13 há algo bem diferente de todas as outras menções do batismo com o Espírito Santo. O texto não está se referindo ao batismo *com* o Espírito, e ele dá suas razões gramaticais para isso.

Mas há outras razões, além da gramática, que torna isso perfeitamente claro e evidente. Em todas as referências sobre batizar com o Espírito, o Batizador é o Senhor Jesus Cristo, e o que ele faz quando batiza com o Espírito é o que já temos visto. É um batismo para empoderar, gerar testemunhas, para nos permitir testemunhar. "Permaneça", ele diz, "em Jerusalém até que tenha recebido o poder". Todo o objetivo, como nós temos visto tão abundantemente, do batismo *com* o Espírito, é nos dar uma certeza e nos encher de tal poder que nós nos tornamos testemunhas vivas da verdade que está em Cristo Jesus; tornamo-nos *suas* testemunhas. Esse é o propósito do batismo com o Espírito e é um batismo realizado pelo Senhor Jesus Cristo.

Mas aqui o apóstolo está lidando com algo inteiramente diferente. Todo o seu objetivo nessa passagem em 1Coríntios é para lidar com a confusão que havia surgido naquela igreja, porque estavam se dividindo de várias maneiras, incluindo aí a questão dos vários dons recebidos. Neste capítulo, o apóstolo diz: isto é uma coisa monstruosa de se fazer. É o mesmo Espírito que dá todos esses dons para vocês. "Mas um só e o mesmo Espírito realiza todas estas coisas, distribuindo-as, como lhe apraz, a cada um, individualmente" (1Co 12.11). É o Espírito – ele diz – quem está agindo em tudo isso e quem decide o que dar a cada homem; mas não lutem por isso, não sejam ciumentos e invejosos, não desprezem uns aos outros, porque todos vocês receberam os dons – sejam estes quais forem – de um e do mesmo Espírito. Ele é o Agente que doou todos eles.

Então ele continua: ouçam, eu tenho uma ilustração. "Porque, assim como o corpo é um e tem muitos membros, e todos os membros, sendo muitos, constituem um só corpo, assim também com respeito a Cristo" (v. 12). Ele o diz por que por um Espírito todos nós fomos batizados em um único corpo de Cristo, quer sejamos judeus, ou gentios; e a todos nós foi dado beber somente de um Espírito. Paulo segue falando da atividade do Espírito e é por isso que, sem dúvida, deliberadamente traduziram como "pelo" – "[...] pelo Espírito".

Trata-se de uma continuação de seu relato da ação e atividade do Espírito Santo, e o que ele está falando aqui não é sobre poder, não é sobre testemunho, ele está aqui lembrando que todo cristão é aquele que é nascido de novo. Isso é verdade para todos os cristãos. Você não pode ser cristão sem nascer de novo, e o renascimento é obra do Espírito Santo; é o Espírito Santo agindo na regeneração.

Mas o Espírito Santo no momento da regeneração também leva cada pessoa que é regenerada e a coloca no corpo de Cristo: coloca e introduz nele. Essa é a força e o significado da palavra. E o que ele está dizendo aqui, portanto, é isto: agora o Espírito que deu esses diferentes dons, é o mesmo Espírito que também tomou cada um de vocês e colocou no corpo de Cristo, para que vocês nunca se considerem como uma unidade separada. Ele está reforçando seu argumento principal e geral. Não é parte de sua preocupação aqui lidar com a doutrina do batismo com o Espírito Santo. A ilustração é simplesmente para mostrar que todos os cristãos, sejam eles judeus ou gentios, sejam o que forem, agora são "um em Cristo Jesus", e são todos diferentes membros deste corpo, do qual Cristo é a Cabeça. E isso, diz ele, é a ação e a obra do Espírito Santo.

Veja o contraste; é o próprio Senhor quem nos batiza "com" o Espírito, mas não é ensinado em nenhum lugar da Escritura que o Senhor nos enxertou em seu próprio corpo. Não, essa é obra do Espírito. Seu trabalho é nos regenerar para nos enxertar em Cristo, nos colocar nele para nos "batizar", se você preferir, no corpo. Tudo isso é atividade do Espírito: é o Espírito Santo quem aplica a salvação a nós da forma correta, e isso é verdade para todo cristão.

Você não pode ser um cristão sem ser regenerado. Você não pode ser um cristão sem ser um membro do corpo de Cristo. Todo cristão é batizado no corpo de Cristo como o apóstolo nos diz no versículo 13: "Pois, em um só Espírito, todos nós fomos batizados em um corpo, quer judeus, quer gregos, quer escravos, quer livres. E a todos nós foi dado beber de um só Espírito". Claro que fomos. Nós participamos deste Espírito. O Espírito está em todo cristão. "E, se alguém não tem o Espírito de Cristo, esse tal não é dele" (Rm 8.9).

É isso o que essa afirmação está dizendo. Mas não tem relação, qualquer que seja, com a doutrina do batismo com o Espírito ou com a bênção que recebem aqueles que foram batizados com o Espírito. Então esse versículo, que algumas pessoas parecem pensar como crucial, não só não contradiz o que nós temos dito, mas tende a provar, e isso de forma contundente. Porque já temos visto tão claramente e em tantos diferentes lugares, que existem pessoas como as descritas em Atos que creram e foram batizadas, mas ainda assim os apóstolos tiveram que impor as mãos sobre elas antes de receberem o dom do Espírito Santo. Elas já eram regeneradas, como os apóstolos eram antes do Dia de Pentecostes, mas não tinham sido batizadas com o Espírito Santo.

"Não – diz João Batista – eu realmente vos batizo com água; mas ele vos batizará com o Espírito Santo e com fogo". Essa declaração de 1Coríntios 12.13 está em linha com todas as outras. Não contradiz a questão, e definitivamente não lida com a questão do batismo do Espírito.

Temos, portanto, lidado com essas principais dificuldades que parecem confrontar certas pessoas quando olham para essa grande doutrina do batismo com o Espírito Santo. Por fim, concluindo, deixe-me fazer uma pergunta: você conhece Jesus? Conhece seu amor por você? Sabe alguma coisa sobre o poder dele dentro de você? Entende o significado de sua morte e de sua agonia? Você já passou da condição dos discípulos antes de Pentecostes para aquela outra na qual se encontraram depois? Essas são as coisas que finalmente importam. Essas são as maneiras pelas quais provamos se fomos ou não batizados com o Espírito Santo.

SERMÃO 19

RECEBA
O ESPÍRITO

Existem algumas dificuldades adicionais com as quais gostaria de lidar, mas deixe-me primeiro dizer novamente, estou fazendo isso apenas por uma razão: para mim, a questão mais urgente deste momento é a necessidade deste poder de testemunho, a necessidade deste poder em nossas vidas. A igreja primitiva virou o mundo de cabeça para baixo como resultado desse batismo, e sem ele nada poderemos fazer. De maneira que é algo importante para a igreja como um todo e para o cristão em particular.

Logo, a próxima pergunta que as pessoas costumam fazer é: "Tudo bem, eu vou aceitar o que você disse quanto ao fato de que todo cristão não é automaticamente batizado com o Espírito Santo, mas os escritos do Novo Testamento não sugerem que, de qualquer forma, todos os cristãos – todos os membros da primeira e recém-nascida igreja primitiva – foram batizados com o Espírito Santo?" Eles então citam certos textos que parecem ensinar isso, ou que sempre parecem supor isso. Aqui estão os três principais:

Primeiro, Romanos 5.5, onde Paulo diz: "Ora, a esperança não confunde, porque o amor de Deus é derramado em nosso coração pelo Espírito Santo, que nos foi outorgado" ou "o amor de Deus foi derramado em nossos corações pelo Espírito Santo que nos é dado". Paulo parece estar dizendo que isso é verdadeiro para todos os membros da igreja em Roma.

Em segundo lugar, o apóstolo escreve em Efésios 1.13: "Em quem também vós, depois que ouvistes a palavra da verdade, o evangelho da vossa salvação, tendo nele também crido, fostes selados com o Santo Espírito da promessa". A pergunta é: "Ele não está dizendo que isso era verdade de cada membro da igreja em Éfeso e das outras igrejas para qual essa carta foi enviada?".

E então, finalmente, considere 1Pedro 1.8. Pedro escrevendo "aos eleitos que são forasteiros da Dispersão no Ponto, Galácia, Capadócia, Ásia e Bitínia", diz: "A quem, não havendo visto, amais; no qual, não vendo agora, mas crendo, exultais com alegria indizível e cheia de glória". Agora, como já comentei, ele não estava escrevendo isso para apóstolos, mas para pessoas que nem conhecia, "forasteiros da Dispersão", pessoas cristãs em diferentes países, em diferentes partes do mundo. O que diz sobre eles é que estão se regozijando neste Senhor a quem nunca viram a olhos nus "com uma alegria indescritível e cheia de glória". Ele parece estar dizendo isso sobre todos eles.

O que nós depreendemos de tudo isso? Admito que seja uma pergunta difícil e sugiro como resposta que os apóstolos, ao escreverem essas cartas, obviamente, têm que assumir uma espécie de norma, uma regra, um padrão. Eles sempre escrevem em termos da igreja como essa deveria ser. E, portanto, essas descrições que dão dos primeiros cristãos, são descrições da igreja como está destinada a ser no propósito de Deus. Não há dúvida alguma sobre isso. Nós encontramos retratada no Novo Testamento a igreja cristã ideal. Mas isso, naturalmente, é onde essas epístolas são tão valiosas para nós. Devemos sempre estar nos examinando a luz disto e testar a nós mesmos, fazendo certas perguntas: somos assim? Veja, por exemplo, o que acabo de citar, 1Pedro 1.8. Regozijamo-nos no Senhor Jesus Cristo com uma alegria indizível e cheia de glória? Essa é a questão.

Existe uma norma e um padrão para a igreja cristã. Essa é uma resposta então, que os apóstolos estão escrevendo com essa suposição, com essa hipótese; aqui está a descrição da verdadeira igreja.

Mas, em segundo lugar – e acho que talvez esse segundo argumento seja ainda mais útil (pelo menos eu acho assim), sempre corremos o perigo – como apontei muitas vezes durante a nossa discussão sobre esse assunto – de estimar as coisas em termos do que nós conhecemos, com o que estamos familiarizados. Isso é uma coisa fatal a se fazer, porque se você começar a considerar como norma a igreja como ela é agora, então terá de reduzir essas grandes declarações do Novo Testamento para este nível e assim esvaziá-las de sua glória. Mas isso está completamente errado.

Devemos constantemente nos lembrar da grande história do capítulo 2 de Atos. Devemos recapturar essa imagem da igreja do Novo Testamento recebendo maravilhosa e gloriosamente grande derramamento do Espírito Santo no Dia de Pentecostes. Lembre-se das circunstâncias, do êxtase e da excitação, a emoção e o poder. Outro exemplo disso é encontrado no que aconteceu no caso de Cornélio e sua casa. Você está familiarizado com algo assim? Você já viu algo assim acontecer? Isso é o que chamamos de avivamento. A igreja do Novo Testamento foi abençoada dessa maneira, com esse tremendo derramamento do Espírito; e, portanto, parece-me mais do que provável que a maioria dos membros da igreja primitiva recebeu o batismo do Espírito Santo.

Ao abordar esse assunto é muito útil ler sobre os avivamentos subsequentes ao longo história da igreja. Nesses relatos você encontrará igrejas cujo estado e condição habituais eram, infelizmente, como você e eu sabemos, das que estão no século 20. Ó sim, as pessoas são cristãs e leem suas Bíblias, oram e frequentam os cultos, e Deus tem o prazer de conceder uma medida de bênção sobre a pregação da Palavra. As pessoas são convertidas, adicionadas à igreja e fundamentadas na verdade.

Tudo bem! Mas não há mais do que isso. Muitos deles – talvez a maioria – não podem dizer que se regozijam nele "com uma alegria indizível e cheia de glória". Eles não podem dizer isso honestamente. Eles estão conscientes da falta de vida em seu interior, de ter que forçar-se e pressionar-se. Eles não sabem nada sobre se entregar. São diferentes da igreja primitiva "louvando a Deus com alegria e singeleza de coração", diariamente partindo o pão de casa em casa. Sabem pouco sobre a emoção sentida em Atos e no restante do Novo Testamento.

É assim que as igrejas têm sido tão frequentemente. Então de repente, algo acontece. Pode acontecer com um homem ou um grupo de pessoas. O Espírito Santo desce sobre eles e são totalmente transformados e mudados. Logo, talvez aquilo se espalhe por todo um distrito, ou ao longo de todo um país, ou talvez muitos países ao mesmo tempo. Essa é a grande narrativa da história dos avivamentos. E o que você encontra em tal momento é que um grande número de pessoas recebe essa experiência; algumas delas começam até a duvidar se foram mesmo salvas antes daquilo. Eles dizem: "À luz disso, nós éramos cristãos antes ou não?" Eles eram cristãos, mas não haviam recebido este batismo com, ou do, Espírito. Porém agora receberam-no, e isso acontece com um grande número no momento atual. Se tivéssemos que descrever a igreja em época de avivamento, descobriríamos estar falando de algo muito semelhante ao que lemos no Novo Testamento. E você pode pensar em um momento assim que cada membro da igreja foi batizado com o Espírito Santo; a questão é que a maioria deles sim, mas não todos.

Se isso pode dizer-se dos sucessivos avivamentos na história quanto mais do que aconteceu no início? Lá Deus estava iniciando a igreja e houve esse derramamento irresistível. Eu não encontro nenhuma dificuldade sobre isso. Parece-me que a vasta maioria dos primeiros cristãos recebeu o batismo com o Espírito Santo. Então, quando os apóstolos vêm para escrever suas cartas, podem assumir e agir sobre essa suposição e hipótese – e assim a dificuldade está resolvida.

Mas é muito perigoso argumentar a partir disso e dizer: "Muito bem, então, não é igualmente verdade agora?". Minha resposta depois de aplicar os testes de autenticidade é negativa. Quando um homem ou certo número de pessoas é batizado com o Espírito Santo, não há dificuldade em saber sobre o fato. Você não precisa pressupor ou se convencer disso, pois é evidente como vimos anteriormente com aquelas pessoas na casa de Cornélio. E a menos que haja evidência desse tipo de vida ou de experiência, não é apenas perigoso, mas pecaminoso assumir que esta é a verdade de todos, porque estamos reduzindo estas grandes declarações do Novo Testamento ao nosso nível. Não, não estamos em estado de avivamento. Vamos encarar isso. Essa é a primeira coisa que temos que perceber. Não há esperança para a igreja até que ela perceba isso. A igreja cristã de hoje não está de acordo com o padrão do Novo Testamento, e esta é toda a causa do problema.

Começamos, então, com esse primeiro argumento. Não podemos dizer que todos os primeiros cristãos foram batizados com o Espírito Santo, mas podemos dizer claramente que a maioria deles tinha sido e que a norma na igreja do Novo Testamento era homens e mulheres manifestando em suas vidas diárias o fato de terem sido batizados com o Espírito.

Outra pergunta frequente é: devemos buscar o batismo com o Espírito Santo? E, claro, a resposta deve ser óbvia à luz do que acabei de esboçar. É por isso que coloquei essas coisas nessa ordem específica. Devemos desejar alcançar sempre o padrão do Novo Testamento; não temos o direito de fazer mais nada. Nós não julgamos a vida cristã pelo que somos, mas pelo que o Novo Testamento diz; e nos julgamos da mesma maneira. Tenho apresentado a você o quadro da norma, o padrão, a regra da igreja cristã e do indivíduo cristão.

Eu às vezes penso que nos faria muito bem se encarássemos essa afirmação em 1Pedro 1.8 todas as manhãs de nossas vidas. Aí está; lembre-se que essas pessoas nunca tinham visto o Senhor Jesus Cristo com seus olhos. Elas estavam exatamente em nossa posição a esse respeito. Não eram judeus palestinos. Eram pessoas vivendo nesses vários outros países; nunca o viram. Então Pedro diz: "A quem, não havendo visto, amais; no qual, não vendo agora, mas crendo, exultais com alegria indizível e cheia de glória". Philip Doddridge,[28] em sua nota sobre isso, diz que a expressão "cheia de glória" significa que você se alegra

---

[28] O autor está citando a paráfrase do Novo Testamento *The Family Expositor*, obra em seis volumes de Philip Doddridge (1702-1751), educador, compositor e pastor congregacional inglês (**N. do E.**).

nele com um toque do regozijo que os santos têm na glória vendo-lhe agora face a face.

Você não deve reduzir essa afirmação: é assim que aquelas pessoas eram; é assim que você e eu deveríamos ser. Portanto, argumento que vendo e reconhecendo isso, deveria dizer a mim mesmo que devo me tornar assim. Eu não devo estar satisfeito com nada menos que isso. Se me permito estar satisfeito com qualquer coisa menos que isso, sou pecador; estou deliberadamente pecando. Certamente isso não precisa de demonstração. Enquanto você lê sobre isso no Novo Testamento, você vê. E quando você lê a história subsequente da igreja e a observa em períodos de avivamento, encontra a mesma experiência na maioria das pessoas comuns, de quem o mundo nunca ouviu falar. E finalmente você pode ler a mesma coisa na vida dos grandes homens, aqueles de quem todos na igreja sabem.

Não faz diferença se eram grandes ou pequenos, você vai descobrir que eles chegaram a essa posição do Novo Testamento; viveram esse tipo de vida, se alegraram "com alegria indizível e cheia de glória" no Senhor Jesus Cristo. E eu digo que a inevitável dedução a se chegar é: "eu devo ser assim; quero isso". Então você deve buscá-lo. Você não deve tentar discuti-lo ou tentar explicá-lo dizendo que os tempos mudaram e assim por diante. Não, o ensinamento do Novo Testamento – como vimos muitas vezes – é que: "Pois para vós outros é a promessa, para vossos filhos e para todos os que ainda estão longe [...]" (At 2.39). Não há nada no Novo Testamento que diga que tudo isso estava limitado apenas à igreja primitiva. A história prova que não existe tal limitação: a história dos avivamentos demonstra isso. O que há hoje em dia que torna isso excepcional? Nada. Deus é o mesmo, o poder do Espírito é o mesmo, nossas necessidades são as mesmas. Reúna tudo isso e pergunte: "Devo buscar?" Claro que você deve!

Mas então alguém argumenta: "No Novo Testamento não nos é dito para buscar". Bem, a resposta para isso novamente é dupla. É dito sim! Eu tenho abordado Lucas 11.9,13, que trata com essa questão. "Por isso, vos digo: Pedi, e dar-se-vos-á; buscai, e achareis; batei, e abrir-se-vos-á [...]. Ora, se vós, que sois maus, sabeis dar boas dádivas aos vossos filhos, quanto mais o Pai celestial dará o Espírito Santo àqueles que lho pedirem?". E, além disso, existe esse argumento que acabei de desenvolver, que em vista da condição da igreja do Novo Testamento, obviamente lá não havia necessidade de instrução para que eles o procurassem porque já tinham recebido.

Por isso a ênfase no Novo Testamento está no controle das manifestações do dom já recebido. Em tempos de reavivamento você não precisa exortar as pessoas a buscarem essa bênção, todos eles procuram automaticamente quando veem o que acontece. Nesse momento você tem que lidar com os problemas surgidos como resultado disso. Então parece estar bem claro que tudo nos leva na mesma direção; algo que todos devem procurar e buscar com todo o seu ser.

Contudo isso nos leva ao próximo problema que parece ser ainda mais difícil em muitos sentidos. As pessoas fazem essa pergunta: "Como essa bênção é recebida, como isso acontece?" Essa é de fato, uma questão importante. E o que faz isso tão importante é o perigo da falsificação. Se não houvesse perigo de falsificação, o problema seria muito mais fácil, mas chamamos o Espírito Santo de Espírito "Santo" para mostrar o que ele é em contraste com determinados espíritos, espíritos malignos, encabeçados pelo diabo, que, como o apóstolo lembra aos coríntios, é capaz de se "transformar em um anjo de luz", a fim de enganar o povo de Deus. Vários agentes – psicológicos e espíritos malignos – podem falsificar muito do que nos é prometido pelo Espírito Santo, de modo que é duplamente importante sermos extremamente cuidadosos em nossa consideração de como essa grande e gloriosa bênção é recebida.

Agora vamos olhar assim: comece com o Novo Testamento novamente. Não está claro que no Novo Testamento o caminho mais comum era que o Espírito "vinha sobre eles", o que aconteceu no caso de Pedro pregando na casa de Cornélio? Isso é típico. Mas comece com os apóstolos e o grupo com eles no cenáculo.

> Ao cumprir-se o dia de Pentecostes, estavam todos reunidos no mesmo lugar; de repente, veio do céu um som, como de um vento impetuoso, e encheu toda a casa onde

estavam assentados. E apareceram, distribuídas entre eles, línguas, como de fogo, e pousou uma sobre cada um deles. Todos ficaram cheios do Espírito Santo e passaram a falar em outras línguas, segundo o Espírito lhes concedia que falassem (At 2.1-4).

Logo, no caso da casa de Cornélio, lemos: "Ainda Pedro falava estas coisas quando caiu o Espírito Santo sobre todos os que ouviam a palavra" (At 10.44).

Mas, se você quiser um pouco de evidência negativa, em Atos 8, está o caso das pessoas em Samaria, a quem Filipe o Evangelista havia pregado. Mais tarde, Pedro e João desceram de Jerusalém e os versos 15-16 dizem: "Os quais, descendo para lá, oraram por eles para que recebessem o Espírito Santo; porquanto não havia ainda descido sobre nenhum deles, mas somente haviam sido batizados em o nome do Senhor Jesus". Mais uma vez, é claramente a norma e padrão no Novo Testamento em si, que o Espírito "caiu" sobre eles. E certamente, ao ler a história subsequente, como eu lhe mostrarei, acontece o mesmo, mas vamos nos ater, no momento, ao Novo Testamento.

É igualmente claro a partir do ensino do Novo Testamento que os apóstolos tinham a capacidade e o dom de poder transmitir essa bênção aos outros impondo as mãos sobre eles. Isto é novamente claro no caso daqueles samaritanos em Atos 8.17: "Então, lhes impunham as mãos, e recebiam estes o Espírito Santo". E o apóstolo Paulo fez exatamente a mesma coisa com os discípulos encontrados em Éfeso. Em Atos 19.5-6 lemos: "Eles, tendo ouvido isto, foram batizados em o nome do Senhor Jesus. E, impondo-lhes Paulo as mãos, veio sobre eles o Espírito Santo [...]". Isso aconteceu claramente como o resultado da imposição de mãos do apóstolo sobre eles.

Depois, há o caso interessante da conversão do próprio apóstolo Paulo. Eu coloquei isso simplesmente em ordem para demonstrar que não estou preocupado em defender um caso, mas expor a evidência. Seria muito conveniente para mim, em muitos sentidos, poder dizer que só os apóstolos tinham essa habilidade, mas eu sou confrontado pelo seguinte fato. O apóstolo Paulo no caminho para Damasco, ficou cego por ter visto o Senhor. Aqui está Paulo, um homem convertido e alguém chamado Ananias é enviado a ele. Ananias não queria ir, mas nós lemos: "Mas o Senhor lhe disse: Vai, porque este é para mim um instrumento escolhido para levar o meu nome perante os gentios e reis, bem como perante os filhos de Israel; pois eu lhe mostrarei quanto lhe importa sofrer pelo meu nome" (At 9.15-16).

Então Ananias foi e entrou na casa; e impondo suas mãos sobre Paulo, disse: "Saulo, irmão, o Senhor me enviou, a saber, o próprio Jesus que te apareceu no caminho por onde vinhas, para que recuperes a vista e fiques cheio do Espírito Santo" (v. 17). E ele ficou cheio, mas isso aconteceu por meio das mãos de Ananias que não era um apóstolo e que (até onde sabemos) não era nem mesmo um líder na igreja primitiva. No entanto, isso aconteceu.

Agora, o que dizemos em relação a tudo isso? Isto é um ponto muito importante e a única conclusão que podemos chegar é que este dom de comunicar o batismo com o Espírito Santo é um dom que é dado a alguns; foi claramente dado aos apóstolos, e a Ananias, no caso especial do apóstolo Paulo. Não devemos, portanto, dizer que é impossível agora. Não temos o direito de fazê-lo. Mas eu acho que temos o direito de dizer que ao tomar o Novo Testamento como evidência, nós vemos isso no caso dos apóstolos e no caso desse homem enviado com um encargo muito especial, a uma missão igualmente especial.

Eu sugeriria ser muito perigoso defender, em função disso, que o dom de comunicar esse batismo é possível a todos que foram batizados com o Espírito Santo. Eu digo isso ainda mais pela seguinte razão: considerando o que sabemos que pode acontecer em termos de psicologia e mediante o poder da sugestão, percebemos que há um perigo muito grande aqui. Eu certamente não hesito em dizer isto: que nenhum homem se arrisque a impor suas mãos sobre o outro a menos que tenha recebido uma comissão especial para o caso. Ele não deve fazê-lo automaticamente, nem devemos dizer que todos podem fazer isso. A menos que um homem receba uma comissão muito definida e examine-se honestamente à luz da palavra, ele certamente não deveria fazê-lo.

Agora que temos a prova do Novo Testamento, voltemo-nos para a história subsequente da igreja, que também é importante. O que acontece no caso dos grandes avivamentos na história da igreja a que me referi? Ou no caso das muitas pessoas sobre quem podemos ler? Eu tenho mencionado pessoas como Tomás de Aquino, Pascal e certos puritanos. Nós consideramos Jonathan Edwards, John Wesley, George Whitefield, Charles Finney e D. L. Moody. Podemos também mencionar R. A. Torrey, Howell Harris, Daniel Rowland e outros homens usados de uma maneira poderosa. Como isso aconteceu nesses casos?

Isso é muito interessante. Eu não sei de um único caso entre tais homens, onde receberam a bênção como resultado da imposição das mãos de outra pessoa; nem um sequer. O interessante é que na longa história de avivamentos na igreja cristã em geral, ou em indivíduos – porque um avivamento não é nada além de um grande número de pessoas sendo batizadas com o Espírito Santo ao mesmo tempo – o que aconteceu foi que o Espírito Santo "caiu" ou veio sobre eles. Existe uma grande variedade de casos na História, e é muito interessante observar isso. Às vezes isso aconteceu com pessoas sem a expectativa delas, sem que elas o procurassem. Isso é importante porque demonstra a soberania do Espírito.

Você também vai descobrir que aconteceu com algumas pessoas sem que elas soubessem o que havia se passado. Pegue um homem como Finney. Ele foi convertido certo dia, no dia seguinte aconteceu com ele. Finney não sabia nada sobre isso, apenas se encontrou com o acontecimento. Não havia orado, nem buscado. Isto aconteceu com ele. E isso é verdade para muitos outros.

Mas então você encontra outros buscando por isso há meses, às vezes por anos, e quase desistiram sem esperança, quando de repente Deus graciosamente fez o Espírito cair sobre eles. Existe uma variação quase infinita. Isso é importante e devemos entender. E como é verdade no caso de indivíduos, também se aplica aos agrupamentos maiores na igreja cristã. Você vai encontrar, por vezes, que as pessoas numa igreja, tendo ficado insatisfeitas, tendo examinado a si mesmas e percebido a falta e a necessidade, ou visto o problema da igreja e o problema das massas não convertidas indo para o inferno fora da igreja, essas pessoas se reuniram e oraram continuamente, agonizaram e o fizeram por um tempo considerável. Deus então as responde.

Porém tem havido outros momentos em que a igreja não estava ciente de tudo isso. Isso foi mais ou menos a posição de duzentos anos atrás no despertar evangélico na Grã-Bretanha e nos Estados Unidos. A igreja como um todo não fazia nada. Mas de repente Deus começou a lidar com certas pessoas individualmente – uma aqui, outra ali, sem conexão entre elas. E através do trato com um só homem despertou a igreja inteira e fez chover a bênção de uma forma mais geral sobre ela.

Mas o que quero destacar é que nesta longa história da igreja cristã, tanto em indivíduos como em grupos maiores, isso aconteceu, não como resultado da imposição das mãos, mas como resultado do Espírito vindo ou caindo sobre eles. Há um indivíduo em seu quarto, talvez lendo sua Bíblia e o Espírito vem sobre ele de repente; ou outro pode estar ajoelhado orando a Deus, às vezes orando por essa bênção particular, ou talvez por algo mais geral, e de repente o Espírito cai sobre ele e ele se torna consciente dessa tremenda manifestação acontecendo nele e sobre ele. E é o mesmo com as igrejas.

Há uma descrição maravilhosa disso na biografia de Andrew Murray, pregador da África do Sul. Ele estava presidindo uma reunião de oração em uma de suas igrejas, quando de repente ouviu um barulho, uma espécie de estrondo, algo análogo ao que aconteceu no Dia de Pentecostes em Jerusalém, como descrito em Atos 2. De repente o Espírito caiu sobre eles e um avivamento eclodiu, o que levou a muitas conversões entre os membros da igreja e de fora.

Esse foi o testemunho e a história da igreja em todos os séculos até o presente. Eu estou simplesmente colocando fatos diante de você. Toda essa ideia de dar o dom pela imposição das mãos foi restaurada pelo movimento Pentecostal no século 20, mas até então você não tem notícia disso. Você encontra o que parece ter sido a norma no próprio Novo Testamento: a saber, que o Espírito "caiu sobre" as pessoas de várias maneiras como tentei descrever aqui.

Isso é algo, então, que devemos ter em mente, já que parece ter sido o caminho e o método do Espírito ao longo dos séculos. Eu não estou dizendo que um homem não pode ter o dom de poder comunicar a bênção aos outros - eu não estou excluindo – mas estou dizendo que devemos ser cuidadosos. Se o Senhor tem agido ao longo dos séculos da maneira que temos considerado, por que deveria de repente se tornar comum que as pessoas podem impor as mãos sobre as outras e dar o dom do Espírito Santo, especialmente quando você tem em mente o perigo psicológico, o poder de sugestão, histeria e várias outras possibilidades? Em minha opinião aí está a evidência.

Mas agora chegamos ao termo específico "receber". Qual é o significado dessa palavra? Tratando desse assunto vimos que "receber" é o termo que se utiliza constantemente. Considere o apóstolo Paulo, por exemplo, em Romanos 8.15: "Porque não recebestes o espírito de escravidão, para viverdes, outra vez, atemorizados, mas recebestes o espírito de adoção, baseados no qual clamamos: Aba, Pai". Ou, a pergunta que Paulo faz àquelas pessoas em Éfeso: "Recebestes, porventura, o Espírito Santo quando crestes?".

Há muita confusão, parece-me, em relação a essa palavra em particular. Eu não vou entrar nisso em detalhes – eu o fiz em outro lugar ao lidar com Romanos 8.14-16[29] – mas deixe-me tentar resumir a posição colocando-a dessa maneira: o perigo em relação a essa palavra "receber" é colocar muita ênfase em nossa atividade em receber, como se dependesse inteiramente de nós. Você vai descobrir que muitos ensinam que se pode receber essa bênção sempre que quiser; "está aí para você". O

---

[29] Lloyd-Jones lida com estes versículos de forma extensa em seu livro: *Os Filhos de Deus: exposição sobre Romanos 8.5-17*. São Paulo: PES, 2002. [**N. do E.**].

problema é que – dizem eles – você não recebeu, não se apropriou, mas pode tê-la quando quiser. Agora isso acontece por causa de falsa ênfase.

Outra maneira de colocá-lo é em termos da frase comumente usada: "Tome-o pela fé". Eles citam: "Pois para vós outros é a promessa, para vossos filhos e para todos os que ainda estão longe". Então dizem: "Tome, tome pela fé. Não se preocupe com seus sentimentos, não se preocupe se você sentir alguma coisa ou não. Você acredita nessa promessa? Se você fizer assim, pegue e agradeça a Deus por isso. Você pode tomar isso pela fé sempre que quiser tal como estás. É pela fé e, portanto, você pode aceitá-la". É assim que essa palavra "receber" é frequentemente interpretada.

Eles manipulam certas passagens para tentar apoiar suas contenções e as mais comumente citadas são, Gálatas 3.2: "Quero apenas saber isto de vós: recebestes o Espírito pelas obras da lei ou pela pregação da fé?", e 3.5: "Aquele, pois, que vos concede o Espírito e que opera milagres entre vós, porventura, o faz pelas obras da lei ou pela pregação da fé?". Novamente, Gálatas 3.14 é citado: "Para que a bênção de Abraão chegasse aos gentios, em Jesus Cristo, a fim de que recebêssemos, pela fé, o Espírito prometido". E ligam isso com a grande declaração de nosso Senhor, como registrada em João 7.39, onde João diz: "Isto ele disse com respeito ao Espírito que haviam de receber os que nele cressem".

Isto é para mim um assunto muito importante, porque eu estou convencido de que é uma má interpretação do significado da palavra "receber", que não está ativa, mas passiva. Eu posso demonstrar a partir da gramática de Romanos 8.14: o termo em questão deve ser considerado de forma passiva e não ativa. Isso é visto claramente nas descrições no Novo Testamento de pessoas sendo batizadas com o Espírito Santo. Tome os apóstolos na manhã do Dia de Pentecostes; lá estão eles, orando no cenáculo, e enquanto o fazem recebem o batismo do Espírito Santo. Não é assim? Sim, mas colocaria a ênfase na ação deles em "tomar" o Espírito? Claro que não. Eles o receberam porque o Espírito foi enviado sobre eles. Eles eram agentes passivos na ação. A atividade vem do Senhor que enviou o Espírito Santo sobre eles. É isso que significa "receber".

E é o mesmo com todos os outros. Você não deve dizer que "tomaram pela fé". Eles não tomaram, aconteceu com eles. O Novo Testamento deixa claro, e a história subsequente da igreja apoia que isso é algo que acontece com pessoas. Elas não decidem tomar o batismo do Espírito pela fé. Não! Você não pode fazer isso realmente. Eu conheço muitas pessoas que tentam fazê-lo e que tentaram muitas vezes. Elas ouviram esse ensino e assim "tomaram pela fé". Elas dizem: "eu devo ter recebido, eu acredito, agradeço a Deus por isso". Mas não se sentem diferentes e não são diferentes. Elas não mostram a evidência do batismo com o Espírito, e ninguém mais pode ver que foram batizadas com o Espírito. O fato é que não foram batizadas com o Espírito. Então é muito importante que não entendamos isso mal.

Deixe-me usar uma ilustração que pode ajudar. Usei antes em conexão com essa palavra "receber". Vamos imaginar que eu decidi lhe enviar um presente, então mandei uma encomenda na última semana e tenho esperado ouvir de você que o pacote chegou em segurança. Mas não ouvi nada a respeito. Então eu escrevo uma carta e pergunto: "Você recebeu um pacote que te mandei semana passada?" Agora, o que quero dizer com a palavra "receber"? Eu estou dizendo: "Você foi até a porta quando a campainha tocou e por uma grande força da vontade, tirou esse pacote das mãos do carteiro?" Claro que não, o que estou realmente perguntando é: "O carteiro entregou o pacote que enviei para você na semana passada?" Você é passivo. Eu sou o remetente e o carteiro é meu agente. Você não faz nada mais que receber. Você não deve aplicar atividade ao fato de receber. No entanto, essa é a palavra que usamos: "receber". Isto é passivo, a atividade é inteiramente da parte do doador, que nesse caso é o próprio Senhor Jesus Cristo.

Claro que isso se torna ainda mais sério quando esse ensino sobre a atividade do receptor ou "tomando-o pela fé" se impõe de maneira mecânica. Não sei de nada mais diferente do Novo Testamento do que isso – quando as pessoas são ensinadas: "Você pode ter isso sempre que quiser. Você quer? Muito bem, fique para uma reunião depois do culto". Então na tal reunião, você é colocado para sentar em cadeiras, relaxa e lhe é dito: "Agora você pode inspirar o Espírito, inspire profundamente, respire ritmicamente; inspire, enquanto o faz estará respirando o batismo do Espírito em si mesmo".

Basta fazer uma pergunta: existe alguma coisa em qualquer sentido que seja sugestivo disso no Novo Testamento? Existe alguma coisa sugestiva a isso na história subsequente da igreja em algum avivamento? E a resposta é: "Nada. Isso é pura psicologia". Eu não hesito em dizer que não há nada mais perigoso. Você e eu não podemos fazer nada para receber esse dom, nada mesmo. É a prerrogativa do Senhor e está em sua vontade soberana. Você pode cumprir todas as condições – e muitos eu sei que tentam fazer isso – pode respirar profundamente, pode "tomar pela fé" – você pode fazer tudo que lhe é dito para fazer e você não vai conseguir nada.

Eu não devo dizer que nessas circunstâncias o Senhor não possa conceder a bênção, ele pode dar a você, apesar de um ensino errado. Mas isso não significa que o ensino está certo. Não. Ele pode dar a você apesar do ensino. Quando eu digo que você não vai conseguir nada, quero dizer que existem homens e mulheres que fizeram tudo isso e não receberam nada, porque é um dom! É o dom do Senhor excelso, ele dá quando ele escolhe e a quem ele escolhe, e você e eu não devemos enfatizar nossa atividade em recebê-lo.

Volte para o Novo Testamento e veja como sempre aconteceu. Leia a história subsequente da igreja e veja como isso continuou acontecendo. Quando isso acontece, é inconfundível, e um homem sabe que aconteceu. Por isso Paulo foi capaz de questionar: "Recebestes, porventura, o Espírito Santo quando crestes?". E em Gálatas 3, como eu já expus, o apóstolo está simplesmente dizendo a mesma coisa. Contrasta a lei e a fé enquanto diz que tudo na vida cristã vem a nós como resultado da fé, não de nossas obras ou atividade. É mediante a fé que você tem tudo, mesmo o dom do Espírito Santo. É a relação de fé que torna todas essas coisas possíveis, embora isso não signifique acontecer com todos. Isso é tudo o que o apóstolo está preocupado em dizer. Ele não está ensinando que você pode "tomar isso pela fé" sempre que quiser. Tudo o que ele está dizendo é que é sempre no reino da fé e nunca no reino da lei.

Ainda existem alguns problemas, perguntas e dificuldades com o que temos que lidar, mas que Deus não permita alguém acabar ficando apenas com os detalhes ou particularidades em sua mente. A grande pergunta que eu gostaria de deixar com você é essa: você recebeu o Espírito Santo quando creu? Você o recebeu um dia? Você foi batizado com o Espírito Santo? Essa é a questão. Todos nós temos ou não temos e sabemos exatamente o que é isso. O amor de Deus foi derramado em seu coração? O Espírito "testemunha com o seu espírito que você é filho de Deus?" Eu não estou falando sobre deduzir evidências, mas sobre o próprio Espírito diretamente, de forma imediata, fazendo você saber que é filho de Deus. Essas são algumas das evidências, e existem outras.

Ele morreu por você, seu corpo foi quebrado, seu sangue derramado. Você se alegra nele com uma alegria indizível e cheia de glória?

SERMÃO 20

BUSCANDO O BATISMO DO ESPÍRITO

Em nosso estudo do batismo do Espírito Santo, chegamos ao ponto em que devemos considerar a soberania do Senhor e Doador. Esse é um batismo efetuado pelo Senhor Jesus Cristo: "Eu não o conhecia; aquele, porém, que me enviou a batizar com água me disse: Aquele sobre quem vires descer e pousar o Espírito, esse é o que batiza com o Espírito Santo" (Jo 1.33). Isso é prerrogativa dele, algo que ele faz, se trata de um batismo que o Senhor Jesus Cristo leva a efeito. Não é uma atividade do próprio Espírito, mas do Senhor derramando seu Espírito sobre nós, fazendo descer sobre nós seu abençoado Espírito Santo de maneira particular.

Devemos iniciar então com essa grande percepção de que isto é um dom. Não devemos falar sobre "reivindicar" ou sobre "tomar". Ele dá, nós recebemos. E, como penso ter indicado, é muito interessante notar isso historicamente. Algumas vezes, o Espírito desce dessa maneira sobre um indivíduo ou um grupo sem que eles façam absolutamente nada – inesperadamente, surpreendentemente, espantando e surpreendendo a todos. Isso aconteceu muitas vezes. Mas nem sempre é assim e estou particularmente ansioso para direcionar nossa atenção para esse outro aspecto – esse aspecto da "busca".

No capítulo 10, lidamos com as declarações em Lucas 11.9, 13: "Por isso, vos digo: Pedi, e dar-se-vos-á; buscai, e achareis; batei, e abrir-se-vos-á [...]. Ora, se vós, que sois maus, sabeis dar boas dádivas aos vossos filhos, quanto mais o Pai celestial dará o Espírito Santo àqueles que lho pedirem?" Como, então, fazemos isso?

Trata-se de algo totalmente prático, todavia, a meu ver, de grande importância. Se pararmos em uma mera consideração teórica dessa grande doutrina, essa grande verdade não nos valerá de nada. Todo o objetivo de lidar com a doutrina em questão é criar dentro de nós um desejo por essa grande bênção que caracterizou a igreja primitiva, como vimos, e que sempre caracterizou a igreja em dias de avivamento, verdadeira vivificação e despertamento: quando ela, vibrante com poder, está agindo verdadeiramente como o corpo de Cristo neste mundo pecaminoso. É assim conosco?

Em primeiro lugar, devemos perceber a possibilidade. Eu devo começar com isso porque, claro, se você não crê na doutrina a esse respeito, bem, você não busca por nada – e essa é a posição de muitos no tempo presente. Eles dizem que a igreja foi batizada com o Espírito Santo de uma vez por todas no Dia de Pentecostes em Jerusalém, e todos que creem que na regeneração são batizados na igreja.

Há uma confusão total sobre essa questão, já que não falam mais sobre o Espírito "descendo", porém agora identificam o batismo do Espírito com o ensino de 1Coríntios 12.13, que já consideramos, e onde lemos que: "Pois, em um só Espírito, todos nós fomos batizados em um corpo [...]". Isso acontece na regeneração e significa estar sendo colocado no corpo de Cristo. Ao identificar ambas as coisas, naturalmente, não se busca nada mais, e esse tem sido o ensino popular predominante, que diz que está tudo lá, e tudo que você tem que fazer agora é se render a isso. Você já tem o que poderia ter, tudo que resta agora é continuar se rendendo, permitindo que o Espírito desempenhe um papel mais importante em sua vida.

Essa é a confusão que se cria ao considerar a passagem de Efésios 5.18 como tendo relação com o batismo com o Espírito Santo, a qual, como vimos, está relacionada com a santificação. Então eu inicio com essa proposição: que existe a possibilidade de algo não experimentado até agora. Você começa enfrentando a evidência, precisa se perguntar sobre certas coisas; aquelas que já apresentei. Deixe-me apressadamente lembrá-lo de algumas delas novamente. 1Pedro 1.8: "A quem, não havendo visto, amais; no qual, não vendo agora, mas crendo, exultais com alegria indizível e cheia de glória". Se isso é uma verdade para você, bem, tudo certo – Deus te abençoe. Mas eu estou falando com pessoas que não podem dizer isso e sentem não ser uma verdade para elas. O que fazer então? Bem, você pode dizer para si mesmo: "Isso deveria ser verdade para mim". Pedro assume isso em relação a esses cristãos desconhecidos para os quais ele está escrevendo. Ele diz, eu sei que isso é verdade para vocês, estrangeiros que estão espalhados por esses diferentes países.

Bem, olhamos para a igreja do Novo Testamento, vemos a vivacidade impressionante que estava nela – esse poder, essa alegria, entrega, emoção, e nos perguntamos: "Somos assim?" Nós então lemos a história da igreja e vemos que não vive sempre mediocremente, nem num êxito constante, mas é como um gráfico que sobe e desce. Nós vemos que houve períodos na igreja como esta Era presente quando ela é fraca, letárgica e ineficaz. E então lemos sobre esses outros períodos de Reforma e Avivamento, quando a igreja novamente parece regressar ao livro de Atos, e a vida e o poder se manifestam, e as pessoas são transportadas, por assim dizer, para outro reino e ficam maravilhadas se perguntando se seriam sequer cristãs antes de essas coisas terem acontecido com elas.

Se nos examinamos à luz de tudo isso e sentimos que sabemos muito pouco sobre o caso, então começamos por dizer: "Eu não deveria ser assim, não devo permanecer desse modo. Eu vejo que existe essa outra possibilidade e quero isso, quero ser assim. Eu vejo a necessidade disso e vejo a urgência dessa necessidade".

Agora, esse é obviamente o primeiro passo, há muitos que não o aceitam, que falam ativamente contra isso. Há pessoas hoje – eu não entendo como elas podem fazer isso, mas há muitas pessoas – que estão muito satisfeitas com o presente estado das coisas. Eles parecem pensar que tudo está indo bem na Inglaterra e em outros países. Como alguém lendo o Novo Testamento e olhando para a igreja como está hoje pode fazer isso, vai além da minha compreensão. Não! Este é o primeiro passo: o reconhecimento da necessidade, da possibilidade e urgência dessa necessidade, não apenas em termos de nós mesmos bem como de toda a situação da igreja no mundo como ela está neste tempo presente. Existe essa necessidade primordial de autoridade, de poder, de ousadia sagrada, de testemunho apostólico, se preferir. Esta é a maior necessidade de todas. E nada além do batismo com o Espírito pode nos dar isso. Essa tem sido a história da igreja ao longo dos séculos.

Mas depois, em segundo lugar, o próximo passo importante é observar nossas motivações, e isso é talvez particularmente importante no tempo presente. No momento em que lidamos com esses assuntos, sempre há pessoas que se tornam interessadas, porque têm uma preocupação constante por alguma experiência nova. Elas são as pessoas que circulam o mundo, por assim dizer, sempre à procura de experiências e se ouvem sobre qualquer coisa, estão lá ansiosas. Isto tem a ver com certa mentalidade muito perigosa. Essas pessoas muitas vezes experimentaram várias seitas e foram a todas elas, pois o que lhes interessa, como eu digo, é a experiência em si mesma.

Eu confio, à luz de toda essa doutrina como temos considerado nas Escrituras, que estamos todos livres desse perigo e tendência em particular. Obrigado, Deus, por cada experiência na vida cristã, mas a importância da experiência não é a coisa em si, é o que ela significa; o que representa. Não devemos buscar apenas experiências. Lembremo-nos disso.

Da mesma forma, deixe-me dizer, que não devemos estar preocupados apenas com o poder. Agora aqui novamente está outra tentação em particular, talvez, aos pregadores – o desejo de poder. Você lê no Novo Testamento sobre um homem como Pedro, assustado, tímido, covarde antes do Pentecostes; depois, cheio de ousadia, pregando um sermão e há três mil convertidos. "Ah você diz – é isso que eu quero! Esse poder!" E muitos homens têm cobiçado. Você lê sobre pessoas como Whitefield, os irmãos Wesleys e todo resto, assim como os grandes pregadores da Era da Reforma e você diz: "Ah, isso é o que eu quero! Esse poder!"

Bem, nós precisamos de poder, mas, novamente, se você se isolar e estiver apenas preocupado em ter poder, coloca-se a si mesmo em uma posição muito perigosa. O perigo está, como já indicamos, na falsificação. O inimigo está sempre pronto para trazer sua falsificação, algo que simula o que é dado pelo Espírito. Então, se você se concentra em qualquer aspecto, exceto o central, está se expondo ao perigo.

A mesma coisa se aplica exatamente, como já disse em outro lugar, aos dons. As pessoas querem falar em línguas, ter o dom de cura, ou isto ou aquilo. Concentram todo o seu interesse nesses fenômenos e nesses dons, e estão sempre falando sobre eles; essa é a coisa sobre a qual eles leem nos livros – querem ser capazes de operar isso ou aquilo. Esta é uma parte do mesmo perigo.

Sejamos claros em nossa doutrina. O Espírito proporciona experiências. Eu tentei mostrar que não há experiência maior, possível para o cristão neste mundo, do que essa experiência do batismo com o Espírito. Há apenas uma coisa além disso e que é a própria glória. Como Pedro diz lá em 1Pedro 1.8: "Alegrar-se com uma alegria indizível e cheia de glória". É um pouco da glória eterna e não existe nada que aproxime mais a pessoa dessa glória do que o batismo com o Espírito. Esse é o testemunho universal de todos homens que já tiveram essa experiência. O Espírito dá experiências, ele dá poder, ele tem dons que pode doar. Mas o argumento trazido aqui é que não devemos buscar principalmente o que ele dá.

O que devemos buscar? Nós devemos sempre estar buscando o Senhor Jesus Cristo mesmo, conhecê-lo, conhecer seu amor, ser testemunhas dele e ministrar para a sua glória. É isso que você encontra, naturalmente, no Novo Testamento. O apóstolo Paulo diz que o auge de sua ambição é "que eu possa o conhecer". Não que ele possa ter experiências, mas que "possa o conhecer, e o poder de sua ressurreição, e a comunhão de seus sofrimentos", etc. (Fp 3.10).

Isso eu acho deveria ser óbvio para nós. Nosso Senhor disse sobre o Espírito Santo que ele não se autoglorificaria, mas que ele iria glorificá-lo. O Espírito é enviado para glorificar o Senhor Jesus Cristo, e aqueles que estão familiarizados com o livro de Atos sabem que isso é o que acontece lá. Ao longo de todo o livro, quando o Espírito vem sobre esses homens eles pregam sobre o Senhor Jesus Cristo, e é por isso que devemos procurar. Devemos procurar conhecer a ele e seu amor. Do Espírito se nos diz: "O amor de Deus é derramado em nosso coração pelo Espírito Santo, que nos foi outorgado" (Rm 5.5).

Agora considere novamente o termo "derramado". Não coloque seu pequeno limite e diga: "Ah, sim, eu amo a Deus". Paulo diz que o amor de Deus é "derramado" em grande profusão e irresistivelmente em nossos corações. É isso que devemos buscar. Nós acreditamos em Deus, no Senhor Jesus Cristo, nas doutrinas da salvação. Tudo bem! Mas a questão que nos confronta neste ponto particular não é o fato de acreditar, mas o amor! Uma crença que não leva ao amor é uma crença muito duvidosa, pode ser nada além de consentimento intelectual. A ênfase da Bíblia é sempre sobre o amor. A relação do homem para com Deus é uma relação de amor. "Qual é o primeiro e o mais importante mandamento?" Não é "tu *crerás* no Senhor teu Deus", mas sim, "*amarás*, pois, o Senhor, teu Deus, com todo o teu coração, de toda a tua alma, de todo o teu entendimento e de toda a tua força" (Mc 12.30).

Isso é a verdade sobre nós? Nada fora o batismo com o Espírito Santo capacitará o homem a amar assim. Você pode acreditar e, em certo sentido, ter uma medida de amor; mas a coisa colocada diante de nós não é apenas uma medida de amor, é um amor abundante. Paulo diz em Romanos 8.15: "Porque não recebestes um espírito de escravidão para vos reconduzir ao temor, mas o espírito de adoção, pelo qual clamamos: Aba, Pai!" (*Almeida século 21*). O verbo "clamar" tem uma profundidade de significado – é um grito elementar, que surge da profundidade do ser. Aqui então está a questão – até que ponto conhecemos este amor de Deus por nós e como amamos a Deus?

Devemos amá-lo com todo o nosso ser e nada pode capacitar-nos para isso, salvo o amor de Deus derramado em nossos corações. "Nós o amamos porque ele nos amou primeiro" (1Jo 4.19). Você pode crer em seu amor por nós, mas só sente isso em sua plenitude quando é batizado com o Espírito Santo, e isso, por sua vez, aumenta o amor por ele que há dentro de você.

Este é o cristianismo do Novo Testamento! O cristianismo do Novo Testamento não é apenas um tipo formal, educado, correto e ortodoxo de fé e crença. Não! O que o caracteriza é o elemento de amor e paixão, este elemento pneumático, esta vida, esse vigor, entrega, exuberância que – como já tenho dito – sempre caracterizou a vida da igreja em todos os períodos de avivamento e despertamento. É isso que devemos buscar – não as experiências, o poder ou os dons. Se ele optar em nos conceder dons, agradeça a Deus por isso e exercite-os para a sua glória, mas a única maneira segura de receber dons é você amar a Deus e conhecê-lo.

Em outras palavras, você coloca 1Coríntios 13 no centro de sua vida. Concentre-se no amor e então todas essas coisas se encaixarão em suas respectivas posições. Devemos ter cuidado acerca de nossas motivações. A história da igreja aqui novamente, reserva um grande sinal de alerta para nós. Muitos verdadeiros servos de Deus foram desviados pelo diabo nesse ponto. Eles têm se desviado e se concentrado em dons e, eventualmente, perdem seu poder e tudo o mais. A motivação é muito importante.

Então eu chego ao terceiro assunto, a questão da obediência. Há uma declaração em Atos 5.32 que direciona nossa atenção para isso, não importa como nós a entendamos. Pedro está falando com os outros apóstolos e ele está se dirigindo às autoridades. Nos versos 29-32 ele diz:

> [...] Antes, importa obedecer a Deus do que aos homens. O Deus de nossos pais ressuscitou a Jesus, a quem vós matastes, pendurando-o num madeiro. Deus, porém, com a sua destra, o exaltou a Príncipe e Salvador, a fim de conceder a Israel o arrependimento e a remissão de pecados. Ora, nós

somos testemunhas destes fatos, e bem assim o Espírito Santo, que Deus outorgou aos que lhe obedecem.

Eu não fico só com: "E bem assim o Espírito Santo". O Espírito Santo é uma testemunha diferente de nós. "Somos testemunhas [...] e bem assim o Espírito Santo". Trata-se de sua obra, com efeitos demonstráveis e visíveis, com sua influência e poder. Mas o interessante aqui é "que Deus outorgou aos que lhe obedecem".

Você pode interpretar a palavra "obedecer" como tendo referência a obedecê-lo no sentido de crer no evangelho. Tenho certeza de que isso está incluído. Mas pode ir mais longe, como muitos sugerem, e adicionar a fim de enfatizar que Deus dá o Espírito Santo somente àqueles que lhe obedecem. Seja qual for a interpretação desse texto esse é um argumento, creio eu, válido. Leia novamente os capítulos 14-16 do evangelho de João e você vai achar que a ênfase é o amor demonstrado em termos de obediência. O Espírito é o dom do Senhor e ele dá para aqueles que o amam, e eles mostram que o amam pela obediência a ele.

Deixe-me colocar assim. Essa não é uma necessidade verdadeira? Considere-a no âmbito dos relacionamentos humanos. Nós sempre tentamos agradar aqueles a quem amamos. Isto é, em um sentido, uma obediência, e se quer alguma coisa deles, você demonstra isso, fazendo tudo o que puder para agradá-los. Sempre que um homem deseja algo verdadeiramente, ele mostrará isto com todo o seu ser. Se vocês simplesmente querem dons de Deus e só estão interessados em dons, pedirão por eles e então provavelmente esquecerão tudo sobre isso, e pedirão novamente. Mas se você realmente quiser conhecê-lo e quiser conhecer seu amor, e quiser amá-lo, então se concentrará em seu relacionamento pessoal com ele, e isso levará à obediência; você vai querer fazer tudo o que puder para agradá-lo e estar perto dele.

Deixe-me citar Charles Simeon sobre isso, como ele coloca a questão perfeitamente. Ele diz: "Este estado mais elevado de santificação é certamente reservado para aqueles que depois de terem crido, mantiveram uma caminhada próxima com Deus". E ele está indubitavelmente certo. Isso é certamente a verdade para toda a história da igreja cristã.

Agora estou colocando isso em termos de obediência. Você crê na verdade, é um cristão, é uma pessoa nascida de novo. Muito bem. "Mas – você diz – enquanto eu leio o Novo Testamento e a história subsequente da igreja em períodos de avivamento, e olho para os grandes servos de Deus, eu apenas sinto que estou vivendo em um nível diferente. Eu sei que deveria estar naquele nível mais alto e eu quero estar lá. Eu quero conhecer a Deus, amá-lo com todo o meu ser e conhecer o seu amor". Se essa é a sua paixão consumidora você vai demonstrar isso e fazer de tudo para agradá-lo, obedecendo seus mandamentos. "Aquele que tem os meus mandamentos e os guarda, esse é o que me ama" (Jo 14.21). O amor não é apenas um sentimento, não é apenas algo que você sente em um culto ou quando está lendo um livro. Não! O amor é uma paixão controladora e sempre se expressa em termos de obediência. Por isso as Escrituras nos dão conselhos e exortações com relação a esse assunto. Olhando isso de um ponto de vista negativo, você deve evitar "entristecer o Espírito", porque quando aflige o Espírito, também aflige o doador do Espírito. Como se entristece o Espírito? Você faz isso desobedecendo.

O Espírito está dentro de nós. Você não pode ser um cristão sem ter o Espírito. "Se alguém não tem o Espírito de Cristo, esse tal não é dele" (Rm 8.9). Mas isso não é o batismo do Espírito, é regeneração. Então o Espírito está em você e trabalha repreendendo, admoestando, fazendo você se sentir infeliz e desconfortável quando faz algo errado. Agora, se você deliberadamente ignorar isso e continuar fazendo a mesma coisa, isso é entristecer o Espírito.

No momento em que um homem nasce de novo, o Espírito começa a trabalhar nele. Ele trabalha para produzir sua santificação. E vai estimulá-lo levando-o a sentir certos impulsos; ele pode orientá-lo a ler as Escrituras, mas você diz: "Não, não, agora não, eu quero terminar esta novela, ou falar com alguém, ou ler um jornal". Isso é entristecer o Espírito. Você deve obedecê-lo, e se deliberadamente ignorar os seus estímulos, você o está entristecendo.

Sabemos disso. Você sabe as coisas que fazem sentir-se desconfortável e pouco à vontade. Você conhece a sensação de condenação que está dentro de si; mas tenta racionalizá-la, explicá-la, ou dizer: "Eu vou fazer mais tarde". Tudo isso é entristecer o Espírito, e enquanto fizermos isso, não seremos batizados com ele. Devemos fazer tudo o que pudermos no caminho da obediência. De um ponto de vista negativo, você não deve entristecer, nem apagar o Espírito.

Qual é a diferença entre ambas as coisas? Ao longo das linhas estou indicando. "Entristecer" tem a ver com a questão de obediência em detalhes de nossa vida diária. "Apagar" é algo diferente, neste sentido é mais aplicável ao que os cristãos fazem quando estão reunidos e o Espírito se move entre eles, ou sobre um indivíduo que está na mesma situação. Isso pode acontecer tanto quando você está sozinho, como na reunião dos santos. Mas muitas vezes tem acontecido que em uma reunião, quando o Espírito está lidando conosco no culto público, em vez de particularmente, você começa a ter medo do que vai acontecer e diz: "Se eu fizer isso, o que vai acontecer?". Isso é apagar o Espírito: resistir ao seu movimento geral sobre nosso espírito. Você sente a sua influência graciosa, e então duvida e fica inseguro, com medo. Isso é apagar o Espírito. Lembre o contexto em que o apóstolo Paulo coloca isso em 1Tessalonicenses 5.19-21: "Não apagueis o Espírito. Não desprezeis as profecias; julgai todas as coisas, retende o que é bom". O Espírito vinha sobre essas pessoas neste assunto de profecia e se elas não respondiam, ou se outros os desencorajavam a responder, então isso implicava em apagar o Espírito.

Mas nos voltamos agora para o lado positivo da obediência: que consiste em nos colocarmos como somos juntamente com todos os nossos assuntos, preocupações e interesses nas mãos de Deus. Se você acredita que é filho dele, bem, então você diz: "Eu não sou meu, eu fui comprado por um alto preço". "Eu sou dele, estou à sua disposição não importa o que aconteça, qualquer que seja o custo, não me importo". Essa é a plena obediência; que é realmente entregar-nos a Deus e aos seus propósitos graciosos. Devemos ter muito cuidado com relação a toda essa questão da obediência. Há pessoas que nunca a mencionam; elas acham que tudo que você tem a fazer é ir a uma reunião e "tomar pela fé" o batismo com o Espírito Santo, e pronto, já o recebeu. Não é assim que acontece. Deus lida conosco neste assunto, e a obediência é muito central. Você mostra a profundidade do seu desejo, pela extensão de sua obediência.

Mas chego agora ao próximo assunto que é o da oração. Observe a ordem em que coloco essas coisas. Eu coloco a oração como o quarto princípio. Você não começa com a oração, mas chega gradualmente até ela. Em outras palavras, perceba isso: embora faça tudo que possa, não tem direito sobre Deus, não pode exigir dele qualquer coisa. Eu não "reivindico" nada de Deus. Isto é um dom. Eu mostro meu desejo e meu anseio por isso mediante minha obediência. Mas isso nunca vai comprá-lo. Eu nunca posso dizer "eu paguei o preço, agora me dê".

Isso tem sido ensinado frequentemente; mas está tudo errado. Não tem nenhum sentido em lidar com Deus dessa maneira. Tendo feito tudo, você diz: "Eu sou um servo inútil; eu sou unicamente dependente da graça de Deus, de sua misericórdia, amor e compaixão. Eu não lhe obedeço a fim de obter alguma coisa; eu obedeço porque o amo e quero conhecê-lo". Mas tendo feito tudo o que posso, ainda sou um suplicante; peço-lhe por isso; e isso é a oração. Eu citei em outro lugar esta grande palavra de Thomas Goodwin sobre este ponto. Thomas Goodwin em sua *Exposição de Efésios 1* usa a expressão: "Apele a Ele por isso". É uma maneira de descrever a oração persistente, urgente e importuna. Deixe-me citar mais uma vez Charles Simeon, de Cambridge, que coloca assim:

> Para muitos, infelizmente, o selo do Espírito é mera tolice; mas aqueles que relatam assim falam mal das coisas que não entendem. Vamos procurar examinar a nós mesmos, em vez de censurar aqueles que o fazem.

Que palavras sábias! Elas são muito necessárias hoje. Há pessoas censurando aqueles que buscam essa mais alta forma de certeza que é dada pelo batismo com o Espírito, ou o selo do Espírito, como você preferir chamar. Ele diz:

Deus está disposto a conceder essa bênção a todos que a buscam. Se não possuímos devemos perguntar o que há em nós que faz com que Deus não nos conceda. Devíamos implorar a Deus para nos tirar a dureza do coração que nos incapacita para isso, e devemos viver mais em função de suas promessas para que por elas essa bênção seja comunicada às nossas almas.

É isso! Eu realmente não tenho nada a acrescentar.

Se você ler a biografia de Simeon vai descobrir que bem depois de sua conversão e regeneração, ele recebeu esta grande bênção do selo ou o batismo do Espírito. Foi a experiência mais profunda de sua vida e o levou ao seu ministério definitivo. Isto é o que ele diz: "Deus está disposto a dar essa bênção para todos os que a buscam [E as únicas pessoas que buscam são crentes, pessoas regeneradas]. Se você não tem isso, bem, ele diz para perguntar o que há em nós que tem feito com que Deus não nos conceda". Essa é a maneira de olhar para isso. Deus tem retido de nós por um motivo ou outro e é por isso que você não pode obtê-la sempre que quiser. Quando você começa a buscar essa bênção, Deus lhe mostrará certas coisas. Ele vai deixar você saber o que está em você que o impede de recebê-la.

Como você ora por essa bênção? Implorando as promessas. "Pois para vos outros é a promessa, e para vossos filhos e para todos os que ainda estão longe, isto é, para quantos o Senhor, nosso Deus, chamar" (At 2.39)? Diga a Deus isso. Os Pais da Igreja costumavam usar este ótimo termo: "Suplicando as promessas". Você não escuta isso hoje. Por quê? Porque as pessoas não oram mais, elas mandam pequenos telegramas para Deus achando ser isso o auge da espiritualidade. Elas não sabem nada sobre "lutar" com Deus e "suplicar as promessas".

Vamos a Deus e lhe falemos: "Qual foi a promessa feita no Antigo Testamento, que é referida no Novo Testamento como a 'promessa que Deus fez a nossos pais'? Por que o Espírito é chamado 'o Espírito Santo da promessa'? Tu tens prometido dar isso a teu povo, prometeste que quando teu Filho viesse ao mundo e fizesse expiação pelos pecados e ascendesse ao céu, darias a ele esse dom para dar ao seu povo. O Senhor prometeu, então não posso receber isso?" Você implora, pede e suplica diante do trono dele.

Este é o caminho ensinado por homens que não somente interpretam as Escrituras verdadeiramente, mas que conhecem essa experiência e não censuram aqueles que estão buscando isso, estão ansiosos por encorajá-los. Você vê que a maneira para orar por essa bênção é usar a linguagem de Jacó: "Eu não te deixarei ir [...]" (Gn 32.26). "Eu quero te conhecer, eu quero te amar e quero conhecer o teu amor derramado no meu coração. Eu sei que isso é possível e eu não obtive. 'Eu não te deixarei ir'", você continua ininterruptamente.

Eu poderia dar muitos exemplos a partir das vidas daqueles que nos precederam e a quem Deus tem abençoado quanto a esse assunto e usado para sua glória. Você vai encontrar em quase todos esses casos, que eles tiveram que buscar isso por algum tempo. O tempo real varia. É Deus quem fixa o tempo; nós não podemos fixar qualquer hora em particular. Leia a história de Whitefield e você verá a agonia pela qual ele passou antes que isso acontecesse. E também a luta de John Wesley continuou por meses, talvez até mais.

Veja a história de Dwight L. Moody. Aqui estava um homem convertido; não só isso, ele começou seu trabalho missionário em Chicago e foi muito bem-sucedido. Até que duas senhoras foram até ele no final de um culto e disseram: "Sr. Moody, nós estamos orando por você". Ele se ressentiu disso; era um pregador bem-sucedido! Ele disse: "Qual o motivo da oração?". Elas disseram: "Estamos orando para que você tenha mais poder". Ele realmente se ressentiu disso. Achava que era um pregador com poder e que tudo estava bem.

Mas ele não conseguia esquecer suas palavras. Começou a perceber o que elas queriam dizer, ter uma visão de toda essa doutrina, e ele mesmo começou a orar por isso. Ele continuou por pelo menos seis meses, suplicando – da maneira descrita por Simeon – que Deus atendesse sua petição. E andando pela Wall Street em Nova Iorque em certa tarde, Deus de repente, lhe respondeu e o Espírito caiu sobre ele. Essa é a história – seis meses, pelo menos, de oração, de súplica, de anseio, de desejo – "Eu não te deixarei ir!" E finalmente..!

R. A. Torrey descreve e ensina exatamente a mesma coisa. Isso é especialmente extraordinário para mim, que tantas pessoas na Inglaterra e outros países, que reverenciam a memória de Moody e Torrey e suas grandes campanhas, se apartam completamente deles e negam seu ensino nesse ponto mais vital. O mesmo é encontrado em A. J. Gordon e em A. T. Pierson – é a história de todos esses homens. Eu poderia lhe dar uma lista muito longa de testemunhas sobre esse grande assunto.

Todos esses homens tinham que orar, tinham que suplicar. Eles não "tomaram por fé", ou "exigiram" e "reivindicaram". Certamente não! Eles fizeram tudo o que podiam e ainda assim seu sentimento foi: "Não, nós não conhecemos, não sentimos esse amor; nós queremos conhecê-lo". E então Deus em seu próprio tempo, respondeu-lhes. O Senhor os batizou com o Espírito Santo. Deveríamos orar com as palavras de um hino bem conhecido que diz:

> *Oh Amor Divino, quão doce és!*
> *Quando estará meu coração*
> *Tomado por ti?*
> *Sedento, morro para provar*
> *O doce amor do Redentor:*
> *O amor de Cristo por mim.*

Você alguma vez realmente fez uma oração assim? É isso!

> *Só Deus conhece seu amor;*
> *Oh, que ele o quisesse derramar*
> *Neste pobre coração de pedra!*

Você havia percebido que tinha um coração de pedra e não de carne? "Coração de pedra!"

> *Por amor suspiro, por amor padeço:*
> *Esta única porção, Senhor, seja minha,*
> *Seja minha esta melhor parte!*

Ou faça outra oração, a de William Williams, de duzentos anos atrás, que sabia algo sobre essa experiência. Aqui está uma tradução do seu hino:

> *Fala, eu te peço, gentil Jesus,*
> *Oh quão doce vem Tuas palavras,*
> *Suspira o meu espírito aflito*
> *Paz que nunca a terra proporciona.*
> *Todas as vozes que distraem o mundo*
> *Seus malignos tons sedutores,*
> *Nos Teus tons, suaves, melodiosos,*
> *Tudo está apascentado.*

E ele prossegue:

> *Diga-me que és meu, Oh Salvador,*
> *Conceda-me uma plena certeza;*
> *Livra-me de meus obscuros receios,*
> *Silencia minha incerteza, acalma meu medo:*
> *Oh minha alma anela*
> *Agora por ouvir Tua voz divina,*
> *Então a tristeza se vai para sempre*
> *E o desespero não mais será meu.*

E finalmente um verso citado por Spurgeon em um sermão. Ele não disse quem é o autor, mas aqui está:

> *Se no amor do meu Pai*
> *Eu compartilho a parte filial*

*Envie seu Espírito como uma pomba
Para descansar no meu coração.*

    Essa é a maneira de orar. Suplique a ele dessa forma, faça conhecido a ele o desespero do seu coração. E certamente ele concederá o desejo do seu coração. Ele vai falar com você, manifestar-se, derramar seu amor em seu coração. E você começará a amá-lo e se alegrar nele com uma alegria indizível e cheia de glória. Que a igreja cristã hoje seja cheia dessas pessoas! Que nos tornemos tais pessoas e, em seguida, o avivamento pelo qual estamos ansiosos, já terá começado.

SERMÃO 21

QUANDO
O DESÂNIMO VEM

Nós vimos que o batismo com o Espírito é para hoje, mas aqueles que o procuram devem sempre observar sua motivação. Não deveríamos nos preocupar apenas com experiências, nem mesmo com poder. Nosso desejo deve ser de conhecer a Cristo e seu amor por nós, nos tornando de tal forma que ele possa nos usar na extensão de seu reino para dar a conhecer a sua glória. Obediência é vital e também a oração.

Neste ponto, alguém pode perguntar: "isso significa que nós não devemos começar a orar até termos perfeita obediência?". Bem, obviamente não. Estas são distinções apenas na mente. Você faz todas essas coisas juntas ao mesmo tempo, mas nunca será perfeitamente obediente. Do contrário, ninguém deveria orar de forma nenhuma. Não, isso é o que eu considero como a ordem intelectual, a maneira em que essas coisas devem se apresentar às nossas mentes. Quero dizer que é ocioso para as pessoas apenas orar por uma bênção, se não estiverem preocupadas em fazer tudo o que puderem no caminho da obediência para agradá-lo. Fiz uma declaração geral que se aplica a toda a vida cristã. Não adianta nesta vida apenas pedir por coisas e sentir que a sua própria obediência e responsabilidade não intervém em absoluto.

Esse é o ponto em que chegamos, mas devemos continuar avançando. Então agora, tendo visto que há essa grande bênção, a do batismo com o Espírito Santo – com os resultados e consequências notados com tanta frequência em termos da descrição do Novo Testamento e que encontramos nas vidas dos outros – agora desejamos e estamos orando e implorando por isso. Qual é o próximo princípio?

Aqui está um ponto muito importante e não posso colocá-lo de melhor forma exceto dizer que nesta situação nada é mais importante do que estarmos preparados para surpresas. Devemos lembrar sempre que o Espírito Santo é o Espírito não só de poder e força, mas também da verdade, da santidade e pureza (você lembra que ele sempre se representou como uma pomba) e porque sempre esquecemos isso, devemos estar preparados para surpresas. Tudo isso é de extrema importância nessa questão de orar pelo batismo com o Espírito Santo.

Então acrescente a isso o estado de nossos próprios corações. Somos todos filhos do pecado, "concebidos em pecado e nascidos na iniquidade" (Sl 51.5), e quando nascemos de novo, não somos feitos perfeitos. Há muito erro e malignidade que pertence à antiga natureza ainda permanecendo em nós – não o "velho homem", mas a velha natureza.

É vital que tenhamos em mente essas duas coisas por isso, quando oramos pelo batismo com o Espírito Santo, temos que perceber que o que estamos pedindo é que Espírito Santo venha sobre nós e nos encha até nossos corações transbordarem, que habite dentro de nós de uma maneira poderosa e assim nos traga, Deus o Pai e Deus o Filho.

É isso que estamos realmente pedindo, portanto, no momento que você percebe a verdade sobre o caráter, natureza, e ser do Espírito Santo e do estado de nossos corações, você percebe imediatamente que deve estar preparado para surpresas. Este é o ponto do meu argumento: já que o Espírito Santo é quem é e o que ele é, deve ter uma morada digna e apropriada para ele. E acontece que os santos frequentemente testificaram que quando começaram a perceber a possibilidade dessa bênção e começaram a orar por ela, todos os tipos de coisas aconteceram a eles, coisas que nunca haviam imaginado. Começaram a ser conscientes do pecado dentro de si de uma forma que nunca haviam percebido antes. Sentem que são muito piores do que eram antes de começarem a orar; conscientes da poluição interna de uma maneira que estava além da imaginação.

Não só isso, descobrem que são tentados de uma forma mais aguda e virulenta do que jamais haviam conhecido; as coisas parecem ir contra eles, o mal está sempre presente com eles, e se encontram no meio de um conflito doloroso e terrível como nunca tinham experimentado em toda a vida. Na verdade, são pressionados às vezes de tal forma que até começam a duvidar da salvação e a se perguntar se são de fato cristãos.

Isso é algo que nunca tinham conhecido antes e parece ser o resultado direto de sua oração e desejo desse batismo com o Espírito Santo. E há muitos que, por causa disso, desistiram com desesperança e aflição, começando a sentir que existe algo de errado, e que o principal resultado de todo esse esforço tem sido confundi-los e torná-los infelizes, fazê-los sentir que estão mais longe de Deus do que já estiveram em toda a vida, e que estão totalmente confusos com tudo isso. Eu sugiro que não deveria haver confusão a respeito, mas sim que deveríamos prever isso.

Novamente, não estou dizendo que essa é uma regra invariável. Tenho tentado apontar, à medida que avançamos, que não há padrão nessas questões. De fato, tentei mostrar que qualquer pessoa que lhe apresente um padrão, está não apenas sendo falso com o ensino do Novo Testamento, mas também com toda a história da igreja em geral e de crentes em particular ao longo dos séculos. Qualquer um que venha a você com uma fórmula ou um método definido já está ao lado de psicólogos e seitas.

No reino espiritual há variação quase infinita. Há algumas pessoas que oram por esse dom e o recebem imediatamente. Há outros que passaram meses e até anos agonizando provas e conflitos. Ele é o Senhor, como tenho lembrado, e tem suas maneiras de lidar conosco. Mas aqui está algo muitas vezes testemunhado pelo povo de Deus. O resultado imediato de começar a orar por essa bênção tem sido uma espécie de agravamento de seus problemas, provações e dificuldades; e acima de tudo, a visão deles de si mesmos têm sido algo surpreendente e aterrorizante.

Agora, ocorreu-me que poderia ser de alguma ajuda neste ponto, se eu citar algumas declarações feitas por um grande mestre nesses assuntos da alma, um americano chamado George Bowen, tendo sido por muitos anos missionário na Índia no século 19. Ele coloca isso muito claramente:

> Você, tendo certa concepção sobre o Espírito, pede pelo Espírito e supõe que suas influências corresponderão com essa ideia que você formou. Você espera que ele, por exemplo, seja um espírito de consolo que o rodeie com os ares do paraíso. Você entende que ele deve elevá-lo a uma esfera etérea e sobre-humana, onde visões poéticas das ilhas de bênçãos brilharão à direita e à esquerda.
>
> Mas o Espírito é verdade e ele deve vir definitivamente em Seu verdadeiro caráter. Você pediu suas ministrações e elas não serão retidas. Mas como você fica surpreso quando ele lhe toma pela mão e você se prepara para uma subida arrebatadora ao céu dos céus, mas descobre que levou você pela mão com o propósito de conduzi-lo para baixo, para algum lugar profundo e escuro, câmaras de imagens semelhantes a masmorras. Em vão você estremece e recua. Você somente descobrirá que ele tem um punho de ferro. Ele pede que olhe para essas imagens hediondas e observe como elas corporificam as grandes características da sua vida passada.
>
> Uma estátua abominável é chamada de egoísmo e seu elevado pedestal é completamente esculpido com inscrições de datas. Você olha para essas datas – o seu guia o obriga a isso – e você fica chocado ao descobrir que o que você considerava o mais belo e as horas mais consagradas de sua vida passada estão lá; lá mesmo. Há uma imagem repulsiva

chamada cobiça, e você diz corajosamente, "estou seguro que nenhuma data minha está inscrita nela". Lamentavelmente, existem muitas e algumas que pensava que lhe conectavam ao céu – raiva, ira, malícia, veja como os monstros odiosos parecem piscar para você de seus lugares, como a um bem conhecido camarada; como a imagem da sua vida passada é feia em seus pedestais. Você já olhou para a incredulidade no rosto e franziu as sobrancelhas dizendo que não a conhece. Quaisquer que sejam os seus defeitos, você nunca foi um incrédulo. O Espírito lhe constrange a admitir que a incredulidade reivindica – e reivindica justamente – toda a sua vida passada.

Uma profunda humilhação e uma dor penetrante tomam seu coração. "Pelo menos – você diz em frente à imagem da falsidade – eu não sou mentiroso, odeio toda falsidade com um perfeito ódio". O Espírito de Deus lhe aponta para a evidência fatal. Você examina as datas e vê que algumas delas se referem mesmo às suas temporadas de oração. Por fim, totalmente humilhado, desanimado e com a consciência ferida, reconhece que aqui nestas galerias úmidas e subterrâneas, e no meio destas imagens abomináveis, está seu verdadeiro lar. Você se lembra com vergonha das ideias com as quais tem recebido o Espírito e cai a seus pés confessando toda a sua loucura. Ali ele lhe levanta e lhe conduz para o ar livre sob a abóbada abençoada do céu, e você encontra uma carruagem em que pode ocupar seu lugar, sem impedimento, ao lado do Espírito e visitar os lugares de alegria que estão acima da terra.

Esse é um resumo excelente e perfeito das experiências que alguns dos maiores santos de Deus, incluindo o próprio George Bowen, tiveram de passar antes que tivessem essa maravilhosa experiência. Em outras palavras, somos tão ignorantes sobre nós mesmos. Nós dizemos:

"Sim, eu sou um cristão nascido de novo, tudo que preciso é de mais bênçãos", e pedimos sem perceber o mal sutil que ainda está aqui. Até as nossas orações e nossos melhores e mais nobres desejos são egoístas. Agora o Espírito, sendo o Espírito da verdade e santidade, tem que abrir nossos olhos para essas coisas. Temos que ser humilhados antes de sermos exaltados. Nós temos que ver o estado real em que estamos antes que possamos esperar tal experiência exaltada.

Mas considere um hino bem conhecido de John Newton, em que ele coloca no verso precisamente a mesma coisa. Mais uma vez, ele está descrevendo sua experiência:

> *Eu pedi ao Senhor para crescer*
> *Na fé, amor e toda graça,*
> *Mais da Sua salvação conhecer,*
> *E mais fervorosamente buscar a Sua face.*
> *Foi ele quem me ensinou a orar,*
> *E confio que respondeu à oração:*
> *Mas tem sido de tal maneira*
> *Que quase me levou ao desespero.*
>
> *Eu esperava que em um bom tempo*
> *De uma vez Ele me atendesse;*
> *E, pelo poder constrangedor de Seu amor,*
> *Subjugasse meus pecados e descanso me desse.*

É isso que todos nós sentimos, não é? Nós ouvimos algo assim, "Ah", dizemos "nós queremos isso". E oramos, e é isso o que devemos esperar que venha.

> *Em vez disso, Ele me fez sentir*
> *Os males ocultos do meu coração*
> *E deixou os poderes irados do inferno*
> *Assaltarem minha alma em todas as partes.*

> *Sim, mais, com a sua própria mão Ele parecia*
> *Com a intenção de agravar minha mágoa,*
> *Cruzou todos os projetos justos que eu planejei,*
> *Explodiu minhas cabaças e me deitou humilde.*
>
> *"Senhor, por quê?" eu tremendo chorei,*
> *"Queres perseguir o teu verme até a morte?"*
> *"É assim" o Senhor respondeu:*
> *"Eu respondo a oração por graça e fé.*
> *Essas provações interiores eu emprego,*
> *Do ego e orgulho para libertar-te,*
> *E quebro teus esquemas de alegria terrena*
> *Para que possas buscar tudo o que está em mim".*

Não há dúvidas sobre isso, meus queridos amigos. É possível para nós passarmos por este mundo, como cristãos, salvos, pecados perdoados, e ainda vivendo em um nível tão baixo que não saibamos nada sobre os grandes conflitos descritos nas Escrituras e nas vidas dos santos. Considere o grande apóstolo Paulo:

> Porque a nossa luta não é contra o sangue e a carne, e sim contra os principados e potestades, contra os dominadores deste mundo tenebroso, contra as forças espirituais do mal, nas regiões celestes.

Existem muitos cristãos que simplesmente não sabem o significado disso, e nunca o experimentaram. Eles não sabem nada sobre as profundezas do mal dentro deles. Tomaram uma decisão em uma reunião e continuaram assim desde sempre; não podem entender o que é tudo isso. "O que mais é necessário?" eles perguntaram. Isso nada mais é que pura ignorância acerca de si mesmo. Eles são certamente cristãos, mas são crianças e podem ir para suas sepulturas como "bebês em Cristo". Salvo? Sim! Mas, como o apóstolo coloca, "salvo, todavia, como que através do fogo".

Por outro lado, no momento em que você começa a perceber as possibilidades da graça e o que temos em Cristo Jesus por meio desse grande batismo do Espírito – no momento em que entra nessa esfera, o diabo obviamente se sentirá perturbado. Ele vai empreender todos os seus esforços para ficar entre você e esse batismo. Ele não quer que ninguém se aproxime do Senhor Jesus Cristo. Ele quer que permaneçamos como crianças. Ele nos manterá ali, ignorantes, não desejando mais nada. Mas no momento que você tem esses anseios e desejos por algo maior e mais profundo, então o diabo vai atacá-lo, como esses dois homens nos mostraram. Eu poderia citar muitos outros. Leia sobre a vida dos homens que viveram antes de nós e que receberam essa grande bênção, e você vai descobrir que eles, a maioria deles, tiveram que enfrentar este terrível conflito. De modo que eu não estou prometendo a você algo fácil, rápido e rasteiro. Não! Estou tentando mostrar que tal ensino é totalmente estranho ao Novo Testamento. Você não pede simplesmente e recebe imediatamente.

Você notou – temos nos dito isso antes, mas eu quero reenfatizar – que nosso Senhor falou essa parábola sobre o homem que vai ao seu vizinho pegar emprestado os pães neste mesmo contexto? E você notou que ele estava salientando o princípio da importunação, obviamente sugerindo dificuldade, conflito e luta?

Eu colocaria então assim, em geral – que no momento em que começamos a buscar esse batismo de todas as maneiras que descrevi, devemos estar preparados para surpresas, mas devemos perceber que estamos nas mãos de Deus. Não há nada melhor, portanto, possa eu fazer neste momento do que dar o conselho com base na experiência de D. L. Moody. Ele costumava dizer que durante aqueles meses enquanto estava orando por esse batismo (se caminhava por uma rua, ou fazia qualquer outra coisa) orava: "Ó Deus, prepara meu coração e me batiza com o poder do Espírito Santo". Mas observe a ordem do pedido. É perigoso ter poder a menos que o coração esteja preparado; e não temos o direito de esperar que o Espírito nos dê o poder a menos que ele possa confiar em nós. Então você começa pedindo: "prepare meu coração", antes de pedir, "batiza-me com o poder do Espírito Santo". Este é um princípio muito vital.

Mas deixe-me seguir para outro princípio óbvio: deixe que ele o guie. Isso de novo é vital. Se você está se colocando na mão de Deus, deixe que ele o guie; é ele quem decide onde lhe levar. Como George Bowen coloca, ele não leva você direto para os céus, ou para o céu dos céus como você pensa: ele provavelmente vai levá-lo para alguma masmorra. Seja o que for, deixe ele o levar. Continue! Não seja tolo e por estar desapontado chegue a dizer: "Isto é desagradável e desconfortável". Onde quer que ele lhe leve, siga-o. Continue! É obviamente ridículo pedir a Deus para abençoá-lo e, em seguida, resistir ao que ele está fazendo com você. Deus sabe o que está fazendo, e tem seu método e plano – e consiste nisso. Ele o levará a todos os tipos de lugares, pode lhe submeter a experiências estranhas. Mas olhando para trás, você verá que cada uma delas era parte do objetivo.

Isso é para mim uma das coisas mais incríveis na vida cristã. Todos nós temos nossas ideias, e elas são todas limitadas, simplistas e fáceis: são sempre atalhos. Todos nós somos dados a isso por natureza. É o resultado do pecado dentro de nós. Mas olhando para trás através de nossas vidas, notamos muito claramente que Deus tinha que fazer certas coisas conosco. Deus muitas vezes teve de nos abater antes de nos levantar. Nós sempre achamos que podemos começar de onde estamos; geralmente não podemos; temos que ser abatidos; temos que ser envergonhados e humilhados, e Deus vai lidar conosco de maneiras quase inacreditáveis.

Este é, naturalmente, o grande romance da vida cristã; coisas que parecem bastante acidentais no momento podem ter consequências sumamente importantes. Tudo tem sido uma parte do plano e propósito de Deus em relação a nós.

Em outras palavras, o momento em que você entrar neste reino e perceber que está nas mãos de Deus e se dispor, deve estar preparado para qualquer coisa. Mas vá em frente – não traga sua razão para o assunto, não rejeite as coisas porque não as compreende. Perceba que os caminhos de Deus não são os nossos caminhos, e que os seus pensamentos não são os nossos pensamentos, e que se você, genuína e honestamente, buscar essa bênção para a sua glória, ele lhe levará a isso; mas ele vai fazê-lo da forma dele. E, portanto, eu digo, deixe-o guiá-lo, não resista e nem imponha condições.

É algo grande e maravilhoso estar nas mãos de Deus, mas pode ser assustador e alarmante até que se comece a sabe algo sobre esse reino. Refiro-me a confiar em Deus, colocar a si mesmo em suas mãos. Diga, se você quiser, como Newman: "eu não peço para ver a cena distante; um passo é suficiente para mim"; e dê cada passo como é indicado a você.

Isso me leva, é claro, ao próximo princípio, que é: continuar! Continuar! Como isso precisa ser enfatizado. Estou certo de que a maioria das pessoas necessita enfatizar a importância deste princípio em particular. Olhe para trás através de sua vida e não é isso que encontra?

E você vai encontrar este princípio na vida dos santos de Deus em todos os séculos, já que nosso maior perigo é a inconstância. Não é assim que funciona? Nós procuramos o batismo com o Espírito aos trancos e barrancos e então olhamos para trás e ficamos surpresos de que nada tenha acontecido conosco. Talvez você esteja lendo um livro ou a biografia de algum grande santo, e veja como – tendo vivido uma vida cristã monótona, às vezes em alta, às vezes em baixa, fracassando e tendo sucesso, mas tudo em um nível rasteiro – esse santo foi subitamente elevado a um nível superior e continuou a viver nele. E imediatamente você pensa: "Bem, eu gostaria de ser assim, de ter isso". E então começa a orar e a buscar. Mas nada acontece e depois de alguns dias você começa a esquecer de tudo a respeito. Ou seu interesse pode ser o resultado de ouvir um sermão, ou de alguma experiência que teve; pode ser uma doença, um acidente ou a morte de alguém.

Todas essas coisas têm o efeito de agitar você e lhe fazer sentir que gostaria de saber sobre esse batismo, e então começa a orar com seriedade. Mas não continua, e depois de um tempo quase esquece tudo sobre isso e volta para onde estava antes. E pode viver assim por meses ou anos. Então novamente algo acontece e novamente você começa – mas não continua e esquece. E assim vai por anos, procurando espasmodicamente, mas nunca recebendo realmente.

Agora eu acho que esse é o ponto mais importante para todos nós observarmos, e há muitas passagens nas Escrituras demonstrando isso de maneira muito clara. Há aquela passagem em Lucas 11 já considerada anteriormente acerca da importunação! Nosso Senhor argumenta da mesma maneira novamente em Lucas 18 sobre a mulher que incomodou o juiz, não aceitando uma resposta negativa. Até que finalmente ele respondeu a ela e disse: "Eu não posso obter paz desta mulher, devo conceder-lhe o seu pedido. Ela está me incomodando e me importunando, ela é um incômodo para mim". Nosso Senhor realmente usa uma parábola assim para nos encorajar a orar a Deus. Importunação!

Esse é o princípio expresso nessa transição gradual de "pedir, buscar e bater". Um desejo espasmódico e indiferente provavelmente nunca será concedido. E mais uma vez, você encontrará em toda literatura sobre esse grande assunto, que há sempre esse elemento quase de desespero diante de Deus antes que ele realmente ouça essa oração e conceda o nosso pedido. Você percebe isso nos casos de John Newton e George Bowen. Eles foram levados ao ponto em que realmente estavam quase reclamando e imaginando o que poderia estar acontecendo, quase ao ponto de se desesperar e ceder. De repente, naquele momento, Deus concedeu o pedido deles e os abençoou de tal maneira que dificilmente poderiam contê-lo. Esse é o princípio, naturalmente, que encontramos na velha história de Jacó e sua luta naquela noite – "Eu não te deixarei ir!" Essas são as pessoas a quem Deus abençoa.

Quão diferente e distante tudo isso é do ensino que diz com toda clareza "tome-o pela fé" ou "você só tem que pedir e receber". Não é verdade. Não é verdade na Bíblia, nem na história subsequente dos santos e do povo de Deus. Não! Deus nos leva ao ponto em que sentimos não podermos viver sem isto. Ele cria uma fome e sede em nós (um desejo tão grande) que não apenas oramos vez em quando; você diz: "A vida dificilmente vale a pena viver se eu não conseguir isso. Eu devo orar!" "Eu não te deixarei ir". Essa é a oração.

Se você ler novamente a grande história de avivamentos e como eles vieram – e esse é um paralelo exato – você descobrirá que geralmente tem sido assim. O avivamento não vem no momento que as pessoas começam a orar por isso. Nem é assim com a bênção pessoal. Um avivamento é – como vimos – quando esse batismo do Espírito Santo está acontecendo com um grande número de pessoas ao mesmo tempo. Há pessoas que oraram longamente por avivamento, mas nada aconteceu. Mas elas continuaram, e com razão. Leia a história de todos os grandes reavivamentos e você encontrará que Deus sempre lidou com as pessoas de alguma forma parecida com essa: levando-as a compreender que sem avivamento tudo está perdido.

Mas temos a tendência de ficar confusos sobre isso. Chegamos ao ponto quando sentimos que nada fará sentido senão um avivamento, mas depois cansamos de orar por isso e dizemos: "Devemos começar a fazer algo", e começamos a organizar uma campanha evangelística ou alguma outra atividade e paramos de orar por avivamento. Levamos adiante nossos planos, mas isso não produz muito; e então ficamos exaustos e não sabemos o que fazer. Então somos abatidos de novo; e oramos novamente. Mas tudo é tão irregular. Não é este o problema?

É exatamente o mesmo com o indivíduo. Sem um elemento de importunação e persistência, ou urgência e quase uma santa violência com Deus, temos pouco direito de esperar que o Senhor ouça nossa oração e a responda. De fato, como temos visto, ao deter a resposta, Deus está nos preparando. Ele quer que cheguemos a esse ponto em que percebemos sermos de fato desamparados e sem esperança, a fim de que, desesperados, clamemos a ele.

Você se lembra do evento acontecido com John Wesley, em 24 de maio de 1738, na famosa ocasião da Aldersgate Street, em Londres? Havia acontecido alguns dias antes ao seu irmão Charles Wesley. Se você ler as vidas daqueles dois homens naquele exato momento, descobrirá que ambos alcançaram um ponto em que estavam tão desesperançados que ficaram fisicamente doentes. Eles foram totalmente abatidos e o que buscavam parecia mais distante deles do que nunca. Foi então, quando estavam física e espiritualmente prostrados, que Deus ficou satisfeito em ouvir seus clamores e as orações de seus amigos e enviou sua poderosa bênção sobre eles.

Por isso, peço-lhe para continuar e medir o seu real desejo por isso em termos de urgência. Você pode pensar em muitas ilustrações do cotidiano para provar o que eu estou dizendo: "Um coração fraco nunca conquistou uma dama distinta". Claro que não! E um coração fraco nunca conquistou essa bênção do batismo com o Espírito Santo. Se realmente quer algo, deve persistir e não pode ficar desencorajado. Você continua e continua e continua até quase fazer de si mesmo um incômodo. Eu digo com reverência que devemos nos tornar assim na presença de Deus, se realmente entendemos e desejamos isso. Continue! Seja persistente! Seja importuno! "Eu não te deixarei ir!"

Devo necessariamente adicionar de imediato que você deve ao mesmo tempo ser paciente. Agora isso soa como se fosse uma contradição; e ainda assim não é, porque se nos tornarmos impacientes, então nosso espírito errou novamente. O fato de um homem ser urgente e importuno não significa que seja impaciente. Se é impaciente, significa que é impaciente com Deus, e você nunca deve sê-lo.

A combinação dessas duas coisas funciona assim: a urgência nasce de sua consciente necessidade e da grandeza da bênção. Mas não se mostre impaciente por ter chegado a compreender sua total indignidade para essa bênção, que é inadequado para ela. No momento em que se torna impaciente o que está realmente dizendo a Deus é que merece isso, e que ele deveria dar a você, e não deveria estar lhe mantendo esperando desse jeito. Isso é impaciência e é sempre errado. Isso prova de novo que você não está apto e precisa de uma preparação muito maior.

Isso é importante porque é a impaciência que sempre leva pessoas a desistir. "Não adianta", dizem eles, "tenho lutado por muitos anos." Eles realmente têm um sentimento de ressentimento contra Deus. Dizem para ele: "Eu fiz tudo o que você ordenou, mas não obtive a bênção".

A pergunta, em ultima instancia é: "por que Deus está me tratando assim?" A resposta é: porque você é assim, por causa da sua impaciência, por sua inquietação de espírito. Portanto, não devemos ser impacientes, nem desanimados. A oração neste momento é,

> *Teu caminho, não meu, ó Senhor*
> *Por mais difícil que seja.*

Ou como outro hino diz:

> *Mais perto, meu Deus, de Ti*
> *Mais perto de ti!*
> *E apesar de ser uma cruz*
> *Isso me levanta.*

Essa é a oração – uma oração de submissão completa, um desejo de conhecer Deus e seu amor, de ser preenchido com seu amor, de ser seu servo, de viver para sua glória. Você deve dizer: "É o seu caminho Senhor, não o meu. Eu não sei, perdi a confiança em mim e na minha compreensão. Estou me entregando em suas mãos". Urgente, importuno, mas não impaciente e desanimado.

Falemos agora dos encorajamentos – e agradeço a Deus por eles. Há grandes encorajamentos para nós. Existem convites maravilhosos nas Escrituras. Considere João 7.37: "Se alguém tem sede, venha a mim e beba". Agora a palavra "sede" é forte. Isso não significa apenas que você está consciente de certa medida de sede e ficaria muito feliz se houvesse algo lá para saciá-la, mas como não tem, não faz nada sobre isso. Não! "Se alguém tem sede, venha a mim e beba". Isto é uma descrição de um homem que sente não poder ir adiante; sede significa um desejo profundo. Nosso Senhor diz o mesmo à mulher de Samaria: "Se conheceras o dom de Deus e quem é o que te pede: dá-me de beber, tu lhe pedirias, e ele te daria água viva" (Jo 4.10). Ele explica o que quer dizer quando prossegue:

> Afirmou-lhe Jesus: Quem beber desta água tornará a ter sede; aquele, porém, que beber da água que eu lhe der nunca mais terá sede; pelo contrário, a água que eu lhe der será nele uma fonte a jorrar para a vida eterna (Jo 4.13-14).

Esses são os grandes incentivos. Então, vamos ler as Escrituras e concentrar-nos na oferta que nos é feita. Veja as razões para a vinda de Cristo, sua vida, morte e ressurreição, e o que ele tornou possível para nós. Olhe para isso e veja os convites graciosos.

Outro grande incentivo, como vimos, é ler sobre as vidas de outros que vieram antes de nós. Devo adicionar uma nota sobre isso. Há um jeito certo e um jeito errado de ler biografias cristãs, e muitas vezes senti que precisamos de instrução a respeito disso (Eu estou falando em parte de minha própria experiência). O valor de se ler essas vidas e essas biografias na história da igreja é que elas nos lembram da possibilidade, mostram o que pode acontecer. E graças a Deus, o que eles mostram é que isso não depende de nós, depende do poder de Deus para dar. Isso nos faz perceber que essa bênção não é apenas para certos santos excepcionais, é para todo o povo de Deus – o convite é "para vós outros, para vossos filhos e para todos os que ainda estão longe, isto é, para quantos o Senhor, nosso Deus, chamar" (At 2.39). Este é um grande incentivo para nós: vemos homens e mulheres como nós que receberam essa bênção, e isso nos encoraja.

Mas há uma maneira errada de ler essas histórias e registros que é se concentrar apenas em suas experiências e pensar somente nelas. O resultado é que você acaba por querer suas experiências ou seu poder. Você não aprende a totalidade da lição que elas ensinam, não percebe que eles estavam mais preocupados com a santidade, com Deus, seu amor e o conhecimento dele do que com a experiência. Você pode apropriar-se indevidamente desses registros históricos; pode tornar-se um coletor, um colecionador de experiências. Isso é sempre ruim. E ainda pior é o perigo de viver à base das experiências deles e nunca experimentar as próprias. Você sabe algo sobre isso? É um perigo muito, muito real.

Olhe para isto da seguinte forma. Você pode estar em uma condição espiritual seca e árida, e lê uma biografia que alguém lhe presenteia. E quando lê, seu coração é aquecido, mudado e sente-se completamente melhor e diferente. Isso leva a uma temporada de oração por essa bênção e grande diligência em sua vida cristã. Mas isso só dura por um tempo. Então lê outro livro e a mesma coisa acontece novamente. Você pode desperdiçar sua vida assim, recebendo uma satisfação temporária lendo as experiências dos outros e fadado a viver nisso.

Esta é uma condição muito comum. Não se limita à leitura de livros; pode acontecer igualmente em reuniões onde as pessoas contam experiências. Eu às vezes acho que é um dos maiores perigos em conexão com as reuniões missionárias: nas quais as pessoas se sentam e ouvem sobre maravilhosas experiências de conversões que acontecem, isso lhes dá um bom senso de consolo, mas deixa-as exatamente onde estavam. Elas estão vivendo a reboque das experiências dos outros e nunca tiveram uma experiência verdadeiramente profunda em si. Se alguém que teve alguma experiência notável é anunciado para falar em uma reunião sobre isso, ela estará abarrotada e lotada. Muitos dirão que se sentiram emocionados. Mas a questão é: elas já experimentaram algo parecido? Então, enquanto eu estou elogiando e realmente defendendo urgentemente a leitura de tudo o que estimula esse desejo, devemos usar isso da forma certa. Essas coisas são destinadas a estimular, mas não significa que as viveremos. Você não vive de estimulantes. Se for assim, logo estará em um estado muito ruim. É como pessoas que vivem de comprimidos estimulantes. Há muito disso, parece-me, no mundo religioso hoje.

O valor dessas histórias é que elas devem levá-lo a procurar a coisa em si. E assim, ao lado dos convites da Palavra e os incentivos na própria Palavra, eu colocaria a leitura da história da igreja em todos os séculos. Eu digo com esta ressalva, que você use isso da maneira certa e não abuse. Você deve dizer no final da leitura: "Muito bem, isso aconteceu com aquele homem, aquilo aconteceu com aquela mulher; mas aconteceu comigo? Por que isso não aconteceu comigo? Isso deve acontecer comigo! Porque isso aconteceu com eles, isso pode acontecer comigo, eu, portanto, vou buscar". Isso o impulsionará a orar mais e mais.

Se a sua leitura ou a sua participação em reuniões não o levar a isso, você está abusando delas, está usando-as como drogas, e tentando viver de estimulantes em vez do verdadeiro alimento.

Mas, para eu terminar esta seção em particular, deixe-me dizer apenas uma palavra sobre o que costumava ser chamado de "reunião de espera". Isso vem em nossa sequência lógica. Tendo compreendido que isso não é algo que você pode ter sempre no momento que desejar, mas algo pelo qual deve orar talvez por um longo tempo, apresenta-se toda noção de espera. Isso é baseado em parte sobre o que lemos em Atos 1, onde nosso Senhor disse àqueles discípulos: "permaneçam em Jerusalém até [...]".

Novamente vemos uma afirmação que pode ser mal interpretada completamente, e eu acho que foi mal interpretada frequentemente no passado, como ainda é. Há quem diga: "Ah sim, mas isso não tem nada a ver conosco, isso é uma declaração puramente dispensacional. Tudo isso significava que o Espírito Santo não viria até o Dia de Pentecostes, para que os tipos do Antigo Testamento fossem cumpridos. Eles em particular, tiveram que esperar, mas ninguém precisa hoje".

Essa tem sido a exposição popular daqueles que não consideraram o batismo com o Espírito Santo como uma experiência, e dessa forma eles pensam que podem se livrar disto. Mas certamente sua argumentação é exagerada. Estou preparado para conceder que o elemento dispensacional tenha algo a ver, mas quero destacar que esse ensino típico – o ensino por meio das tipologias – é concebido para ser aplicado a todas as épocas e enfatizar o ponto que os cristãos regenerados têm que esperar por esse batismo, esse poder para testemunhar. Não precisa ser dez dias, mas há uma diferença, há uma diferença entre a regeneração e o batismo com o Espírito Santo. Os que já são regenerados não receberam este batismo automaticamente, há um intervalo. Pode ser um momento; isto pode ser uma hora; um dia como no caso de Finney; seis meses como no de

Moody; ou anos como no caso de George Bowen e muitos outros que mencionei para você.

O tempo real é irrelevante e de somenos. O importante é a percepção de esperar até que tenhamos e saibamos que experimentamos. E é certo que se aqueles apóstolos não estavam capacitados para agir como testemunhas de Cristo sem esse batismo o mesmo é igualmente verdade sobre nós. Sua crença nele agora era forte e certa como resultado desse batismo. O próprio Senhor tinha lhes ensinado; eles tinham fé no Senhor. Sim, mas não podiam ser testemunhas poderosas "até" que fossem revestidos de poder... Nem nós podemos. Precisamos de total certeza; o testemunho do Espírito com nossos espíritos que somos filhos de Deus.

Mas há outro lado nesse assunto. Foi o costume em certos círculos religiosos durante a última parte do século 18 e primeira do século 19, celebrar o que eles chamavam de "reuniões de espera". Estas foram reuniões em que cristãos eram aconselhados a se reunir e orar a Deus para que ele os batizasse com o Espírito, e que deviam esperar lá até que acontecesse. Isso foi muito popular na América naquela época, e foi introduzido na Grã-Bretanha, em certa medida, por um homem chamado Lorenzo Durand. Era algo particularmente praticado pelos Metodistas primitivos.

O que se diz sobre manter tais encontros? Eu devo confessar que acho isso um assunto difícil. Nós certamente não podemos proibir tais coisas, todavia há certamente a necessidade de uma grave nota de advertência. Qualquer grupo de pessoas – ou qualquer indivíduo – que assume essa atitude de dizer que vai continuar orando até que Deus faça isso por ele, está realmente ditando algo para o Senhor. Ele está passando por alto o argumento inteiro formulado por John Newton e George Bowen. Não temos o direito de colocar um limite de tempo sobre Deus. Não só isso, mas você estará novamente abrindo a porta para o psicológico e para o espúrio. Se você continuar dessa maneira, talvez com comida inadequada, e a atmosfera ficando tensa e agitada, está simplesmente expondo-se à psicologia e até mesmo influências de espíritos malignos; é preciso dizer que tais reuniões muitas vezes conduziram mais ou menos para o desastre espiritual. Por isso digo novamente: espera! persevera! – mas não estabeleça limites de tempo e não coloque condições para Deus, dizendo: "Eu não vou deixar essa reunião até...". Ao fazer isso você não está apenas expondo a si mesmo a essas outras influências, mas em qualquer caso você viola o grande princípio e doutrina da soberania do Senhor Jesus Cristo.

É ele quem dá esse dom. Ele sabe quando deve dar e quando estamos aptos para recebê-lo. Tudo o que podemos fazer é desejar, ansiar por isso, clamar por, continuar nos esforçando e ser importuno. Mas acima de tudo, devemos deixar o assunto e a nós – inteiramente sem reservas – em suas mãos abençoadas e amorosas, como John Newton nos lembrou em seu hino. Se você está nessa posição, buscando, não se desespere ou desanime, já que foi ele quem criou o desejo em você, e ele é um Deus amoroso que não zomba de seus filhos. Se você tem o desejo, deixe-se guiar por Deus, seja paciente. Seja urgente e paciente ao mesmo tempo. Uma vez que ele o guie ao longo do caminho, conduzirá você à bênção e a toda glória ligadas a ele.

Que Deus nos dê graça para entender e implementar esses princípios espirituais. As possibilidades estão aí para qualquer filho genuíno de Deus que anseie conhecer o amor divino em sua plenitude! Vá em frente. Continue pedindo.

Ó amor divino, como você é doce!
Quando devo encontrar meu coração disposto?
Tudo tomado por ti?

Vá em frente oferecendo essa oração, e em seu bom, apropriado e gracioso dia, ele concederá o desejo do seu coração; então você conhecerá a "alegria indizível e cheia de glória".

SERMÃO 22

BEM-AVENTURADOS OS QUE CHORAM

À medida que chegamos a este ponto em nossa consideração desta vital e importante doutrina do batismo com o Espírito Santo, vamos nos lembrar de que isso não é uma questão teórica. Não há nada mais prático do que isso. Eu ofereci, penso eu, provas abundantes para mostrar que são os homens batizados com o Espírito Santo que Deus usou mais notavelmente na longa história da igreja. É certamente a grande característica na vida dos santos que conheceram mais do que é desfrutar de Deus. Você se lembra da definição do Breve Catecismo de Westminster: "Qual é o fim principal do homem?" E a resposta é: "O fim principal do homem é glorificar a Deus e desfrutar dele para sempre"; e os homens e mulheres que têm conhecido melhor este desfrute abençoado, são aqueles que têm testificado este batismo com o Espírito, algo que aconteceu com eles depois de sua conversão original.

Portanto, nada é mais urgente que isso. Esta é sem dúvida a maior necessidade da igreja hoje. Tanto a maior necessidade da igreja como um todo, como a maior necessidade de indivíduos dentro dela.

Devemos nos medir em termos das imagens e retratos dos cristãos que temos no Novo Testamento. Não pelo que vemos hoje, nem por nos contrastarmos com outros que são obviamente inferiores a nós ou indignos. Não é suficiente para nós, como povo cristão, ter certeza de que somos ortodoxos e lamentar as afirmações que são feitas em nome de Cristo que são negações do ensino bíblico. Tudo bem, isso é muito simples. Mas o que você e eu temos que fazer particularmente é nos examinarmos a luz desta imagem neotestamentária. Nós estamos – perguntarei de novo – nos regozijando no Senhor Jesus Cristo com uma alegria indizível e cheia de glória? É isso que devemos ser.

Lembremos, também, que não há nada que o diabo esteja mais ansioso para evitar do que uma pessoa cristã ser batizada com o Espírito Santo. Um cristão formal não preocupa o diabo. O cristão formal não faz muito dano ao reino dele. Mas uma vez que um cristão é cheio do Espírito, ele se torna uma ameaça real ao reino das trevas.

Eu quero agora continuar a nossa consideração, perguntando a você: como essa bênção é dada, ou como é que o batismo do Espírito Santo acontece? Não me refiro a algo que já consideramos, a saber: a questão da imposição de mãos ou esses métodos mecânicos de respiração rítmica, que sugerem autossugestão e psicologia. Quero me referir, em vez disso, às circunstâncias em que essa bênção geralmente ocorreu às pessoas no passado. É muito útil, muito instrutivo e muito encorajador considerar isso.

Você vai descobrir que geralmente aconteceu em uma das seguintes maneiras: uma é enquanto o cristão está realmente orando. O cristão pode estar orando sozinho, ou estar em uma reunião de oração. Talvez essa seja a maneira mais frequente de todas pela qual a bênção ocorre. Um ponto muito interessante que devo enfatizar aqui é que ela nem sempre ocorre quando o cristão está orando por essa bênção em particular. É neste sentido que o incidente em Atos 4.23-31 torna-se tão interessante e importante. Os cristãos não estavam orando por outro derramamento do Espírito; estavam simplesmente colocando seu caso nas mãos de Deus e orando para que eles pudessem ser capacitados a continuar com seu testemunho. E por estarem orando por isso, Deus enviou a bênção sobre eles. E aconteceu assim inúmeras vezes. Mas acontece com frequência que, enquanto alguém está orando por essa bênção, repentinamente ela é dada. É algo de se esperar enquanto oramos, seja individual ou coletivamente.

Então outra maneira muito comum é que enquanto alguém está lendo a Escritura, essa bênção vem de repente. Isto é novamente algo que se esperaria. O Espírito Santo é o autor das Escrituras. Foi ele quem inspirou, guiou e encheu os homens que escreveram estas Escrituras. Então aí está inevitavelmente uma associação entre a Palavra e a vinda do Espírito. E o que acontece com frequência é que o cristão está lendo uma parte da Escritura que pode ter lido muitas, muitas vezes antes. Ele pode ter lido centenas de vezes e sempre ter gostado ou sido abençoado enquanto lia, mas de repente tal ou qual porção da Escritura parecem se destacar, é ampliada e aplicada direta e imediatamente ao coração do leitor com grande poder.

O que acontece não é tanto que o homem esteja novamente convencido do que já sabia e acreditava sobre o caminho da salvação ou alguma outra verdade do evangelho; mas de repente uma porção da Escritura se sobressai e fala de uma maneira muito direta. É como se uma voz audível dissesse: "Isto é para você!" A Escritura de repente é transmitida e aplicada diretamente à alma. O destinatário sabe disso e é preenchido com a sensação de regozijo e louvor – como temos visto tantas vezes nas Escrituras em si e no testemunho de outros ao longo dos séculos.

Então, se você está orando por essa bênção, buscando, pedindo e batendo – nunca se surpreenda se em algum momento enquanto você estiver lendo a Bíblia, o Espírito de repente vier. Esse é o lugar para encontrá-lo porque a Bíblia é obra dele. Portanto, mantenha-se com as Escrituras, leia as Escrituras. Leia em geral, leia em particular sobre cada aspecto da salvação. Você nunca sabe quando; nunca sabe onde. Não há regras estritas sobre isso; você não pode estereotipar essa bênção. O Espírito é livre, é como o vento que "sopra onde quer", e isso é bem verdade neste assunto particular.

Logo, às vezes acontece enquanto a Palavra está sendo pregada em um culto. Isto é o que faz um culto na casa de Deus tão maravilhoso, e – eu uso a palavra deliberadamente – tão romântico. Nós temos o direito de esperar sua vinda quando seu povo está reunido para louvar a

Deus e adorá-lo. Povo cristão, você negligencia os cultos da casa de Deus para seu próprio risco e grande perda. Para mim, a coisa mais maravilhosa quando eu subo ao púlpito é que nunca sei o que vai acontecer. Muitas vezes estou errado em minhas expectativas nos dois sentidos: errado em que algo que eu esperava não acontece, mas graças a Deus, com muito mais frequência, errado em que minhas pobres expectativas subitamente revelam-se enganosas, e Deus, de repente, tem o prazer de olhar para nós e nos abençoar.

Quantas vezes isso aconteceu no passado, enquanto o povo de Deus está reunido e a Palavra sendo exposta e revelada. Essa é uma maneira como ele vem. E mais uma vez, deixe-me deixar isso claro; a exposição não precisa ser sobre o Espírito Santo, ou sobre o batismo do Espírito Santo. Muitos amigos precisam ser lembrados disso no presente momento. Existe um perigo de algumas pessoas só falarem e pregarem sobre o Espírito Santo, por sentirem que de outro modo jamais receberão esse batismo.

Mas se você ler Atos, nos chama a atenção que não é isso o que acontece. Os primeiros pregadores pregaram sobre o Senhor Jesus Cristo. É quando estavam pregando sobre Cristo que o Espírito foi enviado. Isto é, obviamente, o que você esperaria. Nosso Senhor disse: "Ele não se glorificará, ele glorificará a mim". Então, se você realmente deseja essa bênção, concentre-se no Senhor Jesus Cristo; e é muito frequente, quando homens de Deus estavam expondo as Escrituras e explicando a verdade sobre o Senhor na glória de sua grande salvação, que o Espírito veio e pôs seu selo sobre a mensagem batizando homens e mulheres enquanto estavam ouvindo.

Isso aconteceu com tanta frequência; mas, veja você, as formas em que ele vem são quase infinitas. Outra maneira de acontecer é que às vezes, quando o cristão está em estado de meditação pensando sobre essas coisas, sobre a vida espiritual, sobre o estado da igreja, lamentando sobre sua condição, e geralmente exercitando-se nesses assuntos – não necessariamente lendo as Escrituras ou orando no momento, mas simplesmente meditando – a bênção vem. Enquanto você lê biografias de cristãos de destaque vai achar que isso acontece e é constantemente enfatizado.

Mas hoje estamos tão ocupados, tão ativos, não temos tempo para pensar ou meditar; e é por isso que muitas vezes perdemos a bênção. Meditação! De repente, enquanto esses servos de Deus estavam meditando, textos da Escritura foram trazidos à mente. Eles não estavam pensando sobre isso, nem procurando, mas de repente uma porção escriturística é trazida à memória, inserida na mente, quase implantada nela, e imediatamente se aplicou a eles. Quando menos esperavam, estavam cheios de um espírito de alegria, louvor e ação de graças.

Mas – e eu quero enfatizar este último ponto também – às vezes esta bênção é dada completamente para além da Escritura. Quero dizer com isso que uma impressão direta imediata é operada pelo Espírito Santo em nossos espíritos. Preocupo-me em enfatizar isso porque alguns dos principais puritanos enfatizaram que o Espírito nunca vem para abençoar, batizar, selar ou dar segurança, sem a Escritura. Agora eu sugiro que nesse ponto eles estão indo além do que elas autorizam; pois não existe nenhuma passagem que diga isso, e além do mais, eles estão negando o que tantas vezes aconteceu nas experiências dos santos através dos séculos. Entretanto, eu entendo porque disseram isso, é porque o homem que tenta manter o equilíbrio da Escritura sempre tem que lutar em duas frentes.

Muitos dos principais puritanos tinham que fazer isso. Eles tiveram que lutar contra os romanistas e os formalistas maçantes do anglicanismo; mas por outro lado, fazer o mesmo contra certo número de seitas entusiastas em seus dias. Aqueles que estão familiarizados com a história do século 17 vão conhecer a história dos quakers e outros; uma espécie de puritanismo radical. Alguns desses entusiastas chegaram a dizer que não precisavam das Escrituras, que por causa da "luz interior", o testemunho interior e as relações diretas do Espírito de Deus, eles não precisavam da Palavra. Assim os principais puritanos em seu desejo de controlar esse excesso que sabiam iria fazer mal à verdade contra os formalistas, foram longe demais a ponto de dizer que você nunca deve confiar em qualquer coisa, a menos que venha diretamente acompanhado da Palavra.

Mas ao que me parece, vai além das Escrituras e está errado, não só pelas razões que apresentei, mas por essa razão adicional. Os primeiros cristãos não tinham as Escrituras como as temos; alguns contavam apenas com o Antigo Testamento, mas não tinham as Escrituras do Novo Testamento. Como, então, a bênção veio para eles? Existe um perigo de irmos demasiado longe e estabelecer um limite sobre a liberdade do Espírito e sua soberania quanto a determinar a maneira para conceder essa bênção particular. Estou afirmando que tal bênção pode chegar ao crente completamente à parte da Palavra, direta e imediatamente. Em apoio à afirmação, deixe-me citar algumas palavras proferidas por Charles Haddon Spurgeon em 28 de abril de 1861, sobre esse assunto, em um sermão pregado sobre a segurança total da salvação. Ele estava pregando, como tenho tentado fazer, e também falando da leitura da Palavra. Mas então diz:

> Deus tem uma maneira de falar aos nossos corações sem a Bíblia ou pregadores. Seu Espírito pode cair como a chuva e destilar como o orvalho, como a pequena chuva sobre a tenra erva. Nós não sabemos como é, mas às vezes há uma calma profunda e doce. Nossa consciência diz: "eu fui lavado no sangue de Cristo", e o Espírito de Deus diz: "Sim, é verdade!" É verdade! Em tempos assim nós somos tão felizes – tão felizes – que queremos contar nossas alegrias; tão abençoados, que se pudéssemos tomaríamos as asas de anjos e voaríamos, apenas perceberíamos a mudança quando passássemos através dos portões de pérolas, pois temos experimentado o céu aqui em baixo e tem havido pouca diferença entre ele e o céu acima.
>
> Ó! Eu desejo que toda a minha congregação, sem exceção, consista de homens e mulheres que tenham ouvido o Espírito dizer: "Eu sou tua salvação." Que hinos

felizes! Que orações felizes! Você pode ir para sua humilde casa pobre de apenas um quarto de solteiro, escassamente mobiliada, e tenha uma mesa que mal tem um mísero pão sobre ela. Mas sentindo-te tão feliz que melhor seria o teu jantar de ervas que um boi cevado sem a confiança em Cristo; melhor tua rica pobreza do que a pobreza dos ricos que não têm fé em Jesus. Melhor todas as mágoas que você tem que suportar quando santificada pela certeza, do que toda a alegria que o homem mundano tem, mas que não é abençoada pela fé e nem consagrada pelo amor a Deus. Eu posso dizer agora: "Mostra-me a tua face e não desejo mais nada".

É isso! É assim que o Sr. Spurgeon fala: "Sem a Bíblia, sem o pregador", mas o Espírito descendo e caindo como o orvalho. De repente, ele destila essa bênção e nos fala. A consciência diz: eu sei que sou lavada no sangue do Cordeiro e o Espírito responde de maneira inconfundível dizendo: "É verdade! É verdade!" É isso. Pode acontecer, então, imediata e diretamente sem o uso das Escrituras.

Estas, meus amigos, são algumas das maneiras em que isso acontece. Já lidamos com os desânimos, agora estou dizendo isso para encorajar você.

> *Às vezes uma luz surpreende*
> *O cristão enquanto ele canta;*
> *É o Senhor que se levanta*
> *Com a cura em suas asas.*

Essa é a glória dessa vida abençoada que Deus nos tem dado – que você nunca sabe o que vai acontecer. Há surpresas e você nunca sabe quando elas podem vir; depois da chuva, após a tempestade.

Vamos agora continuar considerando a questão dessa benção do batismo com o Espírito: quando é dada? Quando é mais provável que a recebamos? Quando temos o direito de esperá-la? Bem, além do que eu acabei de dizer, há uma série de pontos que, para mim são encorajadores e de muito consolo. Mais uma vez eu enfatizaria o elemento da variabilidade, e é aí que eu lamento o ensino que automatizou tudo isso. Você não pode ensinar dessa maneira se você realmente acreditar nas Escrituras, e se conhecer a longa história da igreja e das vidas particulares do povo de Deus.

Há uma grande variedade de caminhos! Uma grande variabilidade em suas ações! Não há nada fixo, definido, estereotipado. A rigidez é sempre a característica das seitas. Eles dizem: "Faça isso e lá isto é...!" Essa não é a liberdade do Espírito, e é por isso que eu devo emitir um aviso mais uma vez.

Mas existem certas maneiras escolhidas pelas quais o Espírito vem. Aqui está uma delas: se você verdadeiramente lamentou por causa de pecado, por causa de sua pecaminosidade, não se surpreenda se a bênção está à mão. Quero dizer se você *realmente* chora por causa de sua pecaminosidade. Quanto luto existe hoje? Não é de surpreender ouvirmos tão pouco neste século sobre o batismo com o Espírito Santo; não é de surpreender que as pessoas devam até mesmo se opor ao ensino dessa verdade. Elas não sabem nada sobre luto pelo pecado. Nós vivemos em dias de "salvação fácil", "conversão fácil" e "decisão!" Mas quando você lê antigas biografias, encontra homens lamentando por causa de seus pecados. John Bunyan ficou dezoito meses em uma agonia de alma; e ele é apenas uma das muitas testemunhas neste aspecto. Parece ser uma regra que quando uma pessoa é levada pelo Espírito a esse terrível luto e tristeza por causa do pecado seja geralmente o prelúdio do batismo do Espírito.

Agora, o apóstolo Paulo, em certo sentido, coloca isso para nós em Romanos 8.15: "Porque não recebestes o espírito de escravidão, para viverdes, outra vez, atemorizados, mas recebestes o espírito de adoção, baseados no qual clamamos: Aba, Pai". Agora bem, existe um estado como "um espírito de escravidão e temor"; o qual é a obra do Espírito Santo. O Espírito Santo pode abater um homem, como você vê no caso do apóstolo Paulo em Romanos 7. Ele está fora de si, não sabe o que fazer e diz: "Em mim (isto é, na minha carne) não habita bem" (v. 18). "A lei é santa: mas eu sou carnal, vendido ao pecado" (v. 14). Ele está em uma agonia e luto, está em escravidão sob "um espírito de opressão", e pode simplesmente clamar: "Quem me livrará do corpo desta morte?" (v. 24).

Um homem que já conheceu esse terrível espírito de escravidão tem mais possibilidade do que qualquer outra pessoa de ter o batismo do Espírito. As pessoas que nunca experimentaram um espírito de pesar e escravidão, dificilmente são capazes de testemunhar o batismo do Espírito, na verdade não estão interessados por achar que têm tudo. Isso se deve a superficialidade de sua posição. Quanto mais profundamente experimenta a convicção, arrependimento e angústia de alma, tanto é mais provável que você seja levantado às alturas. Eu poderia dar muitas, muitas ilustrações disso. Eu lembrei vocês de como Whitefield e os Wesley passaram por tamanha agonia, arrependimento e convicção que quase arruinou a saúde deles. Então veio o grande e abençoado momento.

Uma pessoa que é levada a algum ato especial de autonegação para promover a glória de Deus também está a caminho dessa bênção. O Espírito nos conduz, como vimos, e se algum dia o levar a algum ato de abnegação especial por amor a Deus, sua glória, sua igreja e sua causa, esteja confiante de que ele está te levando por esse caminho porque tem algo reservado para você. Não é que você esteja comprando-o com seu ato de autonegação, mas com este seu ato você mostra sua obediência. Você se lembra de Abraão, quando estava pronto para oferecer seu Isaque, recebeu uma grande palavra com respeito à Aliança.

Há outro caminho pelo qual a bênção pode vir e pelo qual agradecemos a Deus. Aqueles que muitas vezes tiveram alguma época especial de conflito com a tentação e o diabo, muitas vezes descobriram que isso foi o prelúdio para o recebimento dessa grande bênção. Esse é um ataque satânico. O diabo não se limita meramente em tentar pessoas – ainda que seja, por assim dizer, sua atividade regular – mas há momentos em que ele lida com o cristão como fez com nosso

Senhor no deserto, e nos faz um violento ataque específico. Ataca com grande força, acossa a alma e persegue-a! Acontece muitas vezes que quando uma alma passou por tal período de conflito e tentação com Satanás, do outro lado da esquina o aguarda a entrega dessa benção grande e poderosa.

Eu estou dizendo simplesmente essas coisas para o seu conforto. Se você se encontra na posição em que as coisas parecem ser piores do que nunca, e está tendo que lutar por sua própria fé, eu digo: "aguente firme". Faça assim e pode ser que no momento mais inesperado o Senhor irá derramar seu Espírito sobre você para consolá-lo, recompensá-lo e alegrar seu coração.

Outro fato que segue do anterior e é mais interessante na história da igreja, é que a bênção muitas vezes vem em conexão com alguma grande prova. Eu não me refiro à tentação ou ataque satânico propriamente dito; estou pensando em provas num sentido mais material e externo. Isso tem sido frequentemente associado a uma enfermidade ou a um acidente, ou à doença de algum tipo. Aqueles que já leram a biografia do Dr. Thomas Chalmers, da Escócia, sabem que foi depois de uma longa doença, quando esteve prostrado por dez meses aproximadamente que foi abençoado dessa forma e todo o seu ministério foi completamente transformado.

Mas muitas vezes acontece em conexão com outras circunstâncias tais como guerras e provações desse tipo. Você frequentemente encontra um país que foi visitado com reavivamento antes de ter que enfrentar alguma grande provação. Houve um avivamento na Coreia antes de eles terem seus principais problemas em 1906 e novamente após a última guerra mundial. Houve um notável reavivamento no Congo (Zaire) alguns anos antes de passar por agonizante julgamento político, convulsões e sofrimentos.

Deus faz essa coisa especial para o seu povo antes de tempos de crises e dificuldades virem, a fim de dar-lhes essa consolação, a fim de permitir que resistam. Eu acredito que o incidente em Atos 4.23-31 pode ser colocado nessa categoria particular. Deus é gracioso e prepara seu povo para uma prova. Também acontece às vezes que Deus concede essa bênção quando tem alguma tarefa especial para um cristão realizar. Por quê? Por saber que o homem é inadequado em si mesmo. Nosso Senhor diz aos apóstolos: "Permaneçam em Jerusalém", como se dissesse: "eu vos tenho ensinado como fazer a obra, eu os tenho instruído vocês têm o conhecimento, mas não podem fazer isso, não podem ser minhas testemunhas até que tenham sido batizados com o Espírito Santo. Então esperem até que... Então..." Isso é o que você encontra durante os séculos seguintes. Deus, quando quer usar um homem, o prepara, o leva a um processo de preparação e, em seguida, dá-lhe essa autoridade, poder, garantia, essa certeza. Então o homem vai executar a tarefa para a qual Deus o chamou e na qual o colocou.

Isso não se aplica apenas aos pregadores; é uma tarefa que recai sobre muitos do povo de Deus que não estão no ministério como tal, ou no trabalho cristão em tempo integral. Mas sempre que Deus tem um trabalho especial para alguém fazer, ele o equipa e dá-lhe revestimento de poder como é de se esperar.

Meu argumento final nesta seção é que às vezes as bênçãos de Deus são dadas somente ao povo de Deus em seu leito de morte. Você vai achar que os antepassados – e eu quero dizer com isso todo mundo até cerca de oitenta ou noventa anos atrás – estavam muito interessados na maneira em que as pessoas morriam, e com razão. John Wesley costumava gabar-se do seu povo, dizendo: "nosso povo morre bem". Que testemunho verdadeiro de Deus e de Cristo! Então muitas vezes aconteceu que as pessoas só receberam esse selo, essa bênção, esse batismo pouco antes de terem entrado na glória.

Houve um homem e pregador notável, na América do século 19, chamado Edward Payson. Era um homem piedoso que tinha procurado essa bênção ao longo de sua vida, mas só recebeu em seu leito de morte. O relato que faz disso é o mais notável; e é apenas um dos muitos. É como se Deus estivesse ansioso por colocar seu selo sobre o fiel testemunho dessa alma, para dar-lhe saudade e uma antevisão do céu onde estava prestes a entrar. As maneiras pelas quais a bênção chega são quase sem fim. Devemos ter o cuidado de não restringi-las ou para não tentarmos sistematizá-las muito, ou, pior ainda, não a automatizarmos.

Vamos passar então para outra seção: como saber exatamente quando isso aconteceu? Eu já respondi parcialmente a essa pergunta antes, quando apresentei algumas das principais consequências do batismo com o Espírito Santo. Mas deixe-me enfatizar um aspecto agora. Mais uma vez, devemos ter muito cuidado de não padronizar isso, mas há uma série de testes que podemos aplicar. Deixe-me citar uma breve palavra que um puritano chamado Thomas Houghton escreveu em 1664. Esse homem pregou um grande número de sermões em Romanos 8, que foram publicados em um volume enorme. Ele coloca assim:

> Sempre que vem em toda sua realidade e plenitude, e enquanto permanece sobre a alma, essa experiência silencia todas as objeções, dispersa todas as tentações, remove todos os escrúpulos e dúvidas com respeito ao contrário, e coloca o coração em perfeito descanso. Trata-se de algo secreto e inexprimível, seguro e infalível.

Seu coração já foi estabelecido em perfeito descanso? Você já conhecia essa luminosidade, essa clareza quando todos os escrúpulos, dúvidas, hesitações e objeções estão dispersas, e seu coração está em descanso perfeito? "Secreto", ele diz, "e inexprimível, seguro, infalível".

Mas deixe-me citar Edward Payson, a quem me referi anteriormente. Essa bênção veio a si quando ele estava em seu leito de morte. Ele não viveu muito tempo depois, mas é assim que aconteceu. Alguém lhe perguntou: "Você se sente reconciliado?" As pessoas costumavam apresentar essas questões umas às outras naqueles dias. Quando visitavam uma pessoa doente ou moribunda, não faziam o seu melhor para esconder os fatos dela, falando sobre o clima, a política ou tudo mais; falavam sobre a alma. O que aconteceu de errado conosco, povo cristão? O que está errado com o povo evangélico? Alguém então perguntou a Edward Payson: "Você se sente reconciliado?" "Isto é muito inexpressivo – disse ele – eu me alegro, eu triunfo; e esta felicidade durará tanto quanto o próprio Deus, pois ela consiste em admirá-lo e adorá-lo". É isso! Esse é o teste. Ele acrescentou: "Não consigo encontrar palavras para expressar minha felicidade. Pareço estar nadando em um rio de prazer que está me carregando para a grande Fonte".

Isso é algo inexprimível, algo dado, e você só pode descrevê-lo em termos de superlativos. Aqui novamente a coisa que nos impressiona acima de tudo é a variedade e a versatilidade. Não há nada mais fatal nesta questão como que tudo esteja preparado de antemão, seco e documentado. Há sim uma variedade infindável porque é a liberdade do Espírito. Mas eu diria em geral que esta experiência não é permanente; e tende a passar.

Às vezes é o caso que as pessoas tiveram a experiência uma vez só e nunca mais; no entanto, a lembrança disso permaneceu com elas durante toda a vida como a coisa mais maravilhosa e gloriosa que tinha conhecido. Por acaso conheço um homem que era a perfeita ilustração disso. Ele era um ministro e eu pude conhecê-lo cerca de vinte e três anos após esta grande experiência ter acontecido com ele. Era a época do reavivamento galês de 1904-1905 e ele era um estudante para o ministério em uma faculdade teológica com outros alunos. O professor naquela manhã foi o diretor do colégio e estava dando uma série de aulas sobre a doutrina da expiação. Ele não estava falando sobre o Espírito Santo, o dom de línguas ou outros dons.

Os alunos entraram na sala de aula naquela manhã, como tinham feito todas as outras, mas algo estranho e incomum então aconteceu. Meu amigo disse que se lembrava da aula começando mais ou menos por volta das dez horas, e que a próxima coisa em sua lembrança era que um pouco antes da uma hora da tarde, ele se encontrava de joelhos em um dos cantos da sala. Ele olhou em volta e descobriu que os outros alunos estavam todos de joelhos e estavam todos orando. Lembrou-se da alegria que sentia em seu próprio coração e a expressão nos rostos de seus colegas estudantes. Seus rostos estavam brilhando com alguma estranha glória. Ninguém sabia exatamente o que havia acontecido.

O Espírito desceu de repente sobre eles, caiu sobre eles, e meu amigo tinha sido transportado, tirado de si mesmo. Em certo sentido perdeu a consciência e foi levado para fora do tempo e cheio de um grande espírito de liberdade, regozijo e louvor, particularmente em suas orações. Isso durou vários meses, então se foi! Eu conheci esse homem vinte e três anos depois. Seu ministério fora estéril; tudo o que ele podia fazer era nos contar sobre essa experiência. Quando contava aquilo, ele se transformava durante o relato. Sua grande saudade e desejo era que pudesse experimentar aquilo novamente, mas nunca voltou a acontecer!

A lembrança dessa experiência serviu a esse homem através do período de esterilidade e de provações. Mas, veja você, essa é uma experiência que pode ser perdida. Se contristar o Santo Espírito você vai perdê-la. Não há dúvidas sobre isso. Tem acontecido com muitos homens. Muitos homens foram abençoados e cheios do Espírito; mas caíram em pecado e perderam a alegria e a paz. Voltam a experimentar agonia de alma e estão em apuros. Ainda sabem que são cristãos, embora às vezes eles sejam tentados até mesmo a duvidar disso porque perderam essa bênção.

Mas devo me apressar em dizer o seguinte: você pode perdê-la, mas, obrigado, Deus, pode recebê-la de novo. Não há limite; você pode ser abençoado novamente. Pode ser repetido muitas vezes. As pessoas sobre quem lemos em Atos 4 eram as mesmas pessoas de quem lemos em Atos 2 – os apóstolos e os outros que agora formavam parte do grupo. Eles foram cheios no Dia de Pentecostes, mas foram cheios novamente nessa outra ocasião. As mesmas pessoas! Isso pode acontecer muitas e muitas vezes.

É tão errado dizer que é "de uma vez por todas", que não pode repetir-se. Não! Pode ser repetido. Se você ler os diários de Whitefield, descobrirá que isso aconteceu com ele muitas vezes. Ainda que vivesse em um nível elevado, havia momentos em que se via transportado para o céu. Obviamente que ele não ficava lá, voltava, e logo se via arrebatado novamente.

Isto é verdade para muitos outros. Se você sabe alguma coisa sobre o reavivamento Metodista no País de Gales no século 18, vai saber que após o tremendo movimento e entusiasmo de 1735 a 1750 – mesmo sob o ministério do grande Daniel Rowland – de 1751 a 1762 houve um período de aridez. Ele ainda era um grande pregador, pregava com grande autoridade e poder, mas não havia liberdade, nem entrega. E novamente no final de 1762, a bênção voltou, com um espírito de alegria e louvor que continuou com interrupções ocasionais até a morte de Rowland em 1791. Mas talvez, e o mais notável de tudo, a própria notícia da morte de Daniel Rowland culminou em outro derramamento do Espírito e um tempo de avivamento.

Não considere como certo que se você perdeu essa bênção, a perdeu para sempre. Não. A bênção pode se repetir se você realmente procura. Não pense que tenha pecado contra o Espírito Santo, ou que a bênção em questão se recebe "de uma vez por todas". Busque, pois pode ser repetida muitas vezes.

Deixe-me sustentar essa afirmação com algumas citações. Um homem chamado Joseph Smith, de Charleston nos Estados Unidos, pregou um sermão sobre George Whitefield, a quem ele conhecia bem; e entre outras coisas ele disse isto:

> Ele (Whitefield) renunciou todas as pretensões aos poderes extraordinários e sinais do apostolado: os dons de cura, falar em línguas e a fé que opera milagres.

Joseph Smith considerava essas coisas peculiares somente à Era dos apóstolos. Nós discordamos dele em relação a isso. Ele estava simplesmente dizendo o que considerava um fato. Ele então continua:

> Whitefield também reconhecia que esses sentimentos do Espírito não estavam em todas as pessoas, ou em cada momento, nem tampouco no mesmo grau. E embora a segurança plena fosse atingível e cada um deve trabalhar

para alcançá-la, todavia [não era] de absoluta necessidade cristão. Isso é o que Whitefield ensinou regularmente em seu ministério na Grã-Bretanha e na América. Em outras palavras, você pode ser um cristão sem essa bênção, mas você deve procurar e trabalhar para alcançá-la.

Consideremos também Philip Doddridge, o homem que escreveu alguns dos nossos hinos memoráveis, tais como: "Ó Deus de Betel, por cuja mão teu povo ainda é alimentado". Ele coloca essa verdade assim:

> E julgo que é mais necessário discutir sobre isso porque o diabo às vezes aproveita para lançar dúvidas de tudo e levantar uma tempestade na alma apenas por causa da mera cessação dessas experiências extraordinárias.

Ele era um pastor sábio; sabia que quando as pessoas que tinham uma grande experiência pareciam perdê-la, o diabo levava vantagem e criava uma grande tempestade na alma, tentando fazê-los duvidar se eram cristãos de fato. Doddridge continua dizendo:

> Essas coisas nunca foram planejadas como nossa comida diária, mas apenas como as deliciosas iguarias que parece apropriado a nosso Pai celestial deleitar as almas de seus filhos e fazer, por assim dizer, uma festa para eles.

Isso não é comida corriqueira, diz Doddridge, mas um banquete especial, um tipo de festa de aniversário que Deus em sua graça infinita oferece a seus filhos vez em quando. Então, se a experiência passar, não sinta que você não é um cristão; não deixe o diabo obter uma vantagem. Isso não é comida trivial, mas iguarias preparadas pelo Pai celestial em seu amor por nós. Deixe-me terminar este capítulo com uma citação de J. C. Philpot que com William Tiptaft foi um dos fundadores de um ramo dos batistas estritos (hipercalvinistas). É assim que ele coloca:

> Os que a desfrutam (ele se refere a essa experiência) a tem só em momentos escolhidos e épocas peculiares. Uma vez experimentada não podem esquecer-se disso, mas podem perder – e de fato perdem – o gozo, e por causa da tentação e abatimento espirituais, afundam naqueles pontos escuros e miseráveis onde quase tudo parece perdido e sem esperança.

Tal é o testemunho destes homens de Deus em diferentes épocas e circunstâncias e em diferentes lugares e momentos. Todos eles concordam que pode ser perdido, mas que pode ser obtido novamente. Há um testemunho universal do fato de que uma vez que um homem conhece o batismo com o Espírito Santo, ele nunca mais é o mesmo. O que quer que possa acontecer com ele, quaisquer que sejam as provações a afligi-lo, quaisquer que sejam os desalentos que possa conhecer, a lembrança disso é como uma âncora da alma, algo para nunca ser esquecido.

Bem, aí está; essas são algumas das maneiras em que esta bênção vem, este é o tempo em que você pode esperá-la, assim como seu caráter, e essa também é a versatilidade com a qual costuma acontecer. Tudo se resume a isto: o batismo com o Espírito Santo está no domínio do próprio Senhor Jesus Cristo. Não está em tuas mãos retê-lo; assim como é dado, pode ser tirado. Nós podemos continuar buscando sua face, regozijando-nos nele, buscando sua glória e pedindo-lhe para selar todas as promessas para nós; conceda-nos este batismo bendito – especialmente em um tempo mau como este – para nos encher com tal poder, autoridade e certeza que a nossa palavra, obrigatoriamente, sairá como a palavra de Deus, e muitos homens se sintam humilhados ao ouvi-la, e levados a buscar salvação. E então terão esta bendita segurança de que Jesus está entre nós.

/ SERMÃO 23

A IGREJA
E O PENTECOSTES

Temos lidado com a maneira pela qual devemos buscar o batismo com o Espírito Santo, e como devemos esperar que essa bênção venha a nós. Mas agora eu quero olhar para outro problema que muitas vezes se apresentou a muitos cristãos e, de fato, deve se apresentar a todos que realmente conhecem bem suas Bíblias. O problema em questão tem a ver com a ocasião, ou o tempo do relacionamento – se você preferir assim – desse batismo do Espírito Santo com vários outros incidentes em conexão com a vida e obra do nosso bendito Senhor. Quero dizer, em particular, a relação disso com sua ressurreição e ascensão.

Essas questões são de considerável importância, como espero mostrar a você, e a grande questão é a da ordem ou do tempo. Agora deixe-me colocar assim. Uma parte da minha exposição tem por objetivo mostrar que certo ensino disseminado durante os últimos setenta ou oitenta anos[30] está em desacordo com o que tinha sido anteriormente o ensino geral e habitual na igreja – especialmente entre os evangélicos – sobre esse assunto.

Agora, deixe-me lembrá-lo, o ensino popular comum durante a primeira metade do século 20 tem sido algo que considera o ocorrido no Dia de Pentecostes como a constituição da igreja cristã. O ensino era que a igreja cristã "começou" no Pentecostes, que não havia igreja antes,

---

[30] O autor escreve no século 20 [**N. do E.**].

mas que todo o objetivo e propósito do batismo com o Espírito Santo era formar a igreja como um corpo, como um organismo, e capacitá-la para que funcionasse.

E então, tendo essa visão do que aconteceu no Dia da Pentecostes, eles passaram a dizer, como eu mostrei antes, que o que acontece conosco desde então é que no momento da regeneração somos todos batizados com o Espírito Santo, o batismo com o Espírito Santo significa simplesmente que somos batizados no corpo de Cristo que é a igreja.

Esse tem sido o ensino predominante até metade do século 20, que o batismo com o Espírito Santo é coincidente com regeneração e não uma experiência. De acordo com isso, devemos pensar sobre o batismo com o Espírito Santo como sendo a constituição da igreja, sua formação como um corpo e como um organismo, que então prossegue funcionando por aquele poder.

Isso obviamente é um assunto muito importante. Nós lidamos anteriormente com ele por um ângulo diferente, e tentei demonstrar que isso é um completo equívoco sobre o batismo com o Espírito Santo. Mas agora eu quero demonstrar em particular à luz de João 20. Deixe-me antes de tudo oferecer duas declarações tipicamente características desse ensino moderno. Aqui está uma:

> No cenáculo estava uma corporação de testemunhas, como uma associação conjunta ainda separada do Senhor e uns dos outros. Pelo fogo poderoso do batismo do Espírito Santo, aquelas unidades separadas foram fundidas em uma só, cada membro individual ficou unido a Cristo, e assim compartilharam a vida comum, tornando-se assim um organismo por meio do qual Cristo é capaz de continuar sua obra.

Aqui está outra:

> O Espírito Santo veio no Pentecostes para habitar em crentes individualmente – todavia esse fato teve como consequência

natural uma obra coletiva unindo-os todos em um corpo que é a igreja de Cristo. Desde aquele dia, sempre que um pecador crê no Senhor Jesus Cristo ele compartilha desse batismo e se torna um membro daquele corpo do qual Cristo é a Cabeça.

Aqui estão duas declarações típicas a respeito desse ensino em particular e dessa atitude em relação tanto ao batismo com o Espírito Santo como quanto ao que aconteceu no Dia de Pentecostes. O argumento deles é que, sendo este o caso, ninguém precisa buscar o batismo com o Espírito; você já tem tudo que deveria ter. Recebemos tudo no momento em cremos, quando fomos regenerados, e tudo a ser feito a partir de agora é continuar entregando-nos a isso, e não procurando mais nada que venha sobre nós. Como você vê, isso exclui, como eu tenho mostrado, toda a doutrina sobre os avivamentos; e é por isso que ouvimos tão pouco sobre avivamentos religiosos na primeira metade do século 20. Nós ouvimos muito sobre campanhas, mas muito pouco sobre avivamento, e é aí que este grande desvio ocorreu, do que era a regra entre os evangélicos na igreja cristã desde a Reforma Protestante. Então, isso é realmente um assunto muito crucial.

Mas eu quero tratar desse assunto do seguinte ponto de vista: se esse ensino moderno que eu estou colocando diante de você está correto, então uma pergunta surge sobre o que aconteceu na noite do dia da ressurreição, quando nosso Senhor apareceu no meio de seus discípulos. Nós podemos ler o relato em João 20.19-23:

> Ao cair da tarde daquele dia, o primeiro da semana, trancadas as portas da casa onde estavam os discípulos com medo dos judeus, veio Jesus, pôs-se no meio e disse-lhes: Paz seja convosco! E, dizendo isto, lhes mostrou as mãos e o lado. Alegraram-se, portanto, os discípulos ao verem o Senhor. Disse-lhes, pois, Jesus outra vez: Paz seja convosco! Assim como o Pai me enviou, eu também vos envio. E,

havendo dito isto, soprou sobre eles e disse-lhes: Recebei o Espírito Santo. Se de alguns perdoardes os pecados, são-lhes perdoados; se lhos retiverdes, são retidos.

Obviamente, a pergunta a se fazer às pessoas que consideram a visão moderna do batismo com o Espírito Santo é: o que ocorreu ali? Eles ficam em apuros imediatamente, e a explicação trazida é que o ocorrido no cenáculo, quando nosso Senhor soprou sobre eles dizendo: "Recebei o Espírito Santo", foi apenas uma espécie de profecia. Deixe-me citar novamente uma dessas duas autoridades. Ele diz: "Este foi um sopro profético, simbólico e sugestivo. Eles não receberam o Espírito Santo nesse momento. Ele não disse aos discípulos no transcurso daqueles dias que esperassem até receberem o Espírito?".

Sua explicação, em outras palavras, é que nosso Senhor, com efeito, estava apenas dizendo: "De alguma maneira como esta, vocês receberão o Espírito Santo". De modo que nada realmente aconteceu aqui. Era uma espécie de imagem, uma promulgação dramática a fim de incentivá-los e assegurá-los que isso ia acontecer com eles. Então a pergunta que surge é se essa é a verdadeira exposição explicativa da declaração em João 20.

Como, então, entendemos essa passagem? Bem, você tem que conectá-la com o que nos é dito em Atos 2 – e nos veremos confrontados com toda essa questão da relação entre as duas passagens. O primeiro comentário, portanto, que eu faço sobre esse ensino e perspectiva moderna é que, no que se refere a Atos 2, não há uma única palavra dita na Escritura sobre a constituição da igreja ou sobre a formação de um corpo ou de um organismo: nem uma única palavra sequer. Isto é, portanto, algo acrescentado à Escritura. Leia novamente por si mesmo os dois primeiros capítulos de Atos e eu o desafio a encontrar qualquer sugestão, qualquer declaração que diz de qualquer maneira que o que estava acontecendo ali era a formação ou a constituição da igreja cristã como um corpo e organismo.

No entanto, isso é apenas uma observação preliminar. Vamos de volta para João 20. Aqui, novamente, se você acabou de ler o relato, acho que tem que concordar comigo quando digo não constar nada no texto sugerindo uma representação profética. Tome as palavras como elas são e isso é o que você encontra: "Paz seja convosco! Assim como o Pai me enviou, eu também vos envio. E, havendo dito isto, soprou sobre eles e disse-lhes: Recebei o Espírito Santo".

Certamente, se nosso Senhor estava apenas dizendo-lhes que isso iria acontecer com eles, teria feito o mesmo que é relatado em Atos 1, onde diz: "E, comendo com eles, determinou-lhes que não se ausentassem de Jerusalém, mas que esperassem..." Aí Jesus está dizendo que algo vai acontecer e coloca de forma bastante clara e definida. Mas não há nenhuma sugestão disso em João 20. Jesus diz: "Recebei o Espírito Santo".

Deixe-me ser ainda mais específico. Se você consultar as autoridades acadêmicas em toda a questão de gramática grega e do significado das palavras, vai descobrir que são unânimes ao dizer que no grego a palavra "receber" no verso 22, é o imperativo aoristo. E as autoridades também são unânimes ao dizer que o imperativo aoristo grego nunca expressa significado futuro.

Esse é um ponto puramente técnico, mas muito importante. Muitos dos nossos amigos, que defendem o outro ensinamento que estamos criticando, fazem-no em termos do grego, do original. Então vamos confrontá-los em seu próprio terreno. Aqui – e mais uma vez eu o desafio a encontrar uma única exceção – as autoridades concordam em dizer que o imperativo aoristo grego nunca expressa significado futuro; e eu enfatizaria a palavra "nunca". Então você vê, a palavra que é usada nos faz assumir que o que nos é dito aconteceu, aconteceu *verdadeiramente*; que quando nosso Senhor disse: "Recebei o Espírito Santo", eles receberam o Espírito Santo. A própria palavra que Jesus usou, repito, torna impossível que estivesse aqui proferindo uma declaração profética e preparando-os para algo que ia acontecer. Isso deve ser suficiente para livrar-nos de uma vez por todas dessa falsa visão do Pentecostes.

Mas ainda há mais. Quando nos é dito que nosso Senhor "soprou" sobre eles e disse: "Recebei o Espírito Santo", essa mesma palavra "soprar" aqui, no original grego, é a mesma usada na *Septuaginta* em dois casos muito importantes. O primeiro é Gênesis 2.7 que diz: "Então, formou o SENHOR Deus ao homem do pó da terra e lhe soprou nas narinas o fôlego de vida, e o homem passou a ser alma vivente". O outro exemplo marcante disto é encontrado no livro do profeta Ezequiel, em uma passagem bem conhecida no capítulo 37.5-9, a visão do "vale de ossos secos".

> Assim diz o SENHOR Deus a estes ossos: Eis que farei entrar o espírito em vós, e vivereis. Porei tendões sobre vós, farei crescer carne sobre vós, sobre vós estenderei pele e porei em vós o espírito, e vivereis. E sabereis que eu sou o SENHOR. Então, profetizei segundo me fora ordenado; enquanto eu profetizava, houve um ruído, um barulho de ossos que batiam contra ossos e se ajuntavam, cada osso ao seu osso. Olhei, e eis que havia tendões sobre eles, e cresceram as carnes, e se estendeu a pele sobre eles; mas não havia neles o espírito. Então, ele me disse: Profetiza ao espírito, profetiza, ó filho do homem, e dize-lhe: Assim diz o SENHOR Deus: Vem dos quatro ventos, ó espírito, e assopra sobre estes mortos, para que vivam.

A tradução da *Septuaginta* para a palavra hebraica "soprar" usada aqui é exatamente a mesma palavra usada aqui em nossa passagem de João 20.22, e certamente este é um fato muito significativo.

Matthew Henry, o grande comentarista bíblico, diz o seguinte sobre João 20.22: "Como o sopro do Todo-Poderoso deu vida ao homem e começou o velho mundo, então o sopro do poderoso Salvador deu vida aos seus ministros e começou o novo mundo". Em outras palavras, Matthew Henry vê este paralelo extraordinário com a criação original do homem. Deus forma o corpo do homem da terra – bem, existe o corpo, mas não tem vida nele. Logo Deus sopra e, por assim dizer, faz com que o homem seja homem. O corpo está agora totalmente constituído e tem vida nele; um exato paralelo, como Matthew Henry aponta, com o que aconteceu aqui no cenáculo quando o nosso Senhor veio a esses discípulos e soprou sobre eles e disse: "Recebei o Espírito Santo".

A declaração em Ezequiel 37.9, em particular, obviamente carrega a mesma conotação e está ensinando a mesma ideia geral. Os ossos se juntaram assim como a carne e assim por diante; havia um corpo, mas agora a vida é colocada nele. Aqui está realmente vivificado, por assim dizer, e constituído. Agora, se permitir que as Escrituras falem com você, acho que está fadado a chegar a essa conclusão.

Se nosso Senhor estava operando algo profético em João 20.22, ele teria dito isso. Mas não estava. Ele estava fazendo algo nesse momento: que era obviamente constituindo a igreja e comissionando-a. É precisamente nesse ponto que a igreja realmente nasce deveras como tal.

Eu sei que existem aqueles que argumentam que a igreja já existia mesmo antes disso, e há, certamente, muito mais a ser dito sobre seu ponto de vista do que para essa outra visão que diz que a igreja só foi constituída no Dia de Pentecostes. Por exemplo, você se lembra da declaração e do ensino em Mateus 18 onde nosso Senhor diz nos versículos 15-17:

> Se teu irmão pecar [contra ti], vai argui-lo entre ti e ele só. Se ele te ouvir, ganhaste a teu irmão. Se, porém, não te ouvir, toma ainda contigo uma ou duas pessoas, para que, pelo depoimento de duas ou três testemunhas, toda palavra se estabeleça. E, se ele não os atender, dize-o à igreja; e, se recusar ouvir também a igreja, considera-o como gentio e publicano.

Há aqueles que argumentam que nosso Senhor estava falando e dando instruções nesse mesmo momento, e que a igreja já existia. Eu acho isso duvidoso, mas se é ou não, há mais a ser dito sobre essa opinião do que a respeito da outra. Mas o que é abundantemente claro em João 20 é certamente que a igreja foi constituída como um corpo e como um organismo ali. Nosso bendito Senhor, tendo terminado sua obra e tendo apresentado a si mesmo e seu sangue no céu, é agora a Cabeça da Igreja, e vem aqui para esses discípulos e apóstolos escolhidos deixa claro que eles já são seu corpo. Logo sopra o Espírito de vida nesse corpo, em um paralelo extraordinário com o que aconteceu na criação original do homem.

Ainda há mais provas da exatidão dessa exposição. Observe o que segue: "E, havendo dito isto, soprou sobre eles e disse-lhes: Recebei o Espírito Santo. Se de alguns perdoardes os pecados, são-lhes perdoados; se lhos retiverdes, são retidos". Isto é obviamente de extrema importância. Nosso Senhor agora está dando a comissão para a igreja que foi constituída e formada em um corpo e em um organismo. Ele está enviando-os para fazer a obra e lhes dá autoridade, lhes dá a vida, o corpo está – por assim dizer – constituído, e aqui ele imediatamente lhes dá essa comissão.

Não chama sua atenção que esta comissão e ordenança em particular tenha se dado justamente nessa ocasião? Confesso que durante anos fiquei perturbado com isso – não entendia por que aconteceu isso aqui. Acredito que a coisa toda tem sido confusa para os crentes durante a primeira metade do século 20 por causa deste outro ensinamento; mas se você tomar a passagem como ela é, certamente não haverá dificuldade alguma. Aqui está a igreja constituída como corpo do qual ele é a Cabeça. A cabeça está falando ao corpo e dando-lhe a comissão, dizendo o que tem que fazer e o que fará em seu nome, com sua autoridade e poder. Aqui, é claro, temos o outro lado, por assim dizer, do que você pode ler na oração sacerdotal do Senhor como registrada em João 17.18-19. Nosso Senhor diz ao Pai: "Assim como tu me enviaste ao mundo, também eu os enviei ao mundo. E a favor deles eu me santifico a mim mesmo" etc.. Esse é o outro lado. Ele está orando ao Pai e dizendo: "Tu me enviaste, eu estou enviando-os, e em certo sentido já lhes dei a comissão", todavia ora em favor deles.

Depois de ter completado sua obra mediante a cruz, a ressurreição e a apresentação de seu sangue, Cristo se volta para eles e diz: "Agora já aconteceu, tudo está consumado, vocês são meu corpo. Vão; isto é o que vocês têm que fazer e esta é a autoridade e o poder que eu estou dando a vocês".

Em muitos sentidos há também um paralelo entre tudo isso e o final de Mateus 28, onde nosso Senhor veio a eles e disse:

> Jesus, aproximando-se, falou-lhes, dizendo: Toda a autoridade me foi dada no céu e na terra. Ide, portanto, fazei discípulos de todas as nações, batizando-os em nome do Pai, e do Filho, e do Espírito Santo; ensinando-os a guardar todas as coisas que vos tenho ordenado. E eis que estou convosco todos os dias até à consumação do século.

Isso é antes do Dia de Pentecostes, é claro, e estou sugerindo que todas essas passagens trabalham juntas para nos mostrar que a igreja já está em existência.

Vamos dar um passo a mais. Uma das citações que fiz anteriormente dizia algo assim: no cenáculo estava uma congregação de testemunhas, todos juntos como uma corporação, mas separada do Senhor e uns dos outros. O escritor tem que dizer isso, obviamente, para torná-lo coerente com sua teoria de que a igreja foi constituída e se tornou um corpo e um organismo como resultado do batismo com o Espírito Santo no Dia de Pentecostes, então ele descreve-os como "uma congregação de testemunhas". Mas, esse autor segue dizendo:

> Pelo fogo poderoso do batismo do Espírito Santo, aquelas unidades separadas foram fundidas em uma só, cada membro individual ficou unido a Cristo, e assim compartilharam a vida comum, tornando-se assim um organismo por meio do qual Cristo é capaz de continuar sua obra.

Agora eu já disse que nada disso é dito nos capítulos 1 e 2 de Atos. Tudo é acrescentado. Não há uma palavra lá sobre essas unidades díspares todas sendo fundidas em um só corpo; na verdade, a evidência mais impressionante é o contrário. Se você olhar para Atos 1.13 (isto é, lembre-se, imediatamente após a ascensão, dez dias antes do Pentecostes) descobre que ao vê-lo subindo ao céu no monte das Oliveiras, eles voltaram para Jerusalém: "Quando ali entraram, subiram para o cenáculo" – e então são listados os nomes de todos os que estavam lá – "Todos estes perseveravam" – preste atenção – "unânimes em oração, com as mulheres, com Maria, mãe de Jesus, e com os irmãos dele" (v. 14).

Lucas se esforça o máximo para dizer que eles eram "unânimes", o que significa, primariamente "em uma mesma mente", mas também "em um só espírito". Você se lembra da descrição citada anteriormente, o autor diz que eles eram unidades desconexas. Quer dizer, estavam juntos em certo sentido, mas eram simplesmente um ajuntamento de unidades "separadas do Senhor" – como alguém pode dizer isso, vai além da minha compreensão – "e separados uns dos outros". Então o batismo do Santo Espírito veio e de uma vez todos foram "fundidos uns com os outros". Mas veja você que eles já eram isso antes: "unânimes".

Então você chega ao primeiro verso do capítulo 2: "Ao cumprir-se o dia de Pentecostes, estavam todos reunidos no mesmo lugar". Eu sei que você não encontra as palavras "unânimes" em traduções mais recentes. Por quê? Eles dizem que nos manuscritos mais antigos a palavra "unânimes" não se encontra. Isso é algo que não pode ser decidido. Está em alguns manuscritos, mas em outros não. Eu não vou atribuir qualquer peso a isso. Tudo o que estou mostrando é que, à luz da declaração em Atos 1.14, certamente o instinto dos tradutores estava certo quando colocaram essa palavra em algumas traduções aceitando os manuscritos que a contêm em Atos 2.1.

Mas mesmo deixando isso de fora, o que você encontra é: "Ao cumprir-se o Dia de Pentecostes, estavam todos reunidos no mesmo lugar" – como nos diz Atos 1.14 que eles haviam estado. Eles continuaram assim, foi assim que prosseguiram; uma mente, um espírito, já eram fundidos em um. Um povo diferente por causa do que já tinha acontecido com eles, como descrito em João 20 quando Jesus havia "soprado" o Espírito. Foi ali quando esse grande acontecimento se deu que eles se tornaram um. E assim esperavam agora em uma mesma mente e em um mesmo espírito.

O que torna isso ainda mais interessante é o seguinte: se você continuar lendo Atos 2.46 – ainda que isto aconteça depois da descida do Espírito Santo sobre eles – lê isto: "Diariamente perseveravam unânimes no templo, partiam pão de casa em casa e tomavam as suas refeições com alegria e singeleza de coração". E aqui está a coisa mais interessante; a palavra traduzida por "unânimes" é exatamente a mesma palavra que foi usada em 1.14.

Agora aqueles que sustentam a outra opinião dizem: "Ah, aqui está você veja, Atos 2.46, "Diariamente perseveravam unânimes" todos fundidos, juntos nessa grande unidade". Mas essa unidade estava lá, meus amigos, dez dias antes do Pentecostes, e continuou durante os dez dias seguintes, até que ocorreu aquele grande acontecimento. Já tinha tido lugar no cenáculo na mesma noite da ressurreição de nosso bendito Senhor e Salvador. Foi então que a igreja foi constituída como tal.

Alguém, então, pode me perguntar: "O que você acha que aconteceu no Dia de Pentecostes?". Bem, certamente essa é a pergunta que eu tenho estado respondendo ao longo de toda nossa consideração do assunto. O que aconteceu é o que nosso Senhor havia prometido que aconteceria. Ele nunca prometeu que a igreja iria ser constituída no Dia de Pentecostes, mas disse isso:

> Respondeu-lhes: Não vos compete conhecer tempos ou épocas que o Pai reservou pela sua exclusiva autoridade; mas recebereis poder, ao descer sobre vós o Espírito Santo, e sereis minhas testemunhas tanto em Jerusalém como em toda a Judeia e Samaria e até aos confins da terra (At 1.7-8).

Em outras palavras, como tenho tentado mostrar, o batismo com o Espírito Santo é um batismo de poder. Jamais foi pensado para constituir a igreja. Seu objetivo e propósito era dar poder à igreja já constituída. É como se o nosso Senhor estivesse lhes dizendo: "Tudo bem, vocês já são meu corpo, mas devem ter, além disso, poder; então fiquem em Jerusalém até que tenham o recebido".

Não há uma única sugestão em lugar algum que a igreja foi formada como um organismo no Dia de Pentecostes em Jerusalém. Tudo o que nos é dito é que esse foi o dia em que eles receberam o poder; já estava existindo, mas faltava o poder. E eu acho que você vai perceber o significado de tudo isso para o tempo presente. Isto é exatamente uma repetição da mesma coisa que nosso Senhor disse a essas pessoas no final do Evangelho de Lucas, onde ele expõe as Escrituras para eles e então termina dizendo:

> E que em seu nome se pregasse arrependimento para remissão de pecados a todas as nações, começando de Jerusalém. Vós sois testemunhas dessas coisas. Eis que envio sobre vós a promessa de meu Pai; permanecei, pois, na cidade, até que do alto sejais revestidos de poder.

Nosso Senhor não disse: "Fiquem em Jerusalém, até que vocês sejam unidos em um só corpo e não sejam mais unidades separadas; esperem até que vocês estejam reunidos e recebam uma mente e um espírito, e sejais constituídos como um corpo, e então...". Tudo o que ele continua dizendo – e o mesmo acontece em Atos 1 e 2 – é que a única grande função do batismo com o Espírito Santo tem a ver apenas com poder; poder para testemunhar. Essa é a grande segurança do amor de Deus "derramado em nosso coração"; essa impressionante certeza que leva a tal confiança e ousadia no testemunho e na pregação.

Eu confio que você considerará isso como a única explicação satisfatória e adequada do que aconteceu no cenáculo como está registrado em João 20.22-23. Mas se você quiser uma prova final, eu acrescentaria isso. O que significava a festa de Pentecostes que levou todas aquelas pessoas para Jerusalém nessa famosa ocasião? Geralmente é ensinado que isso marca o início da igreja. Mas na verdade a festa do Pentecostes não era para celebrar nenhum começo, era para celebrar um fim: o fim da colheita. A celebração da colheita começava no início da mesma, cinquenta dias antes, quando moviam os feixes (Lv 23.15-16).

Em outras palavras, certamente, é bastante claro o que tudo isso representa. Eu sei que na primeira metade do século 20 se introduziu um ensinamento que nos faz acreditar que a principal função da festa de Pentecostes era comemorar a transmissão da lei; mas eu penso que se você se der ao trabalho de investigar isso, vai perceber que seus fundamentos são instáveis. Não se pode demonstrar tal coisa. É uma ideia que chegou posteriormente, e que provavelmente formou parte do ensino dos fariseus, judaizantes e outros. Mas – à parte disso – esse ensino não se encaixa absolutamente no quadro.

Pentecostes é uma festa de regozijo e de alegria. A colheita terminou, e assim as pessoas se entregam a essa festa de alegria, prazer e louvor a Deus. Essa é a mesma coisa que vemos acontecer com as pessoas no Dia de Pentecostes em Jerusalém. O Espírito caiu sobre elas e ficaram todas cheias do Espírito Santo, começaram a louvar a Deus e a anunciar suas obras maravilhosas. Essa grande colheita – por assim dizer – foi concluída pela perfeita obra de Cristo. Agora, chega o prazer de tudo isso, a certeza, entusiasmo e a ousadia que levou ao subsequente testemunho; e se o interpretarmos assim, tudo se encaixa perfeitamente sem problemas.

Eu quero apenas dizer uma palavra sobre outra dificuldade que tem, muitas vezes, se apresentado às pessoas. Você se lembra do que está escrito em João 7.37-39, onde nosso Senhor levantou a voz naquele último grande dia da festa e fez aquele glorioso convite: "No último dia, o grande dia da festa, levantou-se Jesus e exclamou: Se alguém tem sede, venha a mim e beba. Quem crer em mim, como diz a Escritura, do seu interior fluirão rios de água viva". Então João explica: "Isto ele disse com respeito ao Espírito que haviam de receber os que nele cressem;

pois o Espírito até aquele momento não fora dado, porque Jesus não havia sido ainda glorificado".

As pessoas usam esses versículos dessa maneira: "É completamente impossível – eles dizem – que a igreja fosse constituída antes do Dia de Pentecostes; não poderia ter sido possível ser constituída em João 20, na mesma noite da ressurreição, porque Jesus ainda não havia sido glorificado". Aqui de novo e certamente está um grave mal-entendido: você não pode limitar a glorificação de nosso Senhor à sua ascensão.

Se você observar as passagens em que essa palavra glorificação aparece, vai notar claramente que foi glorificado pela voz que falou a ele imediatamente antes do fim. Está registrado em João 12 que a voz falou do céu enquanto nosso Senhor orava: "Agora, está angustiada a minha alma, e que direi eu? Pai, salva-me desta hora? Mas precisamente com este propósito vim para esta hora". E a resposta veio: "Eu já o glorifiquei e ainda o glorificarei" (v. 27-28).

Mas não só isso, ele foi glorificado em sua ressurreição, e antes disso, mesmo em sua morte. A morte de Cristo é uma das coisas mais gloriosas de todas; é uma das maiores manifestações da sua glória. Mas certamente a ressurreição é bastante singular a este respeito – levantou-se dos mortos! Ali ele "foi designado Filho de Deus com poder, segundo o espírito de santidade [...]" (Rm 1.4).

Portanto, não devemos limitar a ideia da glorificação de Jesus simplesmente ao tempo de sua ascensão. De fato, parece para mim bastante claro de João 20 que a glorificação já tinha ocorrido. Você já notou a diferença entre versos 17 e 27? Veja o versículo 17: aqui está Maria, agarrada a nosso Senhor: "Recomendou-lhe Jesus: não me detenhas" – o que significa "Não se apegue a mim". Por quê? – "Bem, eu ainda não subi a meu Pai, mas vá a meus irmãos, e diga que subo para meu Pai e a vosso Pai; e para o meu Deus e vosso Deus," disse nosso Senhor a Maria.

Então ele veio e apareceu para eles, e no incidente relatado com Tomé, lemos: "E logo disse a Tomé: Põe aqui o dedo e vê as minhas mãos; chega também a mão e põe-na no meu lado; não sejas incrédulo, mas crente" (v. 27). Ele diz a Tomé para fazer exatamente o oposto do que disse para Maria. Por quê? Eu sugiro a você que a resposta é que ele já havia ascendido ao Pai. Ele estava prestes a fazer isso quando falou com Maria. Se isso fosse algo no futuro, ele teria dado aos próprios discípulos a mensagem, porque apareceu para eles algumas horas depois. Ele disse, "Vá e diga a eles que eu estou subindo", mas Jesus agora estava com eles poucas horas depois e não mencionou que iria subir. O fato é que ele já tinha subido.

O que ele estava fazendo? Ele estava apresentando seu próprio sangue no tabernáculo celestial. Leia Hebreus 9 e você vai ver exatamente o que quero dizer. Nos velhos tempos eles apresentavam o sangue de touros e de bodes em tabernáculo terreno; ele tirou seu próprio sangue e apresentou-o no tabernáculo celestial. Ele fez isso imediatamente após a sua ressurreição. E depois de ter feito aquilo que era o final, a conclusão do seu trabalho, ele voltou (como já indiquei), e disse aos apóstolos: "Vocês são agora meu corpo, e eu sou a Cabeça da igreja, que é meu corpo. Vocês são membros dela, são um: vocês se tornaram esse organismo e eu lhe dou essa comissão".

Isso, naturalmente, é o que prova que tudo isso é verdade. Se voltar às tipologias do Antigo Testamento, que são apenas figuras de tudo isso, descobrirá que quando se sacrificava o animal e o sangue escorria, não era guardado por cerca de quarenta dias antes de ser apresentado no tabernáculo ou no templo. Não, acontecia tudo de uma vez, numa mesma ação. É completamente errado pensar que nosso Senhor somente apresentou seu sangue na glória e só foi glorificado depois da ascensão. Não. Isso aconteceu imediatamente após a ressurreição, e estas diferentes declarações que tenho destacado provam isso além de qualquer dúvida ou incerteza.

Então eu finalizo com esse ponto em particular. Há pessoas confusas e incomodadas com toda essa questão da espera em Jerusalém. Você está familiarizado com o ensino: dizem-nos que é errado dizer às pessoas que esperem. Você não deve dizer às pessoas para "permanecerem" pelo Espírito Santo ou "orar" pelo batismo com o Espírito.

"É claro – dizem eles – isso está errado. Tinha que acontecer assim no caso dos discípulos, porque o Espírito Santo não poderia ter vindo antes do Dia do Pentecostes; se ele tivesse vindo antes deste dia, não teria se encaixado em tudo que lemos nas profecias do Antigo Testamento. Eles tiveram que esperar para que as profecias do Antigo Testamento fossem cumpridas".

Mas não é extraordinário dizer uma coisa assim? Qual dos Testamentos controla o outro? Seu argumento é com base na visão de que o Antigo Testamento controla o Novo e que as coisas não podem acontecer por causa do que a profecia disse. Então eles tiveram que esperar dez dias; mas ninguém mais necessita fazê-lo: você pode obter o Espírito Santo – por assim dizer – sempre que quiser.

Mas é aí que entra a confusão. A pergunta importante a fazer é esta: por que houve esse intervalo no Antigo Testamento? A resposta é que estava lá porque era uma indicação profética do que iria acontecer. É o Novo Testamento que controla o Antigo, não o inverso. O Deus do Antigo Testamento tem seu plano desde a eternidade; no Antigo Testamento ele dá uma prefiguração disso nessas imagens, o que ele já determinou e decidiu que iria acontecer. De maneira que se dão esses intervalos simplesmente porque é o caminho e método escolhido por Deus. Eu sugiro a você que a dedução a partir disso é bastante inevitável – você pode ser um cristão, pode ser um membro do corpo de Cristo, pode ser uma parte desse organismo, sem ter recebido esse batismo de poder, sem conhecer essa forma mais sublime de segurança, sem ter essa experiência irresistível do amor de Deus derramado em seu coração para que você se alegre com uma alegria indizível e cheia de glória.

Eu não estou defendendo as "reuniões de espera", mas defendo que devemos perceber nossa necessidade desse poder, segurança e certeza, desse amor de Deus derramado em nosso coração, essa qualificação que nos faz como esses discípulos e apóstolos – não só no Dia de Pentecostes, mas como descrito em Atos 4 e repetidamente – essa experiência que as pessoas tiveram em tempos de reavivamento ou despertamento, que, eu lhes mostrei tão abundantemente na história subsequente da Igreja, que sempre aconteceu com os homens usados por Deus de forma mais destacada. É isso que dá o poder de testemunhar, a autoridade e a certeza absoluta, que é, em última instância, a absoluta necessidade para o verdadeiro testemunho, e para que atuemos como representantes de nosso bendito Senhor e Salvador.

Acima de tudo, recomendo a você um estudo muito cuidadoso dessa tremenda declaração em João 20.22-23. Você pode descartar isso como profético? Você pode dizer dogmaticamente, como disse o professor que citei, que eles não receberam o Espírito Santo nessa ocasião? Trabalhe em termos do grego, da linguagem, do contexto, das passagens paralelas e tudo o que eu tentei colocar diante de você, e descobrirá que há apenas uma conclusão satisfatória a se tomar.

Que Deus nos dê toda a graça sobre este assunto. Não é uma questão de controvérsia, nem de provar quem está certo ou errado. A questão diante de nós é o estado da Igreja cristã, sua fraqueza e letargia em um mundo em chamas indo para o inferno. Nós somos o corpo de Cristo, mas o que nos é necessário? O poder! O poder pentecostal! Não estaremos dispostos a esperar em Deus, de maneira unânime, com uma mesma mente e espírito, durante estes próximos dias, pedindo-lhe que volte a abrir as janelas do céu e derramar sobre nós o Espírito Santo na força do poder reavivador?

SERMÃO 24

O CAMINHO PARA O AVIVAMENTO

Todo domingo de Pentecostes, os cristãos são lembrados de que o Dia de Pentecostes é um fato histórico – tanto quanto o nascimento de Cristo, seus milagres, sua morte na cruz, ressurreição física literal, e sua ascensão. Isso precisa ser enfatizado mais do que nunca hoje – nosso evangelho e nossa salvação não são mero ensinamento ou filosofia, mas principalmente uma série de atos, com significado e propósito. Nunca devemos perder de vista a historicidade do que estamos considerando aqui.

Então, o que lemos em Atos 2 é algo que literalmente aconteceu da maneira como descrita. Lucas foi principalmente um historiador e sua preocupação era dar a Teófilo, a quem ele já havia escrito seu evangelho, um relato adicional da ação e atividade contínua do Senhor Jesus Cristo; de modo que ele está lidando aqui com algo que pertence sólida e puramente ao terreno da História.

O que aconteceu em Atos 2, como os registros deixam claro, é que a igreja primitiva foi batizada com o Santo Espírito. Lembre-se das promessas com relação a isso no Antigo Testamento, e lembre-se qual foi o grande tema de João 1.26, 33, e em certo sentido, da pregação de João Batista: "Eu não sou o Cristo. Eu batizo com água. Há sim outro. Vocês não o conhecem, houve um tempo em que eu não o conhecia, mas aquele que me enviou para batizar – em outras palavras, Deus – me chamou e deu a minha comissão. Ele disse para mim: "Aquele sobre quem vires descer e pousar o Espírito, esse é o que batiza com o Espírito Santo" (v. 33).

Nosso Senhor mesmo repete e diz aos seus discípulos para ficarem em Jerusalém; não sair para começar o trabalho para o qual ele já comissionou, mas deviam esperar até que fossem batizados com o Espírito Santo. Agora aqui em Atos 2 lemos como isto que havia sido profetizado, acontece real e literalmente.

Qual é a relevância de tudo isso para nós? O que estamos fazendo exatamente quando celebramos o domingo de Pentecostes? Isso é meramente uma comemoração de algo que aconteceu uma vez? Nós estamos apenas olhando para um grande fato histórico? É só, ou existe algo mais? Tem um significado maior e mais profundo?

A resposta a essa pergunta é determinada inteiramente por nossa atitude em relação à doutrina sobre o batismo com o Espírito Santo. Isto é, como vimos, o assunto mais urgente e vital para a igreja cristã no tempo presente. Infelizmente, tornou-se um ponto de divisão com respeito a toda a doutrina do Espírito Santo e sua obra.

Pessoas que são evangélicas em suas perspectivas concordam umas com as outras sobre praticamente tudo relacionado com a doutrina da pessoa e da obra do Espírito Santo, além dessa questão. Elas estão de acordo sobre sua atividade na criação, sobre a sua posição na Santíssima Trindade, e sobre suas operações em certos homens, dando-lhes dons para executar determinadas tarefas, como você vê descrito no Antigo Testamento no caso dos profetas e certos homens que trabalham no templo, como Bezaleel, e assim por diante. Elas estão de acordo sobre tudo isso.

Também estão de acordo sobre sua atividade em conexão com o próprio Senhor Jesus Cristo, como o Espírito Santo veio sobre ele e o capacitou para pregar e fazer o seu trabalho enquanto estava aqui neste mundo. Concordam sobre sua atividade na morte e ressurreição do nosso Senhor, sobre a obra do Espírito Santo em convencer as pessoas do pecado, e sobre a sua operação no grande e poderoso ato da regeneração. Eles estão de acordo de forma geral também sobre sua atividade na santificação. Há uma ligeira diferença ali. Mas o ponto que estou estabelecendo é que em quase em toda a gama de detalhes da grande doutrina do Espírito e sua obra, existe acordo, mas quando você chega a este assunto do batismo com o Espírito Santo há divergência e desacordo. Então, qual é o significado para nós do que aconteceu no Dia de Pentecostes?

Existem duas principais visões a respeito disso (Não precisamos nos incomodar com pequenos desvios aqui e ali, ou pequenas diferenças). A primeira, como vimos, é a visão que ensina que o que realmente aconteceu no Dia da Pentecostes em Jerusalém foi que a igreja cristã nasceu. Segue-se, portanto, eles dizem, que no tocante a esse evento, foi por necessidade um evento ocorrido de uma vez por todas. Jamais pode ser repetido, e tudo o que podemos fazer é olhar para trás, para esse acontecimento único.

Há muita confusão no que eles dizem, mas estou tentando mostrar-lhe o que considero como a visão mais comum. Eles diriam ainda que, desde então – e especialmente desde o que aconteceu na casa de Cornélio conforme registrado em Atos 10 – quando um homem é regenerado, ele é ao mesmo tempo batizado pelo Espírito Santo no corpo de Cristo e se torna uma parte do corpo que foi formado no Dia de Pentecostes.

Eu enfatizo que consideram que isto é assim desde o que aconteceu no lar de Cornélio por este motivo: porque, naturalmente, estão em dificuldades sobre as pessoas em Samaria, cujo relato é feito em Atos 8, e têm problemas no caso do apóstolo Paulo. Eles dizem que no caso de Cornélio, o Espírito Santo caiu enquanto Pedro ainda estava falando, o que evidencia que a regeneração e o batismo com o Espírito aconteceram ao mesmo tempo. Mas eles têm que encobrir o incidente dos efésios registrado em Atos 19.1-7. Em geral dizem: "Isto, agora, tem que se tornar a norma. Obviamente, o caso dos discípulos era algo único e especial, mas agora, desde então, o batismo com o Espírito Santo é um evento que está em sincronia e é praticamente idêntico à regeneração".

A pessoa regenerada é alguém que recebeu o batismo, recebeu o Espírito Santo, e recebeu tudo o que é possível que um cristão receba. Portanto, dizem, tudo o que têm que fazer é continuar vivendo e andando no Espírito. Não devem esperar ou ansiar por mais nada.

Agora, dizem, é possível, claro – e, infelizmente – para o cristão que assim foi batizado e cheio com o Espírito, cair. Ele pode cair em pecado, tornando-se indolente, reincidente e, ao fazê-lo, perderá essa bênção. Ele entristece e apaga o Espírito; pode ofender o Espírito dessa forma. O Espírito não o deixa, e ainda está lá, mas como ele tem entristecido o Espírito não está experimentando agora suas influências graciosas. O que se deve fazer? Bem, dizem que tudo que é necessário é perceber isso, arrepender-se, render-se mais uma vez e viver uma vida de obediência ao Espírito que está nele. Se a pessoa faz isso, o que perdeu será restaurado e ela será capaz de seguir seu caminho, regozijando e feliz.

Isto é o que tem sido o predominante e mais popular ensino evangélico comum em relação ao significado do batismo com o Espírito Santo. Existe um corolário mais importante e interessante para esse ensino e é o que eu quero enfatizar novamente aqui. Tal ensino raramente – se alguma vez – fala sobre avivamento. Não está interessado em avivamento e, claro, obviamente não pode estar. Não há espaço deixado para o avivamento nesse ensino. Havia alguns anos eu adquiri uma prática de olhar primeiro para a sinopse ou o sumário no início, e o índice no final, sempre que me deparo com um livro sobre a doutrina do Espírito Santo que eu nunca vi antes. Eu procuro por "avivamento" e não encontro.

Recomendo isso a você como um exercício interessante. Olhe para os livros sobre a pessoa e a obra do Espírito Santo que foram publicados durante o século 20 e procure uma seção, um capítulo ou mesmo parte de um capítulo, sobre o tema de avivamento e você não encontrará. E é claro que eles são perfeitamente consistentes. Foi excluído, não há possibilidade, não há espaço para isso, não pode acontecer.

O resultado é que a atividade da igreja, o caminho em que ela conduziu a si mesma e sua perspectiva durante a primeira metade do século 20 tem sido este: quando as coisas não estão indo muito bem, a igreja não exorta as pessoas a orar por avivamento, mas decide ter uma campanha evangelística; ela organiza e depois, claro, pede a Deus que abençoe isso. Esta é sua solução. Isso se tornou um tipo de padrão. As pessoas são convertidas em reuniões, campanhas, esforços evangelísticos e acredita-se que, se creem e respondem, elas nasceram de novo e foram batizadas com o Espírito, e tudo o que precisam agora é de um ensino adicional que lhes dirá para continuarem cedendo, entregando-se, obedecendo, permitindo que o Espírito que veio a elas em sua plenitude, tome posse de suas vidas completamente. E essa é a soma do ensino evangélico: conversão, regeneração, e então esse ensino adicional em relação à santificação.

Você percebe que o tempo todo a ênfase é colocada sobre o que fazemos, está tudo em nossas mãos. Não há mais nada a ser esperado; agora é tudo uma questão de rendição e obediência. E assim todo o esforço é colocado nisso; a pressão é colocada sobre a vontade tanto na primeira decisão e na subsequente rendição.

Mas há outro ponto de vista, e o outro, claro, é a velha visão evangélica. Eu chamo assim porque estou falando estritamente de forma histórica. A visão com a qual estamos lidando ainda não chegou totalmente a cem anos de idade, mas antes disso e mesmo continuando desde então, há outra visão que alcançou a igreja ao longo dos séculos. Deixe-me colocar assim para você: o que aconteceu no Pentecostes, de acordo com essa segunda visão, é que a igreja foi batizada com o Espírito Santo como nosso Senhor havia prometido e outros profetizaram – foi um batismo de poder para a igreja então formada. Nós já lidamos com isso antes, mas eu só quero lembrá-lo da sequência para que você possa tê-la claramente na mente. Esses homens eram regenerados. Nosso Senhor disse a eles: "Vós já estais limpos pela palavra que vos tenho falado" (Jo 15.3); e ele orou ao Pai: "É por eles que eu rogo; não rogo pelo mundo [...]" (Jo 17.9). Estas e muitas outras declarações nos evangelhos confirmam que todos eles eram regenerados. E lembre-se, a igreja foi formada no Cenáculo, quando nosso Senhor soprou o seu Espírito

Santo sobre os discípulos, e deu-lhes a autoridade para perdoar pecados e assim por diante. Então, no Dia de Pentecostes, o que aconteceu foi que o Senhor enviou para a igreja este poder de testemunhar que havia prometido: "mas recebereis poder" [...] (At 1.8).

Antes disso, nós os vemos esperando de acordo como Jesus havia mandando, esperando constante e insistentemente em oração; e então, de repente, neste Dia de Pentecostes, aquela coisa tremenda aconteceu. Lá estavam eles, reunidos naquele lugar, e "de repente, veio do céu um som, como de um vento impetuoso, e encheu toda a casa onde estavam assentados" (At 2.2).

Esse foi um batismo com poder e com fogo! E você observa o que é enfatizado: nenhuma operação secreta do Espírito nas profundezas da personalidade, mas o Espírito "caindo" sobre a igreja reunida, "descendo", sendo "derramado" sobre ela. Esses são os termos usados e isso é exatamente o que aconteceu. O som do vento poderoso enfatiza essa objetividade, esse caráter de algo dado. Isto não é um trabalho secreto como acontece na regeneração. Não, é um poder vindo sobre a igreja, algo acontecendo sobre os congregados, e ela se encontra cheia de poder e autoridade, com certeza de um senso de glória.

É a ação do Senhor ressuscitado. Deus havia dito a João, o Batista, que aquele sobre quem ele visse descer e pousar o Espírito seria quem iria batizar com o Espírito Santo.

E foi ele quem fez! Disse que iria fazer, e fez!

Devo então fazer a pergunta que fiz sob na primeira seção: isso foi algo feito de uma vez por todas? A resposta é que foi de uma vez por todas em um sentido apenas, se tratava da primeira vez que isso aconteceu; mas não foi de uma vez por todas em qualquer outro sentido, como vou agora tentar provar a você.

Quando algo acontece pela primeira vez, essa primeira vez não pode continuar se repetindo, mas você pode repetir o que aconteceu naquela primeira vez. Eu entrei pela primeira vez no púlpito da Capela de Westminster[31] no último domingo de 1935 pela manhã. Não posso repetir aquela ocasião em particular, mas tenho repetido essa ação muitas centenas de vezes desde então.

Podemos demonstrar a verdade acerca do Pentecostes da seguinte maneira: o que nos é dito sobre essas pessoas nesse dia foi que "todos foram cheios do Espírito Santo" (At 2.4). Esse é o termo usado. "E apareceram, distribuídas entre eles, línguas, como de fogo, e pousou uma sobre cada um deles. Todos ficaram cheios do Espírito Santo e passaram a falar em outras línguas", e todo o resto que se seguiu.

Mas se você for a Atos 4, encontrará o incidente no qual Pedro e João foram presos como resultado de sua performance do milagre no homem que se sentava à porta Formosa do templo. Eles foram levados a julgamento, mas as autoridades decidiram que não iriam prendê-los daquela vez, cobraram estritamente deles que "não falassem e nem ensinassem em o nome de Jesus [...] Depois, ameaçando-os mais ainda, os soltaram, não tendo achado como os castigar, por causa do povo, porque todos glorificavam a Deus pelo que acontecera" (At 4.18-21).

Então, você se lembra, Pedro e João voltaram para o grupo dos discípulos, a igreja, e relataram o que havia acontecido. E quando os crentes ouviram isso, "levantaram a sua voz a Deus em uníssono" e começaram a orar. O que eles pediram, é claro, foi que Deus pudesse contemplar a ameaças de seus inimigos.

> Agora, Senhor, olha para as suas ameaças e concede aos teus servos que anunciem com toda intrepidez a tua palavra, enquanto estendes a mão para fazer curas, sinais e prodígios por intermédio do nome do teu santo Servo Jesus.

---

[31] Martyn Lloyd-Jones foi pastor desde 1938 até sua aposentadoria em 1968 da Capela de Westminster, igreja que é membro da Comunhão das Igrejas Evangélicas Independentes no Reino Unido (www.fiec.org.uk) e adere às suas bases doutrinárias, e é também membro da Aliança Evangélica e da Comunhão Evangélica de Igrejas Congregacionais, na Inglaterra [**N. do E.**].

> Tendo eles orado, tremeu o lugar onde estavam reunidos; todos ficaram cheios do Espírito Santo e, com intrepidez, anunciavam a palavra de Deus.

Exatamente a mesma coisa que tinha acontecido no Dia de Pentecostes! As mesmas pessoas!

Observe a objetividade novamente: "tremeu o lugar onde estavam reunidos". Isto é algo que está acontecendo externamente. Eles não estão aqui apenas rendendo-se, não precisavam, não tinham sido desobedientes, pelo contrário. Tiveram um maravilhoso testemunho perante aquelas autoridades e poderes; disseram sem hesitação: "Julgai se é justo diante de Deus ouvir-vos antes a vós outros do que a Deus; pois nós não podemos deixar de falar das coisas que vimos e ouvimos" (v. 19-20). Eles haviam testemunhado com ousadia e ainda assim percebem precisar de algo mais, oram e Deus responde; o lugar é abalado e o Espírito desce sobre eles.

O tremor do edifício corresponde ao som do "poderoso vento impetuoso" e todos ficam cheios de Espírito. E o mesmo resultado segue: "eles anunciaram a palavra de Deus com ousadia" e, mais tarde, "com grande poder, os apóstolos davam testemunho da ressurreição do Senhor Jesus, e em todos eles havia abundante graça" (v. 33).

Peço que você leia novamente por si mesmo o relato do episódio em Samaria (At 8); leia também o ocorrido na casa de Cornélio (At 10). Já consideramos essa história em detalhes. Não nos é dito que aconteceu alguma ação secreta em suas almas levando-as à regeneração. Isso aconteceu, é claro, mas, além disso, o Espírito Santo "caiu" e você se lembra como Pedro e aqueles que estavam com ele reconheceram que o que aconteceu com esses gentios, era a mesma coisa acontecida com os apóstolos e os outros no Dia de Pentecostes.

Existe essa evidência que temos em Atos, mas olhe para a história da igreja, e é aí que todo o assunto se torna tão vital para mim. O gráfico da história da igreja é algo assim: ela começa lá no Dia da Pentecostes, mas depois de um tempo parece ter perdido muito seu poder e se torna mais ou menos ineficaz; então sobe novamente em poder, e assim continua. Como você explica isso? Bem, isso é o que aconteceu: a igreja se tornou mundana, esqueceu sua verdadeira natureza e condição. Ela absorveu muita filosofia grega e direito romano – um homem como Constantino decide trazer o Império para a igreja por razões políticas, porque vai ajudá-lo e compensá-lo em certos aspectos – e a igreja se torna uma instituição.

Então o que acontece? Certos homens tornam-se preocupados, perturbados e infelizes, e dizem: "O que precisamos é de outro batismo com o Espírito Santo, devemos buscar a face de Deus". Eles fazem tudo o que podem; arrependem-se e obedecem; tentam prosseguir na vida da fé, uma vida de entrega ao Espírito e o fazem genuinamente. Mas nada acontece. E continuam quase indo ao ponto do desespero, quando de repente algo acontece, e muitas vezes quando menos esperam. Quando estão à beira do desespero total, de repente o Espírito Santo é derramado novamente.

É simplesmente maravilhoso ler os relatos desses eventos. Às vezes, os escritores relataram realmente ouvir um som, como se houvesse outro vento impetuoso. Nem sempre é assim. Mas o que acontece, invariavelmente, é que eles estão cientes de uma presença e poder, algo aconteceu sobre e com eles e são elevados para fora de si e do tempo, mal sabem onde estão e fenômenos acontecem. Não me refiro a falar em línguas, mas sobre alegria e entrega às vezes tão grande que as pessoas até desmaiam e ficam inconscientes, e de que um grande poder, uma liberdade assombrosa e uma autoridade se manifestam na pregação – e é isso que é chamado de avivamento.

Agora é isso que vem acontecendo na igreja ao longo dos séculos, e o que estou enfatizando é que é sempre uma ação de Deus e não do homem. O homem pode fazer tudo de sua parte: se render, mas nada acontece. Ele pode organizar vigílias de oração, todas as noites – ainda nada acontece. Então de repente algo ocorre e ninguém entende e pode explicar. Há apenas uma explicação, é Deus novamente, aquele que enviou o Espírito Santo sobre a igreja primitiva, aquele que enviou o Espírito àquele edifício e sacudiu as paredes. É o Deus realizador de tudo isto que está repetindo estas experiências, e tem repetido ao longo dos séculos.

Meus queridos amigos, se vocês lerem a história da igreja podem chegar a apenas uma conclusão: esta tem sido a maneira de Deus manter a igreja viva. A igreja cristã teria estado morta e acabada há séculos, e isto muitas vezes, se não fosse pelos avivamentos. Esse é o verdadeiro significado da palavra "avivamento": Deus derramando o seu Espírito sobre uma igreja ou grupo reunido, ou sobre muitas igrejas e nações inteiras ao mesmo tempo. O que ele fez no começo, faz novamente. Quando a vida se vai, ele a envia de novo; quando o poder desaparece ele o envia novamente. Essa tem sido a história da igreja cristã do primeiro século até hoje.

Deixe-me lembrá-lo de alguns exemplos disso. Ocorreu algo parecido no segundo século quando a igreja tinha absorvido a filosofia grega. Estava tão ansiosa por mostrar que não havia nada de estranho em sua doutrina, que os apologistas predominavam governados por essa ideia. O resultado foi que a igreja se tornou sem vida e perdeu seu poder. Certas pessoas estavam cientes disso e começaram a buscar a face de Deus, e ele respondeu. Estou me referindo ao que é chamado de Montanismo. Eu sei que houve excessos e que eles erraram em certos pontos, mas de qualquer forma a igreja estava viva novamente e havia poder nela. Um dos maiores intelectos e cérebros de toda a história da igreja – Tertuliano – entrou neste movimento quando viu que esta era a experiência neotestamentária que mais ia contra a igreja formal morta.

Houve outro exemplo disso no norte da África no terceiro século – o movimento Donatista, que se rebelou contra o formalismo introduzido quando Constantino e o Império Romano se infiltraram no Cristianismo. Naturalmente o tal movimento foi denunciado, é claro. A igreja sempre denuncia todos os avivamentos. Os Montanistas e os Donatistas foram ambos condenados pela igreja, como os Metodistas também foram no século 18, e como pessoas que são cheias do Espírito são quase que invariavelmente condenadas por uma igreja formal e amortecida.

Então você vai à Idade Média, aqui e ali Deus visita e abençoa várias pessoas. Havia avivamentos no sul da França na Idade Média, avivamentos em conexão com a igreja Valdense no norte da Itália, avivamentos entre os Irmãos de Vida Comum (Brethren of the Common Life), na Alemanha e partes da Holanda; tudo isso antes da Reforma. Logo a grande Reforma em si indubitavelmente foi um avivamento. Um homem como Hugh Latimer, que costumava pregar na St. Paul's Cross, era um homem claramente cheio do Espírito e pregava ao estilo dos apóstolos; e haviam outros.

Então, no século 17, houve notáveis movimentos: avivamentos locais na Irlanda do Norte e em partes da Escócia. Eu já lembrei daquele sucesso impressionante que aconteceu na Kirk O'Shotts [Igreja da Antiga O'Shotts] quando John Livingstone estava pregando, e tão somente com aquele sermão levou tantos à conversão. O Espírito desceu sobre eles: uma repetição do Pentecostes.

Todo mundo conhece, é claro, sobre o século 18 nos Estados Unidos e na Grã-Bretanha – o avivamento que eclodiu em Northampton sob o ministério de Jonathan Edwards, esse gênio em ascensão. Leia o relato do mesmo que o próprio Edwards escreveu e saberás o que é um avivamento:[32] o Espírito descendo, sem que nem um homem controle, simplesmente se renda à sua ação. Não! As pessoas fizeram isso e nada aconteceu. Então Deus faz alguma coisa, envia seu Espírito e os visita. Isso é avivamento.

Claro, o mesmo aconteceu na Inglaterra sob o ministério de Whitefield e dos Wesleys, e no País de Gales sob Daniel Rowlands e Howell Harris. Em cada caso, mantenha seus olhos na objetividade da experiência, como de repente tudo aconteceu quando ninguém estava

---

[32] Lloyd-Jones pode estar se referindo ao livro *A Faithful Narrative Of The Surprising Work Of God*, escrito por Edwards em 1736, que descreve o reavivamento ocorrido em sua cidade, Northampton, em 1735 [**N. do E.**].

esperando. Daniel Rowlands, por exemplo, esteve em apuros por meses. E finalmente ele acreditou na verdade. Era ministro do evangelho sem crer nela, mas então ele a compreendeu e estava tentando pregar sobre a justificação pela fé, ainda que não sentisse isso. Mas lá estava ele numa manhã de domingo em um culto de Ceia em sua pequena igreja – na verdade estava lendo a liturgia em conexão com a ceia – quando chegou às palavras sobre o "sangue precioso de Cristo". Enquanto lia estas palavras, o Espírito Santo caiu sobre ele e sobre a igreja. Ele chorou, se quebrantou e um avivamento começou.

Veja o século dezenove. Você já leu sobre o grande reavivamento nos Estados Unidos, que começou em 1857 e durou até 1859; da pequena reunião de oração que um homem começou em Falcon Street, Nova Iorque, como oraram por meses e nada aconteceu? Eles se renderam de toda forma possível, mas nada ocorreu. E então aconteceu – Deus, sempre Deus! É sempre algo "derramado", algo que "cai"! Então houve um dos maiores avivamentos em toda a história da Igreja cristã. Começou em Ulster em 1858, passou no País de Gales em 1859, e se estendeu pelo país sem limitações. Surpreendente! Espantoso!

Você pode ler esses relatos por si mesmo. Não vai encontrá-los em livros escritos sobre o Espírito Santo no século 20, mas basta ler os livros dos séculos 18-19, e você descobrirá que estão lá registrados. Compre um livro como o de Sprague sobre a história dos avivamentos.[33]

Então, em 1904 e 1905, a mesma coisa aconteceu novamente no País de Gales; em 1906 na Coreia; ainda mais recentemente, na década de 1950, no Congo. Vários avivamentos aconteceram na ilha de Lewis, não apenas aquele ligado com o Rev. Duncan Campbell, mas antes disso. Essa tem sido a história da igreja cristã ao longo dos séculos. E tudo isso, eu estou sugerindo para você, é uma repetição do Pentecostes. A igreja esperando, Deus enviando seu Espírito sobre ela.

Agora você vê a importância dessa doutrina do batismo com o Espírito Santo. É essa verdade e só isso mantém qualquer esperança para

---

[33] Jones se refere ao livro: *Lectures on Revivals,* de W. B. Sprague [**N. do E.**].

nós hoje. Aqui temos a lição. O que a igreja tem que fazer? Bem, claro, ela deveria continuar se entregando e obedecendo, deveria fazer tudo isso. Mas, se tivéssemos que ficar só nisso eu me desesperaria; porque não haveria esperança. Eu conheço homens, ministros, que ensinam isso há vinte anos ou mais tentando convencer seu povo para que o faça. Eles obedeceram, sacrificaram-se, se renderam, tiveram reuniões especiais de oração todas as manhãs às sete horas; isso vem acontecendo há anos, mas nada aconteceu até agora. E, veja você, se tudo depender de nós, que esperança existe?

Mas a mensagem do Dia de Pentecostes é que o que Deus fez uma vez ainda pode fazê-lo de novo. Isso é algo que Deus tem repetido ao longo dos séculos e o que a igreja precisa fazer é perceber sua fraqueza, impotência, e que o poder é sempre de Deus e não do homem. Não há nada tão fatal do que depender da capacidade humana para lidar com a situação da igreja.

O primeiro passo é perceber que o homem, tendo feito tudo, de certo modo não fez nada. Ele pode produzir um número de convertidos, graças a Deus por isso, e isso continua acontecendo regularmente nas igrejas evangélicas todos os domingos. Mas a necessidade hoje é maior. A necessidade hoje é de uma autenticação de Deus, do sobrenatural, do espiritual, do que é eterno, e isso só pode ser respondido por Deus graciosamente ouvindo o nosso clamor e derramando novamente seu Espírito sobre nós e nos enchendo, como ele fazia na igreja primitiva. Aqueles homens que foram cheios no Dia de Pentecostes, voltam a ser novamente um dia ou dois depois enquanto o edifício foi sacudido. E Deus continuou enchendo a igreja mediante o avivamento desde então. Essa é a maior necessidade e nossa única esperança.

Mas você tem que acreditar na possibilidade disso! Se sua doutrina do Espírito Santo não deixa espaço para o avivamento, então você não pode esperar esse tipo de coisa. Se você diz que o batismo com o Espírito foi de uma vez por todas no Pentecostes e que todos que são regenerados são apenas participantes disso, não há espaço para essa vinda objetiva, essa repetição, esse cair do Espírito Santo no poder e autoridade sobre uma igreja.

Mas, graças a Deus, ainda há lugar para isto! O ensino da Escritura, mais a longa história da igreja cristã, mostram isso claramente. Você e eu somos chamados não apenas para crer, mas para orar a Deus sem cessar por isto; pedir a ele para abrir as janelas do céu e enviar o Espírito, derramá-lo sobre nós, a fim de cair sobre nós poderosamente.

Aqui está, para mim, o grande encorajamento. Eu lhe disse como na Fulton Street, em Nova Iorque, apenas um homem começou a orar em princípio, e então dois ou três se juntaram a ele, e depois mais pessoas vieram, até que foram obrigados a se mudar para um prédio maior. Continuaram orando por meses e Deus respondeu. A história na Irlanda do Norte foi a seguinte: um trabalhador muito simples, chamado James McQuilkin, começou a orar sozinho. Então persuadiu um amigo a se juntar a ele, apenas duas pessoas. Eles oraram em uma pequena escola por meses. Mas então outros começaram a orar e assim por diante seguiram fazendo, e finalmente Deus ouviu e respondeu; como sempre tem acontecido.

Sempre houve esse período preliminar quando apenas um ou dois homens, ou um grupo, percebendo a verdade dessa doutrina, voltaram-se para Deus implorando e orando com urgência sem cessar, e depois de repente, em uma reunião de oração, talvez, ou em uma pregação em um culto, ou em qualquer lugar, Deus repentinamente envia o Espírito; ele vem de novo. Em certas ocasiões ele quase vem novamente como um poderoso vento impetuoso, como vimos na história de Andrew Murray na África do Sul.

Nem sempre há barulho, mas sempre há o senso de glória, temor, da majestade de Deus; um senso de poder, uma segurança da salvação. Isso sempre leva à grande alegria e sempre concede ousadia para testemunho, seja a partir de um púlpito ou em particular, um poder que convence e converte. O que acontece sempre é que os crentes são reavivados. O avivamento só pode acontecer com um homem que tenha vida, porque supõe revivificação. A igreja perdeu seu poder e recebe o poder novamente. Ele deu o poder no começo e continua repetindo isso. Isso é avivamento, e Deus, digo novamente, manteve sua Igreja viva e prosseguindo através desta sucessão de avivamentos ao longo dos séculos.

Para mim, como mencionei no começo, não existe nada mais urgentemente importante que isso. Você crê no avivamento, meu amigo? Você está orando por avivamento? Em que você confia? Você está confiando no poder organizador da Igreja? Ou está confiando no poder de Deus derramando o seu Espírito sobre nós de novo, para nos reavivar, para nos batizar mais uma vez com o seu mais que bendito Espírito Santo? A Igreja precisa de outro Pentecostes. Todo avivamento é uma repetição do Pentecostes, e é a maior necessidade da Igreja cristã neste tempo presente. Queira Deus abrir os olhos da nossa compreensão sobre esta questão vital, para que possamos olhar para ele e esperar nele até que, em sua infinita misericórdia compassiva, mais uma vez envie do alto o poder do seu Espírito Santo sobre nós.

CRÉDITOS

Direção Executiva: *Luciana Cunha*
Direção Editorial: *Renato Cunha*
Tradução: *João Costa*
Preparação de Texto: *Joelson Gomes*
Revisão (trad.): *Carlos Eduardo Oliveira*
Revisão (gram.): *Verônica Bareicha*
Design Editorial: *Marina Avila*

COMPOSIÇÃO GRÁFICA

Fonte: *Adobe Garamond Pro 12pt*
Papel: *Pólen 70g/m²*

EDIÇÃO

Ano: *2021*
Terceira edição
Impresso no Brasil